U0141926

大陸文革後二十年
書法藝術活動之研究
1977 年至 1997 年

林麗娥 著

文 史 哲 學 集 成
文史哲出版社印行

國家圖書館出版品預行編目資料

大陸文革後二十年書法藝術活動之研究：1977年
至1997年 / 林麗娥著. -- 初版. -- 臺北市 : 文
史哲, 民88
　　面 ；　公分. -- (文史哲學集成 ; 408)
參考書目；面
ISBN 957-549-244-7 (平裝)

1.書法 - 中國 - 歷史 2.書法 - 中國大陸
- 機構、會社等

942.092　　　　　　　　　　　　　88014915

文史哲學集成　㊆

大陸文革後二十年
書法藝術活動之研究
1977年至1997年

著　　者：林　　　麗　　　娥
出 版 者：文　史　哲　出　版　社
登記證字號：行政院新聞局版臺業字五三三七號
發 行 人：彭　　　正　　　雄
發 行 所：文　史　哲　出　版　社
印 刷 者：文　史　哲　出　版　社
　　　　　臺北市羅斯福路一段七十二巷四號
　　　　　郵政劃撥帳號：一六一八〇一七五
　　　　　電話 886-2-23511028・傳眞 886-2-23965656

實價新臺幣五四〇元

中 華 民 國 八 十 九 年 一 月 初 版

自　序

　　本書之研究，與《大陸文革後二十年書法教育活動之研究》一主題同步進行，從著手收集資料、積極投入實務訪談、幾度易稿、添補資料，乃至成書，整整歷時八年有餘。

　　早在 1991 年夏天，余受聘至韓國國立釜山大學中文系擔任交換教授一年結束，即間關轉入上海，初次踏上大陸的土地，在買書及圖書館蒐集資料的過程中，赫然發現大陸書法界蓬勃發展的氣象，專門性出版刊物之豐富，與書法業餘教育之發達，皆是余在國立政治大學擔任書法教學多年來欲求而不可得的重要訊息，對於台灣書法研究、資料的貧乏及兩岸多年隔絕、資訊不通，不能聲氣相求、同步發展而慨嘆不已；但亦慶幸自己能在兩岸開放的三年多後，許多人對大陸尚仍非常陌生的情況下，便能掌握這些訊息，並決心在往後幾年中，從事大陸書法研究及書法教育的考察工作，為台灣書法界及書法教育界作一些媒介的工作而雀躍不已。

　　本書的進行，主要採用文獻的考察及實地的訪談方式，期間曾訪問過北京《中國書法》雜誌社副編審于曙光教授、中國書法家協會副秘書長劉正成先生、中央美術學院美術系王鏞教授、首都師範大學中文系王世徵、張同印教授、西城師範學校賈誠雋教授、景山學校趙家熹老師、中國書畫函授大學張超校長、吳鍾靈教務長、戴蘭陔教授、徐廣政教授、河南省書法家協會主席張海先生、南京師範大學美術系尉天池教授、馬士達教授、蘇州大學華人德教授、吉林大學叢文俊教授、浙江中國美術學院劉江教授與陳振濂教授、浙江師範大學潘善助教授、上海《寫字》雜誌社編輯張天民先生及在北京中央美院進修的山西人民出版社畫册編輯室副主任王鴻先生等。感謝他們能接受我們的訪問，讓我們能從他們那裡直接得到許多真切而寶貴的資料與訊息。

此外還要感謝大陸多家書法專門性雜誌、報紙的負責先生，願意儘可能的提供所有所需出版的刊物；上海圖書館、北京圖書館、香港中文大學中國文化研究所的幾位先生願意協助大量複印所缺而急需的資料；上海大學建築系畢業的崔鴻鈞同學，常年不計代價的幫忙訂閱及購買有關出版刊物及書籍；南京師範大學美術系書法兼修語文專業畢業的徐傑同學，在此書撰寫期間，以其成長在大陸，受完整的書法專業教育及參加各種書法比賽的經驗，提供有關大陸書法比賽的實務資料與介紹。另外永遠難以忘懷的是四川西南師範大學中文系書法專業兼任教授傅晏風老師在冰冷的冬天哈墨成書，在酷熱的夏日裡揮汗，為我解答及指導、提醒許多問題，如師如父的噓植愛護之情，鼓勵我在繁瑣而雜亂的資料堆中，能日以繼夜，不敢稍息的逐步釐清、整理、分析，得出一些昔所欲知而今終得知的成果。也永遠無法忘記，在 *1994* 年那樣酷熱及時常下雨的暑假，我幾個國科會研究計劃的協同主持人、學妹、花蓮師範學院語教系李秀華老師，陪著我騎著腳踏車遠征北京及南京各大街小巷，拜訪各書法界的前輩；及在香港中文大學錢穆圖書館、香港大學馮平山圖書館上上下下翻檢，抄錄所有大陸出版過的書法專著、論文資料；並且台北、花蓮間與他花師書法社的學生們幫忙抄錄書法刊物上的資料。這些同甘共苦、一起成長的經驗，都是支持我繼續往下去追索的無上支柱。另外，天津中國教育學會書法教育研究會秘書長路棣先生、杭州中國硬筆書法家協會秘書長何幼慕先生、成都中國青年書法理論家協會主席陳振濂先生為我提供其社團資料；台灣師範大學美術系王北岳教授為我解析大陸印壇及西泠印社諸現況，並惠借寶貴資料；台灣書法教育學會前任理事長新竹師院語教系李郁周教授，為我提供台灣書法教育及書壇的許多寶貴訊息；系上老師及同事時常傳來溫馨的關懷與鼓勵，於此亦深致真誠的感謝之意。

　　本書名曰《大陸文革後二十年書法藝術活動之研究－1977 年至 1997 年》，主要內容包括緒論（總論大陸文革後二十年書法藝術活動之分期、蓬勃發展之現況與背景之分析）、結論（對大陸書法藝術活動所作之評估、對台灣書法藝術活動所作之建議）、五個專題研究（大陸書法社團研究、大陸書法研討會之研究、大陸全國性書法比賽之研究、大陸書法刊物之研究、大陸硬筆書法藝術活動之研究）及七個附錄（大陸書法社團一覽表、大陸書法研討會一覽表、大陸全國性書法比賽一覽表、大陸全國三大書法展覽一覽表、大陸全國性書法比賽徵稿啟事範例、大陸書法刊物一覽表、1949 年以前大陸書法刊物一覽表）。原本計劃加入“大陸書法教育活動之研究”一章，然此專題涉及層面廣闊，尤有勝於本書之全部篇幅，因乃特別別為一書，亦將隨後付梓出版。

　　研究大陸書法現況有三難：

1. 資料取得難：台灣各圖書館幾乎不收有關大陸書法之期刊、報紙，有關書法論著亦極缺乏，如或有之，亦是近幾年之資料；各報刊、雜誌索引大多不收書法一類之相關論文；大陸北京國家圖書館及上海圖書館藏書較豐富，然皆未開架,借閱及影印手續煩瑣而費時。

2. 資訊取證難:大陸書法界從事書法創作者多,從事書法理論研究者少;從事書法理論者研究古代書論、技法者多,研究近代書法發展者少;尤其是系統、大範圍、整體考察者尚未曾見;加以大陸書法論著研究方法多未嚴謹,敍述資料多憑印象,即使透過書信或徵詢或調查,亦難得到精確及完整之答案。

3. 周邊環境認識難:兩岸暌隔四十多年,生長環境不同,於政治、教育、經濟、文化各方面皆有明顯差異,未能以約略所知作整體之臆測,因此除考察本書所研究之核心問題外,於周邊環境之認識尤不能不涉獵。

因此本書之撰寫方法,儘量採用地毯式網羅資料、全面考察之方式,除將所得資料分列一覽表、進行現況之綜述外,並進一步以條分縷析之方式,就其內容進行特色之分析,期能將大陸文革後書法此一全民沸騰之活動,作一既有廣度又有深度、資料性與研究性兼顧的研究。

大陸書法藝術活動之熱潮已進行了十多年,其在各方面的成果,甚至超過美術或任何一項藝術項目,對台灣書法藝術推展工作,有迫切參考之需要。期望本書之出版,能對台灣書法教育、書法研究者放眼大陸、展望未來能有一定的參考價值;對近年來書法界呼籲政府重視書法教育,建議在大專院校設立書法專業系所、培養書法專業教師、提倡社會書法研究風氣等等構想,亦能提供一有力的參照與借鑑。

林麗娥　謹誌于政治大學井塘樓研究室

一九九九年十月四日

大陸文革後二十年書法藝術活動之研究――1977年至1997年

目　　　錄

第三章　大陸書法研討會之研究

第四章　大陸全國性書法比賽之研究

第五章　大陸書法刊物之研究

第一章 緒論－分期、盛況與背景分析

壹、大陸文革後二十年書法藝術活動發展之分期

　　本書題目曰：《大陸文革後二十年書法藝術活動之研究－1977 年至 1997 年》，內容主要探討大陸文革後二十年來的所有書法社團、書法研討會、書法刊物、全國性書法比賽、硬筆書法藝術等五項活動之盛況（現況）及特色分析。其探討年數爲 1977 至 1997 年共二十一年，而約之以"二十年"之稱者，乃以此五項活動之啓始年代，雖非皆始於 1977 年，而總在前二十年上下開始活動。再者，一般探討"文革後"之起始年，通常都以毛澤東時期的結束或鄧小平時期的開始－1976 年或 1977 年爲度。而本書以"1977 年"爲探討啓始年的原因並非在此，而在於大陸文革後的諸種活動中，首先揭開書法藝術發展序幕的是"1977 年"6 月上海《書法》雜誌的誕生。由於此雜誌的帶動，乃有 1977 年迄今熱潮不斷、前仆後繼的書法刊物之出版；乃有 1979 年由此雜誌主辦的"全國群眾書法徵稿評比"所帶動，迄今熱潮不斷的全國大大小小各式書法比賽之舉行；乃有 1981 年由此雜誌聯合其他單位主辦的"全國首屆書學討論會"所帶動，迄今熱潮不斷的各類書法研討會之舉辦；也因書法活動的復甦後，乃有 1981 年 10 月"中國書法家協會"的成立，帶動各類書法社團的創立風潮；乃有 1984 年 11 月"中華青年鋼筆書法協會"（即"中國硬筆書法家協會"的前身）的成立，帶動迄今全國沸騰的硬筆書法學習、創作熱潮。因此"1977 年"是大陸文革後書法活動復甦的關鍵年。

　　而至於大陸書法藝術活動的發展狀況，大致可分爲復甦期、發展期、高潮期與百花齊放多元期四個階段，若以本書對於大陸

書法刊物、書法研討會、全國性書法比賽、書法社團等四項活動研究成果作分析，其情形如下：

一復甦期： 1977 年至 1980 年，4 年中，大陸前三本公開發行的書法專刊《書法》、《遼寧書法》、《書法研究》誕生；尚無書法學術研討會舉辦；曾舉辦 2 次全國性書法比賽；共創設了 56 個書法社團。

二發展期： 1981 年至 1984 年，4 年中，陸續出了 7 本公開發行的書法專刊；舉辦 11 次書法研討會；舉辦 11 次全國性書法比賽；共創設了 207 個書法社團。

三高潮期： 1985 年至 1990 年，6 年中，一口氣有 15 種發行的書法專刊誕生；舉辦了 120 次書法研討會；舉辦了 145 次全國性書法比賽；共創設了 660 個書法社團。

四百花齊放多元期： 1991 年迄今 (1997 年)，7 年中，每年仍有公開發行的書法專刊穩健發行，共有 12 種出版。舊有的書法專刊紛紛擴版並縮短刊期；共舉辦 193 次書法研討會；共舉辦 306 次全國性書法比賽；共創設了 187 個書法社團。各種類型的書法刊物 (如書法專刊、篆刻專刊、含書法一項的美術刊物、與書法有關的刊物)、各種類型書法學術研討會 (如專題性的、全國性的、地區性的書法學術研討會；書法教育研討會；書法創作研討會；與書法有關的研討會)、各種類型的比賽 (如毛筆、硬筆、篆刻、字帖、書學常識、正書、行草書、楹聯、扇面……等各種比賽)、各種類型的社團 (如一般類社團、教育類社團、硬筆類社團、篆刻類、理論類社團、詩書畫印等綜合研究的綜合類社團) 基本完備，齊頭並進，走向多元化的發展。

從以上例証觀察，除了第四期在全國性書法比賽與研討會方面次數仍然不斷激增外，大部分各類型活動都已趨平穩性地多元化穩健發展，而四期間發展的階段性進程與軌跡卻是清晰鮮明的，若總言之，此二十年大陸書法藝術的發展，其表現則爲：

1.書法呈現出前所未有的多樣化風格。

2.一大批優秀中青年骨幹書法家的崛起。

3.書法理論研究的深化、多元化。

4.出現了歷史上沒有過的多種形式的群衆性書法活動，各種形式的書展、競賽，各種層次的書法專業報刊雜誌的創辦，各種形式的書法教育，各種綜合性與專題性的學術研討會，各種年齡、職業的人對書法藝術的迷戀，使大陸的書法事業一直呈現著生機勃勃的氣象。

也因爲如此，所以書法界通常將此時期書法藝術蓬勃發展的盛況稱爲“十年書法熱”、“十餘年來的書法熱”乃至“二十年書法熱”，然此名詞尚有稍待澄清之處。因大凡事物有熱必有冷，書法藝術不是物質，爲人們對此文化藝術價值的珍惜與追求，乃發自內心渴望提高自己修養的標的，它偶或因個人因素或環境因素而有發展緩和的趨向，但隨著物質文明與精神文明的提升，它將永遠保持令人求索不盡的內涵與生命力。因此二十年書法藝術活動之發展，容或有發展猛烈的高潮期，也有弊端叢生後，退下來冷靜思考的下坡期，然而隨著吾人在各種書法探索歷程中，誠懇的投入與磨練，其具有眞善美三大內涵的教育功能是永遠不容否認的❶。

---

❶　大陸書法藝術發展的分期，小舟〈當代十年概說〉一文將之分爲復甦期(1976-1979)、萌芽期(1979-1983)、自由發展期(1983-1985)、書法熱的形成(1986-1989)四期(文見《青少年書法報》1991年總252期至255期)；另外王實子〈十年來書法創作傾向的演變〉一文，將之分爲“延續階段”、“創新階段”、“思考階段”。(文見《書法報》1991年總358期)。

貳、 大陸文革後二十年書法藝術活動之盛況

本單元擬以具體例証，從書法活動人口、活動事項、活動地區三方面，說明大陸文革後二十年書法藝術活動之盛況。

一、書法活動人口：

㈠從社團會員人數方面觀察：如本書共收錄了大陸 1093 個書法社團，其人數少者五、六人（多爲小型印社），多者達六、七千人（如上海中華書法研究會五千六百人；北京中國老年書畫研究會七千多人）；即以入會門檻甚高的中國書法家協會來說，其 1981 年初成立時會員不過一百多人，今則已達七千多人，皆是散在全國各地的書法重要骨幹。

㈡從比賽參加人數與作品收件量方面觀察：以毛筆書法比賽來說，1986 年"首屆黃鶴獎書法篆刻比賽"參加人數一萬二千七百多人，收到二萬多件；1988 年"百花杯全國書法篆刻比賽"，參加人數一萬八千多人，收到二萬五千多件。以硬筆書法比賽來說，1984 年的"全國首屆青年鋼筆書法競賽"，參加人數三十多萬人，收到作品三十多萬件；1985 年的"中國鋼筆書法大賽"，參加人數五十多萬人，收到作品一百多萬件。其他書法比賽，參加人數動則上千上萬者隨處可見。

㈢從刊物及字帖發行量方面觀察：以刊物來說，如湖北《書法報》已發行30　萬份，北京《中國書法》及天津《中國書畫報》已發行 10 萬份。以書法字帖來說，迄 1997 年龐中華《談談學寫鋼筆字》已發行六千萬冊；黃若舟《漢字快寫法》已發行三千萬冊。以篆刻字帖來說，迄 1993 年，陳壽榮《怎樣刻印章》已發行二十萬七千冊；孔云白《篆刻入門》已銷售十九萬五千冊。其他字帖銷售量成千上萬冊者，尋常可見。

　　㈣從書法展覽會參觀人數方面觀察：如 1985 年河南鄭州人民大會堂“國際書法展覽”，光是開幕當天就有一萬多人參加開幕式❷；1991 年河南鄭州博物館“中國書壇新人作品展”也有近一千人參加開幕式；展覽期間參觀人數難以計數。1997 年首屆中國（天津）書法藝術節在天津市體育展覽中心開幕，其盛況據《書法報》1997 年 11 月 19 日報導云：“神州大地又出現一道令人神往的文化景觀……，彩球飄舞，鮮花競放，萬人攢動。上午 10 時，在鼓號齊鳴，千鴿盤旋的歡樂氣氛中……隆重開幕。”光是開幕式也有一萬人參加，展覽七天，參觀者絡繹不絕，更是難以計數。

　　㈤從業餘書法學校學生人數方面觀察：如 1985 年中國書畫函授大學首屆招生人數二萬三千多人，經過三年學習，通過論文、創作及考試者也有一萬六千多人；次年 (1986) 的招生數就多達五萬多人；1985 年江蘇無錫書法藝術專科學校首屆招生人數也高達一萬三千多人；河南鄭州中華鋼筆書法函授中心從創辦以來以迄 1995 年共培養學生五十餘萬人。即以一些規模較小的函授單位，招生人數也在千人以上。❸

　　1989 年統計，日本書法人口占全部人口的百分之十三；1991

❷　是次展覽，乃經二萬多件來稿中選出一千多件展出，共有二十多個國家的作品參展，當時人民大會堂可容納數千名觀眾的會場座無虛席，人潮亦不斷湧入，場面壯觀，報上云“墨林如此快事，自古未有”，中國書協副主度黃綺先生甚至建議在黃河碑林立一塊“國際書展紀事碑”作爲紀念。（見《書法報》1985 年 9 月 11 日〈國際書法展覽在河南隆重開幕〉、1985 年 9 月 25 日〈國際書法展覽綜述〉、1985 年 10 月 2 日〈國際書法展覽印象〉三文。）
❸　參見《中國書畫報》1986 年 9 月 25 日、1988 年 9 月 1 日之報導與《中國書畫篆刻年鑑 1993-1994》一書所收潘善助〈1993-1994 中國書法教育述評〉一文敘述。

年統計韓國書法人口占全部人口的百分之二十五（即四分之一，亦即五百萬人口），至於大陸的書法人口呢？中國書法家協會代主席沈鵬先生 1995 年云"我國書法人口近億"，而中國總人口約 11 億，則約占總人口的百分之九。❹

二、書法活動事項：

　　造成明顯熱潮的書法活動，至少有下列九種，皆爲大陸書法藝術活動蓬勃發展的鮮明標幟。今述之如下：

　　㈠報刊熱：依本書研究，二十年間至少即有 279 種公開發行或內部發行的報刊、雜誌發行過。

　　㈡比賽熱：依《中國書畫》 1985 年 8 月 11 日桑火堯〈有感於書畫比賽熱〉一文云："初步統計， 1985 年全國書畫比賽 110 多次， 1986 年 180 多次，而 1987 年達 240 多次，平均每年遞增百分之四十八。比賽規模也不斷升格，從縣、市、省到全國，乃至跨國性的比賽；除了各級書協、美協外，尚有機關、企業、學校、報社等，其形式也不斷翻新，諸如電視賽、對抗賽、連環賽，各種 "杯" 賽，不一而足。" 又依本書研究，二十年間，光是全國性的書法比賽就至少有 463 次，以 1997 年來說，即達 62 次之多。

　　㈢展覽熱：通常比賽後即會舉辦得獎作品之展覽，而其中以各地所舉辦的書法藝術節或博覽會尤爲壯觀。如 1987 年天津 "書法藝術節"就有 30 多個大型展覽和活動遍及津城（共一周）；1991 年中國文聯與中國書協舉辦 "書法藝術博覽會"在全國各地

❹　日本書法人口，參見《書法報》 1991 年 10 月 2 日〈日本的書道人口〉一文；韓國的書法人口，參見《中國書法》 1991 年第 3 期〈首屆中國國際書學交流會〉一文中金洋東敎授口述；中國的書法人口，參見《書法導報》 1995 年 3 月 5 日〈沈鵬談我國書法人口近億〉一文。

共有一百多個展覽及活動項目（共半年）；1990 年 "河南書法周"，同時展出 11 個書法展覽共 700 件作品及舉辦五個座談會；1993 年北京 "國際中國書畫博覽會" 共展出近 40 個展覽及三項大獎賽；1997 年重慶 "書法藝術節" 同時展出 7 個展覽及舉辦 6 個活動（共 28 天）；1997 年天津 "中國書法藝術節"，同時展出 11 個大型書法展覽，近 50 個書法團體和書家個人的書法展覽，總數達二千多件（共一周）；即以 1996 年浙江師範大學的 "書法月"，也舉辦了十幾個展覽和活動項目。此為集中式的大型展覽活動，其他大大小小的展覽活動，更是不計其數。

㈣社團熱：依本書研究，二十年間至少即有 1093 個書法社團成立，其在所屬縣、市、鄉、鎮，廠礦、學校的書法社團分會，尚未計算在內。

㈤學術熱：據統計，從 1949 年至 1981 年的三十餘年間，全國各報刊雜誌發表的書法理論文章只有 300 多篇，然依本書研究，二十年來大陸所舉辦過的學術研討會就至少有 325 次之多；所收到應徵論文，多達 9398 多篇以上；即以中國書協所舉辦的前四次 "全國書學討論會" 就收到 2031 篇（光是第四次就收到 680 篇，據說截稿後陸續還收到數十篇）。其他在各報刊雜誌發表的學術論文尚未計算在內。

㈥交流熱：在國際海外交流方面，以與日本、**新加坡、香港**（ 1997 年回歸）、韓國、台灣交流最多，其形式大致有五：1. 互訪：如日本梅舒適迄 1985 年就已率團訪問西泠印社 26 次，西泠印社迄 1992 年每年平均接待海外團體達二、三十個；大陸書家如王個簃、沈鵬、尉天池、陳振濂…等皆曾訪問日本，甚至在日本各大學院校進行短期講學。2. 互展，如 1987 年日本書道聯盟 "日本篆刻家作品展" 在香港、杭州展出；1988 年杭州西泠印社的

"西泠印社展"在日本東京、大阪等地巡迴展出。3. 聯合比賽:
如1992年"首屆中日青少年神龍杯爭奪賽",1996 年"第一屆
中韓青年書法交流展",分青年組與少年組二組比賽;其他國際
性書法比賽亦常有海外作者應徵。4. 學術交流:如1984年在河南
安陽的"殷墟筆會",就有海內外學者二百多人參加;1993年以
來大陸書家學者已有十多位赴台參加中華民國書法學會、書法教
育學會所主辦之學術研討會。5. 留學:如1980年以來,浙江中國
美術學院即先後接收了日、美、德、法、加拿大、奧地利、哥倫
比亞…等國留學生。上海復旦大學爲日本大東文化大學書法研究
所學生舉辦書法研修班,至1997年已有四屆。

㈦教育熱:如到目前爲止已有十多所大專院校設有書法專
業,收有書法研究生,如北京首都大學書法藝術研究所、杭州中
國美術學院中國畫系之書法學士、碩士、博士一系列專業教育體
系已經完成。其他成人高校書法專業、業餘書法函授、面授、刊
授教育單位數百千個,難以計數,如中國書畫函授大學在全國各
地即有212所分校及函授站;無錫書法藝術專科學校函授學員遍及
三十個省市和港澳地區,還有新加坡、澳洲、日本、法國、加拿
大、菲律賓等國的華僑與外國朋友,影響頗巨;另外如中央電視
台和各省市電視台亦多設有書法教育的專題節目,收視觀衆以億
計。

㈧碑林熱:除舊有陝西"西安碑林"(1000多塊)、山東"
曲阜碑林"(2000多塊)、"杭州碑林"(102塊)、陝西"藥
王山碑林"(300多通)等外,依筆者統計,自1983年即一窩蜂
陸續興建,迄1996年至少即興建了31座碑林以上。其較大者,如
1983年河南鄭州興建的"黃河碑林"(3000塊)、1985年河南
開封興建的"翰園碑林"(3500塊)、1987年河南鞏縣興建的

"神墨碑林"（800通）；光是四川一地，就興建了"棠湖碑林"、樂山"大佛寺碑林"、"翠屏山碑林"、奉節"白帝城碑林"、新都"桂湖碑林"、西昌"地震碑林"（記載有關當地地震歷史，共有一百多通）等六座碑林。其作者多為當代中日書家（如廣西桂林"中日友好書法碑林"）、將軍（如天津"百將碑林"）、紅軍將士（如江西"井崗山碑林"）；興建者有公家機構（如文化局）、有社團（如中國書協），亦有私人興建者（如河南翰園碑林為李公濤獨資興建）。歷代碑林以收集古代碑刻和古代書法名跡為尚，少有現寫現刻者，而文革以後興建的碑林卻多半以收集現代名人碑刻為尚，此亦是碑林熱中，特殊的文化現象。

　　(九)書學院、藝術館、博物館熱、紀念館熱：以書家個人命名之書學院、紀念館在1985年之前尚未曾有，但1985年以後卻陸續興建，並且已有多所書法專屬的此類館院出現，以筆者翻諸報章雜誌，迄1997年，已先後至少有29所之多。今分為三種敘述：1.以古書家命名者，如：四川眉山"三蘇博物館"（1990）、湖北襄樊"米芾紀念館"、福建東山"黃道周紀念館"（1988）、湖北枝山"楊守敬紀念館"、河南洛陽"王鐸書法館"（1993）。2.以近代或當代書家命名者，如：黑龍江哈爾濱"鄧散木藝術陳列館"（1985）、浙江安吉"吳昌碩紀念館"（1986）、山東滕縣"王學仲藝術館"（1988）、江蘇南通"王個簃藝術館"、江蘇揚州"王個簃紀念館"、浙江杭州"馬一浮紀念館"（1991）、四川內江"張大千紀念館"（1991）、安徽馬鞍山"林散之藝術館"（1992）、陝西西安"吳三大書畫藝術館"（1992）、浙江寧波"沙孟海書學院"（1992）、江蘇常州"謝稚柳藝術館"（1992）、江蘇宜興"尹瘦石藝術館"（1992）、浙江平湖"陸維釗書畫院"（1992）、江蘇南京"林散之書畫陳列館"（1992）、江蘇蘇州"祝

嘉書學院" (1993)、浙江桐鄉 "君匋藝術院"、浙江海寧 "錢
君匋藝術館" (1996)、浙江溫州 "方介堪藝術館"、山東青島
"陳振濂書學院"。3.為書法專屬的博物館,如:陝西西安 "中
國書法藝術博物館" (1989)、浙江紹興蘭亭書法博物館"(1989)、
湖南衡陽"湖南第一師範書法館" (1990)、重慶巴縣 "硬筆書法
藝術博物館" (1993),甚至 1997 年中國書協亦已正在籌劃興建
"中國書法館"。而以上以書家命名者,多數為已故書家的紀念
館,然亦有以尚健在的書家命名之藝術館院者,如:錢君匋藝術
館、王學仲藝術館、陳振濂書學院等。

三、書法活動地區:

如以書法社團來說,全國各省、市、地、縣、鄉、鎮、廠
礦、學校大多設有書法社團,如以 1981 年成立的中國書法協會來
說,迄今已在全國 30 個 省市自治區 都設有書協分會,分會之下
還遍布各地直屬分會;以成立於 1988 年的中國教育學會書法教育
研究會來說,至今已在全國 35 個省、市、自治區、計劃單列市成
立分會。雖然通常經濟比較發達之地區,如:浙江、江蘇、河
南、山東、北京、湖北、四川…等地,書法活動相較較為蓬勃;
城市亦較鄉村來得熱絡。然亦有如內蒙古的烏海市,其市委、市
政府決定在幾年之間將該市建立為 "書法城";江蘇崑山市正儀
鎮自 1996 年被該省文化廳命名為 "書法藝術之鄉" 後,其鎮黨委
正積極推動將該鎮創建為 "全國書法藝術之鄉" ❺ ;許多鄉村亦
推動農民書法活動,如河南陽南漳澗村、山東前寧村、四川廣元
市…都曾舉辦 "農民書畫展",許多書協甚至還為如何推動農民
書法活動而舉辦工作座談會,如浙江省書協 1996 年之於浙江省奉

❺ 見《書法導報》 1996 年 12 月 4 日及《中國書法》 1996 年第 6 期報導。

化市舉辦 “浙江省農村書法工作座談會”等。❻

參、大陸文革後二十年書法藝術活動蓬勃發展之背景分析

一、政治及經濟背景方面

㈠爲知識份子心靈的抒發與寄託之所

　　東漢蔡邕云：“書者，散也”，揚雄亦云：“書者，心畫也”。書法可以抒發懷抱，宣洩情緒，可以化瞬間的運動爲永恆的存在，可以將紛擾的外界逆境，轉化爲內心有序的律動與寧靜，此爲書法的功用與千古來大家共有的心靈體驗。

　　文化大革命這場史無前例的空前浩劫，知識份子被貶爲臭老九，書法社團被指爲黑窩，一切的文化活動被迫停止，書家遭受迫害，或死或傷❼，書法文物或毀或藏。書法這一傳統藝術，旣屬於四舊中的產物，又是平日不可或缺的表達工具，於是便在大字報與政治文宣的狹小政治夾縫中，僥倖存活；快寫與雅俗共賞爲當時書法的最高標準，書家以儘量書寫毛澤東詩詞避禍，並以遠離政治的書法，寄寓在不停的“運動”與“批鬥”中疲累的身心。清朝中葉“文字獄興而碑學大盛”的效應，竟在文化大革命結束前後，再次展現這種微妙的因果。

　　1976 年 10 月 6 日，文化大革命終於結束，一者是久抑的書家頓然得到心靈解脫後，在書法這塊樂土上的恣情奔肆；一者是劫

---

❻　見《書法導報》1986 年 5 月 26 日、6 月 25 日、7 月 9 日及 1996 年 2 月 21 日報導。

❼　如北京書院院長葉恭綽、上海書畫篆刻研究會副主任委員潘伯鷹、北京書法研究社社員寧斧成、浙江著名書法家馬一浮、著名書法家馬敘倫、白蕉、沈尹默、潘天壽、錢瘦鐵、吳湖帆、馬公愚、唐醉石、陳半丁、黃葆戊……都是在文革期間被迫害至死的。

後餘生的文化人，在驚魂未定，無所適從下，在書法中找到了其失落的自我，與安身立命的歸依之所；一者是曾在毛澤東威權偶像崇拜與所謂文化革命聖戰熾烈光芒中生存過的政治人，突然一時心中偶像破滅，信仰失信之時，政治上的迷惘困惑，須要冷靜反思，性格上的熾烈戰鬥力，須要妥適轉移，而書法這一可以獨當一面，運籌帷幄，一點一滴累積成果的藝術領域，成了他們轉移政治狂熱，再次肯定自我生命價值的另一種戰場；又再者是改革開放後，追求主體意識強烈的畫家群，在步武西方現代派的後塵，十年間走完了西方一二百年路程後，在西方現代藝術家已然普遍面向東方藝術，正凝視著中國書法這一充滿抽象性、主觀性自我表現色彩濃厚等饒具現代意識、美學意涵的藝術表現形式之時，猛然覺醒與不再懷疑地，轉過頭來，以尋根的熱情，投入書法這塊可資開發、掘取無盡泉源、滋養的沃土。

另外一種微妙的心理因素：老一輩的知識份子，在幼時傳統教育中，多半受過紮實的書法訓練，能寫得一筆好字；加上中共文字改革、強制使用簡體字的環境下，基於深根蒂固對傳統文化的嚮往與幼年書法教育的美好回憶等因素，而書法卻又是在諸種以文字表達的藝術中，惟一可以用傳統"繁體字"形式表達的藝術形式，於是在老一輩懷舊與新一輩好奇的心理趨使下，成為全**民嚮往措意的文化藝術活動。**

觀察大陸二十年書法藝術風潮中，**林散之、費新我、蕭嫻、武中奇、胡問遂**……等書家之沈埋於書藝創作中的成就；祝嘉、胡小石、侯鏡昶、包備五、金學智……等書法理論家之沈潛於書法理論中的毅力；潘天壽、陸維釗、沙孟海、諸樂三、徐无聞……等教育家為締造書法教育薪傳工作所作的奉獻；舒同、路達、柳倩、劉寧一、張超……等軍事家、政治家在離退休後為書法家協會、書法教育研究會、老年書畫研究會的組織建構所作的奔走；王頌餘、范韌庵、吳弗之、陸抑非、吳冠中……等畫家投入書法創作所作的畫家書法與具中國畫線條特色的西畫作品風格等等，具可見政治與時代潮流等因素，對大陸書法從文化大革命前後迄今的封凍、解凍以至達到高潮的現象所造成的影響。

㈡爲失學者彌補文化與學歷之科目

　　文革十年動亂期間，"工人毛澤東思想宣傳隊"（簡稱"工宣隊"）進駐學校，並掌握學校黨、政、教、文大權，甚至進駐教育部，會同教育部軍管小組，領導教育部的"鬥、批、改"，致使眾多學校遭到停辦的命運，高校停止招生，長達四年，中間雖曾大量招收工農兵學員，但學制短又不務學業，主要還是以鬥爭爲主課。總計十年文革動亂期間，減少培養的大專學生在一百萬以上，中專畢業生則減少二百萬以上；中等教育方面受創情形也很嚴重，爲批鬥劉少奇"兩種教育制度，兩種勞動制度"的缺失，各種職業學校、農業中學紛紛被關閉，基礎教育方面，則是小學入學率降低，學生流動率上升。據 1990 年國家統計，全國 11 億 6 千萬總人口中，文盲、半文盲（指 15 歲以上不識字及識字很少的人）仍有 1 億 8 千零 3 萬人，占人口總數的 15.52%；工人隊伍中，特別是 35 歲以下的青年工人文化素質低落，初中以下文化程度的占 3、40% 之多。❽

　　因此文革後爲了彌補文革期間遭受波及而失學的民眾，取得學歷或進修的機會，在不太長的時間裏培養出大批合格的專門人才，使教育事業能與國民經濟發展的要求相適應，一時之間，文

---

❽　參考石雅惠〈中國大陸教育發展簡史〉，1994 年 3 月 19 日國立政治大學教育研究所主辦之"中國大陸教育學術研討會"論文；董明傳〈邁向 21 世紀的中國成人教育〉，《新職教育月刊》 1983 年第 6 期。

革之前已行之有年的成人教育制度得到空前的發展，其中又以成人高等學校和高等教育自學考試最爲重要。而成人高等學校範圍則包括廣播電視大學、職工大學、農民大學、教育學院（教師進修學院）、管理幹部學院、獨立函授學院，還有普通高等學校舉辦的函授部、夜大學和幹部專修科等。

　　而在這些成人高校與高等教育自學考試中，即有多所辦有"書法專業"，有的畢業後可以取得大學或大專文憑，有的則只能取得結業証書，如貴州廣播電視大學1992年設有文科類書法專業（二年制，全脫產），須修滿26個總學分；浙江寧波師範學院夜大學1994年設有書法專業，每周上課11課時，學制三年，每學期上課18周，複習考試2周，合計半年220課時，三年共1320課時；又如高等教育自學考試中設有"書法專業"者，目前只有山東師範大學和華中師範大學被指定爲主考學校，以山東師大書法專業言，共須修滿12個科目68個總學分（每科進行一次性考試，課程考試合格者，發給單科合格證書，並按規定計算學分；不及格者，可參加下一次該門課程的考試），以上所舉三種成人教育，修滿學分，通過考試（按：自學考試乃考過一科，即修滿該科學分）後，即可取得國家所承認的大專文憑。然另有一種只發給結業証書而無正式文憑者，如中國書畫函授大學，該校設有大專、中專和師資專修三種層次的書法專業，學制分別爲三年、二年、一年，採用遠距函授與面授結合的方式，由總校編製教材、錄影帶和報刊，由分校實施教學，學員則以函授自學爲主，堅持每日2小時閱讀教材和完成面授和考試，畢業後可取得結業證書。此類業餘學校在大陸甚多，如無錫書法藝術專科學校、西安書法函授學院、天津茂林書學院、青島書法進修學院、各地老年大學書法專業等，學制一至三年不等。

　　除了有興趣而入學成人高校書法專業外，爲了彌補文化大革命所造成的文化不足及失去學歷之憾，而奮身投入書法教育大潮中，亦應是大陸文革後書法活動蓬勃的重要因素之一。

㈢爲政府與政治人物大力支持之項目

　　在文革及其前後，中共統治下的大陸社會，一切文藝活動包括書法，一樣都不能脫離"政治"因素而存活，成立於 1950 年的"北京書法研究會"，發起人章士釗即爲曾任北洋政府教育總長的政治人物，即使是 1961 年由沈尹默發起的"上海書法篆刻研究會"也須靠當時副總理陳毅的支持，向毛澤東匯報後，乃能順利成立，進行活動。而在文革期間，書法以其爲破四舊中的產物，爲腐朽沒落的舊文化代表，卻因其依附於政治，而以"大字報"的形式存活。寫大字報須要漂亮的書法，以幫助政治宣傳之效果，而青少年背景單純，從而膺此大任，老書法家雖爲被批鬥的對象，卻能以儘量書寫毛澤東詩詞或魯迅詩詞作爲轉移，使其創作得到保護。書法便在此微妙的政治夾縫中，可以堂而皇之地練習，合法地生存與發展下去。

　　1972 年日中文化交流協會等團體主辦"毛澤東主席詩詞書法展覽"，1974 年中日恢復邦交，日本外相太平正芳訪華，毛澤東以一部懷素的《自敘帖》影印本饋贈，書法以得到高層政治人物的青睞而露出了從大字報擺脫政治工具、走向藝術創作的契機。

　　文革結束，鄧小平復出後，於 1978 年 12 月召開"十一屆三中全會"，推出"四個現代化"，決定將全黨工作重點開始轉入以經濟建設爲中心的軌道，在文藝政策上，主張"二爲"（"爲人民服務"、"爲社會主義服務"）、"雙百"（"百花齊放"、"百家爭鳴"）"兩手抓的政策（"一手抓掃黃、一手繁榮文

藝"；"一手抓軟，一手抓硬"；"一手改革開放，一手治理整
頓"），亦即面對過去傳統社會的"餘毒"以及資產階級自由化
以後產生的種種"弊端"，進行治理整頓；另外一方面，則要通
過大量健康的文藝作品，開展豐富的文藝活動，保持社會氣氛的
和諧和穩定。加上中宣部文藝局強調學習毛澤東〈延安文藝座談
會上的講話〉，主張文藝工作應該是爲群衆而創作（群衆包含
工、農、兵及其同盟），因此應該先深入地在群衆中生活，並將文
藝活動作爲群衆生活的反應；文化部亦"規定各省、自治區、直
轄市的黨委宣傳部門和政府文化部門、廣播影視部門，要像抓重
點建設工程那樣，集中力量，有計劃、有重點的組織文化、藝術
產品的生產"❾。在此國控與黨控的有計畫支持下，書法以其爲精
神文明建設的重點，而受到政府與有關政治人物的大力支持，如
虎添翼般地迅速發展起來。

　　江蘇省教委副主任周德藩曾經說過一段話"光是有識之士還
不行，還要有權之士，…如果有識之士和有權之士結合起來，就
能形成一批有爲之士的浩浩蕩蕩大軍，這樣寫字教學就一定能成
功。"❿觀察大陸陣容最大，最具權威的書法三個社團的發起
人：舒同之發起創設中國書法家協會、路達之發起創設中國教育
學會書法教育研究會、劉寧一等一些離退休的中央地方官員、將
軍、幹部之發起創設中國老年書畫研究會等。其中舒同爲中國共
產黨打天下時的高級軍事指揮員、政治工作和軍事理論工作領導
者、軍事科學院副院長，發起時曾得到中共中宣部及中國文聯的

---

❾　參見沈清松〈中共文化政策與兩岸文化交流〉一文，收於《兩岸文敎交
　　流論文選集㈠》中。

❿　見路棣〈在紀念中國教育學會書法教育專業委員會十周年研討會上的工
　　作報告〉，中國敎育學會書法敎育專業委員會會議文件之二，1998 年
　　11 月 28 日。

大力支持；路達曾任天津市副市長，天津市市政府委員會秘書長、天津市人民大會常務委員會副主任；劉寧一為將軍，其發起創設的老年書畫研究會在全國共有 46 個分會，在中央國家機關分會就占了 16 個，駐京部隊分會就占了 5 個；而其他書法社團的負責人或理事亦大多與政治有關，如河南書協主席張海之曾任全國人大代表、政協委員、河南文聯副主席；中國書法家協會常務理事尉天池之曾任江蘇省人民代表大會常務委員會委員；北京書法家協會理事趙家熹之曾任北京市政協委員⋯等等。又若觀察各書法社團之常聘請政界名人擔任名譽會長、顧問、理事，當有大型書法活動開幕時常有政界名人蒞臨剪彩、講話。社團辦公地點多由地方政府提供，經費常由國家撥給專款，甚至有的社團人員還由政府撥給編制、發放薪資；其辦起活動，猶如“書法發展戰略研討會”的名稱一樣，完全採用一系列整體周密布置協調的方式，由上而下一條龍配合的戰鬥方式，凡此皆可見政府與政治人物的參與與大力支持，是為大陸文革後書法事業蓬勃發展的重要因素之一。

㈣為各省市及企業打開知名度之焦點

文革結束，社會主義市場經濟體制確立以後，市場經濟開始運行，“廣告”意識普遍增強，官方與非官方的各種機構、團體幾乎都在尋求“門道”，來積極宣傳自己，樹立自己的崇高形象，擴大自己的社會影響，獲取自己的經濟效益。而“書法”此一優美多彩的藝術活動，不約而同地成為各省市政府及企業團體為打開知名度所作的投資焦點，紛紛慷慨解囊，舉辦有關活動，更助長了書法事業的蓬勃發展。

以各省市政府來說，每年或幾年間中國書協所主辦的各項書

法比賽，其獲獎名單就是一個令人雀躍或尷尬難堪的事實，各大
報刊競相報導著各省市得獎者姓名及各省市得獎總人數，如 1993
年"第二屆中國書壇新人作品展"："山東 40 人、江蘇 41 人、
四川 24 人、河南 40 人、吉林 18 人、浙江 38 人、廣東 11 人、黑
龍江 10 人、遼寧 25 人、甘肅 12 人、湖南 20 人、福建 20 人、雲
南 3 人、北京 12 人、陝西 7 人、廣西 5 人、湖北 15 人、河北 17
人、山西 11 人、上海 16 人、江西 11 人、內蒙古 7 人、貴州 3
人、天津 10 人、新疆 1 人、青海 2 人、海南 3 人、寧夏 1 人"。
1997 年"全國第四屆篆刻藝術展"：浙江 4 人、山東 36 人、江蘇
34 人、上海 21 人、黑龍江 18 人、…甘肅 1 人、內蒙古 1 人**⓫**"。
有的報導甚至還將各省市名次依序排列，甚至還分析各省市書風
傾向及人數所以增減的原因等等。由於傳媒競相傳布，無形中亦
造成了各省市書協及其領導單位的無形壓力與競爭，紛紛舉辦各
種書法創作研討會、賽前集訓或熱身賽，力圖在下次的全國比賽
中再創佳績。另外為了提高本市知名度，樹立城市的文化形象，
增強本市人的自豪感，吸引外界投資，除了舉辦該地區古代書法
名人或書法名跡的書法學術研討會，如河南省洛陽市之舉辦"中
國洛陽魏碑研討會"，山東省掖縣之舉辦"雲峰諸山北朝刻石研
討會"、河南省安陽市之舉辦"殷墟筆會"、湖北省襄樊市之舉
辦"中國襄陽米芾書會"、浙江省湖州市之舉辦"趙孟頫學術座
談會"…等外，傾全力聯合全地區有關單位，集中舉辦數十個或
上百個書法展覽及書法各項活動的"書法藝術節"或"書法藝術
博覽會"，亦是其活躍地方文化活動，使地方成為文化交流中
心，打響地方知名度的有效方法。

⓫　以上各省人數統計表見《書法》1993：6，頁 46；《書法導報》
　　1997,12,31，及同時期各報章雜誌。

　　另外企業贊助書法活動，一者為其回饋社會的表現，再者亦可樹立其形象，打響知名度，更何況各種活動中，如書法比賽常冠以該企業的名稱，如出產"雙貓牌"石化產品的江蘇省清江石油化工廠贊助舉辦"雙貓杯全國書法大獎賽"，出產"中意牌"電冰箱的湖南省電冰箱廠贊助舉辦"中意杯龍年國際書法篆刻電視大賽"、廣東省深圳市"飛亞達計時工業公司"贊助舉辦"飛亞達杯書法篆刻大獎賽"、山西省"杏花村汾酒廠"贊助舉辦"杏花杯全國書法篆刻比賽"…等等。既能回饋社會，又能打響知名度，達到"廣告"的效益，一舉數得，無形中亦促進了大陸書法活動的蓬勃發展。

　　觀察內蒙古烏海市市政府於1994年6月1日公布，決定用五年時間將烏海市建成"書法城"，"使書法能成為該市的群眾文化，整體水平能步及全國同等城市的前列" ⑫；黑龍江省文聯及省書協1994年9月1日"第七屆書法篆刻骨幹創作班暨戰略研討會"中提出近期的戰鬥目標為"力爭在六屆全國書展，六屆全國中青展中多出精品、多出人才，使黑龍江書法躋身于中國書壇先進行列" ⑬；江蘇省昆山市正儀鎮於1996年為該省文化廳，從53個縣市鄉鎮中評選出為首家全省的"書法藝術之鄉"而倍受鼓舞，決定進一步推動該鎮開展創建"全國書法藝術之鄉"特色文化活動，"提高其知名度、文化品位，為促進外向型經濟的發展起到積極的作用" ⑭；1997年天津市舉辦"中國（天津）書法藝

⑫　其作法詳見《書法導報》1994,8,4<烏海市決定五年建成"書法城" >一文報導。

⑬　其作法詳見《書法導報》1994,9,28〈黑龍江舉辦第七屆書法篆刻骨幹創作班暨戰略研討會〉一文報導。

⑭　詳見〈中國書法〉1996：6〈江蘇省昆山市正儀鎮成為全省首家"書法藝術之鄉"〉一文報導。

術節"，即是要將"書法"成爲天津市的"文化符號"**⑮**等等；
以及各企業團體在各類書法研討、書法比賽中所作的慷慨捐輸等
等，都可看出大陸各省市及企業爲打開知名度，在書法活動上所
作出的投資與努力。此亦爲文革後大陸書法藝術活動蓬勃發展的
重要因素背景。

二、 社會及文化背景方面

㈠中日交流中民族自尊心之覺醒

　　1966 年 8 月文化大革命爆發之前，大陸與日本之間即常有來
往，如 1958 年 2 月，中國人民對外文化交流協會與北京書法研究
社聯合主辦"日本書法展覽"，在北京、濟南、蘇州、上海等地
巡迴展出；翌年 1960 年 4 月，又舉辦了一次，於北京、上海、青
島、濟南等地巡迴展出 ；9 月日本書道文化聯合會、日中文化交
流會、每日新聞社、全日本書道聯盟聯合會在東京舉辦"第二回
現代中國書法展覽"，展出中國 65 位書家的作品。而就在中日書
家頻繁接觸的過程中，中國書家已感受到日本書道蓬勃發展的現
況，而反省到中國再不努力，以後怎麼跟日本交流的隱憂，如
1959 年曾任北京校長的沈尹默在寫信給毛澤東，反應他發展大陸
書法藝術的設想和計劃後，在一次宴會中，向當時擔任副總理的
陳毅說：

　　新中國成立這麼多年，國際威望越來越高，圍棋你很重視，
　　有了組織，書法爲什麼不抓一抓，日本現在學書法的人很
　　多，我們再不抓緊，今後怎麼與人交流？
　　其後經陳毅向毛澤東匯報，乃委請上海市政府協助沈尹默於

---

⑮　見《書法導報》1998,5,2〈馮驥才（天津市長）在首屆中國（天津）書
　　法節新聞發布會上的講話〉。

1960 年秋成立上海書法篆刻研究會。此後中日書法界通過互展與
互訪的方式交流仍稱頻繁，直到 1966 年 8 月文化大革命爆發，北
京掀起“破四舊”、“抄家”風，大批文物字畫被毀，中日書法
交流乃完全中斷。直到 1973 年 3 月日本各地書道團體網羅了將近
25 萬名會員，聯合組織了“全日本書道聯盟”，決定與中國書法
界加強交流，隨後即開始與中國人民對外文化交流協會在北京聯
合舉辦“中日書法展覽”，並頻頻組團訪問大陸北京、西安、鄭
州……等地，中日書法活動才又開始熱絡起來。⓰

　　1976 年 10 月文化大革命終於結束，大陸書法活動進入復甦
期，首先是 1977 年 6 月《書法》雜誌在上海創刊，1978 年以趙
樸初、張伯駒、舒同、陳叔亮、啓功等人爲首的書家在北京成立
“北京書學研究會”；1979 年《中國書畫》、《遼寧書法》、
《書法研究》在北京、瀋陽、上海等地創刊，並且由《書法》雜
誌社開始舉辦文革後的第一次全國書法比賽－“全國群衆書法徵
稿評比”；1980 年大陸第一個全國性的書法社團－“中國書法家
協會”籌備委員會成立。大陸書法界百廢待舉，開始走上發展，
然此時日本書法界的各方面成就已頗具規模，因此當 1980 年 11 月
以舒同爲團長、佟韋爲秘書長的中國書法家代表團在 1963 年以後
第一次應日本日中文化交流協會與全日本書道聯盟的邀請，踏上
日本的土地後，驚覺日本書法界已然的成就而大受刺激，後來舒
同的孩子舒關關回憶他父親當時帶團參觀日本書法界的感觸記載
說：

　　當他率領歷史上第一個中國書法家代表團出訪日本時，看到
　　日本在書法教育、書法文物的保護、書法交流和繁榮藝術市

⓰　以上資料，參考自《中國書法今鑑 1949-1990 》〈書壇紀事〉，頁 3-1
　　1 。

場等方面都遠遠超過了書法的故鄉中國，甚至有的日本書法
家公開揚言：今後中國人想要學書法只能到日本來拜師。父
親聽後心急如焚，回國後四處奔走、上書中央、以喚起社會
重視書法教育，振興民族文化。他不顧年高體弱，頻頻出席
各地舉辦的書法交流和研討活動，終於在神州大地，掀起了
一陣又一陣的"書法熱"。**⑰**

此為 1980 年中國書法家協會的發起人舒同的感觸，另外 1988
年成立大陸第一個全國性書法教育社團－中國教育學會書法教育
研究會的發起人路達（原名王景榮），一樣有此感觸，該會現任
副理事長、秘書長路棣先生在其 1998 年 11 月一篇書面工作報告中
說：

10 多年前，時任天津市副市長的路達同志陪同外賓參觀中小
學，聽到外 賓中的某些人對學生寫字狀況的批評，民族自尊
心受到莫大刺激，於是暗下決心擺脫一切政務離休之後，專
心從事書法教育工作。過了不久，他帶領一些離休老同志，
經中國教育學會批准，創建了"書法教育研究會"。**⑱**

類似此在中日書法交流中，受日本既有書法發展成就的震撼
與日本人對其書道成就的自豪感之刺激，從而引發強烈的民族自
尊心，奮力在往後大陸書法界以殉道的精神奉獻終生者，當不在
少數。此大陸文革後二十年書法藝術蓬勃發展之因素與背景之
一。

㈡金字塔式的嚴密組織之推動

大陸書法藝術風氣能蓬勃發展，與其具有一金字塔式網狀分
佈的推動組織大有關係。

---

⑰ 見舒關關〈憶父親舒同二三事〉，《書法報》1998 年 7 月 20 日。
⑱ 同注 10

　　書法理論、書法創作、書法的組織管理是推動書法事業的三大支柱。大陸從 1981 年 5 月中國書法家協會創立以來，便把書法當作一種＂事業＂來經營，十幾年來，以中國書協爲核心，在全國 30 個省、市、自治區建立分會；在各個分會下，又遍佈許多直屬指導的社團，形成一種上下層次有序又互相緊密聯繫的組織網。如以中國書法家協會本身來說，地址設在首都北京，下設辦公室、組織聯絡部、研究部、展覽部、編輯部、六個委員會（學術委員會、創作評審委員會、教育委員會、篆刻研究委員會、刻字委員會、硬筆書法委員會）和二個教學機構（中國書法培訓中心、中國書法進修學院），各司職責。在編工作人員 28 人，負責日常事務。現有會員七千多人，皆爲在書法方面有成就經申請審核通過者始准入會；五年舉行一次＂會員代表大會＂，推舉理事若干人組成＂理事會＂，於代表大會閉會期間代行職權；再由理事會選舉產生＂常務理事會＂；常務理事會再經選舉，產生主席一人、副主席若干人組成＂主席團＂；主席團得任命＂正、副秘書長＂和其他＂部門負責人＂，在其領導下處理本會日常工作。如以推動書法學術活動、舉辦書法研討會來說，其中最有關係的是＂學術委員會＂，此會成立於 1986 年 5 月，下設主任一人、副主任一人、委員 19 人，主持全國書法學術推動計劃，隨時依需要與各地方書協舉辦工作檢討會議（如《書法導報》 1994.4.3 總 25，〈中國書協三屆三次常務理事會綜述〉一文提到此次會議，內容主要爲總結 93 年成績、計畫 94 年建議），評估當時書法學術狀況，制訂短程與長程的工作方針，與書協研究部等部門聯合舉辦＂全國學術討論會＂，並配合地方書協舉辦各類型的學術研討會。

　　而在其所屬地方書協來說，以中國書法家協會浙江分會爲例，本會於 1982 年 1 月成立，地址設在省會杭州。下設辦公室、組織聯絡部、展覽部、秘書處及四個委員會（書學理論委員會、評審委員會、書法創作委員會、篆刻創作委員會）、三個研究會（書學理論研究會、書法教育研究會、篆刻理論研究會）、二個協會（浙江省青年書法家協會、浙江省離休幹部書法協會）。而又如以推動書法學術活動來說，其中最有關係的是"書學理論委員會"和"書學理論研究會"兩個單位。前者旨在研究書學理論的形勢、動向，提出浙江省書學理論工作的任務、研究方向，評審浙江省的書學理論學術成果，現有主任 1 人、第一副主任 1 人、副主任 2 人、委員 17 人。後者旨在發動和組織會員開展書法、理論研究工作，籌辦和召開每年一次的書學理論研討會，編選出版每年一冊的《浙江書法論文選》，現有會長 1 人、副會長 5 人、秘書長 1 人、副秘書長 2 人、顧問 2 人、會員 86 人。

除了這種從上到下，組織嚴密的工作網外，有些省書協還對所屬會員設有獎勵基金，如河南省設有"龍門獎"，浙江省設有"書譜獎"，黑龍江省明訂"凡能在全國書展、全國中青展、全國書學研討會中獲獎的作者，為開慶功大會；頒發嘉獎金；獎勵金 1000 元"，"並建議作者所在單位給予提升一級工資，形成制度"⓳。這種能集合上下一心、具有科學管理、協調策劃推動活動的金字塔式的嚴密組織，統籌了成萬上億的書法人口，發現及培養了一支支生機勃勃的骨幹隊伍，應是大陸書法藝術能蓬勃發展的一個重要因素與背景。

㈢廣闊迅速的新聞出版業之配合

⓳　見〈黑龍江舉辦第七屆書學篆刻骨幹創作班暨戰略研討會〉，《書法報》 1994,9,28 。

　　此“新聞出版業”包括出版大量書法碑帖、論著的出版社與書法報社、書法雜誌社。此三種出版業在大陸文革後書法藝術發展中占著舉足輕重的地位。

　　以出版大量書法論著、碑帖的出版社來說，如 1978 年上海書畫社改稱“上海書畫出版社”，所屬門市部恢復“朵雲軒”（文革期間被改爲“東方紅”）名稱，開始大量整理、出版古代碑帖及論著，對以後大陸書法藝術的普及與發展，產生極大的作用。尤其是當大部分出版社皆以經濟效益爲第一考量，競相出版普及性的字帖或暢銷書的同時，此出版社仍願意出版一些冷僻而對書法研究大有幫助的資料性字帖、論文、叢書或工具書，如《歷代書法萃英》是一部大型叢帖，其中有的字帖是國內首次發表的；《歷代書法論文選》、《書家史料叢書》、《中國書學叢書》屬於古代書論，所收資料雖未全面，但對社會有一定影響；《中國書法論著辭典》、《中國書畫全書》乃書論研究者不可或缺的工具書……等等。其他如出版《中國書法鑑賞大辭典》的大地出版社、出版《中國書法論著提要》的成都出版社，以及出版大量書畫出土文物的文物出版社……等等，此類出版書法碑帖、論著的大量出版社，無疑的在近二十年來促進大陸書法事業的發展上，功勞是不可磨滅的。

　　其次是出版書法報刊、雜誌的報社與雜誌社，從 1977 年 6 月大陸第一本書法專刊—上海的《書法》雜誌誕生，它標幟著書法藝術有了自己的陣地，不必再寄附於美術刊物之上。1979 年 5 月大陸最具書法研究權威的書法論文專刊—上海的《書法研究》也誕生了。接著 1979 年遼寧的《遼寧書法》、1981 年河南的《書論》、上海的《書與畫》、1982 年中國書協的機關刊物《中國書法》、1983 年廣東書協的《嶺南書藝》相繼創刊，1984 年 1 月 1

日,大陸第一張書法專業報紙也在武漢誕生了。此後以迄1997
年,大陸不管是公開發行或內部發行的書法專刊或與書法密切相
關的刊物,就至少出版了279種以上,還不包括常刊登書法論文的
學報等類刊物。雖然有些刊物在出刊不久後便因故停刊了,但它
們同爲書法創作者、書法理論者開闢了廣大的發表園地,並爲廣
大的書法愛好者提供了豐富多彩的書學資糧,在當時產生的作
用,皆是不可忽視的。

　　另外尚須特別一提的是除了新華社、中央電視台、各省地方
電視台對全國、各地書法大型活動的熱烈報導、甚至開闢書法講
座外,各書法報刊、雜誌大都廣闊徵有專屬記者,闢有"書壇訊
息專欄",能及時的報導近期各地的書法活動訊息、書壇近況,
甚至以近期大家所關心的書法論點來說,也會出現爭相報導,互
相呼應的狀態,各種訊息及同種類的論文、文章相繼同時刊出,
形成一種環環相扣,密不透風的書學資訊網絡,加速了書學的傳
佈,也炒熱了書壇的風潮。此種廣闊迅速的出版業之配合,亦是
大陸文革後書法藝術活動能蓬勃發展的重要因素與背景。

㈣熱心沈毅的各類人才之參與

　　大陸文革後二十年來書法藝術能蓬勃發展,與眾多熱心沈毅
的各類人才之參與大有關係。而所謂"人才",包括書法社團活
動的組織、策畫、帶動者;書法比賽的主辦、創作者;書法刊物
的發行、編輯者;書法研討會的籌畫、研討者;書法教育的園
丁,乃至一切書法活動的出資者……等等。由於有許許多多書法
愛好者以殉道的虔誠,在書苑中默默地、勤懇地耕耘,乃有大陸
今日書壇豐碩甜美的果實。

　　其中以書法學術研究爲例:書法學術研究,不同於一般藝術

的創作，他不僅需要有敏銳的鑑賞眼力、豐富的學養知識，還要具有掌握書學資料、考證辨偽的功夫，與獨立思考的能力；能宏觀掌握書學、書史的脈絡，又要能微觀地審察書論的原理癥結。因此一篇論文的產生，往往需要很長時間的醞釀與斟酌，尤其在當前大陸貧窮艱苦的環境，與近年來所謂改革開放的浪潮襲擊，連書家都紛紛下海經商求致富的風潮下，若不是具有沈著的毅力、澹泊的心志，與一意追求所謂的"學術價值"者，誰能堅持得下去。學術研究來不得半點虛假，中國的書學研究，正是靠著這群孜孜不倦、默默耕耘的學者，才能造成今天稍有進展的一片書學研究領域。這是值得欽佩的。從大陸 1993 年 11 月的"全國第四屆書學討論會"來說，一場討論會，就能徵來 680 多篇論文，如果算進評委和部份學術委員及特邀來的稿子，早已突破 700 篇大關了，700 篇論文、700 個同時存在的學者，這比海外的所有中國書學研究的學者的總數加起來都恐怕還多的人數，集合的力量確實驚人。

　　大陸書法風氣的興盛，與擁有一群肯抱著"冷板凳"、孜孜矻矻、澹泊沈毅的各類研究人才之參與，當然大有關係。此亦大陸書法藝術活動蓬勃發展的重要背景與因素。

第二章　大陸書法社團之研究

壹、前言

　　大陸近二十年書法風氣的蓬勃發展，與書法家走出個人研究創作的天地、投入群眾組織，透過審慎的計劃布置、有效的落實推行工作，進而創造出培養書法人才的大環境、廣泛地激發社會潛能與個人潛能大有關係。

　　而此文人結社之風氣，在中國由來已久，如明代詩社盛行，清代亦有畫社結集，1895 年著名的書畫家吳大澂、王同愈等人在蘇州成立的"怡園畫社"，即是後來書畫或書法篆刻結社風氣的先聲。

　　然早期的書法結社，都是採用書畫結合的方式呈現，如 1900 年 3 月，李叔同、黃宗仰、高邕之等所組織的中國第一個書畫社團－"上海書畫公會"、1910 年吳昌碩、高邕之等最初創辦的"上海豫園書畫善會"及繼而成立的"上海書畫研究會"等。至於第一個純篆刻社團，則始於 1904 年開始籌劃，1913 年正式成立的杭州"西泠印社"；第一個純書法社團，則始於 1913 年鄭孝胥成立的"恒心字社"繼而 1917 年北京大學在校長蔡元培的支持下，成立了"書法研究社"。1921 年蘇州在唐野鶴的發起下，成立了"書法研究會"，書法正式成為社會組織推動、發揚、獨立的藝術項目。

　　此後 1922 年葉赤松、俞勉庭等在蘇州創設"金石書畫社"，1924 年上海有"滄社雅集"、"慈善書畫會"，無錫有王雲軒等人組成的"書畫社"。書畫社團如雨後春筍般的相繼成立，預示新的蓬勃生機。

　　而在文革之前成立的幾個重要而影響至今的社團，應數下列四個：

　　第一個是1932年于右任等人在上海靜安寺路靜安別墅集同劉延濤、胡公石、曹明爲、李生芳、周伯敏、李祥麟、李超哉等人成立的"標準草書社"。此社認爲"世界之大，人事之繁，國家建設之艱巨，生存競爭之劇烈……，千百倍於往昔"❶，爲了節省時間，因此提倡"易識、易寫、準確、美麗"的標準草書，而於1936年完成《標準草書雙鉤百衲本千字文》字帖。直到1976年，四十年間修訂了十次（按：于右任、劉延濤等於1949年來台後，於1963年在台北復成立"標準草書社"），是中國迄今以研究書體爲主題的唯一社團，目前海峽兩岸的"標準草書社"活動仍持續進行著。

　　第二個影響重大的社團，應數1943年在重慶國立中央圖書內成立的"中國書學會"。此會是抗戰時期國內最大的一個書法研究社團，專門研究書學理論，著名書法家、書法理論家、學者、政治家于右任、商承祚、沈尹默、潘伯鷹、沈子善、余井塘、潘公展、張宗祥、朱錦江等人，都是該會的發起人和贊助者。該會成立於4月2日，7月即出版《書學》期刊，爲繼此前一年（1941年12月）上海標準草書社發行的《草書月刊》之後，爲中國有史以來的第二本書學專業刊物，也是有史以來的第一本純書法理論研究的期刊，所任編輯指導委員如馬衡、沈尹默、商承祚、張宗祥……等，所刊內容作者如于右任、胡小石、陳公哲、潘伯鷹……等，都是金石、書學成就影響至今，大家耳熟能詳的人物。

---

❶　以上引言，見于右任《標準草書・自序》。

　　第三個影響重大的社團，則數 1950 年由前清進士陳雲誥、曾任北洋政府教育總長的章士釗所發起組成的“北京書法研究會”，當時著名書法家鄭誦先駐會工作、蕭勞、王遐舉等人皆爲社員，1964 年中央電視台舉辦書法講座，會中名家溥雪齋、鄭誦先、郭風惠、康伯藩、劉博琴等面對千萬觀衆講解示範；鄭誦先當時亦以古淡天眞的章草與擅長隸書、行書的寧斧成、鄧散木號稱北京三大家，使一時效之者衆，書法風氣一度出現活躍景象。

　　第四個影響重大的社團，則數 1961 年由曾任北京大學校長的沈尹默發起，得到當時副總理陳毅所支持成立的“上海中國書法篆刻研究會”，著名書畫家王個簃、潘伯鷹、胡問遂都是當時的重要成員。翌年 10 月，此會即開始與上海青年宮合辦書法篆刻學習班，由沈尹默、白蕉、翁闓運、趙冷月等人教授書法，方去疾、錢君匋、單曉天、高式熊等人教授篆刻。此會是我國第一個有組織、有計畫從事書法普及教育的社會團體，也就是現在還活躍於中國書壇的“上海書法家協會”的前身❷。

　　歷史進入文革風暴時期，書法社團活動被迫停止，書法事業一片蕭條。文革後各地社團紛紛恢復與成立， 1981 年 5 月，中國第一個具有最高層級指導地位的半官方組織－中國書法家協會創設，其透過全國性有組織有領導的整體調配，大陸書法藝術走向了史無前例的發展景象。

　　本章研究文革後 1977 年以迄 1997 年大陸書法社團組織成立之盛況，內容分爲“現況綜述”與“特色分析”兩部分。所採用資料，乃以《中國書法今鑑 1949-1990 》所列社團簡介、《當代中國

---

❷　以上部分資料參考朱仁夫《中國現代書法史》頁 74 ～ 126 （北京大學出版社， 1996 ），王學仲《王學仲書法論集》頁 63 （百花文藝出版社，1994 ）。

硬筆書壇概觀．硬筆書法大事紀》所錄社團資料爲主；《中國美
術年鑑 1949-1989 》、《中國書畫篆刻年鑑 1993-1994 》、《中國
書畫篆刻年鑑 1995-1996 》所列社團名錄爲輔；並參考《書法報》、
《書法導報》 1990 年以迄 1998 年及其他報刊雜誌有關報導。以地
毯式收集資料、整体研究的方式，儘可能將大陸二十年來所成立
的省市以上的所有書法相關社團，羅列成表（見本書〔附錄壹〕
〈大陸書法社團一覽表〉），再根據內容資料，進行現況綜述及
特色分析。

貳、大陸書法社團之現況綜述

本章考察大陸書法社團組織，所指"社團"，乃指社會因共
同愛好而自願結合的群衆團體，至若與此名稱相似、性質有些相
近的各地"書畫院"，除少數如四川樂山書畫院、新疆絲路書畫
院屬於社團外，如河南書畫院、四川詩書畫院等，多屬政府編制
內之創作研究工作機構，非爲本章考察之對象。

以下對大陸書法社團組織之綜述，乃根據本書〔附錄壹〕
〈大陸書法社團一覽表〉所收 1093 個書法社團所進行之考察。

大陸書法社團組織，依地域分，可分爲全國、省、市、地、
縣及各工廠、學校單位的書法社團（本書一覽表所列大抵以省市
級以上社團爲主，兼及其他地方重要社團），依其研究項目可分
爲一般類書法社團、教育類書法社團、硬筆類書法社團、篆刻類
書法社團、理論類書法社團和綜合類書法社團等六種，今分別述
其發展大略，並舉一代表性社團爲例作爲說明。

一、一般類書法社團－以"中國書法家協會"爲代表

此指以研究"書法、篆刻"藝術爲主之社團組織，在〔附錄壹

] 一覽表中所錄共有 451 個社團。通常此類社團多以含義較廣泛的
"書法協會"、"書法家協會"、"書法工作者協會"名之；而
研究、推廣範圍，除毛筆書法外，尚可包括硬筆書法、篆刻、書
法理論書法與教育等方面。其創設時間最早爲創於 1962　年原名爲
"山西省書法篆刻研究會"，後於 1981 年改名的"中國書法家協
會山西分會"（簡稱山西省書協）。而大部分此類社團多集中在
80 年代設立，可分地方性與全國性社團。在屬全國性的此類社團
中，可以全國最大、最具權威的"中國書法家協會"（簡稱"中
國書協"）爲代表。今概述其創設歷史及組織、工作狀況如下：

（一）、隸屬領導：

　　由中國文學藝術聯合會所領導。

（二）、成立始末

　　於 1980 年 11 月 7 日成立籌備委員會，1981 年 5 月正式成立。
　　此協會的創立背景爲：文革後，部分在文革前成立、而文革
期間停止活動的書法社團逐漸恢復運作；1978 年 11 月部分居於北
京的老書法家發起成立了"北京書學研究會"，主要成員爲啓
功、舒同、陳叔亮、趙樸初等人；1980 年部分有識之士有感於全
國文聯先後組建了"作家協會"、"美術家協會"、"戲劇家協
會"、"雜技藝術家協會"……等，唯獨被國際公認爲中國傳統
文化典型代表的書法家協會尚未組織起來；及部分訪日書家有見
於當時日本在書法教育、書法文物保護、書法交流等成就都超過
中國之刺激❸。因此乃由當時擔任軍事科學院副院長的書法家舒
同，在中宣部及中國文聯的支持下，出面倡導組織。其作法是先

❸　參考舒關關〈憶父親舒同二三事〉，（《書法報》1998，7，20）。

於 1980 年 5 月在遼寧省美術館舉行的"全國第一屆書法篆刻展覽"中，召集全國各地書法界的主要人員雲集瀋陽，除評選作品外，並集中此議題進行討論，達成成立全國性的書法組織，作為統一協調與提攜書法界機構的共識。而於 1980 年 11 月 7 日成立籌備委員會，經過半年的準備工作，終於在 1981 年 5 月，於北京"第一次全國書法家代表大會"中，通過了〈中國書法家協會章程〉，選出領導機構，舒同為主席，啓功、沙孟海、朱丹、陳叔亮等任副主席。歷任主席有舒同、啓功、趙樸初、邵宇等四位；從 1992 年邵宇去世後至 1997 年一直由副主席沈鵬兼代主席。會址設於北京市。

㈢、成立宗旨

根據 1981 年 5 月協會初成立時所通過的〈章程〉第二條所云，為"繼承和發揚我國書法藝術傳統，進行藝術探索，收集整理書法藝術遺產，開展理論研究，努力普及與提高，擴大國內外藝術交流，為提高全民族的文化藝術水平，發展高度的豐富多彩的文化生活，建設高度的社會主義精神文明而奮鬥。"（〈章程〉見《中國美術鑑 1949-1989》頁 1378）

㈣、組織架構

本協會最高權力機構為會員代表大會，代表按地區及軍隊中直單位等系統選舉產生。會員代表大會通常每五年舉行一次。現設有主席 1 人，副主席 5 人，秘書長 1 人，副秘書長 2 人，常務理事 21 人。下設六個職能部室：組織部、展覽部、研究部、外聯部、編輯部、辦公室；六個學術委員會：學術委員會、創作評審委員會、篆刻藝術委員會、教育委員會、刻字委員會、硬筆書法委員會；二個培訓機構：中國書法培訓中心、中國書法進修學院。

(五)、會員人數

7千多人（各省市書協，爲其團体會員，不計算在內）

(六)、經費來源

1.會員會費；2.社會捐助；3.企、事業收入（如《中國書法》雜誌出版發行所得、培訓中心及進修學院辦學所得等）；4.國家補助。

(七)、主要工作項目及成果

1.舉辦比賽：爲中國書協最具特色的工作項目，從1981年4月起開始舉辦全國性的大型展覽，但最重要的，仍是以全國三大展及幾項主題展最爲著名，如先後已主辦6次"全國書法篆刻展覽"、7次"全國中青年書法篆刻家作品展覽"、3次"中國書壇新人作品展"、4次"全國篆刻藝術展"、2次"全國正書作品展"、1次"全國行書作品展"、1次"全國楹聯書法展"、1次"全國扇面書法展"、1次"全國硬筆書法展"，其他與各單位聯合舉辦的書法比賽更是不計其數。光是1995年一年之中即主辦了八項大型展覽，被書法界稱爲"展覽年"。

2.舉辦研討會：相較於書法比賽，此項工作相對較少，但亦成績斐然。從1981年即開始與其他單位聯合主辦研討會，如"中國書學研究交流會"、"紀念王羲之撰寫《蘭亭集序》1630週年大會"、4次"全國書學討論會"……等，即以1993年一年間即舉辦了五項大型學術研討會，而被書法界稱爲"學術年"。

3.舉辦書法教育：如1993年成立北京"中國書法培訓中心"、

1994 年成立青島"中國書法進修學院",至今各已舉辦過多種層次及種類的書法創作培訓班、理論班;目前《中國書法》雜誌亦設有刊授部,進行書法教育工作。

4.對外交流工作:從成立以來和日本、新加坡、韓國、香港、台灣等地的書法界皆有頻繁的交流活動。

5.出版編輯工作:如出版公開發行的《中國書法》雜誌、內部發行的《書法通訊》、《中國書法學報》及各項全國性書法、篆刻比賽作品集。

(八)、出版刊物

出版有內部發行的會刊《書法通訊》、《中國書法學報》和公開發行的雜誌《中國書法》(迄 1997 年已出 62 期)。

(九)、分會設立

迄 1997 年止,大陸已有 30 個省、市、自治區和直轄市成立中國書協分會。各分會之下又各自依其情況成立各種直屬的相關書協、研究組、研究會。

二、教育類書法社團-以"中國教育學會書法教育研究會"為代表

此指以研究"書法教育"為宗旨的社團組織。由於大陸書法教育社團設立較晚,大多在 1988 年以後,因此《中國書法今鑑 1949-1990 》、《中國美術年鑑 1949-1989 》等書對其資料收錄甚少。其中設立較早的社團應屬 1984 年 9 月設立的"廣東教育學會美術書法教育研究會"、1985 年 11 月設立的"上海市高校書法教育研究會",前者由廣東省書法教育工作者自願組成,後者由上海各高校從事或熱心於書法教育者自願組成,然而二者皆為地方

性社團。至於全國性社團，目前只有兩個，一為成立於 1981 年 5 月的中國書法家協會書法教育委員會，一為成立於 1988 年 11 月的 "中國教育學會書法教育研究會"（簡稱 "全國書研會"）然前者因其總体屬一般類書法藝術創作性社團，書法教育非其研究工作唯一重心，故自創立以來，活動甚少，至 1993 年以後才開始有明顯的成績，如舉辦書法教育學術研討會、成立中國書法培訓中心、青島中國書法進修學院，在會刊《中國書法》雜誌中舉辦刊授活動等。而後者自創立以來，即一系列推動全國性的教育活動，成績斐然，且已在全國各地設有 35 個分會，實為此類社團最具代表性的組織。今述其創設情形及組織、工作狀況如下：

(一)、隸屬領導

由中國教育學會所領導。

(二)、成立始末

於 1988 年初成立籌備委員會，1988 年 11 月 29 日正式成立。

本會乃是在 1985 年 7 月成立的 "中華書法教育學會" 的基礎上，經中國教育學會批准，於 1988 年成立籌備委員會，於 1988 年 11 月 29 日正式成立。為中國教育學會團體會員之一。

其創立背景為：1984 年春，曾任天津市委秘書長、天津市副市長、天津大學黨委書記、天津市人大常委會副主任，原名王景榮的路達先生，有感於 "文革" 十年耽誤了一代人，及共產黨十一屆三中全會重申繁榮社會主義文藝方針，應該弘揚國粹、繼承創新等使命；及有一次陪同外賓參觀中小學聽到外賓中的某些人對大陸學生寫字狀況的批評，民族自尊心受到莫大刺激，因而暗下決心於擺脫一切政務，退休後專心從事書法教育等原因，乃於

1984 年春與幾位愛好書法的朋友，在天津組成"天津業餘書畫學院"❹，聘請天津市著名書畫家擔任顧問及任教；同年秋季，並邀請全國有關省、市書法家代表，在天津召開書法教育經驗交流會，而於會議其間成立了"中華書法教育學會"；並根據各地與會代表提議，在天津創辦《中國書畫報》（路達任社長）；而於1988 年初，在上海召開中華書法教育學會第三次常務理事會時，經中國教育學會批准，由常務理事會選出路達擔任籌委會主任，在原"中華書法教育學會"的基礎上先成立籌委會，繼而正式宣布成立。❺

　　本會爲大陸最大、最高層級的全國性教育學術團体－成立於1979 年 4 月的"中國教育學會"的 38 個團体會員中的一個，本會成立得較晚，然迄今成績卓著，曾在 1993 年被評爲全國教育學會系統的先進單位。第一任理事長爲路達，現任理事長爲劉炳森。會址設於天津市。

㈢、成立宗旨

　　《書法教育》第二輯〈中國教育學會書法教育研究會簡介〉介紹其宗旨爲："團結、組織從事書法教育和書法教育科學研究的廣大書法教育工作者，進行書法教育理論與實際問題的研究。遵照理論聯繫實際的原則，協助教育行政部門，爲普及和發展我國的書法教育，提高全民族的文化素質作貢獻。"

㈣、組織架構

---

❹　此學院 1992 年改名爲 " 天津市神州書畫進修學院 " 。
❺　見寧書綸〈老有所爲，餘霞萬千－記路達同志的翰墨生活〉，（《中國書畫報》1988.6.2 ）；路棣〈在紀念中國教育學會書法教育專業委員會十周年研討會上的工作報告〉，（ 會議油印文件，1988.11.28 ）。

　　本研究最高權力機構爲會員代表大會。通常每四年舉行一次會員大會，二年舉行一次常務理事會，一年舉行一次理事會。現設有名譽理事長 1 人、理事長 1 人、副理事長 3 人、常務理事長 11 人、顧問 9 人、秘書長 1 人、副秘書長 3 人。下設有一個研究中心（中國書法敎育科學研究中心）、 1 個學術委員會、三種分會（全國各地之書法敎育研究會、中師書法敎育專業委員會及其各地分會、中職書法敎育專業委員會及其各地分會）。

㈤、會員人數

　　迄 1997 年已有 35 個團體會員、 1000 多個個人會員。

㈥、經費來源

　　*1.*會員會費；*2.*社會捐助；*3.*企、事業收入（如《中國書畫報》發行所得、受全國敎委委託編輯發行《小學寫字敎材》所得、協會經營郵售圖書業務等）；*4.*國家補助。

㈦、主要工作項目及成果

　　*1.*發展會員及成立各地分會。

　　*2.*編寫敎材：1991 年編寫完成《小學寫字敎材》，於全國 35 個省市地區及計劃單列市的實驗小學進行實驗（迄今全國接受此書法敎育的學生已近一千萬人）； 1993 年受國家敎委（即敎育部）委託編寫《九年義務敎育寫字敎材》， 1997 年底已完成並通過小學 1 － 6 冊之審定； 1995 年編寫完成中師書法敎材《書寫訓練》； 1997 年正編寫供中等職業學校及大學院校使用之《中職書法基礎敎程》、《大學書法敎材集成》（共 15 冊）。

　　3.、先後召開了三次全國書法敎育學術理論研討會，交流論文 150 餘篇；兩次寫字現場觀摩研討會，交流經驗之論文約 200

篇。

4.舉辦師資培訓：於 1991 年開始，先後舉辦了七期中小學書法師資短期培訓班近 600 人；1994 年開始，委託天津市神州書畫進修學院開辦書法師資義務函授培訓班，學制一年，至 1997 年已舉辦四期，每期 1500 人左右。

5.舉辦書法比賽和交流展：與有關單位先後舉辦了一次"全國中小學生書法作品評選大展"，二次"育才杯"全國硬筆書法作品大賽，及二次國內外作品交流展。

6.發行《中國書畫報》，編輯出版《中國書畫篆刻年鑑 1993-1994》、《中國書畫篆刻年鑑 1995-1996》二書。

㈧出版刊物

出版公開發行的《中國書畫報》（迄 1997 年已出 681 期）、《書法教育》叢刊（已出二期）。

㈨分會設立

迄 1996 年底已有全國 35 個省、市、自治區、直轄市和計劃單列市成立了書法教育研究會，為其團體會員（即分會）；另外又於 1995 年 6 月及 1997 年 3 月批准成立了"中師書法教育專業委員會"及"中職書法教育專業委員會"兩個全國性社團，為其團體會員。

三、硬筆類書法社團－以"中國硬筆書法家協會"為代表

此指從事硬筆書法創作、研究、普及的群眾性學術團体。本書〔附錄壹〕一覽表共收錄 101 個硬筆書法社團，其有關資料多取自《當代中國硬筆書壇概觀》中的〈大事記〉及翻閱大量《書

報》、《書法導報》等報刊雜誌所得。

此類社團最早設立者，爲成立於 1981 年 3 月的"上海晨風硬筆字研究會"，然此爲地方性社團，至於全國性社團中活動最活躍、最重要的社團，當推創立於 1984 年 11 月，原名"中華青年鋼筆書法協會"，而於 1988 年 10 月改名的"中國硬筆書法家協會"，及創立於 1996 年 1 月的"中國書法家協會硬筆書法委員會"。然後者因成立不久，對大陸硬筆書壇影響尚未顯著，因此若稱具有代表性的硬筆書法社團，則當首推設立於浙江省杭州市的"中國硬筆書法家協會"（簡稱"中國硬協"）。今述其成立情形及組織、工作狀況如下：

㈠、隸屬領導

原由中華全國青年聯合會所領導，現已獨立運作。

㈡、成立始末

本會是在原"中華青年鋼筆書法協會"的基礎上改成的。

中華青年鋼筆書法協會成立於 1984 年 11 月，會員是以 18 歲以上，在 1982 、 1984 年由浙江省《浙江青年》、《東方青年》雜誌社所舉辦的兩次全國性鋼筆書法競賽中獲獎的青年爲主要組成成員；於 1988 年 10 月正式改名爲"中國硬筆書法家協會"。

本會乃國內硬筆書法家、硬筆書法理論工作者，自願組成的群衆性藝術團體。自 1984 年成立以來至今，一直由姜東舒擔任協會主席。會址設於浙江省杭州市。

㈢、成立宗旨

根據本會〈章程〉所述，本會宗旨爲："開展國內外硬筆書法交流活動，普及與提高我國的硬筆書法水平，豐富擴大書法藝術，促進祖國社會主義精神文明建設"❻。

㈣、組織架構

　　本會最高權力機構為會員代表大會，通常每五年召開一次。現設名譽主席3人、副主席14人、秘書長1人（由常務理事會推選，秘書長在徵得常務理事同意後聘任副秘書長若干人，組成秘書處，負責處理日常工作，現任秘書長為何幼慕）。下設三個職能部門：組聯部、教育部、活動部；三個委員會：資格審查委員會、作品評審委員會、學術委員會。

㈤、會員人數

　　三千餘人。

㈥、經費來源

　　1.會員會費；2.會刊利潤；3.開展與協會宗旨有關的社會活動所得；4.企業贊助。

㈦、主要工作項目及成果

　　〈章程〉中說明工作任務有七：1.辦好會刊《中國鋼筆書法》；2.不定期舉辦各種形式和規模的硬筆書法活動，並將優秀作品組織巡迴展覽，編輯出版；3.開展各種硬筆書法教學活動，積極引導廣大青少年練好字寫好字；4.舉辦硬筆書法學術研討會，編寫出版有關學術文章或教材；5.編輯"硬筆書法動態"，交流各地活動，指導分會開展工作；6.積極開展國際硬筆書法交流活動；7.設立會員藝術檔案，向社會各界推薦硬筆書法人才。

　　而翻查1985年至1997年《中國鋼筆書法》雜誌所載活動，本

---

❻　〈中國硬筆書法家協會章程〉，載於《中國鋼筆書法》1989：5，頁22。

協會多年來已完成下列成果：

1.舉辦書法比賽：從 1985 年至 1997 年，共舉辦了六屆"中國鋼筆書法大賽"、一屆的"國際鋼筆書法大賽"、一屆的"蘭花杯中國鋼筆書法精英擂臺賽"、一屆的"園丁杯三筆書法大賽"。

2.舉辦書法研討會：從 1987 年至 1997 年，共舉辦了二次"中國鋼筆書法理論研討會"。

3.舉辦書法教學活動：於 1987 年創辦"中國鋼筆書法刊授中心"，常年招生。

4.舉辦交流活動：如 1986 年舉辦中日兩國鋼筆書法交流會，並與日本最大的硬書團體"日本鋼筆習字研究會"結為姊妹團體；1987 年舉辦會員赴老山前線慰問活動；1996 年發動"硬筆書友聯誼會"，並編輯發行"聯誼會手冊"。

5.發行《中國鋼筆書法》雜誌及刊授中心教材。

㈨、出版刊物

發行有公開發行的會刊《中國鋼筆書法》（迄 1997 年已出 71 期）及刊授中心各種教材。

㈩、協會分會

原除西藏外，在全國 29 個省、市、自治區都設有分會，但至 90 年代初，根據國家社團法新條例，規定不設分會的精神，各地分會乃相繼在當地登記，成為各省市的硬協組織，但其協會的負責人仍是本會的領導成員。

四、篆刻類書法社團－以"西泠印社"為代表

此指以從事"金石篆刻"為研究對象的群眾性學術團体。"篆刻"，廣義來說，也算是一種"硬筆書法"。又由於"印從

書出""書存金石氣"等藝術特質,因此習慣上都將篆刻歸屬"書法"一類。在大陸,這一類社團極多,光是 1993 年出版的《中國印學年鑑 1988 - 1992 》所正式收錄的,就有 313 個印學團体和 1962 位印人（附錄部分則尚有 84 個社團和 477 位印人。按:包括香港、台灣地區）。若以本書根據各有關年鑑、報刊上記錄,蒐集所得作成的〈一覽表〉,也有 308 個社團之多。而其中大多是成立於八、九十年代的地方性社團,若論全國性而影響較大的社團,則屬北京"中國書法家學會篆刻藝術委員會"和浙江杭州的"西泠印社"。前者創立於 1986 年 7 月,隸屬於中國書法家協會, 1991 年由民政部門辦理社團登記手續;爲目前大陸舉辦各項篆刻活動中,層級最高的一個社團;如由其所舉辦的"全國篆刻藝術展"至今已四屆,是大陸競爭最劇烈、層級最高的篆刻比賽項目;但其成員至今仍是由中國書法家協會選舉產生的"委員"組成,非屬"自願結合的社會群衆團體",因此嚴格上不算"社團"。若論整個中國篆刻史上,歷史最長、影響最大、成員造詣最高、至今猶存的全國性篆刻社團,則非後者的"西泠印社"莫屬。今述其創設歷史及組織、工作狀況如下:

㈠、隸屬領導

由浙江省杭州市文化局所領導。

㈡、成立始末

本社創立於 1904 年（即光緒 30 年）,於 1990 年由杭州市民政局辦理社團登記手續,爲研究金石篆刻的學術社團,亦爲浙江省重點文物保護單位。以位於浙江省杭州市西湖邊的孤山,地近西泠而命名,向有"湖上園林"之稱。

本會最初乃由著名金石篆刻家丁仁、王湜、葉銘、吳隱四人於 1904 年創立；至 1913 年始召開第一次社員大會，公布〈社啟〉、〈社約〉。1937 至 1945 年對日抗戰期間，曾因社員星散，經費困難等原因，集體活動停頓，園林任其頹圮，印社陷于解體消亡境地，只有社員間還保持交流連繫活動；至 1946 年日本投降，印社逐漸重修恢復；至 1949 年，大陸政權易幟，為了保護印社不受損害，印社乃將園林、建築、刻石交國家園林管理局接管，書畫文物交國家文物主管部門管理；1957 年省文物管理部門採納張宗祥提案，撥款修復一些印社硬體措施；1963 年浙江省人民政府召開“西泠印社六十周年大會”，責成杭州市文化局進行恢復印社籌備工作，大會亦通過了新社章，選舉產生了首屆理事會，公推張宗祥為第三任社長，停頓了二十多年的西泠印社活動逐漸恢復；此後雖然 1966 年後十年文革期間，學者專家受到迫害，印社亦被打成“黑窩”，但賴印社全體職工，運用各種方法保護了所藏珍貴文物，仍於期間大量做了許多普及書法篆刻（如舉辦展覽）、培養青少年（如舉辦培訓班、講座）、編輯字帖文物（如出版《毛主席詩詞行書帖》、《吳昌碩印略》）、接待日本訪問團等工作，印社活動並未停止；1979 年印社召開“西泠印社建社七十五周年大會”，一切活動乃正常蓬勃推展。❼

本會至今已有 94 年歷史，歷任社長為吳昌碩、馬衡、張宗祥、沙孟海；現任社長為趙樸初。會址設於浙江省杭州市。

㈢、成立宗旨

根據 1913 年公布之〈社約〉記載：本社以“研究印學，保存

❼ 詳見呂國璋〈興旺時期的顯著變化－簡述印社建國後四十五年來的歷史〉；林乾良、黃鎮中〈（西泠印社）大事記〉。二文俱見《西泠印社九十年》一書。

金石"爲宗旨。**❽**

㈣、組織架構

　　本社最高權力機構爲會員大會，社員每年於清明、重陽春秋二季舉行聚會雅集，交流創作成果和展示收藏，進行觀摩研討；每年舉行一次理事會；每五年舉行一次社慶活動。現有社長1人，祕書長1人、副祕書長2人。下設7個科室：事業科，辦公室，西泠印社出版社，裱畫、搨碑、印泥製作工場，兩個門市部，篆刻藝術創作室，社刊編輯部。

㈤、會員人數

　　現有社員152人。包括國際及海外人士：日本7人，韓國2人，新加坡1人，香港4人，澳門1人，台灣1人（王北岳先生）。

㈥、經費來源

　　1、社員會費；2、社刊、社報及出版品、工場、門市部經營所得；3、企業贊助；4、政府補助。

㈦、主要工作項目及成果

　　茲根據林乾良、黃鎮中所輯〈（西泠印社）大事紀〉一文所載**❾**，摘錄其主要工作項目及成果如下：

　　1、舉行每年一次的理事會，每五年一次的社慶活動，每十年一次的紀念活動。

　　2、常年開展國內外文化藝術交流活動：如近幾年來每年皆接

---

❽　見西泠印社1957年編纂出版油印本之《西泠印社志稿》，頁25。
❾　文見《西泠印社九十年》，頁138－145。

待了外國訪問團二、三十批左右，印社成員亦常應邀組團赴日本訪問交流。

　　3、舉辦專題學術討論會：如 1963 年召開建社六十周年紀念會，舉辦以"篆刻史上的幾個問題"和"西泠八家的藝術特點"爲題的學術討論；1983 年召開建社八十周年紀念會，舉辦國際印學討論會，共收到論文 30 餘篇，進行討論交流等。

　　4、舉辦全國篆刻作品評展：已舉辦二屆。

　　5、舉辦各項展覽活動：如在大陸舉辦"余任天遺作展"、"譚建承書畫展"、"全國印社篆刻聯展"；在日本舉辦"西泠印社展"；在中日兩地舉辦"中日友好篆刻聯展"等。

　　6、發行《西泠藝叢》、《西泠藝報》及各項印譜、字帖、圖書、裱褙、搨碑、製作印泥等企業經營工作。

　　7、其他：如組團舉辦抗洪救災書畫義賣、捐款；爲八十歲以上社員舉辦祝壽會……等。

(八)、出版刊物

　　有公開發行的社刊《西泠藝叢》和社報《西泠藝報》。並出版《印學史》、《中國篆刻學》、《余任天印存》……等印譜、專著數十種。

(九)、印社分會

　　本社未發展分會組織。

五、理論類書法社團－以"中國青年書法理論家協會"爲代表

　　此指以研究"書法、篆刻理論"爲主，由書法、篆刻理論工作者自願結合的群衆性學術團體。在大陸此類團體多附屬於書法

家協會中，作爲一個"工作部"（委員會）而存在，單獨成立爲一個社團者不多，本書【附錄壹】一覽表所搜集羅列者只有七個，其中兩個亦已撤銷，因此一覽表中至今仍存在者，實際上只有五個社團。

其中最早的兩個社團，爲成立於 1985 年 5 月的"浙江省篆刻理論研究會"和成立於 1985 年 12 月的"浙江省書法理論研究會"，二者皆由中國書協浙江分會所領導，皆於 1989 年 1 月撤銷，合併爲 1989 年 1 月成立的"浙江省書學理論研究會"。

而在此七個社團中，只有"中國書法家協會學術委員會"及"中國青年書法理論家協會"屬於全國性社團，但前者成立於 1986 年 10 月，現由 19 位中國書協委員組成，非屬人民"自願結合"的社團；後者簡稱"青論會"成立於 1988 年 11 月，乃由全國 45 歲以下的青年書法理論家組合而成，從創立以來，舉辦多次全國書法理論研討會，對大陸書法理論研究風氣，有重要的帶動之功，堪爲本類社團之代表。今述其成立情形及組織、工作狀況如下：

㈠、隸屬領導

由中國青年聯合會所領導。

㈡、成立始末與宗旨

本會成立於 1988 年 11 月，乃聚集全國青年（ 45 歲以下）書法理論家的一個社團組織，其創立動機及宗旨，據本會主席陳振濂教授來信告知："主要是鑒於當時書法理論的不受重視與不被理解，也有鑒於新一代書論研究與舊有書論意識不同，故希望以此來推動新時代的書法理論研究。"本會現任主席爲陳振濂，會址設於四川省成都市。

㈢、組織架構

　　本會設有主席 1 人，副主席 10 人左右，祕書長 1 人，副祕書長 2 人。

㈣、會員人數

　　約 600 多人。

㈤、經費來源

　　*1.*會費；2、企業贊助；3、政府補助。

㈥、主要工作項目及成果

　　以"學科"理論研究爲重點，迄 1997 年曾舉辦過下列學術研討會：

　　1."書法學"暨書法發展戰略研討會：已辦過二屆。

　　2."篆刻學"及"中國畫學"研討會：各辦過一屆。

　　*3.*書法史學、美學學術研討會：辦過一屆。

　　*4.*全國近現代書學研討會：辦過一屆。

㈦、出版刊物

　　本會未以社團名義出版過任何刊物或論著，但會中骨幹卻多參與國內各重要年鑑及教材之編寫工作，如《中國書畫篆刻年鑑 1993-1994》、《中國書畫篆刻年鑑 1995-1996》、《大學書法教材集成》共 15 冊等。

㈧、分會設立

　　本會未發展分會

六、綜合類書法社團－以"中國老年書畫研究會"爲代表

　　此指以從事"詩書畫印影"，而含"書法"一項之綜合類社

團，如北京"中國書畫社"、貴州遵義"中國書畫印研究會"、
雲南迪慶州文聯"書美影協會"、湖南醴泉"文學書畫協會"、
北京"神劍文學藝術學會"等。此類社團本書【附錄壹】一覽表
共收有 181 個社團，而以"書畫"二項綜合研究者最多；又以"中
國老年書畫研究會"規模最大，最具代表性。今概述其創設及組
織、工作狀況如下：

(一)、隸屬領導

由中國老齡問題全國委員會領導。

(二)、成立時間

成立於 1984 年 4 月，總會設在北京市，會長爲劉寧一。

(三)、成立宗旨

《中國美術年鑑 1949-1989 ・美術社團》記載該會成立宗旨
爲："堅持'二爲'方向，貫徹'雙百'方針，從事書畫學術、
創作、研究，陶冶情操，延年益壽，增進國內外同行的聯系，爲
我國傳統藝術的繼承和發展，爲建設具有中國特色的社會主義，
爲促進祖國的和平統一，維護世界和平貢獻自己的力量。"

(四)、組織架構

設有名譽會長 9 人，名譽副會長 14 人，會長 1 人，副會長 16
人，祕書長 1 人，副祕書長 4 人，顧問 147 人，理事 102 人。總會
設有辦公室、組織聯絡部、宣教部、展覽部、研究部、服務部等
六個職能部室。

(五)、會員人數

以 1989 年《中國美術年鑑 1949 − 1989 》記載，當時有會員 7

千多人。

㈥、經費來源

1. 社員會費；*2.*函授教育辦學所得；*3.*企業贊助；*4.*政府補助。

㈦、主要工作項目及成果

*1.*舉辦展覽：基本上每年於北京舉辦 1 次大型書畫展覽；並曾在天津、廣東東莞等地、湖北、哈爾濱等地，舉辦過展覽。

*2.*義賣捐贈：如曾先後為＂愛我中華，修我長城＂、殘疾人福利事業和亞運會捐贈書畫。

*3.*推廣教育：如設有＂中國書畫函授大學＂及函大分校、站共 212 所。與商業部老幹部局合辦老年書畫學習班。

㈧、出版刊物

不定期出版內部發行之刊物。

㈨、分會設立

在全國共有 46 個分會，其中各省分會 25 個，中央國家機關分會 16 個，駐京部隊分會 5 個。

參、大陸書法社團之特色分析

一、 社團種類與名稱方面

㈠、分為數種種類，發展不同之特色

大陸書法社團，依研究主題分，可分為一般類（即以書法、篆刻為主之一般性社團）、教育類、硬筆類、篆刻類、理論類、綜合類（即包括書法一項之詩書畫印影綜合性社團）六類；依會

員分布分，可分爲全國性與地方性二類；依隸屬關係分，可分爲官方與民間二類。社團種類多、數量多，爲大陸書法藝術蓬勃發展的象徵之一。然考察其分布情形，發覺並不平均，依本書【附錄壹】一覽表所列數目來看，全部 1093 個社團，一般類占 451 個，教育占 45 個，硬筆類占 101 個，篆刻類占 308 個，理論類占 7 個，綜合類占 179 個；全國性約占 25 個，地方性約占 1068 個；官方性或半官方性約占 1089 個，純民間性約占 4 個。雖爲不完全統計，但亦約略可見其分布發展狀況。

然縱管其發展目前並不平均，但仍具有以下四點耐人尋味的發展特色：

*1.教育類書法社團將快速增加：*大陸書法教育類社團主要是由 1988 年成立的中國教育學會書法教育研究會所大力推動設立的，到目前，以本書【附錄壹】一覽表所列，全部約 45 個教育類社團中，在其前設立的只有 13 個，之後設立的 32 個幾乎大部分是由其所推動設立的“分會”，尤其是 1995 年及 1997 年亦屬其分會之一的“中師書法教育專業委員會”、“中職書法教育專業委員會”又已開始在全國設立“分會”，亦即中國教育學會書法教育研究會“分會的分會”。因此可以想見教育類書法社團在近年應有快速增加的趨勢。

*2.理論類書法社團多集中在浙江杭州：*理論類書法社團須是書法學術理論人才始得加入，而理論人才在書法藝術領域中人數本就較少，因此社團較少是必然的。然在本研究一覽表所收此類 7 個社團中，位在浙江杭州的社團就占了 3 個，且在另 4 個社團中，屬於全國性的兩個社團（中國書法家協會學術研究委員會、中國青年書法理論家協會）裏，杭州人也占了不少，於此亦可略見大陸書法理論人才分佈及發展之特色。

　　3.綜合類書法社團中老年書畫協會數量龐大：老年書畫協會的成員多爲已退休的老幹部、老軍人、老書畫家、老知識分子，此類社團就以位在北京的“中國老年書畫研究會”來說，其在全國各地就設有 46 個分會；若以本書【附錄壹】一覽表所收 181 個社團中，就占了 36 個，亦即幾乎占了五分之一，可謂數量龐大。又由於此類社團成員亦多屬其他類社團的中堅幹部，因此從大陸老年書畫社團數量之多，不僅可以略見大陸社會文化發展生態，亦可概知大陸書法藝術活動之多，研究風氣之蓬勃，當與這類經驗豐富，熱心奉獻的“老人”大有關係。

　　4.民間性書法社團近年逐漸興起：大陸社團嚴格上都屬於“官方”或“半官方”的，都接受官方所監督領導；此所謂“民間性”，則特指其日常經費來源，純屬民間籌措，並未接受國家發給補助，爲純“民辦”的社團。如成立較早的蘇州“滄浪書社”，於 1987 年冬至成立，屬中青年書家自願組成的跨地區民間法人團體，會員三十人左右，曾先後在台灣、美國等地舉辦過一系列展覽，亦曾舉辦一次完全由民間企業補助的“中國書法史國際學術研討會”；再如成立於 1990 年的山東濟南“齊魯書畫研究院”，此研究院乃集書畫研究、創作、交流、收藏於一身的大型民間學術團體，迄 1992 年已在山東發展 16 個分會，會員多達 4500 多人，經常組織會員到工廠、農村、部隊開展書畫活動，進行無償服務，並曾經赴台灣、東南亞等地辦過展覽，堅持“以文養文”與“以商養文”的方式開展社團活動等❿；其他如天津華萃書畫藝術研究會、溫州書畫院等亦都是興起於近年的此類民間性

---

❿　參見〈集山東書畫精英，創齊魯藝術新業－記齊魯書畫研究院〉及魯藝〈面向群衆，繁榮新時期的書畫藝術－齊魯書畫研究院建院五年經驗談〉二文，（《中國書畫報》1990.7.5 ；1992.10.8 ）。

書法社團。

㈡、名稱蘊含深意與趣味之特色

　　本書〔附錄壹〕所分六類社團：一般類、教育類、硬筆類、篆刻類、理論類、綜合類書法社團中，除了篆刻類社團命名方式不同外，其他五類的命名方式與蘊含深意大致如下：

　　*1.*開頭名稱：可分爲以下六種：⑴以國命名者：如中國書法家協會、中華書法家協會；⑵以地命名者：如太原市書法家協會、蘭亭書會；⑶以書命名者：如現代書法研究會；⑷以人命名者：如完白書畫研究會、毛澤東書法研究會；⑸以精神命名者：如神劍文學藝術學會；⑹以從屬關係命名者：如江蘇直屬系統書法協會。——而此六種中以“地名”命名者最多，約占全部社團中的 99% 以上。其意義非惟表示社團之所在位置，通常亦含有級別層次之分，如國家級、省級、市級、縣級之別，其權威性與地位亦自不同。

　　*2.*結尾名稱：除綜合類社團偶而稱“院”（如河南書畫院）以外，計有以下十五種：社、會、書社、書會、聯誼社、普及社、墨趣會、書法協會、書法學會、書法家協會、書法促進會、書法研究會、書法愛好者協會、書法藝術研究會、書法篆刻藝術研究會。——而此 15 種中，以稱“書法協會”、“書法家協會”、“書法工作者協會”三種最多，約占全部社團的 95% 以上。而其或稱“聯誼”、或稱“普及”、或稱“墨趣”、或稱“促進”、或稱“研究”、或稱“愛好者”，皆表明其爲群眾結社之目的與意趣。至於稱爲“家”者，如“書法家協會”等，則明確表明入此會者必須是“書法家”、或入此會者乃可稱爲“書法家”，與一般書法社團成員不同，地位不同，入會條件亦較嚴格。

至於篆刻類社團，其稱爲"協會"、"研究會"如上述者不多，而通常多以"印社"名之，其名稱尤蘊深意與趣味，茲分析如下：

*1.*以所在古今地名、名勝或位置命名者：如瀋陽印社，芝罘（煙台）印社、東吳（蘇州地區）印社；彭城（徐州）印社、海河（天津）印社、白山（吉林長白山）印社、終南（西安）印社、西泠（杭州）印社、東湖（武漢）印社、東隅（位於黑龍江省雞西市，爲《後漢書・馮異傳》中所謂的"東隅"，兼取東方、早晨，寓意"興旺"之意）印社等。

*2.*以篆刻名家或曾居此地的古人名字命名者：如鄧散木藝術研究社、完白（鄧石如字，兼取其地爲"淮北"之諧音）印社、漱玉（濟南，李清照曾居此，有《漱玉詞》）印社、臥龍（南陽，相傳諸葛亮曾隱居南陽臥龍崗）印社等。⓫

*3.*以跟篆刻精神意義形式相關而命名者：如石緣印社、鍥之印社、拓荒印社、三原色印社、紅豆印社、小刀會印社等。

*4.*以深寓期望或自許而命名者：如青山印社、野草印社、友聲印社（《詩經・小雅・伐木》："嚶其鳴矣，求其友聲"，以寓"聲氣相求"之意）等。

㈢、多存因故改名現象之特色

考察大陸書法社團的發展，發現其常存因情勢不同而改名的現象，甚至有至今而三易其名者，此與台灣社團名稱皆"從一而終"者不同。其改名情況大約可分爲以下三種：

*1.*因成爲某社團分會而改名者：如1981年5月中國書法家協

⓫　參見徐中易〈印學社團名稱拾趣〉，（《書法報》1998.3.16）；〈粗獷豪放，古樸自然－東隅印社簡介〉，（《中國書畫報》1992.6.11）。

會成立後，各地在之前已成立的省級書法社團紛紛改名，成爲其分會，如"中國書法家協會山西分會"前身爲"山西省書法篆刻研究會"；"中國書法家協會黑龍江分會"前身爲"黑龍江省書法篆刻研究會"，皆因總會設立，成爲分會而改名。又如"中國教育學會中國書法教育研究會"其前身原爲"中華書法教育學會"，後亦因加入中國教育學會成爲其分會而改名。

2.因獨立或擴編而改名者：如北京市"密雲縣書法協會"的前身原爲"密雲縣書法繪畫攝影藝術學會"，後因縣文聯成立，書法協會成爲文聯的一個獨立藝術團体而改名；又如浙江杭州"中國硬筆書法家協會"的前身爲"中華青年鋼筆書法協會"，後因擴編而改名。

3.因成員不同或其他原因而改名者：如"廣東省老年書畫家協會"的前身爲"廣東老年書畫研究會"，後因會員素質較高，爲外界所肯定而改名。又據聞大陸自1987 年"六四天安門事件"後，民主聲浪高漲，中國書協與各地分會的關係，已由"領導"、"指導"改成"配合"，原各地"分會"，紛紛改名獨立，如"中國書法家協會上海分會"的前身原爲創設於1961 年4 月的"上海中國書法篆刻研究會"，後因1981 年成爲中國書協分會而改名，但至1989 年又改名爲"上海書法家協會"，各省情況亦然，但筆者至今未見到確切書面資料。

二、 社團創立方式與時間方面

㈠、官方介入創立與多屬半官方性質之特色

在考察大陸書法社團創立歷史之有限資料時，發現大陸全國性重要社團創立伊始，多半皆有在職高級官員或退休高級官員介入創設之事實，與台灣純粹由民間自動結集，然後向內政部申請

備案，及會員多屬清一色"平民"，而絕少"官員"之特色極為不同。

如1961年曾任北大校長的沈尹默成立、至今影響頗大的"上海中國書法篆刻研究會"，即是因其有感於書法教育的重要，而上書毛澤東，並面陳時任副總理的陳毅，得到陳毅的支持協助而創立的。而沈氏在翌年也被選為上海市文聯副主席，成為正式的"官員"。又如大陸一般性書法社團中最大、最具權威的代表性社團"中國書法家協會"來說，其創設的主要推動人物舒同，即是與毛澤東一起打天下，曾任共產黨高級軍事指揮員、政治工作和軍事理論工作領導者、軍事科學院副院長，被毛澤東稱為"黨內一枝筆"、"紅軍書法家"的人物；因其在1980左右有感於日本書法界已相當發達，而代表中國文化的書法在大陸竟還沒有有力的組織，乃在中央宣傳部及中國文聯❷等官方支持協助下創立；若觀察其在1998年6月去世時，中國書協代主席沈鵬為他所寫的輓聯："從疆場作戰到奪取政權，軍內一枝如椽筆；由馬背寫字而創建書協，藝壇元勛樹巨碑"❸，即可想見他以軍事思想長才，策劃一統全國書法界的中國書協之魄力。另外如大陸書法教育類的最大社團——中國教育學會書法教育研究會的創立主要推動者路達，即曾當過天津市副市長；又如大陸書法綜合類的最大社團－中國老年書畫研究會，其成員亦多為退休的將軍與高幹等等。

觀察大陸此類大社團一成立，即能馬上將各省已有的省級重

❷　"中國文聯"，為"中國文學藝術聯合會"的簡稱，為大陸官方組織，創設時的主要成員，多為當時為共產黨打天下時的喉舌－左翼作家聯盟的成員。"文聯主席"之官階比部長還大，第一任文聯主席為郭沫若。
❸　參見《書法導報》1998年7月1日的有關系列報導。

要書法社團——收編改名，成爲其所指導之分會，並——在未設立的省份成立新分會，從點而線而面的推展書法活動，甚至形成至今浸久不衰、全民沸騰的書法熱潮，此種官方有力人士的介入與支持，應是重要原因之一。

另外考察大陸百分之九十以上的社團，其隸屬領導單位多不出乎"文聯系統"、"文化系統"、"青聯系統"、"老幹部系統"，而此設立在中央、省、市、地、縣、鄉、鎮的各類系統，皆爲官方組織；是故此類社團的社址或聯絡處亦多設在當地文聯、文化局、文化館、文化宮、博物館、美術館、市府大院……等等❶，可以了解其多屬於"官方"或"半官方"性質之特色。

㈡、創立時間集中於八十年代之特色

大陸至今猶存的書法社團可分爲兩種，一爲文革前即已設立的社團，但爲數甚少；一爲文革後所設立的社團，爲數最多；而在文革期間成立的社團尙未曾見。至於其所分布時間，發現 1977 年至 1997 年期間所設立的社團，以集中在八十年代創立者最多；八十年代中又以集中在 1984 年至 1989 年 6 年中爲最多，今製表示之如下（以確知有創立時間者爲計）：

---

❶ 詳見《中國書法今鑑 1949－1990 》、《中國美術年鑑 1949－1989 》各有關社團簡介。

社團種類＼年份	一般類書法社團	教育類書法社團	硬筆類書法社團	篆刻類書法社團	理論類書法社團	綜合類書法社團	合計
1977年以前	5			2		3	10
1977年	0						0
1978年	1			2			3
1979年	11					2	13
1980年	25					4	30
1981年	24		1	3		6	34
1982年	36					7	43
1983年	25			5		3	33
1984年	70	1	2	10		14	97
1985年	56	1	2	20	2	20	101
1986年	36	1	3	32	1	21	94
1987年	35	1	3	39		22	100
1988年	37	3	10	43	2	27	122
1989年	36	6	17	65	1	21	146
1990年	7	6	11	15	1	2	42
1991年	0	3	9	19			31
1992年	3	4	14	21		7	49
1993年	2	2	10			2	16
1994年	6	3	12	4		4	29
1995年	1		1	1			3
1996年	7		1	2		3	13
1997年	3					1	4
合計	426	32	96	283	7	169	1013

三、社團層級與配合關係方面

㈠、層級分明，身價不同之特色

　　由於大陸書法社團多具有官方或半官方性質，因此其官方行政色彩極為鮮明，社團分為中央（國家）級的、省級的、市級的、縣級的，在省級中甚至還分為省一級、省二級的，層級不同，身價亦自不同。越是層級高的，越容易得到國家經費的補助，越容易得到專家人才的加入，也越容易建立起為官方承認，為群眾信服的權威形象。

以國家級的中國書法家協會來說，其所舉辦的各項展覽、比賽即代表國家最高層級的展覽、比賽，其會員亦代表書法界最高成就的身分象徵。凡所舉辦的展覽、比賽，其參加作品多半需要從基層書協層層審批，最後依各省分配件數，匯送中國書協總會（按：近年方式已有改變，詳見本書第四章）進行評選；其會員加入，亦須由基層書協層層推薦，按一定程序，最後由中國書協受理申請。

此種層級分明，步步高升的方式，激發大陸學習書法的廣大群眾，從基層的比賽開始，以至市級、省級、國家級，從以加入基層書協會員為目標，以至加人市級、省級、國家級會員為目標，在此體系中逐層攀升，激發自己的潛能，從而也帶動了全民書法藝術求索的熱潮。

㈡、總會分會互相配合，形成緊密網絡之特色

大陸書法社團的“隸屬”關係可分為兩個方向來說，一為橫向的、官方行政、外部的隸屬領導關係，如大部分社團多隸屬於文聯（文學藝術聯合會）、文化（文化部、文化廳、文化局等）、青聯（青年聯合會）、老幹部（老幹部局）、老齡委（老齡問題委員會）……等官方系統而受其所領導。如中國書協隸屬於中國文聯而受其所領導、中國書協浙江分會隸屬於浙江省文聯而受其所領導、杭州市書法家協會隸屬於杭州市文聯而受其所領導、淳

安縣書法工作者協會隸屬於淳安縣文聯而受其所領導……等。另
一爲縱向的，屬於書協總會與分會間內部的隸屬指導關係（然以
前稱爲"指導"關係，現在則大多改稱爲"配合"或"聯誼"關
係）。

　　目前大陸書法社團設有總會、分會的社團極多，最大的三個
社團即中國書協（已設有 30 個直屬分會）、中國教育學會書法教
育研究會（已設有 35 個直屬分會）、中國老年書畫研究會（已設
有 46 個直屬分會），且分會下又設分會，形成一廣大而緊密的網
絡。

　　以中國教育學會書法教育研究會（簡稱"全國書研會"）來
說："全國書研會"本屬"中國教育學會"下設的 38 個研究會之
一；全國書研會則又在全國各省市自治區及計劃單列市設了 35 個
直屬分會（如浙江省書法教育研究會、江西省書法教育研究會……
等），及兩個直屬委員會（即"中師書法教育專業委員會"、
"中職書法專業委員會"）；而此 35 個直屬分會及兩個直屬委員
會亦已各自在其所轄領域發展分會，如中師書法教育專業委員會
目前已在福建、江西……等地設立了 7 個委員會等。另根據全國
書研會祕書長路棣先生的報告亦云"有的省市把書法教育組織建
到了縣、鄉、鎮、校，有的學校還成了"家長書研會"，使之參
與學校書法教育工作❶。"是又屬於這些分會往下延伸建立的分
會之分會。

　　如此分會本身既發展了本身的"個人會員"，本身又成爲總
會的"團體會員"，在個自領域中結合當地老中青三代人才，負
起整体策劃、配合上下推展活動、溝通情況、交流經驗、協調關

❶　見路棣〈在紀念中國教育學會書法教育專業委員會十周年研討會上的工
作報告〉，（會議油印文件，1988.11.28）。

係、繁榮地方、提攜彼此的任務。大陸書法界這棵"大樹"的興旺，與此盤根錯結、緊密而廣泛相連的推動網絡，確實大有關係。

四、社團組織架構與工作項目方面

㈠、職位上虛銜名額衆多之特色

大陸書法社團的負責人職稱不同，計有社長、會長、主席、理事長、主任委員等五種稱呼，除了少數社團設置 1 人以上者（如山東齊魯書畫研究院設院長 4 人；陝西中國書畫家協會設會長 2 人），大部分皆和秘書長一樣，只選出 1 人擔任。但除此二職位以外，其他職稱的人數衆多，虛銜人數尤然，成爲大陸書法社團組織架構的一大特色。今列舉四例說明如下：

1. 1989 年中國老年書畫研究會：會員 7 千餘人，名譽會長 9 人，名譽副會長 14 人，會長 1 人，副會長 16 人，秘書長 1 人，副秘書長 4 人，顧問 147 人，理事 122 人。

2. 1989 年中國老年書畫研究會廣東分會：會員 420 餘人，名譽會長 14 人，顧問 22 人，會長 1 人，常務副會長 1 人，副會長 5 人，秘書長 1 人，副秘書長 3 人。

3. 1989 年中國書法家協會廣西分會：會員 463 人，名譽主席 1 人，名譽副主席 3 人，主席 1 人，副主席 4 人，秘書長 1 人，常務理事 18 人，顧問 16 人。

4. 1989 年賀蘭印社：會員 36 人，名譽社長 7 人，藝術顧問 4 人，社長 1 人，副社長 2 人，秘書長 1 人。 ⓰

名譽會長、名譽副會長、顧問等"虛銜"人數皆極多，此現

⓰　以上四例，依次詳見《中國美術年鑑 1949-1989》頁 51，頁 102，頁 104，頁 119。

象《羲之書畫報》1996年5月24日劉純佳的〈嶺南木棉紅－廣東省老年書畫家協會概略〉一文，略道出其端倪，其言曰："該會現有800多名會員，……在協會10位正副主席中，有8位是省廳局長級以上和部隊師職以上老幹部。"又《中國鋼筆書法》1989年第三期所載的〈中國硬筆書法家協會章程〉第三章第十二條也道出了一些消息："聘請德高望重並熱心支持硬筆書法事業的各界'知名人士'若干人擔任協會名譽主席或顧問；聘請熱心於硬筆書法事業的'經濟人士'爲名譽理事"。原來這些虛銜人士未必是精通於書畫篆刻者，而絕大多數爲"政要"、"知名人士"、"經濟人士"，其拉攏此輩人士，乃是有其生存上的需要。陳振濂以其爲大陸書界中人，曾在其《現代中國書法史》中有所陳述，其言曰："由於書法初興，人材、物質、活動空間、經費皆是兩手空空，爲了儘快打開局面，不少省市書法家協會以中國社會生活中'官本位'習慣勢力爲依據；開始大量延請省市領導人作爲協會的主要領導－作爲一種交易，在捧送名譽主席、名譽顧問等桂冠的同時；也利用領導的便利籌到活動經費、場地、編制等等，……這本來也不失爲一種權宜之計，並且它也的確有見效快的特點"。

如此巧心安排，只爲能爲書法藝術的推展打開新局面，於此亦可見大陸書法社團組織者的用心。

(二)工作項目包羅萬象之特色

綜合歸納《中國書法今鑑 1949-1990》、《中國美術年鑑 1949-1989》二書所載有關大陸書法社團的活動成果，發現工作項目，可謂琳瑯滿目，包羅萬象，由此更可以確認其爲近二十年大陸書法風氣推動的主軸之地位，今羅列其工作項目，並述之如下：

1.對內舉辦之活動

⑴會員定期活動：包括對會員定期舉辦的展覽比賽、講座、書藝交流、理論交流等活動。如安徽蒙城縣書法工作者協會固定兩個月一次舉行會員交流活動，堅持多年，從未間斷；如山西應縣書法愛好者協會，堅持每年舉辦兩次書法展覽，請外地書家蒞臨講學表演，並爲成就突出的會員舉辦個展。

⑵會員參觀活動：包括率團參觀外地書協或各地碑林等名勝。如山西運城地區書法家協會曾組團赴河南書協參觀考察學習；遼寧彰武縣書協曾 9 次組織 48 人的書法骨幹到西安、曲阜、泰山、南京、鄭州、洛陽等地參觀考察。

⑶會員參加展賽：如組織會員參加外界各型書法比賽、展覽、研討會，並爲會員舉辦全國三大書展前的創作研討會、研習班等。如北京齊白石藝術研討會從創社以來組織會員參加各種展覽交流共兩千多次；江蘇武進縣書法工作者協會每年組織會員參加市級、省級、全國性書法比賽；河南書協在每次全國三大書展前，除舉辦各類創作研討會、研習班外，並對其各地分會發出通知、派遣省內知名書法家下鄉在各地進行作品評講檢討等。

⑷編輯會刊：包括對會員及友協之間發行的內部刊物。如中國書協兩個月發行一次《書法通訊》社刊、燕風印社每月發行一份《燕風印社》社刊。

2.對外舉辦之活動：

⑴展賽研討項目：包括舉辦國際性、全國性或地方性的書法比賽、展覽、研討會、經驗交流會等。如山東書協之曾舉辦"中國漢碑學術討論會"、"牡丹盃國際書畫大獎賽"、"山東省首屆中青年書法篆刻作品展覽"；廣西玉林書法工作者協會曾舉辦"全國書法教育經驗交流會"等。

⑵教育項目：包括派遣會員到外地講學輔導，舉辦各類書法教育等。如黑龍江海林縣書法篆刻工作者協會曾組織書法巡迴報告團到全縣各鄉鎮作有關書法的報告，曾舉辦各種不同類型的書法學習班 20 多次；浙江海寧市青年書法工作者協會之常不定期組織會員深入工廠、農村去作書法輔導表演。

⑶服務項目：包括爲民衆書寫春聯、參加各類義賣、舉辦學書諮詢、接受政府委託書寫饋贈作品等。如安徽馬鞍山市書法工作者協會每年皆組織會員下農村、到工廠爲民衆寫春聯；北京東方書畫研究會曾先後爲亞運、非洲災民、抗日戰爭紀念館、法卡山前線、修葺長城等活動捐贈書畫作品義賣；北京長城硯友書法社曾接受政府委託向菲律賓、朝鮮等國家元首創作饋贈作品。

⑷交流項目：包括與國內外書法團體進行年會、筆會、研討會、藝術交流等活動。如西泠印社每年平均接待海外訪問團二、三十批；上海與日本大阪結爲姊妹市後，上海書協與日本書家常進行兩國互訪及書藝交流活動。

⑸編輯出版項目：包括出版字帖、書法集、論文集、教材、公開發行之期刊、拍製書法相關錄影帶、參與碑林建造等。如中國教育學會書法教育研究會曾編輯發行《小學寫字教材》、《義務教育寫字教材》（ 12 冊）、中師《書寫訓練》、《中職書法基礎教程》；上海書協曾錄製 12 位當地 70 歲以上著名書家爲內容的《書壇耆宿》錄影帶；南京市書協曾錄製《林散之老人》、《大筆豪情》兩部電視藝術片；江西吉安地區書法工作者協會曾參加由吉安地區行署、省文化廳撥款興建的井崗山碑林、摩崖工程，並組織成員考查吉安地區歷代書家，已完成 135 人的紀錄。

以上細數大陸書法社團的諸多工作項目及活動成果，足以提供台灣舉辦展覽、研討會、教學、出版刊物爲主的社團形態，提供一些參考之用，並藉以說明大陸書法社團在工作項目上豐富多采的一大特色。

(三)、多辦有書法業餘學校或各類培訓班之特色

推廣書法教育一直是大陸書法社團的工作項目之一，其方法如舉辦書法篆刻講座、書法夏令營、書法創作研討會、書法巡迴報告會、編印發行書法教材、書法錄影帶……等，而其中以直接創辦書法業餘學校或開辦各類書法培訓班者最多。

早在 1961 年，沈尹默在上海所成立的＂中國書法篆刻研究會＂，即有計畫的在上海市工人文化宮及上海市青年宮舉辦書法及書法篆刻學習班，目前上海許多中青年書法家即當時受教的學生。目前大陸大多數書法社團亦都或多或少、或大或小、或長或短地舉辦過書法教育培訓活動，其有記錄者，請參見本書〔附錄壹〕一覽表所列＂辦學情形＂一欄。至其所參與培訓之情形，今分類述之如下：

1. **社團本身所辦各類培訓班：**如山西大同市書法工作者協會在 1990 年之前即辦有書法培訓班 9 期；黑龍江省海林縣書法篆刻工作者協會在 1990 年之前即辦有不同種類的書法學習班 20 多次；四川省西昌市書法工作者協會在 1990 年之前即辦有各類成人書法培訓班 35 期，少年兒童書法班每年 2 期約 66 班次；浙江義烏市書法工作者協會在 1990 年之前曾舉辦過市級機關幹部培訓班、青少年書法培訓班、教師書法培訓班、離退休幹部書法培訓班、經委系統書法培訓班、工廠書法培訓班❶……等。

2、社團附設書法業餘學校所辦之各類培訓班：最有名者，如

---

❶ 以上資料見《中國書法今鑑 1949 － 1990 》頁 861 ，頁 869 ，頁 938 ，頁 886 。

中國書協附設之"書法培訓中心"、"中國書法進修學院"；河南書協附設之"河南書法函授院"；安徽書協附設之"安徽書畫函授學院"；中國老年書畫研究會附設之"中國書畫函授大學"及其分佈在各地的函授分校、函授站共 212 所⋯⋯等。

3.社團委託書法業餘學校所辦之各類培訓班：如全國書研會之委託"天津神州書畫進修學院"義務代培其書法實驗之書法教師⓲；河南孟津老年書畫研究會之組織書法愛好者，參加"中國書畫函授大學"的書法函授學習⓳。

4.社團接受委託所合辦之各類培訓班：如中國書協之接受吉林大學古籍研究所委託所合辦之書法碩士班⓴；江西省硬筆書法研究會接受江西社會科學業餘大學委託所合辦之硬筆書法系㉑⋯⋯等。

5.社團支援各學校、機關單位所辦之書法教育：如遼寧彰武縣書法協會曾在 10 年間興辦五所小學參加的書法培訓班 10 期；河北玉田縣硬筆書法協會之協助中小學培訓硬筆書法人才；浙江舟山市書法家協會組織會員到舟山師專、師範學校及中小學擔任書法教學工作；江西書協之經常派書家深入廠礦、學校、機關去授課⋯⋯等㉒。

㈣、多辦有書法報刊雜誌之特色

發行書法報刊雜誌，是普及書法教育、溝通書法界、打響知

⓲　同註⓯。

⓳　見《中國書法今鑑 1949 － 1990 》頁 909 。

⓴　見＜中國書法家協會 1995 年工作安排＞，《書法導報》 1995.4.12 。

㉑　見《中國書法今鑑 1949 － 1990 》頁 897 。

㉒　以上資料見《中國書法今鑑 1949-1990 》頁 866 ，頁 857 ，頁 882 ，頁 897 。

名度的有力利器，大陸書法社團普遍設有編輯部，發行各類書法報刊雜誌，詳見本書〔附錄壹〕一覽表中"所設刊物"欄；至其屬公開發行或內部發行者，則請詳見〔附錄肆〕一覽表。今摘要述之如下：

_1._辦有書法類報刊雜誌者：如中國書協的《中國書法》雜誌、《書法通訊》雜誌、中國書協湖北分會的《書法報》、中國書協廣東分會的《嶺南書藝》雜誌、中國硬筆書法家協會的《中國鋼筆書法》雜誌……等。

_2._辦有篆刻類報刊雜誌者：大部分印社皆辦有內部發行的篆刻報紙，如遼寧鍥之印社的《鍥之》報、求索印社的《求索》報、北京北海印社的《印譚》、小刀會印社的《小刀會》、春泥印社的《春泥》……等。

_3._辦有含書法篆刻方面之美術類報刊雜誌者：如全國書研會的《中國書畫報》、浙江書研會《中小學書畫》雜誌、山東中國歷史文化名城書畫家協會的《名城書畫》雜誌、雲南老幹部書畫協會的《滇老翰墨》雜誌、貴州遵義中國書畫印研究會的《中國書畫印研究》雜誌……等。

㈤、多設有鼓勵獎項之特色

大陸多數書法社團，為了鼓勵其所轄地區在書法上有優秀表現者，或於每年年會時召開"表彰大會"，或由某人捐獻設立獎項，甚或由會員或各方人士集資成立基金會，定期頒發獎金，加以鼓勵。今就其所頒對象，述其設立情形如下：

_1._鼓勵書法創作所設立之獎項：如中國書協 1995 年開始設立的"中國書法藝術創作獎"❷❸、上海書協於 1995 年開始設立的

---

❷❸　見《書法報》1994.12.28。

"謝稚柳書法藝術獎❷、山東書協鼓勵有突出創作成就的書法家所設立的獎勵基金❷。

　　2.鼓勵書法理論研究所設之獎項：如中國書協 1996 年開始設立的"中國書法學術獎"❷，河南書協 1993 年開始設立的《龍門獎》❷，中國青年理論家協會 1989 年開始設立的《書譜獎》❷。

　　3.鼓勵全國三大展得獎者所設之獎項：如浙江東陽市書協從 1995 年開始設立的"三大展專項獎勵基金"❷。

　　4.鼓勵熱心推動書法活動的園丁所設之獎項：如山東東營市書協從 1990　年開始所籌之"勝利書法藝術獎勵基金會"，用以獎勵書法藝術有成就的青少年、書法活動的優秀組織工作者及獲獎青少年的指導老師❸等。

五、社團成員與入會條件方面

㈠、社團成員性質與人數上之特色

　　大陸書法社團分全國性與地方性兩種，全國性社團如中國書協、中國書畫社、齊白石藝術研究會、當代肖形印社，皆是跨地域，吸收全國會員，即如西泠印社甚至還吸收海外國際人士（現有日本 4 人，韓國 2 人，新加坡 1 人，香港 4　人，澳門 1 人，台

---

❷　見《書法導報》 1995.10.18 。
❷　見《中國書畫報》 1996.5.17 。
❷　見《書法導報》 1996.5.22 。
❷　見《中國書法》 1993 ： 2 ＜走向深廣－河南書法理論研究述評＞一文。
❷　見《中國書法》 1989 ： 1 ＜全國第二屆青年書學討論會暨頒發青年書譜獎明年將在西安舉行＞一文。
❷　見《書法導報》 1995.4.19 。
❸　見《中國書法今鑑 1949 － 1990 》頁 901 。

灣1人）；至於地方性社團如浙江省書協、紹興市書協、樂清縣書協，則只吸收當地社員，絕少有外地人士加入者；至於因工作或他故而外遷者，則可通過原屬書協辦理一定程序，轉籍遷入新的所在地書協。

此外尚有部分社團特別定有身分資格：如北京神州書法研究會只吸收“北京地區內具有大專學歷”者；吉林省民進書畫社只吸收“吉林省民主促進會”會員；安徽省合肥市巾幗書畫會只吸收該地區“婦女”書法愛好者；中國地質書法家協會、中國煤礦書法家協會，只吸收“地質系統”，“煤礦系統”的職工，至如中國歷史文化名城書畫家協會，雖屬全國性社團，卻只吸收“全國62座名城的書畫家”加入。

另外附帶一提的是，大陸有些社團社員人數極爲龐大，如上海“中華書法研究會”於1987年成立，1990年即擁有5600多位會員；北京“齊白石藝術研究會”1985年成立，1990年即擁有5千多位會員；安徽“中華書法藝術研究會”1989年成立，1996年即擁有3千多位會員；他如北京“中國書畫社”會員達2萬多人，各省所立的“中國老年書畫社”亦皆動則達會員數千人。而考察其會員來源，則多數乃其社團所辦諸項全國性書法比賽或全國性書畫大獎賽的獲獎作者，以及該社團所辦之業餘書法進修學校的優秀成員被吸收入會者。此又可算是大陸有關社團成員方面的一大特色。

㈡、權威社團入會條件較嚴格之特色

所謂“權威社團”，乃指其：1、具有專業形象，爲一方專業人才之所聚；2、擁有經濟能力，能得到國家各項專款之補助；3、具有號召所屬，整體策劃，有效推動的行政能力。這類社團最典型的，即是在全國各地遍設有分會的"總會"，或歷史優久，卓具聲望的社團，如中國書法家協會、中國硬筆書法家協會、西泠印社、中國教育學會書法教育研究會、中國老年書畫研究會⋯⋯等。

　　而這些社團入會皆極不容易，茲以前三者爲例說明：⋯

　　*1.***中國書協的入會條件**：見於 1981 年與 1982 年一、二次全國會員代表大會所通過的＜章程＞中。第一次通過的＜章程＞包括以下四點：

　　⑴凡**擁護**本會章程，本人書法、篆刻參加過兩次以上全國展覽，或在全國有影響的刊物上發表過書法作品和理論研究著作，並有較高水平者；多年從事書法教育工作和書法藝術活動的組織工作者，並有突出成績者，可加入本會爲會員。

　　⑵申請入會者須有兩名會員介紹，提交兩件作品，塡寫簡歷表，經工作單位同意（各省市入會者，則經由省市文聯或書協分會推薦），經本會常務理事會討論通過。

　　⑶在特殊情況下，本會可直接吸收會員，除中央單位外，在各地的本會會員爲當地書協分會當然會員。

　　⑷各省、市、自治區分會吸收會員，可根據各地實際情況制定辦法。吸收會員應包括書法家、篆刻家和書法、篆刻工作者。"

　　第二次〈章程〉則修正爲以下三點：

　　⑴凡年滿十八歲的中國公民，贊成本會章程，作風正派，具有下列條件之一，均可申請入會：*1.*在本會主辦的全國展覽或專題展覽展出過書法篆刻作品，有一定水平者；*2.*在有影響的專業刊物上發表過有較高水平的作品或文章者；*3.*在省以上出版社出版過有一定水平的專著、譯著或作品集者；*4.*多年從事書法教育，書法編輯或書法活動組織工作並有成績者。

⑵申請入會須有本會會員二人介紹，由所在地區分會推薦，中國人民解放軍指戰員由部隊有關部門推薦，中央和國務院直屬單位職工由本單位推薦，填寫入會申請書，提交作品兩幅，或提供代表文章與著作，經本會常務理事會審查批准，即爲本會會員。

⑶各省市自治區分會，可根據以上規定，結合各地實際情況，制定辦法，在各地本會會員憑本會會員証向當地登記，可以參加當地分會活動。❸

*2.***中國硬筆書法家協會入會條件：**見於 1988 年會員大會通過的〈章程〉中，包括下列兩點：

⑴具有下列四個條件之一者，均可申請入會：①正式出版過硬筆字帖或專著者；②在本會歷次舉辦的硬筆書法競賽中獲得三等獎以上；在其他大型競賽中，獲特等獎、一等獎、或二次二等獎以上者；③在《中國鋼筆書法》雜誌或其他省級以上報刊發表過硬筆書法作品或學術文章二次以上者；④熱心並組織硬筆書法活動，取得優異成績者。

⑵申請入會者須由本會會員二人介紹，並交本人硬筆書法作品兩幅或有關硬筆書法理論探討文章一篇，經資格審查委員會核准者，始得入會。至於分會入會條件，由各分會自訂。

*3.***西泠印社入會條件：**本社並未明確定有條文，然從其於 1913 年公布之〈社啓〉（原名〈西泠印社成立啓〉）中所云："入社須五人介紹，定卜朋簪，盍慶相印，在千古心期"及近年來其會員人數分布情況：1989 年爲 134 人；1990 年爲 178 人；1993 年爲 163 人；1996 年爲 152 人等現象觀察，其人數並未逐年

---

❸ 以上中國書協二章程，見於《中國美術年鑑 1949 － 1989 》頁 1379 － 1380 。

增加，且會員俱是目前國內外篆刻界的一時之選，可以想見其入
會之嚴格。**❸❷**

　　由以上三例，可見其入會條件門檻甚高，並非如台灣書法界
之大多以"志同道合"爲主要考量方向。然亦由於入此權威社團
多須參加全國性書法比賽、有書法理論文章發表、有書法字帖或
專著出版、或爲熱心於書法活動組織工作者，因此也無形中促成
了大陸以上諸項活動的蓬勃發展，而創下二十年來書法各方面輝
煌豐碩的成果。此又爲大陸書法社團難得而特殊的特色之一。

六、社團經費來源方面

㈠與官商合作取得經費之特色

　　大陸書法社團除了少數擁有政府支薪的行政人員、較易取得
經費外，大部分一無編制，二無固定經濟來源。有的甚至初創時
連辦公地點都沒有；即使是擁有固定編制者，舉辦活動的龐大費
用，亦非社團本身所能支付。因此乃有 1995 年湖南書協，公開做
出出資若干便可入會爲會員或擔任理事常務理事、副主席等"賣
銜"事件**❸❸**，藉以籌措資金之舉，然此終非官方及社會所容。因

---

❸❷　西泠印社之＜社啓＞，見《西泠印社志稿》頁 24；西泠印社各年會員
　　人數及名單，見《中國美術年鑑 1949 － 1989 》頁 83 、《中國印學年鑑
　　1988-1992 》頁 5 － 7 、《中國書畫篆刻年鑑 1995 － 1996 》頁 916 －
　　921 。

❸❸　《書法報》1995 年 5 月 24 日報導："3 月 19 日，湖南省書法家協會理
　　事會通過一項《關於對湖南書法事業有特殊貢獻者吸收入會及聘任職務
　　的暫行規定》。《規定》明碼標價道：凡本人愛好書法，出資 1 萬元以
　　上者可吸收爲省書法家協會會員；出資 2 萬元以上者可聘任爲省書法家
　　協會理事；出資 5 萬元以上者可聘任爲常務理事；出資 10 萬元以上者
　　可聘任爲副主席。……目前，省書法協會面臨嚴重的資金短缺問題。省
　　財政每年撥給的錢只夠協會開支電話費，……省文聯已責成省書法協會
　　就'賣銜'一事寫出書面報告，省文聯將作出嚴肅處理。"

此如何取得正規的合作對象，是一般社團的解決之道。通常社團取得合作對象多不出官方與商界二者，今述之如下：

1. **與官方合作**：由於大陸部分重要社團即是由官方出面設立的，大部分社團亦多屬半官方性質，隸屬於各官方系統，由其所領導，因此社團與官方合作，由官方出資聯合推動書法活動的情形由來已久。其實例：在書法比賽方面，如 1982 年"全國大學生書法競賽"，即是由中國書協與文化部、教育部聯合主辦的；1984 年"全國少兒書畫展覽"，即是由中國書協、中國美協與文化部聯合主辦的；1989 年"全國首屆山水杯書畫篆刻大展賽"，即是由廣西神漓印社與桂林市文化局聯會主辦的。在書法研討會方面，如 1985 年"江蘇省如皋中小學書法教學研討會"，即是由如皋縣書協及縣教育局聯合主辦的；1993 年王鐸書法國際學術研討會，即是由中國書協、河南書協、洛陽書協、孟津縣委、縣政府聯合主辦的。其他在編寫書法教材方面，如從 1993 年起，中國教育學會書法教育研究會即開始接受國家教委（即教育部）委託編寫《九年義務教育寫字教材》，並在全國各地小學進行實驗。此皆是社團與官方合作推展書法活動之例。

2. **與企業合作**：此關係，大陸稱為與"企業聯姻"，一方面社團推展書法活動，得到企業的慷慨鼎助，企業亦藉此塑造良好形象，提高聲譽與知名度，取得了"廣告"宣傳效應；書法界有時亦可進入企業界，為其培養書法入才，豐富企業界的文化生活，二者相得益彰。觀察書法社團與企業界合作的歷史，在書法比賽方面合作較早，如 1988 年"杏花杯全國書法篆刻比賽"，即是由山西省書協、山西省文聯主辦，山西杏花村汾酒廠贊助；1988 年"乘風杯龍年篆刻大賽"，即是由浙江省書協主辦，杭州乘風電器公司贊助；1988 年"劍南春全國書法大獎賽"，即是由四川省德陽市書協主辦，山西綿竹劍南春酒廠贊助，其例甚多。
而在書法研討會方面的合作則較晚，始於 1994 年的＂全國書法史
學、美學學術研討會＂，由青島陳振濂書學研究院主辦，青島玉
蘭花園藝開發有限公司獨家贊助；又例如剛在江蘇蘇州舉辦的
（ 1999 年 6 月）＂蘭亭序國際學術研討會＂即是由江蘇蘇州滄浪
書社主辦，台灣何創時書法藝術基金會獨家贊助的（基金會創辦
人何國慶先生爲建築界企業家）。又觀察這幾年興起的幾次企業
界書法展覽，如 1997 年由中國書協、中國文聯、天津市文聯主辦
的＂首屆中國（天津）書法藝術節＂＂全國百名企業家書法展＂，
及由浙江省書協舉辦的＂浙江省首屆行業企業書法聯展＂等由書
法社團爲企業界主辦的書法展，可以發現大陸書法社團與企業團
體兩相需求，互相合作、成就的趨勢將越來越明顯。

　　台灣書法界質量較高的展覽，大多由政府資助社團主辦，然
亦有一些展覽亦如日本書法界的大多數社團，須由展出者分攤參
展費，然若以此法行之於大陸，則未必展出者皆能負擔，能出錢
者質量又不一定高，如此則勢必影響作品的權威性。因此與官方
或企業合作推展書法活動，勢必仍要成爲大陸書法社團取得經
費，推展活動之一大方式。

㈡社團本身經營企業之特色

　　爲了廣開財源，支持社團活動的一切開支，大陸書法社團除
對外尋求與政府及商界的支持外，大多或多或少、或大或小地經
營一些企業，小之者，如各社團之常設有出版編輯部，發行報
紙、雜誌、專著等出版品；設有讀者服務部，代售本社及外界有
關書法出版品；設有教學部，開展面授、函授、刊授等教學事
業。大之者，甚或開設門市部、製作工場、舉辦業餘書法、書畫

學校或大學。其中最典型的，可以浙江杭州西泠印社與山東濟南齊魯書畫研究院爲代表，茲說明如下：

1.西泠印社：本社創於 1904 年，爲杭州市文化局所領導的民間社會學術團体。其組織，除設有事業科，主辦社員活動和內外交流等工作外，又設有辦公室，主管社務及企業經營。而其企業經營項目，包括：(1)西泠印社出版社－編輯出版社刊《西泠藝叢》，社報《西泠藝報》及各類印譜、印學著述、碑帖、畫册等；(2)工場－裱畫、搨碑、印泥製作等；(3)湖濱、孤山兩個門市部－經營篆刻書畫，文房四寶等業務；(4)篆刻藝術創作室－開展篆刻及手搨印譜製作業務等。**㉞**

2.齊魯書畫研究院：本院創設於 1987 年，爲山東省文聯所領導的民間社會學術團体。本院自創設以來，堅持民辦社團的優勢，疏通渠道，廣開財源，設有下列三項經營項目：(1)設有中國畫研究室、書法研究室、收藏研究室和環境藝術研究室等組織、機構，有效地開展了創作、展覽、出版、研討和收藏等事務；(2)設有齊魯書畫函授大學，普及書畫藝術，目前已有學員數千人；(3)開展其他有償服務、社會集資和建立經濟實体，如在濟南創辦的齊魯畫店，在其他地區創辦的藝苑齋、墨緣齋、魯藝畫廊等。**㉟**

如此藉著企業的經營，一方面滿足社會各界對書畫篆刻的需求，一方面接收合理的報酬，自力更生，以文養文，以商養文，此方式，已成爲大陸各社團的楷模與新的發展方向。然如此除一般社團所附帶發展的教學及發行刊物外，若此大張旗鼓地經營相

㉞　見《中國印學年鑑 1988-1992 》，頁 6。
㉟　詳見〈記齊魯書畫院〉、〈齊魯書畫研究院建立五年經驗談〉二文，（《中國書畫報》 1990.7.5 ； 1992.10.8 ）。

關企業，營取社團經費來源，卻是台灣書法社團所罕見的現象，是爲大陸書法社團的一大特色。

肆、結語

　　書法社團是集一方書法人才，培養書法家的搖籃，縱然大陸書法社團的分布在全國各地並不平均，各社團舉辦活動的積極性亦不同，然其在二十年來大陸成百萬、上千萬投入書法藝術活動的熱潮中，起到了組織、統轄、推動、敎育的種種作用，確是功不可沒。然而其在發展過程中，我們亦發現了不少弊病，諸如：⑴有些社團爲了迅速取得表面成績，大部分活動，僅只於舉辦展覽，而不重視全體會員深層素質的培育與地方書法敎育的普及工作；⑵許多具有總會與分會一條龍組織架構的社團，如中國書協與其各省市地縣的書協分會，規定加入上級書協，須經其地方書協的推薦申報，如此則將難以避免人情關說，導致濫竽充數者進入協會，甚至讓具有眞才實學的書法家被擋在門外而望會興嘆的現象；⑶由於只要加入"書法家"協會，身份便可由原來的書法"愛好者"晉身爲"書法家"之列，而許多較具權威性的書法社團都以"曾參加全國比賽而獲獎"爲入會條件之一，因此爲了迅速達到參賽獲獎及加入協會的目的，許多學習者乃不惜以取巧的方式，如在楹聯拓本上選一幅甲金文集聯，便就此內容反覆臨寫，直到純熟爲止而寄出；或是直接臨寫某些名書法家、評審委員或是得獎作者的作品，希冀得到評委的青睞僥倖過關，不願作長期書學沈澱積累的修養工夫，而形成社會諸多不良風氣；⑷有些號稱"書法家"的社團，吸收會員呈現浮濫現象，導致"書法家"到處充斥，魚龍混珠，而相對地令"書法家"的桂冠，失去其尊榮與威信。舉例來說，如中國書法家協會，向爲大陸書法界的最高權威團體，多少書法學習者，皆以加入書協爲終身職志。
但其自 1981 年創社以來，會員從最剛開始的數百人，到 1988 年的
二千一百多人，1991 年的三千一百多人，到 1997　年的七千多
人，若依發展速度分布來說，還算平穩合理，但相較於篆刻界的
百年老店西泠印社來說，其 1904 年創社以迄今日，社員大都維持
在一百多人左右；又如在大陸一直卓具聲譽，活動生命力極強的
滄浪書社來說，其從 1987 年創社以迄今日，社員也一直都保持在
二、三十個人左右。廣開方便門，易使書法家的價值貶值，失去
其引導學書者向上攀爬入會的動機。

　　大陸書法社團種類衆多，發展經歷豐富，如何將他山之石，
取爲我用，作爲台灣書法社團組織發展的借鑑，是本文撰寫的目
的。

第三章　大陸書法研討會之研究

壹、前言

　　理論的研討，多在創作已達到一定階段時才會產生。在二十年前，還有人宣傳"過去書法看中國，現在書法看日本"，但從短短二十年來大陸書法界的努力，書法代表的地位，紮紮實實的，又回到書法的故鄉中國來。

　　由於大陸自 1949 年以迄文革十年動亂結束，"左"而偏狹的文藝路線，使書法一直無法在文藝界取得應有的地位❶。直到文革結束，一方面由於壓抑沈悶的空氣頓然開放，老一輩的書法家與書法酷愛者，為暢己懷，紛紛奮手投入這種操之簡便、又能寄寓心志、抒發鬱悶的書法中，加上許多因十年內亂失去求學機會的中青年，也紛紛把書法當作一科文藝技能來學習磨練，因此一股勢不可扼的書法熱潮，迅猛快速的拓展開來。

　　首先是 1977 年 6 月《書法》雜誌在上海創刊發行，揭開了大陸書法發展的新序幕，書法活動逐漸增多。1981 年 5 月 9 日，大陸規模最大、最具權威的書法團體－中國書法家協會在北京成立，成為"中國文學藝術界聯合會"（簡稱"中國文聯"）　繼攝影家、美術家等協會之後的第 11 個組織，由姍姍來遲而努力直追，經過十年有機的結合與發展，目前全國 30 個省及直轄市、自

---

❶　趙炳中＜書法理論的附庸性及改觀雛議＞云："十年動亂期間，標語口號被評為最好的書法內容，黑體美術字和新魏書被認為是最能體現工、農、兵精神面貌的時代書法藝術，而歷代名帖珍蹟被視為洪水猛獸，擲之一炬。……"（見《書法研究》1986：4）

治區都已成立中國書協分會，各地區，各市、縣、鄉，各政府機關，各工會、社團、學校亦紛紛成立書法研究會、書法協會；各種國際的、全國的、地方的大獎賽，此起彼落；各種少年宮、青少年宮、業餘的書法學校、書法學院、書法函授大學、書法培訓中心、老人書畫大學等，亦如雨後春筍般的蓬勃發展。書法乃由十年前大家還在議論"書法是一種藝術嗎？"的疑問發展到許多大學設有書法專業、書法碩士生、書法博士生的地位，書法已儼然成爲一獨立而專門的學科。這段時期，一般統稱爲"十年書法熱"或"二十年書法熱"。

然而熱過頭後，也產生了許多弊端，如出現許多所謂氣功書法，火柴棒書法等"書藝演員"，一些"居然不辨天與大，錯把天師當大師"❷、錯字連篇、酒尙未醺而已在畫符的"書家"，及一些沒有傳統工夫，而急於求名、以投機取巧擺花架畫字的風氣，也迅速的漫延開來，二十年書法熱內涵不夠紮實、健康、虛胖、浮腫、畸型、庸俗的現象顯露無遺，因而近年來書壇的有識之士，普遍乃有書法家"學者化"的呼籲，主張書法創作應具有嚴謹、理性的"學院精神"❸；爲了實踐的需要，分析的深化與書法史的參照，書法批評亦亟待走向"學術化"❹；小學、中學乃至大學都應正視書法課的必要性，普遍開設書法課，把書法當作一門獨立的"課"來上；並且一致認爲"書法藝術教育的落後狀況再也不能繼續下去了"，"書法教育在目前的落後程度已經

❷ 參見陳聲桂〈中國書法熱特寫〉一文。（《'90書法博覽》）
❸ 見謝澄光〈書法家的學者化問題〉（《書法報》1990.9.10）、謝榮〈書法家學者化之我見〉（《書法報》1990.9.26）、馬嘯〈中國書法呼喚"學院精神"〉（《書法報》1993.3.3）。
❹ 見〈書法報'90書法批評研討會發言摘要（一）〉（《書法報》1990.7.4）。

嚴重拖了書法發展的後腿。如果我們再不重視書法教育，書法這門國粹就要丟光了"❺。因此有關的書法學術研討會、書法教育研討會、書法創作研討會等紛紛舉辦，其意義，一者顯示書法已朝理性化、學術化作更深入廣泛的發展，其次也顯示出大陸書法教育與書法研究在某方面已產生危機，有待理性的撥亂與指導。因此從大陸書法研討會的考察，正可以看出他們各階段各地所關心的書法問題、發展的樣貌、面對書壇現狀的指導方針、撥亂反正的方法、書學領域的深化與開拓的情形，都是我們發展台灣書法教育與研究必須密切觀察與參考的重要課題。

　　本章先採用地毯式的搜索，考察大陸至 1997 年以前所舉辦過的所有關於書法的研討會，除綜述其發展概況外，並進一步分析其特色及顯示出的意義，期能對今日極度缺乏書法圖書、資料及大陸書壇完整訊息的台灣書法界，能及時做一點補充的工作。

貳、大陸書法研討會之現況綜述

　　從【附錄貳】〈大陸書法研討會一覽表〉所錄共 325 次書法研討會資料分析，大陸在 1981 年以前，未舉辦過書法研討會，連最起碼的書法展覽亦寥寥無幾❻。首先打破沉寂的，是 1981 年 10 月 26 日由在北京甫成立的中國書法家協會，及 1977 年在上海才開始發行的《書法》雜誌，聯合浙江紹興市文化局所舉辦的"全國書學研究交流會"（即後來大家公認的"全國首屆書學討論會"）。其後發展穩定成長，今分書法學術研討會、書法創作研討會、與書法有關的其他研討會等四大類，依次加以敘述：

---

❺　　見陸彩榮〈有關人士呼籲：要重視書法教育〉（《光明日報》 1987.8.1
　　6 ）、周忠謀〈希望更加重視書法教學〉（《書法報》 1985.4.10 ）。
❻　　詳見《中國美術年鑑 1949 － 1989 》 P1019 － 1238 〈美術展覽一覽表〉。

一、書法學術研討會

分書法學術研討會、書法教育研討會、書法創作研討會、與書法有關的其他研討會等。

㈠、專題性的書學研討會

乃有所針對性，對一特定主題進行的研討，共有 47 次。有以人物爲主題的，如王羲之、鄭板橋、黃庭堅、米芾、楊守敬、趙孟頫、錢南園、王學仲、張裕釗、趙之謙、李斯、何紹基、懷素、馬一浮、王鐸、顏眞卿、沙孟海、徐渭、毛澤東、諸樂三、徐無聞、趙冷月、潘受、康有爲、顧廷龍、邢侗、李方膺、沈延毅等 28 個專題；有以書體爲主題的，甲骨文有兩個（ "殷墟筆會"和"中國安陽甲骨文書法藝術研討會"）、篆書有一個（"中國秦代刻石書學討論會"）、隸書有二個（"中國漢碑學術研討會"、"中國簡牘學國際學術研討會"）、魏碑有六個（"雲峰諸山北朝刻石討論會"、"中國洛陽魏碑研討會"、"第三屆褒斜石門國際學術研討會"、"中國北朝摩崖刻經書學研討會"、"《瘞鶴銘》學術研討會"、"第四屆蜀道及石門石刻國際學術研討會"）；以書派爲主題的有一個（"紀念衛門書派全國書學理論研討會"）。其中參加人數最多的是 1984 年在河南舉辦的"殷墟筆會"（ 200 多人），其次是 1985 年在陝西舉辦的"中國洛陽魏碑研討會"（ 190 多人）；收到論文最多的是 1992 年在湖南舉辦的" 1992 懷素書藝研討會"（ 220 多篇），其次是 1988 年在山東舉辦的"中國漢碑學術討論會"（ 200 多篇）。舉辦專題討論會最多的省份是山東和浙江，各爲九次，此大概是因山東省多摩崖石刻、浙江歷代多書家，直接具有許多鄉土重要素材之故。

其中值得一提的是，47 次專題研討會中，甲骨文就佔了兩次（ 1984 年、 1992 年），第二次名爲 " 中國安陽甲骨文書法藝術研討會 " ，是大陸第一次以甲骨文書法爲專題的學術研討會，其論文集也是國內外第一本甲骨文書法研究的專集。

其次是有關碑學的討論熱絡，幾乎每隔兩年就有一次大型的討論會，共有九次。其中由山東省舉辦的就佔了五次，應是山東省書協有意大力推展的主題。

若以 " 人物 " 爲主題的研討會來看，其中最重要而具特色的則爲 1985 年、 1992 年、 1993 年、 1996 年、 1997 年，有關米芾、懷素、趙孟頫、王鐸、康有爲、沙孟海的研討會，這六次都是國際性的大型研討會，代表目前有關六位書家研究的最高水平。

㈡、全國性的綜合書學研討會

雖爲綜合性的書學研討會，但徵文時大多仍會特定幾個方向進行徵稿。其中最重要的是舉辦過四屆的 " 全國書學討論會 " 、舉辦過四屆的 " 全國青年書學討論會 " 、舉辦過三屆的 " 書法批評年會 " ，及舉辦過兩次國際性書學研討會、兩次全國性的硬筆書學研討會和幾場頗具特色且影響較大的全國性書學討論會。今依次綜述如下：

1. 舉辦過四屆的 " 全國書學討論會 "

這是大陸最大、最具權威的書學討論會，由中國書法家協會策劃舉辦。分別在 1981 年、 1986 年、 1989 年與 1993 年舉行過，迄今四屆。

首屆，於 1981 年，在浙江紹興舉行，原名 " 全國書學研究交流會 " ，即後來大家公認的 " 全國首屆書學討論會 " 。這是中國有史以來第一次大型的書學研討會，從此揭開了十幾年來大陸蓬勃的書學研討風氣，在歷史上具有特殊的意義。收到論文 591 篇，大會 47 人參加，分美學、創新、書史、《蘭亭序》研究四組進行討論。

第二屆，於 1986 年，在山東掖縣舉行。原名爲"全國書學討論會"。收到論文 635 篇，入選 101 篇，精選 66 篇在大會上交流。大會 63 人參加，除宣讀論文外，另以"書學本體及其發展趨勢和研究方法"爲主題進行討論。會中大陸推動策劃全國書法學術活動最有權威的機構－中國書協"學術委員會"宣告成立。

第三屆，於 1989 年在四川都江堰舉行。計收到論文 520 篇，入選 125 篇，精選 56 篇在大會上交流。有 68 人參加。據報導，此次徵稿有三個特點：一、在質量上有明顯提高；二、運用當代新學和美學理論，如系統論、信息論、符號學等結合書法實際運用，較以前來得自如；三、以往較少投稿的地區，如新疆、寧夏、甘肅、內蒙、遼寧、黑龍江、吉林、湖南、廣東、廣西、江西等地，此次已顯著增加。

第四屆，於 1993 年在四川重慶舉行。收到論文 680 篇，創下了歷年來研討會收稿最高記錄。有 150 人參加。此次研討會綜合各報導資料，計有六個特點： ①論文數量遠超過以往任何一次研討會； ②論文質量在深度和高度上顯見達到歷史的另一新層次； ③首次採用論文答辯方式進行； ④首次有論文集配合討論； ⑤首次有評獎的嘗試； ⑥"學術委員會"有意識的引導大家對論文關於選題、研究方法、材料及其它學術成果的橫向比較、本學科的縱向評估等問題的反思。

*2.*舉辦過三屆的"全國青年書學討論會"

這是大陸規模第二大且舉辦有序的重要書學討論會。由中國青年書法家協會策劃主辦，論文限定 45 歲以下的青年始得投稿。
分別在 1988 年、1989 年、1990 年舉行過，迄今三屆。

首屆，於 1988 年，在四川成都舉行。收到的論文篇數及參加
人數不詳。會中除宣讀論文外，另就當代青年書法現狀、書學觀
念及青年書法工作者的素質等問題進行討論。此次研討會，是往
後發展迅速的中國青年書法理論的序幕，具有重要的意義。

第二屆，於 1989 年在陝西西安舉行。收到論文 217 篇，入選
94 篇，有 60 人參加。本次研討會有三個特點：①論文內容涉及
相當廣泛，從傳統書學論著的研究到西方文藝理論對書法的借
鑑，從古代書家書作及其技巧到當前書法風尚流變、青年書法價
值取向、書法學及其研究範圍等問題皆有所討論；②會議首次採
用集體質疑、集體答辯的方式進行；③首次頒發 "書譜獎" ，有
五人獲獎。

第三屆，於 1990 年，在貴州貴陽舉行。共收到論文 224 篇，
入選 80 篇，精選 53 篇在大會上交流，有 68 人參加。此次研討會
有三個特點：①論文徵稿限制在 "評述當代中國書法批評之現
狀、探測書法創作及其理論發展之趨勢" ；②大會採用小組辯
論、大會交流的方式進行；③頒發第二屆 "書譜獎" ，有六人獲
獎。

3.舉辦過四屆的 "書法批評年會"

這是由兩刊一報（《中國書法》、《書法》、《書法報》）
聯合舉辦關於 "書法批評" 的研討會。分別在 1990 年、1992 年、
1994 年與 1996 年舉行過，迄今四屆。

首屆，於 1980 年，在湖北十堰舉行。原名 " '90 書法批評研
討會" 。會議規模較小，主要為兩刊一報的重要工作人員參加。
會中就 "書法批評的範圍、方法及意義" 進行討論，期能藉由以

兩刊一報爲核心，聯合海內外其他有關書法報刊雜誌，一起推動
書法批評的實踐，形成健康的書法批評風氣，深化書法批評理
論，構建當代書法批評的理論體系。（在第一屆與第二屆之間，
於 1991 年 10 月，《書法報》社在湖北武漢另舉辦過一次＂＇91 書
法批評討論會＂，只邀請在湖北的部份書法、美術理論工作者參
加，會中就＂當代書法批評和創作現狀，及如何用文藝批評促進
書法批評＂等問題進行討論。本文將其列於＂地區性的綜合書學
研討會＂中）

　　第二屆，於 1992 年，在四川成都舉行。本次正式向全國公開
徵稿。論文限制在 ：①對中國書法古代及近現代史上經典作家與
作品的批評； ②對當代書法創作實踐與理論研究傾向的批評；
③書法批評本體理論構建和書法批評史研究，包括有關的設想、
提綱和問題等範圍進行徵稿。共收到論文 80 篇，入選 40 篇，會議
採用大會宣讀論文要點和小組自由發言的方式進行。

　　第三屆，於 1994 年，在浙江富陽舉行。原名＂＇94 書法評論
年會暨《書法》雜誌出版百期書學研討會＂。亦採公開徵文方
式，內容限制在 ：①有關當今書壇藝術創作的評論； ②有關當
今書壇理論研究之評論； ③有關近代碑帖之爭的評論； ④有關
古代民間書法的批評等四個範圍進行徵稿。共收到論文 188 篇，入
選 40 篇，有 12 篇在大會上宣講。

　　第四屆，於 1996 年，在湖南張家界中南民航旅遊山莊舉行。
原名＂＇96 中國書法批評年會＂。本屆收到全國各地 200 餘位作者
的論文 210 多篇，選入 55 篇在會議中交流。論文範圍、特色有
三：①對當代有影響的書家，如啓功、沈鵬、白砥等個案研究，
涉及 30 多人；②對近年活躍於書壇較有代表性的書法篆刻群體、
流派，從其藝術口號乃至活動方式、具體作品，多所論述；③對

近年出版的大型書法叢書、理論專著及書法篆刻作品集多所評論。

4.四次國際性的書學研討會

前兩次，"首屆國際書學交流會"、"首屆西安國際書學研討會"都是 1991 年中國書法家協會為了慶祝"中國共產黨成立七十週年，中華人民共和國成立四十二週年和中國書法家協會成立十週年"所舉辦的"中國書法藝術博覽會"中、延續半年之久、全國共舉辦 30 幾個活動中的兩項。後二次是 1994 年舉辦的"中國書法史國際學術研討會"，和 1995 年舉辦的"九五國際書法史學術研討會"。

⑴"首屆國際書學交流會"，於 1991 年 4 月在北京舉行。共收到應邀撰寫的論文 51 篇，入選 35 篇，其中大陸 27 篇，港台地區 5 篇，南韓 2 篇，美、日各一篇，有 70 多人參加。此次論文內容沒有具體規定，大致分為：①對海內外當前書法創作、理論研究及教學現狀的介紹與評論；②對古、近代書家和作品的研究；③對書法本體諸問題的研究；④專題考證等四個範圍。此次會議進行三天，規模雖不大，卻是中外書法藝術家、理論家首次坐在一處，就中外書法藝術發展現狀及今後的發展方向、所進行的綜合性交流和討論（大陸第一次大型的國際性書學討論會是 1983 年 10 月在河南安陽舉行的"殷墟書會"，第二次是 1985 年 11 月在湖北襄樊舉行的"中國襄陽米芾書會"，都是專題性的研討會），因此意義重大。

⑵"首屆西安國際書學研討會"，於 1991 年 10 月，在陝西西安舉行。採公開徵文方式，共徵得一百多篇論文，入選 77 篇。有來自全國各地及南韓、日本、美國、新加坡、義大利、泰國、巴西等八個國家和地區的代表 232 人參加。會議除宣讀論文外，話題

集中在：①關於書法藝術的本質、②關於"主旋律"、 ③關於
"地域書風"、 ④關於于右任的標準草書等四個熱門話題進行熱
烈討論，是本次研討會的最大特色。

(3)"中國書法史國際學術研討會"，於 1994 年 9 月，在江蘇
常熟舉行。有中外書家學者 40 人參加。這次研討會有六個特色：
①由滄浪書社和常熟市書協聯合舉辦，爲大陸首次民間附團舉辦
的國際性書學研討會；②論文均由主辦單位特邀有意識且長期從
事古籍整理、文字學、考古學的專家所撰寫；③論文要求附五百
字以內的提要，並規定按學術正式論文格式作附註，引文須詳註
圖書版本、卷頁，論文或論文大綱以及圖版幻燈片均按統一格式
打印製作；④會議廳中備有兩架幻燈機供演講使用；⑤提交的 26
篇論文中，基本上都圍繞在中國書法史（包括篆刻史）上，然考
證性的文章佔了大半；⑥國外請來的學者中，女性佔了三分之
一。

(4)"，九五國際書法史學術研討會"，於 1995 年 11 月，在北
京市新華通訊社新聞大廈舉行。有中外學者、記者近二百人來參
加。這次論文採用定向的約稿方式，共收到來自大陸、台灣、香
港、日本、韓國、新加坡、美國、法國等國家、地區的論文 41
篇。內容主要圍繞在書法史此一中心課題，如對書法發展史、書
法理論史、書法文化史、書法美學史、書法批評史、書法技法
史、書法教育史、書法史論史之研究方法、對書學典籍、書家、
作品的整理與個案研究等等，在宏觀與微觀的角度上，做層面廣
泛的探討。

5.兩次的全國性硬筆書學研討會

中國書法素以毛筆運用爲主，硬筆書學研討會的舉辦，標幟
著硬筆書法風氣的興盛，已由實踐創作走向學術理論的探討。其

間，大陸共舉辦過兩次全國性大型硬筆書學研討會，一為"中國硬筆書法全國學術理論研討會"，一為"首屆中國鋼筆書法理論研討會"。

(1)"中國硬筆書法全國學術理論研討會"：於 1987 年 5 月，在四川重慶舉行。這是中國有史以來第一次舉辦的全國性大型硬筆書法研討會。這次論文根據《書法報》（ 1987. 1.20 ）徵文廣告上刊載，內容大致就：①硬筆書法綜論、②硬筆書法史論、③鋼筆書法美學、④鋼筆書法教學法、⑤中外硬筆書法比較觀、⑥硬筆與軟筆、⑦書寫技藝縱橫談、⑧書寫工具與其特色、⑨書法心理學、⑩筆跡學、⑪鋼筆書法與智力開發、⑫硬筆書法教學法、⑬名人鋼筆書法鑑賞等十三個專題進行徵稿。有 80 多人參加。會中除交流 23 篇論文外（收到的論文總數不詳），並通過了"漢字硬筆書法作品科學評定方案"一文。

(2)"首屆中國鋼筆書法理論研討會"：於 1987 年 6 月，在湖南長沙舉行。採公開徵文方式徵稿。共收到論文 300 多篇，在大會中交流 29 篇。會中除交流討論論文外，並就"硬筆書法的本質、特性，硬筆書法實踐中的新課題研究，硬筆書法理論研究趨勢"等問題進行討論。會後結論，黃若舟教授總結說："問題提了不少，可還不能說已真正解決了問題"。此正是硬筆書法篳路藍縷，以啓山林的寫照。

6. 兩次的"全國書法學暨書法發展戰略研討會"

(1)第一次於 1993 年，在天津舉行。共收到論文 40 篇，有數十人參加， 90% 為 30 歲上下的青年學者。論文內容都是過去理論研究中較少涉及而具有開拓性意義的專題。會議打破以往論文宣讀、分組討論、大會發言的方式，而採取用四分之一時間宣讀論文，四分之三時間進行答辯的方式進行。在台上台下一問一答之間，話鋒迅速切入主題，節奏緊湊，討論激烈深刻，是大陸書學研討會中形式改革的第一次突破。

⑵第二次於 1995 年，在湖北宜昌舉行。收到論文數目不詳（至少有 18 篇）。有 50 多人參加討論，六篇論文進行答辯，論文主題主要圍繞在"書法學"及"書法發展戰略"兩個重點上。內容涉及書法學、書法史學、書法美學、書法教育學、書法批評、書法研究方法論、書法流派及書法家個案等各層面。

7.兩次的"全國近現代書法研討會"

⑴第一次於 1994 年，在安徽黃山舉行。採公開徵文方式徵稿，範圍限定在"對民國以來的主要書家、書法活動、書法論著等進行深入的分析研究"。大會共收到論文 106 篇，入選 59 篇，精選 25 篇交流，有 3 篇被評爲優秀論文。論文內容大致分爲：①個案研究、②地域書法研究、③書史現象研究、④書史規律研究、⑤比較方法研究等四個方面，一改以往多爲對幾個重要人物的研究，而轉向對一個時期眾多書家，全方位的研究。此次研討會，是大陸近現代書法研究成果中最大的一次展示。

⑵第二次於 1997 年，在浙江省鄞縣舉行。共收到論文 70 餘篇，入選 40 篇。此次研討會有四個特色：①限定以近現代爲範圍；②限時宣讀學術論文及學術論辯並行，辯論氣氛高昂，學術氣氛濃厚；③有日本、韓國學者參加討論，使研討會增加國際化意義；④研討會之前有論文集正式出版。

8.其它幾次重要的全國性書學研討會

除上述外，還有五次全國性的書學研討會頗具特色，影響也較大。依序敘述如下：

⑴"書法新十年學術論辯會"：於 1987 年 10 月，在河南鄭州舉行。採公開徵文方式，共收到論文 360 篇、入選 87 篇，精選 40

篇於大會中交流，有 60 多人參加。大會就新十年書法理論的現狀、流向和貢獻等問題進行討論。普遍認爲 1977 年到 1988 年，中國書法在經歷了多年冷落後，從荒蕪到復興，無論在創作、理論或組織活動形式方面，都較先前有較新的面貌及突破。但目前的書法理論研究還遠落後於創作；研究缺乏自身獨立性和科學系統性；書法批評在書法界還剛剛起步，缺乏中肯的、科學的、合乎理性的批評，有些批評停留在淺層次的否定和肯定上；對於“創新”有不同的認識和理解。

⑵ “現代書法創作狀況暨王南溟《理解現代書法》研討會”：於 1994 年 7 月，在安徽黃山舉行，共 30 多人參加。此次研討會有三個特色：①爲第一次對現代書法創作狀況所作的全國性專題研討會；②爲對第一本現代書法學術著作所做的專題研討會；③會中除邀請書家、書論家外，並邀請許多著名畫論家、畫家參加討論。會中就現代書法的現狀及就青年藝術批評家王南溟近著《理解現代書法》一書的“現代書法”概念和書中的基本問題進行討論。認爲此書的理論和批評力度，對中國傳統書法意識必帶來巨大的衝擊，對傳統書法的現代化亦必產生深遠的影響。

⑶ “全國書法史學、美學學術研討會”：於 1994 年 8 月，在山東青島舉行。採公開徵文方式徵稿，範圍限定在“有關書法史論研究”方面。有 200 多人參加，會期四天，交流論文 56 篇。此次研討會有三個特點：①論文涉及史學、美學、教育學、書法鑑賞與批評、書法研究等各個層面。其中特別是在書法史學研究角度和書法美學研究深度上，較以往有明顯的進展；②參加者 90% 都是 30 歲上下的年輕書法理論工作者；③研討會所有費用，全由私人企業獨資贊助，這在大陸歷史上是第一次。

(三)、地區性的綜合書學研討會

由於各地文化根柢不同，書法藝術水準有高低，在書學的研究上，開展程度亦有明顯差異。而其開展的情況，一方面在於該地區成員書法、書學基礎的有無，一方面也在於當地書協領導中心對理論研究的重視程度。

從本書【附錄貳】〈大陸書法研討會一覽表〉中統計，屬於地區性的綜合書學研討會共 92 次，四川省佔 18 次，浙江省佔 16 次，湖北省佔 10 次，比率最高，而河南省與其他幾個省分，亦有其推展有序的輝煌成果。今依序分別述之如下：

1.四川省

大陸各省內書協，多以舉辦書展及培訓班為主要活動，而能兼顧書學研究的，四川省和浙江省是少數中的兩省。四川省其省內至少有 40 個書法團體及印社。其中經常舉辦書學研討會的有四川省書協、自貢市書協、攀枝花市書協、綿陽市書法工作者協會、內江市書協、達縣地區書協、涼山彝族自治州書協、富順縣江陽書法學會、四川省書學學會等九個社團。在歷來全國性的書學研討會中，四川省只主辦過三次（然許多大型的研討會卻常在四川省內舉行）。但在其省內舉辦的書學研討會，卻至少有 18 次以上（本書一覽表上錄有 15 次）。計為：

⑴ "四川省書學研討會"：共舉辦過 8 次。由於報刊雜誌上多未載明主辦單位，估計應為四川省書學會或四川省書協主辦。其時間，第一次應在 1982 年左右，第二次在 1985 年，第三次在 1988 年，第四次在 1991 年，第五次不詳，第六次在 1994 年，第七次在 1995 年，第八次在 1996 年。共收到論文 329 篇以上。

⑵ "攀枝花市書學研討會"：共舉辦過 2 次。由攀枝花市書

協主辦。時間分別在 1983 年與 1988 年。

(3)"綿陽市書學研討會"：共舉辦過 2 次。由綿陽市書法工作者協會主辦，時間在 1987 年與 1988 年。所提交之論文超過 25 篇。

(4)"四川省書藝研究討論會"：共舉辦過 2 次。由四川省書協主辦。時間分別在 1987 年與 1990 年。

(5)"內江市書學研討會"：共舉辦過 2 次。由內江市書協主辦，時間第一次不詳，第二次在 1992 年。

(6)"四川、江蘇、河南、廣州四省市首屆硬筆書法理論研討會"：舉辦過 1 次。由四川省等四省市聯合舉辦。時間在 1990 年。共收到論文 61 篇，交流 14 篇。

(7)"四川省硬筆書法首屆年會"：舉辦過 1 次。由中國現代硬筆書法研究會四川分會主辦。時間在 1990 年。

2.浙江省

浙江省的書法組織之嚴密，在全國數一數二。目前至少有 37 個書法社團及篆刻印社。其中推展書法理論研究最重要的有中國書法家協會浙江分會（以下簡稱"浙江省書協"，其他依此例）、蘭亭書會、西泠印社、沙孟海書學院四個社團、單位。在歷來全國性或國際性的書學研討會中，由浙江舉辦的，迄 1997 年至少有 20 次以上。在地區性方面，全由浙江省自己省內書家學者參加的研討會，至少也有 16 次之多。計為：

(1)"浙江省書學研討會"：共舉辦過 13 次。由浙江省書協主辦。原則上每年一次，時間依次在 1985 年 12 月、 1986 年 10 月、 1987 年 11 月、 1989 年 1 月、 1990 年 9 月、 1990 年 11 月、 1992 年 1 月、 1993 年 1 月、 1993 年 12 月、 1994 年 12 月、 1995 年 12

月、 1996 年 12 月與 1997 年 11 月。共收到論文 500 篇以上。

(2)"紹興市書學討論會":共舉辦過 1 次。由紹興市書協主辦。時間在 1990 年,收到論文 22 篇。

(3)"寧波市書學理論研討會":共舉辦過 1 次。由寧波市文聯主辦,時間是在 1990 年。收到論文 34 篇,評出優秀論文 5 篇。

(4)"浙江省青年書協理論座談會":共舉辦過 1 次。由浙江省青年書協主辦,時間在 1994 年。討論主題爲"青年書協工作面臨的困難及其出路",有否發表論文不詳。

此外,浙江省書協亦常召開不定期的會員代表大會,檢討浙江省在書學創作、書法敎育、與國內外的書法交流與合作等問題。

3.湖北省

湖北省是大陸發行最廣、最有權威的書法報紙《書法報》社的所在地,目前至少有 15 個書法社團,其中推行書法理論研究最重要的有湖北省書協、中國老年書畫研究會湖北分會、襄樊市書協、沙市書協等四個社團。在歷來全國或國際性的書學研討會中,由湖北舉辦的有 6 次。在省內地區性的研討會則至少有 10 次以上。計爲:

(1)"浙江省書學研討會"。共舉辦過 5 次。由湖北省書協、沙市書協等社團聯合舉辦。時間依序在 1986 年 3 月、 1986 年 11 月、 1988 年 4 月、 1989 年 3 月、 1990 年 11 月、 1996 年 9 月,共收到論文 242 篇以上。

(2)"漢中首屆書法理論研討會":舉辦過 1 次。由陝西省青年書法家協會漢中分會和漢中師範學院工學會聯合主辦。時間在 1989 年 3 月。宣讀論文 8 篇。

⑶“湖北省首屆少年兒童書畫理論研討會”：舉辦過 1 次。（主辦單位不詳）時間在 1990 年 5 月。收到論文 50 篇。

⑷“襄樊市第一屆書學理論研討會”：舉辦過 1 次。由襄樊市書協主辦。時間在 1990 年 10 月。共收到論文 20 篇。

⑸“書法報 ’91 書法批評討論會”。舉辦過 1 次。由《書法報》社舉辦，時間在 1991 年 10 月。

4.河南省

河南省在書法創作、書學理論、書法活動及書壇人才培養上的成績，一直遠近馳名。所謂“河南書風”、“河南經驗”，在大陸遠近皆知。這裡是大陸書法第二大報《書法導報》及《書論》、《書法家》、《書法博覽》、《青少年書法》等雜誌、叢刊的出版所在地。這些報刊近十年來刊登河南作者的論文在二百篇以上，對河南書學的研究風氣有一定的作用。近年來，河南又設有書法獎勵基金“龍門獎”，獎勵在書法理論研究中取得成績者。省書協並成立了以中青年書論家為主的“書法理論委員會”作了許多組織會議、評審論文、推薦論文的工作，並起草“關於加強我省書法理論工作的意見”，提出了目標、措施，作為文件轉發各地，對河南書法理論研究的發展起了積極的影響❼。一些地方書協也成立了“書法理論委員會”或“研究小組”，展開書學研究。總計河南省內的書法社團至少有 34 個以上，但在拓展書學研究方面，則以河南省書協和安陽市書協最為重要。

河南在歷來舉辦過的全國或國際性書學研討會有 6 次，舉辦省內地區性的書學研討會至少有 8 次以上（本書【附錄貳】一覽表上錄有 4 次）。計為：

---

❼　以上資料，參見＜走向深廣－河南書法理論研究述評＞一文（中國書法》1993：2）。

⑴ "河南省書學研討會"：共舉辦過 7 次。由河南省書協主辦。其時間，第一次在 1982 年 5 月，第二次在 1983 年 8 月，第七次在 1989 年 2 月（中間 4 次時間不詳）。七次提交論文近 200 篇。

⑵ " '93 年河南書法篆刻理論研討會"：舉辦過 1 次。由河南省書協主辦，時間在 1993 年 8 月。

5.其他省份

至於其他各省推展省內書學研討會較有規模的，尚有河北省書協，成立於 1981 年，迄 1997 年止，舉辦過 9 次書學研討會（但歷次舉辦情形，報章雜誌鮮有報導），以第七、第八、第九次言，共提交論文 70 篇左右。另外，廣西壯族自治區書協，成立於 1980 年，迄 1997 年止，共舉辦過 6 次書學研討會；黑龍江省書協，成立於 1989 年，迄 1994 年止，共舉辦過 3 次書學研討會；雲南省書協，成立於 1984，迄 1988 年止，共舉辦過 3 次書學研討會；（ 3 次共提交論文 103 篇）新疆維吾爾自治區書協，成立於 1986 年，迄 1992 年止，共舉辦過 2 次書學研討會；（ 2 次共提交論文 105 篇）。其他各省如山東省，重點似多集中在全國或國際書學研討會（舉辦過十次）上，在省內則只舉辦過 3 次。他如山西、北京、上海、天津、廣東、江蘇……等，由於舉辦單位較零散，報刊雜誌報導不詳，或竟闕如，無法一一敘述比較。

二、書法教育研討會

大陸專門舉辦的書法教育研討會並不多，以【附錄貳】一覽表所蒐歷年有關書法教育的研討會，甚至包括一般年會、工作會議，總共才 23 次。其原因可能是：*1.*一般的書學研討會亦可包括此項目；*2.*大陸有關 "書法教育研究會" 的推動組織設立得較

晚。如全國性的"中國教育學會書法教育研究會"設立於1988年
1月；地方性的省書法教育研究會，山東省設於1989年3月，安
徽省設於1989年4月，寧夏回族自治區設於1989年10月，河北
省設於1989年12月，浙江省設於1991年2月，皆於1988年、
1989年後才陸續設立，其他各省雖也大多陸續設立，但推動的力
量都還不強。另外一個可能推動的組織便是"中國書法家協會書
法教育委員會"，此會設立於1986年7月，負責策劃及推動全國
的書法教育與理論工作，但從1986年設立以來一直沒有動靜，直
到1994年3月在山東舉辦了一次"中國書法家協會教育研討會"，
才算是開始運轉起來。但參加者20人，所討論的範圍也不過是請
了幾位書家學者，講述其在國內外書法教學的情形及交流工作經
驗而已❽。然至1994年迄今，由"中國教育學會書法教育研究
會"及"浙江省書法教育研究會"主持帶領主辦的書法教育理論
研討會，卻在四年之間連續舉辦，參加人數及收到論文數目遠超
過以往十多年的總和。

　　目前大陸所舉辦過的書法教育研討會，可分為以教育或教學
的"經驗交流"為主的研討會和一般"學術理論"的研討會兩
種。今分別述之如下：

㈠、書法教育"經驗交流"方面的研討會

　　以1985年7月在天津所舉辦的"首屆書法教育經驗交流大
會"最早（在此之前不曾有過）。這次研討會是由天津業餘書畫
學院等11個書法業餘教育單位發起並舉辦的，有來自18個省市自
治區的60餘位代表參加，提交交流材料25篇，有14位代表在大
會上交流各自辦學經驗，分組討論中，除對有關學校擬定的各類

---

❽　詳見《書法報》1994.3.30及1994.4.13之報導。

教學大綱及有關問題進行討論外，並特別呼籲書法教育工作應早日提到教育部門的議事日程上來，使之正規化、系統化、科學化，才能逐步開展開來❾。其他本書一覽表所列的教育研討會，其性質多與此類似。

㈡、書法教育"學術理論"方面的研討會

此類研討會，以有提出論文者爲據，最早可能是 1989 年 10 月舉辦的"寧夏回族自治區書法教育研究會成立大會暨首屆年會"及 1989 年 10 月的"河北省書法教育研究會成立大會暨首屆年會"，各提交論文 8 篇及 10 篇最早；而以 1994、1995、1996、1997 分別在北京懷柔、天津市、浙江省台州市舉辦的四次研討會最重要。

1. 1994 年 6 月在北京懷柔舉辦的"首屆國際書法教育學術理論研討會暨第三屆全國書法教育學術理論研討會"：由中國教育學會書法教育研究會主辦，共收到論文 130 多篇，入選 46 篇。據報導：其中"關於加強寫字教學總體性研究的論文 13 篇，關於搞好課堂教育探微性的論文 8 篇，關於寫字教學與學生在德育、智育、美育等方面全面發展關係的論文 6 篇，關於在書法教育中注意興趣教學的論文 3 篇，關於加強中師、中學和幼兒寫字教學的論文 13 篇，關於搞好農村小學書法教學和創辦書法特色學校及其他方面的論文 3 篇❿，有日本、新加坡、美國、愛爾蘭和台灣、澳門的專家學者參加，是屬於國際性的大型研討會。

2. 1995 年 2 月在天津市舉辦的"首次中國中師書法教育學術

❾　參考〈首屆書法教育經驗交流大會在津召開〉一文（《書法報》1985.7.31）。

❿　參見〈首屆國際書法教育學術理論研討會暨第三屆全國教育學術理論研討會論文評選結束〉一文（《書法報》1994.4.13）。

研討會"：由中國教育學會書法教育研究會主辦，共收到論文 200
多篇，入選 50 多篇交流，有一百多位學者參加，會中就中師書法
教育在中師教學中的地位和作用；中師開設書法課的重要性和必
要性；中師書法課的性質、任務和內容；當前全國中師書法教育
的現狀、存在的問題；今後的工作方向等等，皆提出熱烈討論。
1995 年 3 月 8 日《書法導報》（總 272 期）上稱這次研討會爲"中
國書法教育史上的里程碑"。

　　3. 1996 年 3 月在**浙江省台州市舉辦的"浙江省首屆書法教育
理論研討會"**：由浙江省書法教育研究會主辦，共收到論文 88
篇，入選 68 篇交流，有 13 位作者在會中宣讀，有 60 多位學者參
加。這次論文內容主要有五個方面：①加強中小學書法教育的意
義和功能；②對當前中小學書法教育現狀的調查、展望和措施；
③提高書法教育質量的方法和途徑；④有關用筆、結體、臨帖等
技法教學方面的論述；⑤培養中小學生學習書法興趣和養成良好
學習習慣的經驗體會等。

　　4. 1997 年 3 月在**天津市舉辦的"首屆全國中職書法教育理論
研討會"**：由中國教育學會書法教育研究會主辦，共收到論文 100
多篇，印發 43 篇交流，有 20　多名作者在會中宣讀，有 100 多位
學者參加。會中宣布成立"中職書法教育專業委員會"，除討論
其章程外，並針對當前全國中職書法教育的情況和存在諸問題，
以及如何辦好中職書法教育工作等問題提出討論。

三、書法創作研討會

　　書法創作必須經過嚴格的批評，始能得到肯定或作進一步的
深化改進，這是書法創作推動的大力量。大陸在社團與社團間的
交流或在每次的大賽或大展前後，常會舉辦各種創作討論會，其

內容有書法聯展的創作討論、有書家個展的創作討論、有某社團對其社員作品所作的評析、有某地區針對其區內書壇創作現狀所作的評議、不一而足。其名稱或爲"書藝學術討論會"、或爲"書法交流座談會"、或爲"書法藝術交流會"、或爲"書法創作討論會"、或爲"書法創作研討會"、或爲"書法作品講評會"、或爲"書法觀摩展評會"、或爲"書法評析會"、或甚至爲"書法創作暨戰略研討會"等等。總之,主要多是邀請專家學者或曾在各種大獎賽中得獎的作者,就其展出或將要赴賽的作品進行觀摩、講評和討論,且很少有論文的提出。

而在本書所蒐到的從 1984 年迄 1997 年間 76 個有關書法創作的研討會中,最特殊的,則屬 1994 年 11 月由中國書協、中國書協創作評審委員會主辦,四川省書協協辦的"當代中國書法創作評審理論研討會"。

多年來"書法批評"一直是書法界的熱門話題,深刻、雄辯有說服力的批評,確定了俄國文學和法國美術的地位,沒有一套客觀的書法批評標準及理論而放任那些粗淺、模糊、諛墓式、罵街式的批評風氣橫流,造成不良風氣。因此如何建立一套客觀的書法理論體系,一直是大陸近年來廣大的呼聲。本次研討會的主辦即針對此呼聲而開,且是第一次由創作評審委員自己唱主角的理論研討會。共 50 多人參加,提出論文 22 篇,分別在大會中宣讀及討論。此次研討會凸顯出大陸書法創作評審工作已從"經驗型",走向規範化、科學化、法制化的"學術型"階段。

四、與書法有關的其他研討會

與書法有關的藝術最重要的就是篆刻,中國書協下設的六個委員會,包括"篆刻研究委員會"(另五個:爲學術委員會、創作評審委員會、教育委員會、刻字委員會、硬筆書法委員會）。近現代以來中國印社就有三百個以上**⑪**。印學的探討，在藝術界另有他的一片天空，但一般仍將之歸為書法類的藝術。

　　在大陸有關印學的學術或創作研討會，從 1985 年以來，大大小小至少有 20 次以上，大多為地區性的研討會。較大的，在學術研討會方面，則以 1989 年 5 月在江蘇南京舉行的＂全國首屆印學研討會＂、1993 年 4 月在河南洛陽舉行的＂全國首屆刻字藝術研討會＂、1995 年 10 月在江蘇蘇州舉行的＂首屆全國篆刻理論研討會＂為代表。前者有數十名學者專家參與，收到論文至少 102 篇，會中對篆刻藝術、印源、印容、印人、印品及其實踐與創新等問題皆有所討論。次者參加人數不詳，收到論文 52 篇，入選交流 21 篇，對中國刻字的歷史和現狀、現代刻字藝術的美學探討、物質材料與藝術形成、如何開發刻字藝術市場等皆有所討論。後者參加人數不詳，共收到 146 位作者論文 160 多篇，入選 60 篇，並從中選出優秀論文 33 篇，是大陸迄今最大的一次篆刻理論研討會。

　　在創作研討會方面，則以 1990 年 5 月的＂全國印社篆刻聯展及創作座談會＂為代表，會中除就聯展作品提出檢討外，另就中國篆刻史、東湖印社的現狀、篆刻如何創新、如何加強理論研究、如何克服創作的雷同現象等問題進行討論。

　　除了篆刻之外，亦有多次關於漢字、繁簡字問題的研討會（至少 6 次）。書法不能脫離漢字形體，是大家普遍存在的共識，至於繁簡字問題，大多書家都認為簡體字太簡，不易表現書法之美，然仍有許多爭論。反映到中央去，1992 年 12 月 20 日中

---

⑪　參見《 '90 書法博覽》 P257〈中國近現代印學社團一覽表〉。及本書【附錄壹】〈大陸書法社團一覽表〉中的＂篆刻類社團＂部分。

共總書記江澤民還特別頒了指示云 " 書法是一種藝術創作,寫繁
體字還是簡體字,應尊重作者的風格及習慣,可以悉聽尊便 "。
不久後國務院亦批轉了國家語言文字工作委員會《關於當前語言
文字工作的請示》,指出: " 已經被簡化的繁體字,要嚴格限制
其使用範圍,只能用於古籍整理出版、文物古蹟、書法藝術方
面 " ⑫。

　　此外,與書法研討會有關的其他研討會,較特殊的,尚有
1992 年 5 月在廣東召開的 " 中國書畫藝術暨裝裱藝術研討會 " 和
1993 年 10 月在安徽涇縣召開的 " 中國宣紙文化研討會 ",由於學
術性不強且資料缺乏,此不詳述。

參、大陸書法研討會之特色分析

一、研討會主辦者之特色

　　從【附錄貳】一覽表中觀察大陸書學研討會,凡屬國際性質
的,多有國家單位,如地方文聯、文化局、教育局、博物館、省
國際交流文化中心……等機構與地方書協等民間社團聯合主辦。
但從 1994 年 9 月起,卻有一場純由民間社團舉辦的國際性研討會
產生-在江蘇常熟水月山莊,由滄浪書社和常熟市書協主辦的
" 中國書法史國際學術研討會 ",此種純由民間社團舉辦的國際
性書學研討會形式,標幟著大陸書法界的民間社團已進入國際學
術交流的階段。

　　至於全國性或地區性的討論會,有由中國書協或中國教育學
會單獨主辦,或聯合地方書協主辦;也有地方書協聯合其他社團
主辦的。此由公家、民間主辦者皆有,然像台灣許多大型的討論

⑫　見 1992 年 12 月 20 日、21 日《中國文化報》、《光明日報》。

會常由大學主辦的例子，則不多見。其中只有 1985 年 11 月在江西修水舉辦的＂全國首屆黃庭堅學術討論會＂，由江西師範大學及九江師專等五個單位聯合主辦；1993 年 3 月在浙江杭州舉辦的＂馬一浮國際學術研討會＂，由杭州師範學院及馬一浮研究所聯合舉辦，但這兩個研討會重點應在文學或學術思想上而不在書法上。另外，1986 年 4 月由北京師範學院書法藝術專修科舉辦＂中日書法學術討論會＂，則應屬於校園內的交流活動而已❸。至於真正還算得上由＂大學＂與校外書法社團聯合舉辦的較大型的書學討論會，則只有 1989 年 3 月由＂漢中師範學院教工書法學會＂與陝西省青年書法家協會漢中分會聯合主辦的＂漢中首屆書法理論研討會＂而已，但這也只是校內社團所舉辦的活動，正式由大學主辦的大型性之書學研討會則至今尚未出現。

　　大陸書法研討會多由民間社團主辦，大學多未介入，也算是特色之一。然此亦可以看出不只＂書法＂活動多在民間，連＂書學＂這種＂學術＂活動，也多在民間，其一表示書法、書學在大陸的正規教育上，尚未受到重視；其二表示大陸書法、書學的研究，除散布在教師層外，在士農工商間當亦不乏其人，書學論文的作者分佈層面較廣。

二、研討會會期之特色

　　大陸研討會會期大多 1 ～ 6 天，亦有 7、8 天者，最多則達 11天。達 11 天者有兩個研討會，一為 1992 年 5 月 16 ～ 26 日在天津舉行的＂第二屆華北書法展覽暨創作研討會＂，一為 1994 年 9 月 1～ 10 日在黑龍江鏡泊湖舉行的＂黑龍江第七屆書法篆刻骨幹創作

---

❸　詳見＜日本著名書法理論家中田勇次郎等應邀在北京師範學院講學＞一　　文（《書法報》1986.5.7）。

班暨戰略研討會"。由本文觀察,其會期舉辦之長,應有四個原因:① 中間配合參觀考察活動。如1988年9月在山東舉行的國際性"中國漢碑學術討論會", 12～14日在泰山市舉行, 15～17日轉到曲阜市舉行,一個會,兩個地點開,此必為參觀考察之故。 ②報告討論時間安排較長。如1993年8月20～23日在河南南陽市舉行的" '93年河南書法篆刻理論研討會",據《書法報》1993年9月29日報導,"邀請了陳振濂用四個半天報告了四個專題,請林京海用一個半天作了一個專題報告",所用時間較長。③穿插其他小型會議。如1994 年11月2～6日在四川成都舉行的"當代中國書法創作評審理論研討會",據《書法報》 1994年12月28日的報導,在5天中用1天的時間修改、討論,並通過了中國書法家協會創作評審委員會的《工作條例》與《委員守則》等議案。 ④配合書法篆刻討論等活動。如1993年11月27～29日在貴州貴陽舉行的"貴州省第三次中青年書法創作討論會",據《書法報》 1994年3月2日報導,"請來中國書協研究部主任張榮慶先生逐一為作者評點作品,並一起作深入的剖析"等。

　　可見大陸書法研討會會期的長,應是中間除討論論文外,又穿插了許多活動之故。

三、研討會參加人數的特色

　　大陸研討會參加的成員,大致可分為邀約學者、論文作者與各報刊記者三種,旁聽之例不多。其人數,若以全國性和國際性的研討會而言,大致在40～70人左右。只有在1991年10月於陝西西安召開的"首屆西安國際書學研討會"人數最多,高達232人,其次是1994年8月在山東青島召開的"全國書法史學、美學學術研討會",人數亦有200多人。若以地區性研討會言,則大致

在 20 ～ 50 人左右。但亦有高達 "300 多人"者,如 1990 年 5 月在
上海由上海市書協主辦的 "書法篆刻與上海首次學術報告會",
與會者高達 300 多人,其次是 1987 年 11 月在北京,由北京神州書
法研究會主辦的 "書法理論研討會",人數亦高達 300 多人。但據
《書法報》1990 年 6 月 20 日及 1987 年 12 月 16 日的報導,前者在
宣讀 20 多篇論文及研討後,"觀賞上海書協和市教委黨校聯合攝
製的錄像片《上海 70 歲以上著名書家書法藝術資料》,後者則是
"聽了王景芬先生所作的《書法藝術繼承與發展》的長篇學術報
告"。應都只是屬於會員的聚會人數,非為大型的書學研討會的
正式與會人數。

　　因此大陸書法研討會舉辦的次數雖多,但大多數仍以平實嚴
肅的態度為之,非如一般想像的 "人數眾多"、"規模盛大",
而以固定邀請不多的書家學者為主要的與會對象。

四、研討會論文徵集及格式之特色

　　大陸書法研討會論文的徵集,大多採用 "廣泛徵稿和少數特
約結合"的方式進行 **⑭**。其徵文多刊在各報刊雜誌上(範例如
下),明訂徵稿源起、範圍、論文要求、日期、地點等。時間短
則三月,長則一年,但以半年左右為多。亦有純粹由主辦單位特
定邀稿者,如 1994 年 9 月在常熟,由滄浪書社和常熟市書協聯合
主辦的 "中國書法史國際學術研討會",則為有意識的約請長期
從事古籍整理、文字學、考古學的專家撰稿者,但為數不多(同
⑯)。

---

⑭　參見本文貳〈大陸書法研討會之現況綜述〉及維摩〈常熟 "中國書法史
國際學術研討會"隨想〉一文(《書法報》1994.11.1)。

　　至其格式，由於大多數徵文廣告多只要求"角度新穎、有創見性"等，並未明訂嚴格的格式，因此大陸書法學術論文普遍不作"註"及載明出處、參考書的毛病，常困擾學者。只有少數如1993年在重慶召開的"全國第四屆書學討論會"或在常熟召開的"中國書法史國際學術研討會"則一改慣例，在特邀及徵稿上詳細提出要求："引文註明出處，列出參考書目"，"論文要附500字以內的提要，按規定的格式作附註，引文須詳註圖書版本、卷頁、論文或論文大綱以及圖版幻燈片均按統一格式打印製作"⑮。

第二屆全國"書法學"暨書法發展戰略研討會徵稿啟事

　　1993年10月，全國"書法學"暨書法發展戰略研討會在天津成功舉辦，引起了學術界強烈反響。為進一步深化書法學學科研究，科學地預測書法藝術的發展前景，《中國書畫報》社、江蘇教育出版社、中國青年書法理論家協會決定再次聯袂，于1995年3月在天津舉辦第二屆全國"書法學"暨書法發展戰略研討會。現向全國書法理論家徵稿。

　　一、徵稿範圍：圍繞書法學學科建設、書法的發展、批評及前景為中心，共分為以下九個方面：1、書法學研究體系特徵研討；2、書法學研究方法特徵研討；3、書法學各分支（包括書法史、批評史、美學、鑒賞、創作、技法、教育……）研究現狀的評價；4、未來書法學學科研究的發展前景；5、已出版《書法學》的學術評估與研究；6、對當代書法發展大趨勢的評價；7、

當代書法批評的立場和方法；8、書法發展的戰略前景及我們的對策；9、對當代書法創作、書法理論、書法教育現狀的評估和對未來發展趨勢的展望。

　　二、論文要求角度新穎，有創見性。論文字數不超過5000字。請附200字左右的內容提要。

　　三、論文收稿地點：天津市河西區遵水道42號《中國書畫報》社，聯系人：慕容森，郵編：300211。來稿信封左下角請注明"研討會徵文"字樣。

　　四、截稿日期：1994年11月30日。

　　五、由全國著名書法理論家對應徵論文進行評選。入選論文作者將發給入選證書，並被邀請出席研討會。入選論文將由江蘇教育出版社結集正式出版。

《中國書畫報》社
江蘇教育出版社
中國青年書法理論家協會

　　看來大陸書學論著的"學術化規格"，已逐漸在改進中。

---

⑮　參見〈筆談"全國第四屆書學討論會"的論文評選〉一文（《書法報》1993.6.9）、維摩〈隨想〉一文（同前註）。

五、研討會論文質與量之特色

　　由於大陸研討會的論文，大多採用刊登廣告，公開徵文的方式，故往往收到的論文數量極多，如以"全國第四屆書學討論會"來說，收到的論文即高達 680　件（據聞截稿後還收到數十篇，總數應在 700 篇以上），但其中雖多精彩之作❶，然亦不乏夾沙帶泥的駁雜虛弱之文。如以 1989 年 5 月"全國第二屆青年書學討論會"，據張志攀的〈述評〉一文中說："某些書論 .... 新名詞大爆炸，抽象概念疊床架屋，遣詞造語兜圈子，將一個淺顯易懂的道理說得玄之又玄，高深莫測。……很少有人做考證文章，……不願下苦功夫。"又如 1993 年 11 月的"全國第四屆書學討論會"，據周俊杰的〈感評〉一文中說："一部份論文觀點尚可，但表達含混，過於冗長，有的新名詞爆炸，使評委反復看後也不知所云。"張榮慶在〈筆談〉也說："粗閱來稿，所得印象，仍有一些喜歡穿鞋帶帽、拉大架子、拿腔拿調，實則內容空泛，讀之乏味的論文。"朱關田在〈筆談〉中也說："大量的經驗體會、講演套語，以及抄、拼、湊、襲的懶散文章，著實浪費了諸多紙張筆墨和公私財金。"❶。

　　可見公開徵稿，雖可得到層面較廣的稿源，但駁雜劣作夾雜其中，要作去蕪存菁的評選工作，尤以"學術論文"來說，當格外困難，故大陸通常都設有評選委員團進行審稿。如以"全國書

---

❶　如〈劉正成談全國第四屆書學討論會〉一文，劉正成先生說："這次會議，……某些學術文章，……都達到了世界水平。"（《書法導報》 1993.12.29 ）。

❶　張志攀文見《中國書法》 1989 ： 3 ；周俊杰文見《書法導報》 1993.12.15 ；張榮慶〈筆談〉見《書法報》 1993.3.17 ；朱關田〈筆談〉見《書法報》 1993.6.19 。

學討論會"言,第二屆共收到 635 篇,只有 66 篇得在大會交流;第三屆共收到 520 篇,只選出 125 篇入選,56 篇得在大會交流;第四屆收到 680 篇,只選出得獎及入選作品 96 篇,得在大會交流。入選數量並不多。

至於量的問題,今依本書【附錄貳】一覽表所列 325 次研討會中,就其載有"收到"、"入選"或"提交"、"交流"、"宣讀"論文篇數的最高數目作統計(列表如下),共 136 次研討會。其中數量在 100 篇以上的共有 20 次,最多達 680 篇,而總數則在 9398 篇以上。數量不可不謂驚人。

論文篇數 \ 研討會(場次)	600 以上	500 以上	400 以上	300 以上	200 以上	100 以上	50 以上	20 以上	1 以上	總計
專題性的書學研討會	0	0	0	0	2	1	11	8	6	28
全國性的綜合書學研討會	2	2	0	2	3	3	5	7	5	29
地區性的綜合書學研討會	0	0	0	0	0	1	17	29	15	62
書法教育研討會	0	0	0	0	1	1	2	1	4	9
書法創作研討會	0	0	0	0	0	0	0	2	0	2
與書法有關研討會	0	0	0	0	0	2	2	0	2	6
總計	2	2	0	2	6	8	37	47	32	136

(1997 年以前大陸書法研討會發表論文情況統計表)

六、研討會論文評選獎勵的特色

為了鼓勵書法創作,中國書協從 1995 年起開始設立"中國書法藝術創作獎"❶❽。為了鼓勵書法理論研究,河南書法獎勵基金

---

❶❽ 此為中國書法創作的最高獎,從 1995 年起,每年評選一次,每次獲獎人數不超過十名。詳見《書法報》1994.12.28 ＜當代中國書法創作評審理論研討會在成都舉行＞一文。

會設有"龍門獎",中國青年理論家協會也設有"書譜獎",都先後頒發多屆,影響頗大❿。

　　大陸書法研討會的論文處理,也常有此種獎勵方式,第一個首開其風的應是 1987 年 11 月在浙江建德舉行的"浙江省第三次書法篆刻學術討論會",從 30 多篇交流論文中,選出 3 篇為優秀論文,這是地方性的研討會。至於全國性的研討會,第一個首開其風的則為 1992 年 10 月在湖南永州舉行的"'92 全國懷素書藝研討會",從收到的 220 多篇論文中,入選 50 多篇,並評出 5 篇為優秀論文。

　　此外,除了評選出"優秀論文"外,這幾年大陸書法研討會又興起所謂"評選等級"的獎勵方式。第一個首開其風的應是 1990 年 9 月在哈爾濱舉行"黑龍江省第七次學術討論會",從收到的論文中入選"一等獎 6 篇、二等獎 8 篇、三等獎 5 篇",這是地方性的研討會。至於全國性的研討會,第一個首開其風的,則是 1993 年 11 月在四川重慶舉行的"全國第四屆書學討論會",在收到的 680　篇論文中,選出"獲獎 36 篇,計一等獎 4 篇、二等獎 7 篇、三等獎 25 篇,另外又選出入選論文 60 篇。"

　　這種設獎評等方式,據中國書協研究部主任張榮慶先生的解釋說:"設獎,是基於適應當前改革開放大趨勢的需要,將書學理論研究納入競爭機制的一種現實的考慮。在全國書學討論會上獲獎,正如在全國書展上獲獎一樣,應被視作一種很高的榮譽。"

❿　前者見《中國書法》1993:2〈走向深廣－河南書法理論研究評述〉一文;後者見《中國書法》1989:1〈全國第二屆青年書學討論會暨頒發青年書譜獎明年將在西安舉行〉一文。

（見❼）

在書法研討會上入選或得獎的論文，通常會發給入選或得獎
"證書"，並酌情頒發獎金或獎品。其論文，主辦單位有時將之
結集出版爲論文集，或推薦給各報刊優先發表。〈中國書法家協
會章程〉和〈中國硬筆書法家協會章程〉等一些全國性的協會章
程，通常規定："凡在全國性報刊發表過理論文章二次以上者"
可作爲加入中國書協或中國硬筆書法家協會等機構的申請條件
❷。此種論文評選獎勵的制度，對大陸書學的發展，應有一定的
作用。

七、研討會採用論辯形式之特色

大陸書法研討會的議程，大多採用：開幕式、論文宣講、分
組專題討論、小組大會匯報、總結閉幕五個過程，中間有時穿挿
其他會議、座談或參觀、筆會等交流活動，氣氛通常很"溫和"。

但這幾年開始掀起所謂"論辯風"，即會中某一階段採用論
辯的形式進行。溯其源，可能源於 1987 年 10 月在河南鄭州舉行的
"書法新十年學術論辯會"，名稱叫"論辯會"，但如何"論
辯"則未見報導。其後在 1989 年 5 月于陝西西安舉行的"第二屆
青年書學討論會"，當時曾在議程中穿挿"專題論辯爭鳴"一項
目，但據張志攀的〈述評〉一文所述，這次由於"有些爭鳴論辯
代表思想不夠，站在理性的高度不夠，而糾纏于某些現象……，
而與書法無關……。"❷，故知進行得並不成功，但這種"集體

---

❷　二章程，前見《中國美術年鑑 1949－1989》頁 1379；後者見《中國鋼
　　筆書法》1989：3。

❷　見張志攀〈全國第二屆青年書學討論會述評〉（《中國書法》1989：
　　3）。

質疑和集體答辯”的討論，據《書法報》1989年6月14日的報導說，還是“新時期討論會上的第一次”。之後，在1990年11月於浙江海寧舉行的“浙江省第六次書學討論會”，也曾在入選的34篇論文中，選出六篇論文，對六位作者進行“問答式”的探討。❷。此後，後出轉“精”，在1993年，可說是進展到了“論辯風”的最高潮，連續兩場論辯會，至今尤被津津稱述。

　　其一為1993年10月在天津舉行的“全國書法學暨書法發展戰略研討會”，這是全國性書學研討會採用論辯形式進行的“第一次”。其形式根據毛萬寶的〈述評〉一文敘述：“會議根據論文的具體內容，決定由張羽翔、王登科……等12位同志坐在台上擔任主辯角色，每半天四人一組，每人用十分鐘陳述自己論文的主要內容，用三十分鐘的時間回答台下與會者的各樣提問（以後打算每40分鐘一人登台主辯）。……論辯形式雖然主要在台上主辯者與台下提問者之間展開，但也常出現主辯者之間、提問者之間相互論辯的情形。……會場氣氛緊張……不單是排炮齊轟，簡直近乎窮追猛打……。”其實這種形式與台灣一般的學術討論會進行的方式應無二異，但這卻是大陸的“首次”❸。

　　其二為1993年11月在四川重慶舉行的“全國第四屆書學討論會”，這次論辯方式有所不同。據丁正的〈記全國第四屆書學討論會論文答辯〉一文敘述，“在答辯論文的挑選上，徵得作者自願同意，選取三篇比較有代表性，且便於引發普遍關心的問題的文章進行答辯。……三位答辯者（即主辯者）都得尋找與自己論

---

❷　見〈浙江舉行書學理論研究會第六次學術討論會〉（《書法報》1991.1.9）。

❸　參見毛萬寶〈全國書法學暨發展戰略研討會述評〉上、下（《書法導報》1994.3.9、1994.3.16）。

文研究方向相近的代表（一人或多人）助辯。……代表們通過分組交流討論和閱讀後，對三篇論文有了更深的了解。答辯會於 11 月 3 日下午，由……朱關田主持，……群儒會戰、辯士交鋒，充滿了學術的‘火藥’味。……唇槍舌戰……充滿了學術的‘攻擊’氣氛。……數次交鋒、反復質詢與答辯，十分精彩。……這對答辯者來說……，對質詢提問的辯方代表來說……，對主持者來說……，都是一種嚴峻的考驗。”細看這種論辯方式，可能是台灣一般學術討論會與一般有主辯、助辯、裁判的辯論會之間的一種綜合體。其舉辦的用意，據中國書協學術委員會的對外說明，是“爲了提高這次討論會的學術水準，使論文作者經受考驗，眞正能做到立論謹愼、論據充實，提高論文作者的整體水平和樹立論文作者的學術形象，所做的一次試驗。” ❷。

迄今 1997 年爲止，大陸在 1994 年 6 月於安徽黃山亦舉辦過一場類似前述第一種論辯形式的研討會－“全國現代書法研討會”，詳見《書法報》 1994 年 8 月 3 日報導，此不贅述。估計這兩種形式的論辯風氣，在大陸的書學研討會上還會繼續下去，是其邁向國外學術會議研討“規格”的一種方針。

八、研討會另設大會主題之特色

大陸書法研討會，除了專題性研討會外，常於論文發表後，還會另設一個或數個大會主題，進行分組討論、大會匯報；或直接於大會中進行討論。否則即使沒有論文發表，也會特設一主題，進行討論。

如 1981 年 10 月的“全國首屆書學研討會”，在大會交流後，

❷　以上俱見丁正〈記全國第四屆書學討論會論文答辯〉一文（《書法報》 1993.12 ）。

另分"美學、書史、創新、《蘭亭序》研究"四個主題進行討論；如 1983 年 8 月的"河南省第二次書學理論討論會"，除宣讀論文外，另就"當前書法理論的研究現況與今後的任務"一主題進行討論；如 1986 年 6 月的"山東書協書法學術討論會"，除宣讀論文外，另就"關於書法藝術的繼承與創新"一主題進行討論；如 1986 年 10 月的"全國第二屆書學討論會"，除宣讀論文外，另就"書法本體及其發展趨勢和研究方法"一主題進行討論；又如 1994 年 1 月的"浙江省青年書協理論座談會"，其座談主題即爲"青年書協工作面臨的困難及出路"……等等。

九、研討會配合展覽與參觀等活動的特色

　　大陸書法研討會除論文及書學理論外，常會在中間配合舉辦展覽，或穿插其他小型會議、座談會、學術報告講座、筆會、參觀、欣賞書法影片……等活動，其中最有特色的，則爲配合展覽和參觀。

　　以配合展覽來說（於專題性研討會上最常見），主辦單位於論文徵稿外，常會另外徵集與本次研討會有關的書法作品或文物，舉辦展覽會。如"殷墟筆會"就有"甲骨文還鄉書法展覽"配合展出；"中國襄陽米芾書會"就有"中國襄陽米芾書會作品展覽"配合展出；"張裕釗書法學術討論會"就有張裕釗墨跡及其所書的〈南宮碑〉和"張裕釗書體流派展"配合展出；"王鐸書法國際討論會"就有"王鐸墨跡觀摩展"配合展出；"中國毛澤東書法藝術研討會"就有"紀念毛澤東誕辰 100 周年書畫展"配合展出；"紀念王羲之撰寫《蘭亭集序》1630 周年大會"就有各種版本的《蘭亭集序》配合展出；"趙孟頫國際書學研討會"就有故宮及浙江博物館出借的許多趙孟頫尺牘和碑帖配合展出……

等等。

　　以參觀活動來說，常以參觀當地有關的書法名蹟、書家陵
墓、當地特殊工藝或古蹟爲主。如"殷墟筆會"則參觀殷墟、王
陵區、麥里等殷代遺址；"雲峰諸山北朝刻石討論會"則參觀天
柱山、雲峰山、大基山鄭碑摩崖刻石；"中國洛陽魏碑研討會"
則參觀龍門魏碑摩崖刻石；在陝西西安則參觀西安碑林；在湖南
永州則參觀浯溪碑林；在河南洛陽則參觀白居易墓地；在江蘇鎮
江則參觀米芾墓地；在浙江湖州則參觀趙孟頫夫婦墓地；在浙江
東陽則參觀東陽木雕陳列室、盧宅明清古建築群……等等。

十、研討會之設備與經費的特色

　　書法研討會的基本設備，主要是開會時的交流論文和配備的
幻燈機等設備。以論文印製來說，1993 年之前可能多由作者自備
交來爲多❷。1993 年以後才漸由大會印製❷。至於所有開會交流
的論文，亦大多未集結成書，若有，也常在一年半載後才出版
"論文選集"。其中最早在會前就已印製好的論文集，則是 1993
年的"全國第四屆書學討論會論文集"，乃是匯集獲獎與特約的
論文 50 篇，共 55 萬字結集而成，是歷屆書學研討會中的第一次。
據劉正成先生的敘述說："這本論文集的出版……雖然表面看來

---

❷　如 1989 年的"全國第三屆書學討論會"，據《書法報》1989.8.30 的報
　　導說："會議規模約 70 人。將選出 100 篇論文送大會交流……，論文評
　　選出來後，九月中旬將按照參加會議者和書面交流兩種方式通知作者，
　　同時退回稿件交本人修改，打印 100 份，寄給四川都江堰市文化館……
　　轉大會秘書處。"。

❷　如 1994 年的"全國書法史學、美學學術研討會"在《書法報》1994.1
　　月的〈徵稿啓事〉上刊登："論文一經入選，按國際慣例，由組委會秘
　　書處統一打印。"

只用了一、兩個月出了本書，實則是中國書法家協會經過了十四個年頭的努力。"（同❶）。其後 1997 年的"全國第二屆近現代書法研討會"亦在會前先出有論文集，然直到 1997 年，此種例子仍然不多。

　　至於幻燈機的使用，在 1994 年之前未見報導，到 1994 年的"中國書法史國際學術研討會"，維摩先生的〈隨感〉一文，始特別敘述了"會議廳配備兩架幻燈機以供演講使用……，與國際上的學術會議逐步接軌。"（見❹）。可見大陸書法研討會的設備已逐漸在改進之中。

　　有關大陸書法研討會的經費，未見詳細報導，應以公家出資舉辦為主，以 1993 年在北京舉辦的"沙孟海書法展覽及書學研討會"來說，據 1993 年 10 月 20 日《書法導報》報導，乃是"由鄞縣人民政府出資 20 萬元舉辦的"。但近年則開始有私人贊助的情私，如 1994 年 8 月在山東青島舉行的"全國書法史學、美學學術研討會"，其一系列活動，全由私營企業"青島玉蘭花園藝開發有限公司"獨家贊助❷。這種純由民間社團與私人企業聯袂舉辦純學術研討會的現象，在大陸歷來書法研討會中是一大特例。

肆、大陸書法研討會所顯示之意義

一、顯示書法學術領域的逐漸深化與開拓

　　每一次的書學研討會就是一個新的起點，累積從 1981 年以來三百多次的書法研討會的成績，大陸在書學的研究上，顯然已從

---

❷　此公司每年提撥十萬元人民幣資助書法研究、書法創作、書法教育十年（見《書法報》1994.6.29），另見〈全國書法史學、美學學術研討會在青島舉行〉一文（《書法報》1994.9.7）。

過去傳統點悟式、形象化的書學研討特徵，走向系統化、分析化、演繹化的研究方向。

從目前各項研討會的內容作觀察，其涉及的層面，已包括書法原理、書法史論、書法美學、書法批評、書法教育等領域，漸漸突破了古典書法理論的範圍。以 1993 年 12 月在重慶舉行的"全國第四屆書學討論會"的論文爲例，據大陸名書論學者、此次論文評審委員周俊杰先生的〈感評〉說："論文內容涉及到了史學、考據學、美學、哲學、心理學、社會學、符號學、未來學、信息論、全息論、接受美學、形式美研究、教育、書家、書論、當代書法評論等，所論不再是六七十年代甚至八十年代初只限于常識性的敘述和簡單的書家、技法介紹。對史的深化、對中西學術的滲透、對書法深層文化性格的把握，使當代的書法研究具有強烈的學術性。這與五、六十年代一些權威人士不把書法看作一門藝術的情況相比，可謂是個質的變化……。即使論技法，也上升到美學的高度去進行分析，……。審美能力的提高及論證的系統化，給史論家們找到了判斷書史的時代審美特徵這一支撐點；而史學的深化，又爲美學研究打下了紮實基礎。各學科的互補，使以書法爲主體的邊緣學科得到發展和深化。"㉘

可見目前大陸書學的研究，除了對古典書法理論系統，有所深化外，對新的現代書法理論系統，也顯見有開所拓。雖然和文藝、美術理論或國際其他學科研究相比，有些學者認爲"還遠遠落後""還處在初期階段""差距不小"㉙，但從這些不間斷的

㉘ 見《書法導報》1993,12.18.。

㉙ 參見羅厚禮＜確立書法批評獨立的學術品格＞一文（《書法導報》1994.8.3；王景芬＜首屆中國國際書學交流會述評＞一文（《中國書法》1991：3；丁正＜全國第四屆書學討論會重點發言＞一文陳梗橋發言部份（《書法導報》1989.12.29）。

書法研討會的舉辦中，卻可看出他們邁步向前，步伐的堅實。

二、顯示出書法理論家地位的逐漸提升與獨立

　　書法理論和創作有一定的關聯性，有別於其他藝術門類，書法理論家通常也是書家，書法家只要肯著書立說，假以時日，也能成爲書法理論家。然而兩者之間又有差別，作爲書法理論家，除了手下要有一定基礎的書法技巧才能提高其鑑賞的眼力外，還要具備豐富的書史、書論的學識涵養及獨立的思考能力，其理論研究較之書法創作更須具有一定的時間及醞釀，不像書法創作因種種導向作用而變化之快。因此一屆屆、一類類的學術研討會都有其累積、推進，具有一定獨立價值和作爲獨立學科所無可取代的職責及性質。和以往書論只是依附於創作、書法研究乃直接服務於書法創作的一種技術性手段，已然不同。書論可以指導創作，並在自己學科領域中有其獨特的研究發展，這是大陸書法理論研究的方針。從各屆各類書學研討會的舉辦，大量書法論文的發展，正顯示出“書論家”地位的提升與已有了自己有別於“書法家”的獨立地位。

三、顯示書法教育的加速推動

　　大陸書法正規教育上，在 1994 年之前一直未受到應有的重視，小學有寫字課，依規定至少每週要有一節寫字課，但大多數學校並未落實，且小學階段充其量不過要求把字寫得正確端正而已，算不上“書法”；初中、高中、高職、中專，除了一些禮儀或秘書學校外，幾乎沒有書法課程，大專院校雖已有多所設有書法專業、書法碩士班、博士班，但普遍的系所多未開有書法課，連中文系亦然；以師範院校言，偶或設之，亦不算專業主科。政

隨人設，書法教育淪入一盤散沙的境地。沒有系統的從小學到大
學的書法教育體系，書法教育的推展、書法師資的培養，主要還
是落在中國書協、各省市書協等一些民間自動組合的社團身上。
其所主辦的有關研討會，大都亦屬於書法教育現狀的省察及教學
經驗交流性質的討論，相較於其他性質的研討會，不管在次數、
研討內容、發展速度上比較，都是最少、最弱、最慢的。

　　但是從 1994 年以後，透過總部設在天津的＂中國教育學會書
法教育研究會＂的奮力推動，及各地分會的響應，尤其是天津總
會與浙江省分會的推動，分別在全國各地、浙江省內成立數十個
小學及中學的＂書法實驗基地＂，各中學、高等師範院校亦普遍
加強三筆字（毛筆、原子筆、粉筆）的平時訓練與相關課程的增
設，而在 1994 年至 1997 年間連續四年舉辦了四次大型的國際性、
全國性、地方性書法教育研討會，參加人數數百人，收到論文總
數超過五百多篇。此種書法教育之前不被重視，之後逐漸被提
起，到目前極力加快腳步，積極推動，在本章研討會的考察中，
亦明顯可以看出其發展之痕跡。

四、顯示書法評論的強烈需求

　　書法作品沒有透過批評的考核，優秀作品將如含金的礦石被
忽略，一些以各種面目出現的偽劣作品，反而堂而皇之的游弋於
書壇之上。因此創作與評論應同步進行，乃能開拓書法創新與內
涵的深度，使書法有一健康純淨的發展。但是由於書法具有其他
藝術所沒有的特點，歷史上也很少提供書法藝術分析的範例，或
礙於所謂的＂道德＂，而忽略了＂學術＂的考量，使書法流於庸
俗的吹捧。或只是＂介＂而不＂評＂；或只是點悟、印象、籠統
式的批評，不痛不癢。致使書法批評一直無法取得如美術批評、

文藝批評一樣的地位，無法深刻、有效的指引創作的發展，這是
大陸近十幾年來一直深以爲憾而一直努力的目標。

　　從本章所列其歷來舉辦的書法創作研討會來說，其特點是，
每在某種全國性的比賽前，或某種大大小小的展覽前後，便會由
各地書協等社團邀請書家、學者，來就其會員或展出者的作品進
行分析與評估，並對該地區的書壇現狀及程度作徹底的把脈。顯
示書法批評受重視的程度。

　　但由於書法評論主觀性甚強，若缺乏一客觀、深刻、讓人信
服的理論，將無法建立其權威性。因此從 1993 年起，便陸續有幾
篇文章在報刊雜誌上刊登，批評全國評選的不公平，並提出評選
班子應由批評家唱主角的呼聲，終於激起了中國書協等單位在
1994 年 11 月於四川成都召開＂當代中國書法創作評審理論研討
會＂，由評審委員親自出馬當主角，提出二十多篇論文，針對其
對創作的體會及經驗、對評審機構建設和評審體制的理論、對書
法藝術及其文化意識等問題，作進一步的再探討。其試圖摸索建
構一套更具科學化、學術性、權威性、且能符合時代批評的架構
和批評方法的批評理論，這種認眞的態度，亦顯示出大陸書法
熱、書法研究能普遍發展的某種特殊意義。

五、顯示書壇新園地的崛起

　　從大陸諸多書法研討會的內容項目來看，可以發現有三種新
園地，在這十多年中，已從舊有的傳統書法、書學園地中慢慢的
成長突出，那就是硬筆書法及其理論、現代書法及其理論、篆刻
藝術及其理論的崛起。

　　首先談硬筆書法及其理論的崛起。硬筆書法，廣義的來說，
凡是用硬的東西沾墨寫字，皆可稱爲硬筆書法；狹義的說，則指

我們日常常用的鉛筆、鋼筆、原子筆和粉筆所寫的書法。和傳統書法相比，硬筆書法的歷史顯得很短。其初露先聲，應在 1979 年黃若舟《漢字快寫法》的再版和 1980 年龐中華《談談學寫鋼筆字》等字帖的出現，才開始為人所注目。其後經過 1982 年由《浙江青年》主辦的 "青年鋼筆字書法比賽" 和 1984 年由《東方青年》主辦的 "全國首屆鋼筆書法競賽" 等兩個全國性的大比賽後，才開始逐漸掀起了熱潮。之後各種社團林立，其中以 "中國硬筆書法家協會"（其前身為 "中華青年鋼筆書法協會"）、"中國現代硬筆書法研究會"、"華藝硬筆習字會"、"當代硬筆書法習字會" 等四個社團規模最大，展開的工作最成功，影響也最大。此外各種硬筆書法函授學校、函授中心也風起雲湧，紛紛創辦招生，人數最多者且達數萬，將硬筆書法帶入了最高潮。尤其是 1985 年 5 月全國第一本硬筆書法的專刊《中國鋼筆書法（初為季刊，後為雙月刊，迄 1997 年已出 71 期）雜誌的發行，更是標幟著硬筆書法新山頭、新園地的確立。然而想成為硬筆書法家的人很多，能認真從事硬筆書法教育及理論研究的人卻很少，沒有教育的帶領及理論的指導，將注定硬筆書法的淺薄，因此才有 1987 年 5 月的 "中國硬筆書法全國學術理論研討會"，同年，"首屆中國鋼筆書法理論研討會"，分別在重慶及長沙召開，雖比大陸第一個書法研討會（ 1981 年的 "中國書學研究交流會"）晚了 6 年，卻代表硬筆書法已朝縱深的方向發展了。直到今天，硬筆書法的理論研討會於 1989 年 5 月及 1990 年 9 月，分別在南京及成都舉辦過兩次地區性研討會，同時也創辦第二、三個硬筆書法專刊－內蒙古呼和浩特的《硬筆書法報》（1993 年 4 月創刊，初為半月刊，1995 年改為週刊）和湖北咸寧地區的《鋼筆書法報》(1996 年創刊，為旬刊），然而由於它發展的時間短暫，前途能發展至何境地，仍然時有爭論。

　　其次談到現代書法及其理論的崛起。現代書法或稱"現代派書法"，近年則或稱"探索性書法"。現代派書法的"現代"，應是對應西方的"現代派繪畫"承襲而來，代表對傳統的"突破"。近十幾年來，因受到西方現代思潮的影響，在大陸首先掀起的是繪畫新潮的蜂起，接著是書法界，尤以中青年爲主的書法新潮的蜂起。紛紛以"現代書法"的名目舉辦各種活動，蔚然成爲時代新風尚。其書風，給人的感覺是一種走向"書畫同源"乃至"書畫歸一"的創作理念，強調書法家心靈的眞實表現，故作品常打破傳統書法中鋒運筆、結構平衡方正、墨色統一的規律，而多用側鋒之法，追求一種打破均衡、注重墨色濃淡乾濕，呈現一種抽象、傾斜、模糊、朦朧意象的一種作品，類似日本前衛書道或少字數書法。這種表現手法，在中國，第一個在"行爲"上實踐的，可以李駱公和張正宇爲代表。但正式的集體"亮相"，則始於 1983 年 10 月北京現代書畫學會舉辦的"現代派書法首展"。之後，許多大大小小的書法研討會便有所謂的"論傳統與創新"、"論傳統與現代"等主題的不斷被"熱烈"討論與爭論，迄今不休。也由於其與傳統書法不同，至今猶被排斥在"全國書展"之外，但其聲勢並未因此而戢。以《書法研究》這本大陸最具書法學術權威的雜誌來說，從 1991 年第 4 期以來迄今，幾乎期期都有關於"現代書法"的專文刊出；1993 年 3 月，第一本現代書法雜誌《現代書法》也在廣西誕生；第一本有關現代書法理論的書籍及其理論的研討會"現代書法創作狀況暨王南溟《理解現代書法》研討會"，也於 1994 年 7 月在安徽黃山召開，雖然規模不大，卻代表著現代書法創作的定位，及其試圖展開探索及建立現代書法理論架構的企圖。

　　最後談到篆刻藝術及其理論的崛起。"篆刻"藝術，有人將之歸入書法一類，有人將其獨立。在本章，則列爲"與書法有關的藝術"。

　　在大陸與書法有關的各種研討會中，最重要的是篆刻研討會。就創作活動方面而言，篆刻一直與書法並肩發展，並且已取得很可觀的成績，如十多年來全國各地的印社及印學團體，從最初少數幾家，發展到現在已達 300 餘家，造就了一支具有獨創精神的中青年篆刻創作隊伍，據大陸著名書評家馬嘯所言，"在藝術質量上迅速與前代接連，可以毫不誇張地說：當代中國篆刻藝術已走出歷史低谷，開創了一個完全不同於明清風格的新天地"❸⓿。其開展的廣度、深度與開創性，深受肯定。但沒有理論的實踐，畢竟帶有某些盲目性，因此創作發展之餘，大陸的篆刻界亦體會到理論指導的重要性，因此從 1983 年以後，先後舉辦了大大小小八次全國性的印學理論研討會，但相較於篆刻創作，則顯見不成比例。且以內容來說，依 1989 年馬嘯言："在理論上，我們至今還未看到一篇系統闡述這種實踐的必然性、美學特徵及歷史意義的文章，更不要說爲未來的實踐指點方向了。"，"他們依然用明清時代人們的眼光和語言來看待和解釋歷史和現實"並爲"當代篆刻藝術在理論上過於蒼白、貧困而深深悲嘆"。中國書協篆刻評審委員王鏞在 1993 年"當代篆刻藝術的現狀與展望"研討會上也說"在篆刻美學方面、篆刻批評方面及印學史方面的研究，尚有許多課題擺在我們面前"❸❶。說明了大陸目前印學園地的崛起，開拓與瓶頸的現狀。

---

❸⓿　見馬嘯〈篆刻：成功的實踐與悲哀的理論〉一文（《書法報》 1989.6.21）。

❸❶　馬嘯言，見前註；王鏞言，見《書法導報》 1993.12.22。

六、顯示書法理論人才的遞嬗

　　大陸書法研討會從 1981 年 10 月開始舉辦以後，迄 1997 年，共 17 年的時間，從與會者及論文發表者的性質及年齡來看，約略可以看出其中人才遞嬗的情形。

　　從本書【附錄貳】一覽表所蒐集各時期書學研討會資料來看，在 1988 年之前，所邀請的書家學者，記載不是"應邀參加筆會的著名甲骨文專家、書法家、篆刻家有胡厚宣、張政烺、裘錫圭、姚孝遂、潘主蘭……楊白匋、沙曼翁……"（見 1983 年的"殷墟筆會"）"沙孟海、顧廷龍、啓功、方棄疾、王學仲……沈鵬……費新我……等"（見 1987 年的"中日書法討論暨 1987 年中日蘭亭書會"），就是"來自全國（多少）個省市自治區的代表（多少）人參加了會議"或是"中國書協部份領導、學術委員及全國（多少）個省市自治區的（多少）位代表出席了會議"。從名單上看，大多是當今書壇前輩，有些在這幾年間且已相繼過世，可見大多是屬於前輩學者。倘從許多論文入選名單上看，也常可看到連續參加數次徵文而熟悉的名字。但從 1988 年以後"全國青年書學討論會"在 1988、1989、1990 連續三年舉辦，收到論文 500 篇以上（第一屆數目不詳，第二屆 217 篇，第三屆 204 篇）·據《中國書法》雜誌報導，其作者都是 45 歲以下的青年（1989：1，55 頁）；"全國第三屆書學討論會"，在 1989 年舉辦，共收到論文 520 篇，入選 125 篇，據《書法報》報導，入選者為"首次"參加的作者佔百分之八十（1989.11.18）；"全國書法學暨書法發展戰略研討會"，在 1993 年舉辦，會中採"答辯"的方式進行，辯論激烈，據《書法報》報導，"應與在場百分之九十都是 30 歲上下的青年學人有關"（1993.10.27）；又從

1994 年在青島所舉辦的 " 全國書法史學、美學學術研討會 " 來看，據《書法報》報導，有 56 篇論文進行交流，其中提交論文者也是 " 百分之九十爲 30 歲上下的年輕理論工作者 " 。（ 1994.9. 7 ）

可見大陸十幾年來的書法熱與書學研究的鍥而不捨，確然已培養出一批新的書法家及理論工作者，其後繼有人，往後發展的前途當仍不可限量。

七、顯示各省書學發展的狀況

大陸各省書學發展的狀況，亦可從書法研討會的舉辦情形中看出。

依本書【附錄貳】所蒐見諸報章雜誌所列之一覽表中，共 325 個研討會，若以主辦單位省份（中國書協、《書法報》等全國性的團體組織不計）及舉行地點爲統計根據（見下表），通常文化根柢好，經濟條件較佳的地區，書法研討會舉辦的次數、層次、規模亦較高，從本表來看，占前 8 名的省份，如浙江、四川、北京、河南、山東、湖北、江蘇、河北等省是沒錯的。但也有例外，如當今經濟最發達的沿海地區，像廣東、上海、福建舉辦的都是地區性較小的研討會，反觀一些較偏遠的省份，如陝西、雲南、貴州、黑龍江、新疆等地卻不落人後。即以一些交通較不方便，文化根柢較薄弱的自治區，如寧夏回族自治區、內蒙古自治區等，亦有力爭上游之勢。

如見 1993 年 8 月 4 日《書法導報》上的一篇報導云：" 6 月 1 日，內蒙古烏海市政府作出決定，用五年時間將烏海建成‘書法城’"，並要求 " 市、區成立創建‘書法城’領導小組，各大、中型企業和相關單位要建立書協分會；各地區、各部門和藝術主管部門要把創建‘書法城’列入重要議事日程，並制定出各自的工作實施方案，使這項工作上下有人管。”即是一個各省有心無心發展書學的典型例子。誠如大陸中國書協副秘書長、理論委員會副主席劉正成先生在參加河南的一項研討會中所說的：“各地都有各自的特點”，“有的有著完善而有力的組織和領導者”，“江蘇是個體戶，……而河南是一個組織起來的工程”（《書法導報》1994.7.13）。不管是個體戶、還是有組織的工程，從大陸各省所辦的研討會中，常可見到他們對自己省內書法、書學發展的現況作檢討，請專家學者分析自己與他省或全國的比較，並積極的作出“戰略”、“方針”的情形❷，大陸這些年書學的發展，與此種各省競爭、群策群力的推動熱忱，亦應該大有關係。

---

❷　如 1993 年在天津，《中國書畫報》社舉辦的“全國書法學書法發展戰略研討會”，1995 年黑龍江省舉辦的“黑龍江省第七屆書法篆刻骨幹創作班暨戰略研討會”，都以“戰略”為名；《中國書法》雜誌 1993：2，49 頁亦報導，河南書協以第 1 號文件向全省轉發理論委員會〈關於加強我省書法理論工作的意見〉一文。

省份 / 研討會	浙江省	四川省	北京市	河南省	山東省	湖北省	江蘇省	河北省	天津市	陝西省	廣東省	上海市	遼寧省	安徽省	湖南省
專題性書法學術研討會	10	1	1	4	9	2	4	1	0	4	1	2	1	3	2
全國性綜合書法學術研討會	5	7	4	2	2	1	2	1	2	4	0	2	1	0	2
地區性綜合書法學術研討會	7	14	5	6	3	10	3	3	4	3	3	0	2	2	3
書法教育研討會	3	2	1	0	2	0	2	3	3	1	2	1	0	0	0
書法創作研討會	8	6	10	7	2	3	3	7	3	1	2	3	4	2	0
與書法有關之研討會	4	0	8	4	4	5	2	0	2	0	2	1	1	0	0
總計次數	47	30	29	23	22	21	16	15	14	13	10	9	9	7	7

省份 / 研討會	雲南省	山西省	貴州省	黑龍江省	新疆維吾爾自治區	甘肅省	青海省	廣西壯族自治區	江西省	福建省	寧夏回族自治區	內蒙古自治區	吉林省	海南島	西藏自治區
專題性書法學術研討會	2	2	2	0	0	0	0	1	1	0	0	0	0	0	0
全國性綜合書法學術研討會	0	0	1	0	0	0	0	0	0	0	0	0	0	0	0
地區性綜合書法學術研討會	3	2	2	3	2	2	2	1	0	0	0	0	0	0	0
書法教育研討會	1	0	0	0	0	1	0	0	0	0	1	0	0	0	0
書法創作研討會	0	1	0	1	1	0	0	0	1	1	0	0	0	0	0
與書法有關之研討會	0	0	0	0	1	0	0	0	0	0	1	0	1	0	0
總計次數	6	5	5	4	4	3	2	2	2	2	1	1	0	0	0

（ 1997 年以前大陸各地區書法研討會統計表 ）

八、顯示出各年書學研討會風氣的進展

從本書【附錄貳】一覽表上觀察大陸在 1981 年之前未曾舉辦過書法研討會，第一個研討會在浙江，是 1981 年 10 月在紹興舉辦的〝全國書學研究交流會〞，也就是後來大家公認的〝全國首屆書學討論會〞，參加人數 47 人，收到論文 591 篇。第二個研討會在河南，是 1982 年 5 月在河南雞公山舉辦的〝河南省首次書學討論會〞，參加人數 22 人，宣讀論文 16 篇。兩年都各只有一次研討會。此後，以這兩個地區為軸心，到 1983 年，除了河南、浙江外，又增加了四川、江蘇、山西也開始舉辦研討會。 1984 年，除了浙江、河南外，又增加了山東、河北也開始舉辦。 1985 年，研討會舉辦次數成倍的成長，除了以上各省外，北京、陝西、天津、江西、湖北、廣西、雲南、貴州等省也加入舉辦的行列。以後穩定成長，論文的篇數逐年增加，即以四屆的〝全國書學討論會〞（在 1981 年、 1986 年、 1989 年、 1993 年）所收到的論文就高達 2426 篇，其發展之速度可見一斑。

其間各年度發展的情形，依本章所作統計表（見下表），約略可分為四個高峰期。第一個高峰期在 1986 、 1987 年左右，第二個高峰期在 1989 、 1990 年左右，第三個高峰期在 1993 、 1994 年左右，第四個高峰期在 1995 、 1996 年左右。其中 1992 年只舉辦過 15 次，顯見當時研討會落入低潮，翻閱此年前後的《書法導報》，多見〝書家經商〞〝書家下海〞的問題討論㉝，或即跟大陸鄧小平南巡後，大陸掀起的〝經濟改革〞熱潮有關，人心在此晃動，

㉝　參見關天穆〈書家下〝海〞漫議〉（《書法導報》 1993.1.20 ）；張旭光〈也談書家下海〉（《書法導報》 1993.4.21 ）；陳炎〈書家下海雜談〉（《書法導報》 1993.8.18 ）。

書壇亦受到影響，但隨即的 1993 年，可能是和中國書協明確提出
" 1993 年為書法學術年"的發展方針有關❸，也可能是經過改革
大潮的波動與反省後，許多書家終於又冷靜下來，重新回到書學
的崗位上來，於是在 1993 年以迄 1997 年連續舉辦許多全國性和國
際性的研討會，論題新穎、內容廣泛深刻，連討論方式也多由以
往的討論變成辯論，書學討論上一片欣欣向榮。

年份 研討會	1981 以前	1981	1982	1983	1984	1985	1986	1987	1988	1989	1990	1991	1992	1993	1994	1995	1996	1997	總計
專題性書法學術研討會	0	0	0	2	2	3	1	2	5	2	2	4	2	9	1	4	3	5	47
全國性綜合書法研討會	0	1	0	0	0	0	4	5	1	2	2	4	1	4	7	3	5	3	42
地區性綜合書法學術研討會	0	0	1	3	0	3	9	7	5	10	18	7	6	6	5	3	5	5	93
書法教育研討會	0	0	0	0	0	4	0	1	0	4	0	3	1	2	3	2	2	1	23
書法創作研討會	0	0	0	0	2	1	3	3	2	3	5	0	2	4	11	10	19	13	78
與書法有關之研討會	0	0	0	0	0	1	2	2	2	3	4	0	3	7	9	4	1	4	42
總計次數	0	1	1	5	4	12	19	20	15	24	31	18	15	32	36	26	35	31	325

（ 1997 年以前大陸各年度書法研討會統計表 ）

伍、結語

　　大陸在 1949 年以後，前 20 年的書法活動僅在少數高層文化人
士中展開。文革 10 年，大字報及黑體美術字被認為是最好的書
法，書家受到迫害，書法及其文物被燒被毀，可算是書法變態的
發展時期。文革以後迄今二十年來，由於中國書法家協會及各省
分會等組織的大力推動，和數十種專業性書法報刊雜誌的配合，
使書法創作和書法理論的研究呈現蓬勃發展的氣象，光是純學術
性的書法研討會就有三百多場，造就了不少書法創作與理論人
才，使書法不再是附庸於美術之中，而成為一種獨立且深具發展

---

❸　參見曹軍〈 '93 中國書壇十大新聞〉（《書法報》 1994.6.8 ）。

潛力的學科，目前已有多所書法實驗小學、書法專業、書法碩士班、書法博士班的設立❸，其發展的廣度與深度，配合各項書法研討會的舉辦，正逐步而迅速的成長拓展中。

❸　書法實驗小學，如天津友誼路書法實驗小學；書法專業，如南京師範大學美術系書法兼修語文專業；書法碩士班，如西南師範大學中文系書法碩士生；書法博士班，如首都師範大學書法藝術研究所及中國美術學院中國畫系書法博士生。

第四章　大陸全國性書法比賽之研究

壹、前言

　　大陸書法比賽的名稱，或曰"比賽"、或曰"競賽"或曰"大賽"、或曰"評比"，或曰"展覽"，或曰"大展"，或曰"大獎賽"。即使號稱"展覽"，也大都是經過"比賽"挑選後所作出的展覽。

　　而所謂"書法比賽"，在廣義上來說，除一般偏向技法方面的書法比賽外，尚包括"書法字帖比賽"（如 1989 年由《中國鋼筆書法》雜誌主辦的"全國鋼筆書法字帖大賽"）、"書學知識比賽"（如 1995 年由歐陽詢書法藝術學會主辦的"歐陽詢杯書學知識大獎賽"）等與書法相關的比賽；但在狹義上來說，則多包括"毛筆書法比賽、硬筆書法比賽、篆刻比賽、刻字比賽"等四項，若更狹義上來說，甚至只指"毛筆書法"一項的比賽而已。

　　而在所謂狹義的、偏重書法技法方面的"毛筆"或"硬筆"書法比賽中，若依書體來分，除一般不限制書體的比賽外，尚包括限制書體的正書比賽（如 1997 年"全國第二屆正書大展"，而其所謂的"正書"，包括篆書、隸書和楷書三種）、行草書比賽（如 1996 年"全國第一屆行草書大展"）等二種；若依裝裱形式來說，除一般條幅、橫披外，尚包括楹聯書法比賽（如 1996 年"第二屆全國楹聯書法大展"）、扇面書法比賽（如 1996 年"全國第一屆扇面書法藝術大展）等二種。

　　再者，由於大陸書法比賽，若依地域分，又可分為國際性、全國性、地方性等三種比賽，數量極多；且一些包括書、畫、攝影等綜合類的比賽亦不計其數；凡包含"書法"一類的比賽，是否亦包含硬筆或篆刻二項，都須細看徵稿啓事乃能得知。因此本章考察大陸書法比賽，內容只界定在"國際性"、"全國性"、"十省市自治區以上"，眞正有"比賽"評審，而非"地方性"與"邀請性"的展覽比賽。至其內容項目則包括毛筆書法、硬筆書法、篆刻、刻字等四項比賽。

　　本章即根據此原則，就大陸各書法報刊、雜誌及論著，廣泛蒐集有關全國性的書法比賽訊息，羅列成表（見【附錄參】大陸全國性書法比賽一覽表）；並對其代表性的書法比賽作基本及扼要性的綜述，以明其發展現況；最後分析其特色，作出評估與結論。期能藉由此全面性與重點式的考察研究，整理出大陸書法發展和變化的規律，對往後書法活動的推展、書法理論和書法創作的引導，能提供一些有用的參考價值。

貳、大陸具代表性的全國性書法比賽綜述

　　大陸在 1977 年《書法》雜誌創辦及 1981 年中國書法家協會成立之前，由於有關全國性書法比賽的報導缺乏，因此本書【附錄參】〈大陸全國性書法比賽一覽表〉中，所列的第一個全國性書法比賽的記錄始於 1979 年，由上海《書法》雜誌舉辦的"全國群衆書法徵稿評比"（實際上在 1979 年以前舉辦過的全國性比賽的例子應亦不多），到 1997 年止，共舉辦過至少 463 次全國性書法比賽。本附錄除詳列其比賽名稱、日期、地點、主辦者外，亦就所知詳列其收到件數、評選展覽情形。

　　而在此 463 次全國性書法比賽中，最具權威、最重要、最受重視的書法比賽，自屬由大陸最具權威的書法團體 — 中國書法家協會所主辦的"全國三大展"－"全國書法家篆刻展覽"、"全國中青年書法篆刻家作品展覽"、"全國書壇新人作品展"及其所

主辦的＂全國篆刻藝術展＂。此外一些由其他地方書協及出版單位所舉辦的全國性書展、書賽影響亦不小，因此本節特分此五部分，作重點式的介紹與分析，以明大陸文革後二十年全國性書法比賽的大致情況。

一、全國書法篆刻展覽

＂全國書法篆刻展覽＂，簡稱＂全國書展＂或＂全國展＂，是大陸國家最高級別，代表國家水平的一種檢驗書法造詣的形式。在 1980 年第一屆創辦之前，中國歷史上未曾有過這種形式。

其徵集作品、評選方法，基本上先由各省、市、自治區的中國書協分會進行徵稿初選。最後再按各分會所分配的限額，如數匯送總會，進行複評與終評。其參展者，最初乃由各書協分會推薦或只有中國書協會員始准應徵（按：中國書協會員須是全國大展入選或有重要書法論著者始能申請參加，詳見〈中國書法家協會章程〉），直到 1989 年第四屆才改變，准許廣大作者自由投稿，但仍須先送各省市自治區書協分會初選，後按分配限額匯送總會。至 1992 年第五屆才又放寬，改爲＂除中國書協會員及中國書壇新人作品展入選作者，由各所在地書協分會匯送外，其他作者作品達到相當水平的，亦可直送收稿單位＂（見【附錄伍】第五屆全國書法篆刻展覽徵稿啓事）。

至於作品要求，第一屆至第三屆不詳；第四屆則要求＂每人一件。書法作品，豎式高度在 3 米以內，寬度在 1 米以內；橫式長度在 2.5 米以內。篆刻作品在 4-16 方，自行布置，印在一幅紙上，寫好名款，作爲一幅完整作品參加評選。刻字作品在 1x0.3 平方米之內，必須自書自刻。所有稿件不得裝裱。作者隨稿附上簡況一份。＂；到第五屆則改爲＂每人可投送兩件。書法作品橫豎均限 6 尺以內；篆刻作品限 16 方以內，拓於四尺三開或四尺豎對開紙內。不要裝裱。"，並明定作品要"表現形式與文學內容很好地結合。克服陳陳相因或一般化的詞藻抄錄、克服寫錯別字或繁體字混用的現象"。（以上資料俱見徵稿啓事）

全國書展迄 1997 年共舉辦過六屆，分別在 1980 年、1984 年、1987 年、1989 年、1992 年、1995 年。茲簡述如下：

1. 全國第一屆書法篆刻展覽

由北京書學研究會、上海書畫出版社、上海書法篆刻會、廣東書法研究會、陝西書法研究會、遼寧書法研究會、吉林書法研究會、黑龍江書法研究會、江西書法研究會、內蒙古書法研究會、甘肅書法研究會、寧夏書法研究會、浙江書法研究會等 13 個單位發起並聯合舉辦（當時中國書協尚未成立）。於 1980 年 5 月在遼寧省瀋陽市開幕，本次展覽共收到全國送展的書法作品約 1000 件，篆刻作品約 300 件，經書法和篆刻兩個評審小組反復評選，最後選出書法 413 件、篆刻 90 件，共 503 件參展。

這次展覽，是在書法被基本上廢棄了近 30 年後舉辦的，在當時中國書壇引起不小震動，正如上海《書法》1980 年第五期周志高的〈側記〉上引述各老書家所說的，是"中國書法史上第一回、是"開天闢地第一回"。其特色有二：①同時展出了許多已故書法名家的遺世妙墨，如郭沫若、沈尹默、齊燕銘、葉恭綽、錢瘦鐵、潘伯鷹、鄭誦先、鄧散木、馬公愚、白蕉、胡小石、高二適、潘天壽、張宗祥、馬一浮等先生的作品。②然從參展的 500 多件書法作品看，多數作品的水平是不高的，不少僅僅停留在以臨摹古人爲能事的圈子裡，缺少個人風貌，內容形式也較單一❶。

---

❶　參見宋培卿〈從全國三次書展看書壇趨勢〉一文（《書法報》1988.7.13 總 209 期）。

2.全國第二屆書法篆刻展覽

由中國書協主辦。於 1984 年 9 月在北京市中國美術館開幕。本次展覽共收到各地選送作品 1300 多件，最後選出書法 547 件、篆刻 88 件，共 635 件參展。

這次展覽是中國書協成立三年多來，舉辦的第一次規模最大的全國性展覽，其特色有三： ①作品斗方、手卷、中堂、扇面、條幅、對聯等一應俱全，篆刻作品則統一裝裱成對折冊頁，顯得素雅古樸、美觀大方。 ②除展出入選作品外，另闢"老同志作品室"，展出一批老書法家、老畫家、老幹部，如舒同、沙孟海、林散之、啟功、蕭嫻、黃苗子、李可染、賴少其、李駱公……等人的作品。 ③與第一屆相比，湧現出了一批新人新作，但當時的評選標準不甚完善，似乎有操之過急的"左"的傾向。從入選的 500 件作品看，除保留了一批知名的老中年書家的作品外，其他新手則一味地強調"新、奇、狂、怪"，忽視了傳統和基本功，上了一批粗製濫造的作品。因此這次展覽沒有引起多大反響就銷聲匿跡了（同❶）。

3.全國第三屆書法篆刻展覽

由中國書協主辦。於 1987 年 3 月開始徵稿， 5 月截稿， 10 月於河南省鄭州市省博物館開幕。本次展覽共收到各地選送作品 1848 件，最後選出 556 件參展。

本次展覽特色有九： ①與前兩屆評審方法不同，採用無記名投票方式，並且按省、市、自治區、解放軍、中直單位分別評選的方式進行。 ②在評審期間（ 6 月 29 日），還配合舉辦了〈第三屆全國書展創作座談會〉，從回顧評選的過程中，探討目前書法界的創作思想。 ③此屆評委的水平有很大提高，提倡既要有深厚紮實的傳統功底，又要有個人風貌的新意之作，因此選出的作品大多表現出傳統內蘊與創新思索的結合，有向傳統回歸、開拓的傾向，故典雅之作多，那種過分"新、奇、狂、怪"及不敢越古人藩籬半步的作品均落選。 ④入選作品行草居多，篆刻作品只占全部作品的十分之一。 ⑤從各省、市間作品入選數量的懸殊看，可見各地書法事業發展的不平衡現象仍然明顯存在。 ⑥從統計表明 556 位參加作者中的 370 位作者（約占三分之二），除少數人曾參加過第一屆全國展外，都是首次參加全國展的新人，新秀掘起，令人矚目❷。 ⑦此次參展的老書家，如林散之、沙孟海、蕭勞、蕭嫻、秦咢生、陶博吾、祝嘉、商承祚、費新我、錢君匋…等先生，大多連續兩次或三次參加了全國書展，在展覽室中，仍然如繁星中的北辰，亮度出眾、光采照人。 ⑧由於評審時改變了二屆按書體評選、混合展出的做法，而採用按地區或系統評選與陳列的做法，因此極易橫向比較看出區域書風漸露端倪的現象。如遼寧入選作品多為小行草，明顯可見受《書譜》的影響，一些以碑入帖的作品，也顯現尊重傳統的共同理念。如河南入選作品多追求氣勢奔放，與遼寧的小巧娟秀迴然不同。江蘇入選作品多靈動秀美、趣味濃郁。浙江入選作品筆底多明快秀朗。四川入選作品多注重造型，追求情趣。此五省入選作品均在 30 件以上，其受本地老書家及彼此互相影響，而形成區域間的差異性格明顯可見（同❷）。⑨首次在全國大展中特約展出少數民族的蒙文、維吾爾文和錫伯文書法。

4.全國第四屆書法篆刻展覽

由中國書協主辦。於 1988 年 8 月開始徵稿，10 月截稿，1989年 8 月在北京市中國美術館開幕。共徵集到 33 個單位報送的作品

❷ 此統計，詳見王實子〈三屆全國書展紀實與紀言〉一文。（《中國書法》1988：1）

2510 件，入選 597 件，並從中選出一等獎 5 件、二等獎 10 件、三等獎 35 件。

本次展覽是中共建國以來規模最大的一次展覽，其特色約有十五點：①從本屆開始，非中國書協會員亦可參加分會徵稿初選。②徵送稿件 2510 件，比上屆增加 25%，展出的幅數也比歷屆多，有些評委認為水平素質較前有所提高，但有些評委認為不見得。③總會專門為此屆評選工作制定、公布了四個文件：《作品評選辦法》、《作品評選標準》、《評委職責》、《評獎辦法》等，使評委在評選中更容易建立共識。④評選時，以省、市、自治區為單位，分別評選，並採取"表決"和"記分"的形式交插進行。⑤此屆評委採用"記名"投票方式進行。⑥是全國書展中第一次，也是至今唯一一次分等評獎的例子。⑦第一次有來自臺灣省的作品參加展覽。⑧行草作品占入選作品的 70%，有功力的楷書、隸書、篆書非常少。⑨幅式大的作品較前增多，一些氣勢磅礴的巨幅作品格外顯目，也充分顯示出作者的創作力。⑩各省中河南入選最多達 51 件；江蘇、上海、遼寧、浙江、四川等省市入選在 30 至 50 件之間；江西、山東、安徽、湖北等省，入選數亦較前屆有大的增長。⑪本屆"歸還原作"，此為書界難得的創舉。⑫新人湧現，第一次入選全國書展的作者高達 55%，而在 50 名獲獎作者中，竟有 34% 是第一次參加全國書展的作者，不少知名書家落選。⑬地域書風顯見強化，有些地區甚至有較強烈的效法源，如河南效法王鐸、崇北魏；湖北效法吳丈蜀；天津效法孫伯翔；遼寧效法陸機的《平復帖》或孫過庭的《書譜》等等。大體來說，古雅之作仍占優勢，未見有"現代派"書法入選。⑭以淡雅的彩色紙、仿古宣、洒金宣創作的作品，占有一定的比例，使書展的色彩豐富而漂亮。⑮此次展覽除書法、篆刻外，增加了刻字作品（是迄今歷屆全國三大展中唯一的一次），但徵集作品極少，從選材到製作技巧都顯得較爲粗糙，未有入選之作。

5.全國第五屆書法篆刻展覽

由中國書協主辦，遼寧書協承辦，錦州市書協協辦。於 1991 年 8 月開始徵稿，11 月截稿，1992 年 6 月在遼寧省瀋陽市省美術館開幕。共徵集到作品 8600 件（各地書協選送二千多件，自由投稿六千多件），入選 580 件，並從中選出 48 件獲 " 全國獎 " 作品。

本次展覽特色有九： ①本次徵稿有兩個渠道，一是各地書協選送，一是自由投稿（二者分開評選）。各地書協選送的稿件，又分中國書協會員稿件和 " 中國書壇新人作品展 " 入選作者稿件。 ②本次評委會的組成與以往不同，乃是由地方書協各推薦一名評委和中國書協特邀若干名評委共同組成，在權威性外增強了廣泛性。 ③評選程序由以往按省評選改革爲按編號分段評選，亦即，將各地書協選送和自由投稿中通過初選的稿件，按順序統一編號，以二百號爲一單元，每次投一個單元的票。此法有利於沖淡地區觀念，避免寬嚴不一，每件來稿最少都有兩次與評委見面的機會，好作品被忽略的可能性很小。 ④本次評選，事先制定並通過了較詳盡的《評選標準》，強調來稿必須是 " 創作 " 。具體標準共有十條，包括三方面的內容：一是政治標準，主要從文字內容來看，是否健康向上；二是藝術標準，主要從傳統功力、表現形式、創作手法等方面來看，是否有根基、有個人面目以及有打動觀者的藝術感染力；三是技術標準，包括錯別字問題、模仿問題、抄襲問題等。 ⑤此次評獎不像前屆分出一、二、三等獎，只評爲一個等級，稱作 " 五屆書展全國獎 " 。 ⑥入選作品風格，仍不外雄強和空靈兩大類，似乎空靈一類的作品仍占上風，但雄強一類的作品已多於以往。　⑦入選作品仍以小行草居多，但在全國獎中得票最多的是一幅隸書七言聯。　⑧開幕當天下午，中國書協特舉辦了部份獲獎作者座談會，大家就藝術個性的建立、風格的多樣化、書法藝術新形式的探索和嘗試、作品評選的標準及展覽競爭機制等問題進行討論。　⑨與以往四屆全國書展不同的是，此展除在瀋陽展出外，又選出 200 幅精品到香港及臺灣（臺北市和高雄市）作巡迴展。在香港的展覽，由香港中國書法家協會主辦；在臺灣的展覽，由臺灣隔山畫館主辦。

6.全國第六屆書法篆刻展

由中國書協主辦，大連億達總公司獨家贊助。於 1995 年 1 月開始徵稿，4 月截稿，12 月在北京市中國美術館展出。共收到近 2 萬件作品，選出參展作品 400 餘件，入選作品近 400 件。並從中選出＂全國獎＂書法 41 名，篆刻 4 名。

本次展覽特色有五：　①採用各省、市、自治區書協集體送稿（免予初評）和作者自由投稿雙軌制結合的徵稿方式。　②收到 1 萬 5 千多件作品，是歷屆全國展徵稿最多的一次（第一屆約 1000件，第二屆 1300 多件，第三屆 1848 件，第四屆 2510 件，第五屆 8600 多件）。　③由於稿件較多，因此此屆評獎數提高為參展作品近 400 件，入選提名作品 400 多件，共約 800 件（第一屆約 300件，第二屆 635 件，第三屆 556 件，第四屆 597 件，第五屆 580件），也是歷屆名額最高的一次。　④獲參展的作品大多獲得過半數票，改變過去許多作品得票不過半數也可以參展的慣例；凡有爭議的作品，也是經過多次複查討論才定案。　⑤同在本年度（1995 年）舉辦的第六屆中青展中，獲獎作者除四川劉新德在本屆全國展中亦有獲獎外，其餘全部名落孫山。其因在於六屆中青展獲獎乃採一票定乾坤方式產生，而此屆全國展則必須全部評委都投同意票方能過關。

二、全國中青年書法篆刻家作品展覽

　　"全國中青年書法篆刻家作品展覽"，簡稱"全國中青展"，最初是由地方書協發起推動，到第二屆以後才改由中國書協主辦，凡全國年齡在 18 至 55 周歲之間（第七屆以後改為 18 至 60 周歲）的中青年皆可自由投稿，因此它比全國書展更具有群眾性，競爭性也更強，於今已舉辦七屆，隨著入選作品水準不斷提高，也已建立了它次於全國書展為全國第二大展的權威性。由於全國書展容量有限，對許多中青年來說，不易躋身其中，中青展的舉辦，正可擴大參展機會，便於中青年嶄露才華，對全國書展有其重要的補助作用。且由於中青年是書壇中較活躍的一群，富於進取、創作易擇善或擇新而從，因此容易有向某些熱門形式靠攏的取向。因此在第三屆中青展的徵稿啓事中，主辦單位便順從這種特性，而在"內容"中，明示要求"文字內容健康向上，藝術風格異彩紛呈。繼承傳統、標新立異、煥發時代光彩、開展藝術競爭。"❸。第五屆中青展也根據啓功先生的話"中青年的事讓中青年自己去辦"的精神，改由年齡均在 55 歲以下的中青年擔任評委，並且在所有評委共同簽名下，通過《評選規則》，明確提出"提倡作品的多風格、多種類。在堅持作品要體現古代優秀傳統的基礎上，對於那些勇於開拓、富於探索、有個性、有追求的作品要予以重視。以顯現出中青年展覽的開拓和進取精神。"❹。因此胡厚生先生在其〈評選的"代溝"－"五屆中青展"與

❸　〈全國第三屆中青年書法篆刻家作品展覽徵稿啓事〉，請參見本書【附錄伍】〈大陸全國性書法比賽徵稿啓事範例〉。
❹　參見周俊杰〈當代書法史上的轉捩點－"全國第五屆中青年書法篆刻展覽"評選述評〉一文。（《書法導報》1993.7.18，總 188 期）。

"全國展"之差異〉一文中就作過比較說："這兩屆大展，時間僅一年之隔，而兩本作品集的總體風格卻頗有差異。……我以爲……〈全國展〉雖然也強調創新與個性，但更注重傳統書道精神的純正性；而〈中青展〉則是在強調功夫的同時，更欣賞求異創新，乃至離經叛道。"，並且認爲"瞧瞧〈五屆全國展〉的 48 名獲獎者在〈五屆中青展〉中竟無一人獲獎，僅有張錫良與徐正廉二人獲"優秀作品"，甚至大部份落選；……反過來看，（五屆中青展）"廣西現象"的獲獎者不僅沒有一人在〈五屆全國展〉中獲獎，連入選的也沒有。""如果這次〈中青展〉均以 60 歲以上的書界權威去評審，那"廣西現象"就絕對不會出現。"而認爲這就是時代與年齡層的一種"代溝"現象❺。

　　至於徵稿作品要求，一、二屆不詳，三、五屆沒有限制，只有第四屆要求"條幅最大不超過八尺，手卷、橫幅最長不超過六尺。篆刻作品印蛻 6-10 方，必須有三方帶邊款，一式二份，一份鈐拓於四尺三開宣紙上，一份不要粘貼。"

　　全國中青展迄 1997 年已舉辦過七屆，分別在 1982 年、 1986 年、 1990 年、 1992 年、 1993 年、 1995 年、 1997 年。茲簡述如下：

1. 全國第一屆中青年書法篆刻家作品展覽

　　本屆原名〈全國第一屆中青年書法篆刻家作品邀請展〉，江西省美術家協會和南昌市書法家協會聯合舉辦。於 1982 年冬及 1983 年夏在江西省南昌市和北京市展出。參展作者由主辦單位邀請，在中青年作者中曾引起廣泛注意。共收到 500 多幅作品，入選 184 幅展出。

---

❺　見《書法導報》 1994.3.23 ，總 222 期。

　　此展特色有三：　①爲有史以來第一次對中青年書法作品比較集中性的檢閱。　②展出作品水平不齊，有些作品基本功仍不夠紮實，行草書作品只注意實不注意虛，線條單一化，節奏感、韻律感不夠。反應了當時中青年作品的眞實情況。　③展出期間，並以"從全國中青年書法家作品邀請展覽看我們的現狀與未來"爲題，進行三次討論。

2.全國第二屆中青年書法篆刻家作品展覽

　　由文化部、中國書協、《中國書法》雜誌社主辦。於 1986 年 7 月在北京市中國美術館開幕。共收到近萬件作品，選出 388 件（篆刻作品 52 件）入展，有 10 位作者獲文化部及中國書協頒發"全國中青年書法篆刻作品獎"。

　　此屆特色有三：　①在評選活動的後三天，《中國書法》雜誌社特配合展覽召開了〈當代書法創作討論會〉，就"當代書法創作現狀"、"書法觀念的更新"、"書法創作的繼承與創新"、"中青年書法隊伍的建設"等問題進行熱烈的討論，得到很多具有學術價值的成果。　②展出作品中不多見秦漢碑與唐宋大師的蹤跡，反是更多面向秦漢簡牘、磚瓦、六朝墓銘，向民間書藝吸收精髓之作，故大多作品呈現一種寬博跌宕的氣質。　③開幕日下午主辦單位並在什刹海中國文聯文藝之家"文苑"舉行了評委與獲獎作者的座談會。

3.全國第三屆中青年書法篆刻家作品展覽

　　由中國書協主辦，《中國書法》雜誌社、合肥市書協承辦。於 1990 年 1 月開始徵稿，5 月截稿，10 月在安徽省合肥市省博物館開幕，12 月 1 日又在北京市中國革命博物館展出。共收到全國各地 12510 位作者 19860 件作品，最後選出 410 件入展，其中獲獎作品 6 件，優秀作品 31 件。

　　本屆中青展距上屆展出時間四年，其間除第三屆、第四屆全國書展外，還有許多國內書法界大展、大賽此起彼伏，不可避免地帶來空泛和盲目的弊病，但並不影響中青展在中青年書法創作者心目中的地位。縱觀本屆中青展約有下列十一個特點：①收到稿件19860件，比上屆增加一倍。②評委首次採用記分制，即對每一件作品遮名、編號、打分，最高給5分，最低給1分，不得給0分，凡給0分者按2分計算。凡達到入選分數線的即爲入選作品。評委們多肯定這次評選採用的評分制方式，但有不少評委也提出，如眞、草、隸、篆、印章應該分開評選，才不會出現入選和獲獎作品中，行草太多、篆隸較少的情況，評選方法仍有待再改進。③江蘇、浙江、河南、上海各入選60、45、43、32件，居前四名。④這次入選和獲獎作品中，小件的行草、尺牘、手札等帶有隨意性的仿古案頭小品居多，傾向追求小行、小草、小楷等小的、細膩的、內涵豐富的作品風尚，而講究氣勢、大效果的作品比以前爲少。⑤此次展覽主格調、水平較高的仍是行草書，最突出的是以魏碑入行草，呈現方整、老辣、奇崛的新貌。或以篆隸筆法寫行草，亦得厚重高古之風。篆隸作品不多，但水平較高也較整齊，尤其幾幅寫鐘鼎的作品，特別精彩。⑥此次入選的篆刻作品數量增多，有110件，約占四分之一，不僅克服了歷次大型書展比例失調的缺陷，也代表當時篆刻的最高水平。⑦本次徵稿啓事，決定不對作品的尺寸、形式、表現手法作具體限制，並對全國四屆書展和全國第二屆中青年書展獲獎者的作品給以免選（免初評、複評，但仍要經過審查），即想讓廣大中青年書家放手創作。但此次入選作品注重傳統，師承的痕跡仍然明顯，顯見書法發展回歸傳統的趨勢仍在繼續。⑧本次展覽特設免選作品，但突出的不多，多數落選，顯見在此競爭激烈新人輩出之際，有

些中青年書家水平不穩定，稍一鬆動，即有落選的危險。⑨以往
地域書風明顯，此次崇碑、尊帖兼攻的書家各省都有，地域書風
的現象已趨淡化。⑩本次展覽作品內容以唐詩宋詞爲多，自文自
書者少，大多只注重書法本身的探索，在文學修養方面功夫不
夠，不少作品出現程度不同的錯別字、破句等缺陷。如本來獲獎
作品預定評選 10 名，後因其中 3 件有錯別字而降爲參展作品，一
件因藝術質量不夠而改爲優秀作品。說明當代中青年書家迫切需
要提高自身的文學修養。⑪從上屆起，入選作品多有追求 " 古
意 " 效果的趨向，本屆來稿中，利用染色、仿舊紙或綾絹書寫的
作品占有相當大的數量，如此追求形式外表之美，恐將忽略書法
本質因素，如線條變化的控制、用筆技巧的錘煉及追求內在精神
的表現等內涵，爲許多評委一致的隱憂。

4. 全國第四屆中青年書法篆刻家作品展覽

由中國書協主辦，山東省書協、棗莊市文聯、總工會承辦。
於 1991 年 7 月開始徵稿， 9 月截稿， 1992 年 5 月在山東省棗莊市
博物館開幕。共收到作品 12000 件，選出 447 件（書法 342 件、篆
刻 95 件）參展，並從中評出 50 件獲獎作品。

此屆有五個特點： ①入選作者 80% 是嶄露頭角的新人，連續
參加第三、四屆中青展的作者不過 80 多人。 ②入選作品整體水
準有一定的提高，大都功力紮實，注意在繼承傳統的基礎上有所
創新；作品面目呈現多樣化趨勢，模仿性、趨同性現象開始有所
改變。 ③行草書小品有不少佳作；氣勢較強的大幅行、草或篆、
隸作品已明顯增加。 ④一些水平較高的省市繼續保持優勢，原來
較弱的省份，這次無論在質與量上都大爲提高。 ⑤展覽期間主辦
單位還舉辦了書學研討會和書藝交流筆會。

5. 全國第五屆中青年書法篆刻家作品展覽

　　由中國書協主辦，《中國書法》雜誌社、北京市平谷縣和平農工商聯合總公司承辦。於1993年5月開始徵稿，6月截稿，10月在北京市中國革命歷史博物館開幕。共收到投稿作者8000多人16000件作品。最後選出493件參展，並從中選出獲獎作品10件、優秀作品24件。

　　此展有六個特點：　①收到一萬六千件，是歷屆收到作品僅次於第三屆中青展（19860件）的一次。　②35位評委全是55歲以下的中青年。　③10件獲獎作品中，除了一件隸書外，9件仍是行草，篆刻一件也無，曾引起許多批評。　④且10件獲獎作品中，有四件是出自年紀很輕（大多爲20歲上下，最小的爲19歲）的廣西小將之手，他們全部出自廣西南寧藝術學院的一個業餘書法學習班。四件作品清一色爲仿古色宣，書寫風格與敦煌出土的墨跡相近（魏晉敦煌西域殘紙磚文書體），有濃郁的民間手書情調。由於對紙張做了一番處理，染色並打了一層薄臘，表現出一種斑駁古樸的效果，這種帶有極致性的工藝化、古典化的創作傾向，構成了本屆中青展中突出的廣西地域書風，書壇謂之"廣西現象"，給書壇帶來如創作思想、創作形式、創作手法等極大的思考與震憾。推崇者稱之爲"廣西黑馬"，是拔高的"現代主義"，是所謂"從古典主義"到"現實主義"的轉捩，是"傳統書法現代化的積極探索"，批評者則謂之爲"假古董"，是"一隻披著羊皮的狼"，是"妖孽"，選上有點像莊子寓言"買櫝還珠"的味道。　⑤除此屆的廣西作品帶有強烈的地域書風色彩外，曾在前幾年明顯突出的地域書風，如河南的雄強霸悍、遼寧的宗法《書譜》，擅長小品化手札等，都已不明顯，而有南北混同、走向古典、流行書風的不自主傾向。地域書風的封閉體系已悄悄打破，但仍有其盲目追求的不穩定性。　⑥有些評委認爲，此屆水準未超過前二屆中青展，尤其錯字極多。

6.全國第六屆中青年書法篆刻家作品展覽

由中國書協、《中國書法》雜誌社主辦，瀋陽飛達集團公司所屬龍鳳山莊、海城市文聯出資承辦。於 1995 年 2 月開始徵稿，5 月截稿，11 月在北京中國革命博物館展出。此屆共收到 9649 位作者 2 萬多件作品，評出參展作品 477 位，入選提名作品 456 件。並從中選出一等獎 5 名，二等獎 10 名，三等獎 25 名，提名獎 16 名。此屆展覽有五個特點：①加強展覽前後的輿論宣傳與監督批評工作，由評委會提出評審口號"公正，民主，認真，透明"，提出藝術方針："繼承，創造，探索，發展"。公布〈評審標準〉、〈評審工作條例〉，將全部過程透過新聞詳細報導，接受監督，這是以往評審所沒有的作風。②為使中青展更富有活力和藝術水準，評委會比過去更明確地提出中青年書展的展覽思想，即強化對各種作品風格的開放性，各種創作群體、流派的包容性。除歷屆書展中主流的傳統式作品外，積極吸納現代性作品，提倡和鼓勵探索性、有個性與時代特色的新作品新作者。（如訂出評審標準，公布"現代派"作品的界定標準。）③由 7 人組成初評組，較好地避免了一般初評工作可能出現的弊端與遺憾。④將過去終評階段集體投票法，改革由評委一票記名推薦的新方法：即由各評委個人一票推薦入選作品，並在展出和印刷作品集時，於每件作品旁標明該作品的推薦評委姓名。如此既利於評委個人鑒賞能力與責任心的發揮，亦利於探索性或有新意作品的面世。5 有的評委認為此次入展作品，行草佔了總數的百分之七十，而真正有個性的並不多；有的認為內中似乎存在著"我行我素"，忽視傳統的不良現象，但亦有的認為整体作品，在境界與氣勢品位上，較之上屆均有新的提高。

7. 全國第七屆中青年書法篆刻家作品展覽

由中國書協主辦《中國書法》雜誌社承辦。於 1997 年 4 月開始徵稿，7 月截稿，1998 年 1 月在北京展出。此屆共收到 12580 多位作者 26800 多件作品，評出參展作品 384 件，入選提名作品 420 件。並從中選出一等獎 10 名，二等獎 10 名，三等獎 20 名，提名獎 37 名。

此屆展覽有六個特點：①此屆特別由國內主要書法篆刻報刊的記者及部分沒有評委的部分省市書協代表組成 "評審觀察團 " 參加整個評審的監督與觀察工作。②按照國際慣例，將中青年作者的年齡從 55 歲放寬到 60 周歲。③入展作品的選定，採用投 "反對票" 的方法，過程較之以往簡單，迅速，結果也較準確。④現代書法全部來稿 100 多件，最後從中選出 9 件參展，其中 1 件獲一等獎，一件獲三等獎，一件獲提名獎。其創作成果，較之六屆作品，有新的提高。⑤女性參加徵稿人數，歷屆大約都在百分之十左右，獲獎者只有百分之一，這次中青展則獲獎的 40 人中有四位女性獲獎，佔了十分之一。⑥上兩屆中青展作品很少書寫自己詩文的現象，這次也不例外；學近人、現代人，包括學前屆得獎作者作品的，也仍占相當數量。但從投稿的整体水平來說，是歷屆中青展中最高的一次。

三、全國書壇新人作品展

"全國書壇新人作品展"，簡稱 "全國新人展"。所謂 "新人"，即指尚未加入中國書協的成年書法愛好者，凡年滿 18 歲，不論性別、民族，皆可投稿。這是中國書協成立十年後，爲了發掘新人，呼喚新人出場，使 "更多的 "潛人才" 成爲 "顯人才"，進一步繁榮書法創作，提高書法藝術創作水平" （見【附錄伍】

〈第二屆中國書壇新人作品展徵稿啓事〉），繼所舉辦的全國書法篆刻展、中青年書法篆刻展等權威性比賽所舉辦的另一重要而具連續性的全國性書法比賽。凡入選"新人作品展"的作者，便能成爲全國書法篆刻展的候選作者，獲得投稿權，並作爲加入中國書協的條件之一。

其徵稿作品要求，第二屆、第三屆只說明"篆刻以 6 – 10 方爲一件"，"形式、尺寸不限"；第一屆則明定"書法尺幅、條幅不超過八尺高，手卷、橫幅不超過六尺長；篆刻作品不超過 16 方，鈐拓在一張紙上。"

全國書壇新人作品展迄 1997 年共舉辦過三屆，分別在 1991 年、1993 年和 1995 年，二年舉辦一次（第四屆已於 1997 年 12 月開始徵稿，將於 1998 年 8 月展出）。茲簡述如下：

1. 首屆中國書壇新人作品展

由中國書協主辦，河南書協承辦。於 1990 年 12 月開始徵稿，1991 年 2 月截稿，6 月在河南省鄭州市省博物館展出。共收到作品 15738 件，入選 497 件參展。

此展有六個特點： ①入選率爲三十分之一，比參加全國歷屆展覽競爭還要激烈。 ②河南、遼寧、江蘇分別入選 51、48、40 件，居前三名。篆刻入選 84 件，湖南占 9 件，居冠。 ③地域書風逐漸不明顯，逐步走向多樣化風格。 ④模仿風氣頗盛。模仿現代人的比模仿古人的多，模仿宋元以後的比模仿魏晉的多。以甲骨文作品言，也是臨摹多於創作。 ⑤許多作品不注重線條的質感，忽視筆法的運用，還待進一步的提升。 ⑥展覽期間配合舉辦〈新人新作評析會〉、〈書壇新人座談會〉、〈翰墨緣書法聯誼會〉及學術報告等活動。

2. 第二屆中國書壇新人作品展

　　由中國書協主辦、河南書協承辦，偃師縣織造工業公司協辦。於 1993 年 3 月開始徵稿，5 月截稿，11 月在河南省鄭州市中原國際博覽中心展出。共收到作品 10014 件，入選 457 件參展。

　　此屆有六個特點：　①爲了讓書壇新人有更大發揮的餘地，本屆徵稿啓事特別規定"來稿須是本人最近之創作，形式、尺寸不限。篆刻作品 6 - 10 方爲一件，作者自己設計幅式、題款"。並爲了公平評審起見，評委會由 24 個省市書協推薦，與中國書協特邀四位組成。評選前並宣布評委職責，強調評委應"對展覽及其主辦單位負責，沒有代表所在省市的義務"，並提倡"在傳統基礎上的創新之作，對有'硬傷'（指錯別字等一類問題）的作品、純臨摹作品、抄襲作品及內容晦澀的作品要嚴格把關。"。②入選水平較上屆高，但行草書占的比例過大，篆隸，尤其是優秀的楷書作品甚少。　③極少有自作詩文者，有錯別字者數量不少。　④仍有許多急功近利，如歌壇中的追星族、發燒友者。眞正能達到旣具深厚歷史感又有鮮明的個性、並能體現出時代風尚者只占少數，入選作品中，平庸之作仍多。　⑤在五屆中青展中獲大獎的幾位廣西作者，在此展中全部落選。　⑥江蘇、山東、河南、浙江分別入選 41 、 40 、 40 、 38 件，居前三名。

3.第三屆中國書壇新人作品展

　　由中國書協主辦，內蒙古書協、烏海市政府承辦。於 1994 年 11 月開始徵稿，1995 年 2 月截稿，9 月在內蒙古烏海市科技大廈展出。此屆展覽共收到 14500 位作者 19600 多件作品，選出 507 件參展。

　　此屆展覽有六個特點：①作品近 2 萬件，比前兩屆 15738 件、10014 件數量多，顯見書壇新人的創作熱情。②仿古制作類作品已較前兩屆少，但 6 尺、 8 尺、丈二等大條幅作品仍多，顯示仍有偏重形式的傾向。③此屆新人展與第六屆中青展同年徵稿（都在 1995 年），據統計，新人展中入選的 507 位作者中，有 70 多位也入選中青展，可見其實力。④其中大篆作品 20 幅，小篆作品 10 幅，共佔全部入選作品十分之一，多為臨摹、集聯之作，風格不突出，實為物稀之故而獲選。⑤楷書占全部作品的五分之一，以晉唐小楷，歐、褚中楷居多，創作路子較狹窄。⑥大草作品不超過十幅，形制較大，亦不乏氣勢，然用筆仍不夠精到。

四、全國篆刻藝術展

篆刻藝術，和國畫、書法一樣，在十年動亂中，被摧殘得很厲害，許多老一輩的作者皆封刀封筆，不再創作。到文革結束，1981 年以後，中國書法家協會成立，書法獨立成一門藝術，且在所設五個委員會中，專設篆刻委員會；但處在往後各種全國性的書畫、書法比賽紛紛舉辦，風起雲湧之際，篆刻往往為其中獎項之一，但或取或不取，始終處在書畫的附庸地位，未受到應有的重視；篆刻界也難見有大型、獨立徵稿比賽的範例。

在中國書協"插手"之前，諸種篆刻比賽，屬於全國性、且為篆刻獨立舉辦的比賽，似乎只有兩個。第一個是 1983 年 3 月由《書法》雜誌社主辦，蘇州藝石齋和上海西泠印社協辦，在蘇州舉行的〈全國篆刻徵稿評比〉。當時記者及老一輩篆刻家都歡喜激動的稱"這是中國篆刻史上值得記載的一頁"，是"空前的創舉"，"真料想不到篆刻藝術還有如此興旺的時期"❻。比賽共收到全國 4000 多件作品，評出 100 件優秀作品，又從中評出 10 件一等獎作品（二、三等獎未設）。其中 45 歲以下的中青年作者占百分之八十五。第二個是 1988 年 3 月，由浙江省書協、杭州乘

---

❻ 見冀高〈全國篆刻徵稿評比側記〉一文，（《書法》 1983 ： 4 ）。

風電器公司、《山海經》雜誌社,在杭州聯合舉辦的〈乘風杯龍年篆刻大賽〉。這次收到國內作品一萬多件,海外作品一百多件,評出金獎 10 名、銀獎 30 名、優秀作品 200 件。

由於篆刻附屬在各種書畫比賽中,入選的機率太低,全國的印社組織堪稱龐大,因此獨立舉辦的呼聲一直不小。終於在 1988 年,乃由中國書法家協會開始發起舉辦獨立而且有連續性的全國性篆刻比賽,定名爲"全國篆刻藝術展",宗旨爲"檢驗我國當今篆刻藝術水平,交流技藝,促進篆刻藝術的繁榮和發展",凡是中國人皆可投稿,並無會員限制。每人限交印拓 8 至 16 方。迄 1997 年已舉辦過四屆,分別在 1988 年、 1991 年、 1994 年、 1997 年,三年舉辦一次。茲簡述如下:

1. 全國第一屆篆刻藝術展覽

由中國書協主辦,江蘇省書協承辦。於 1988 年 2 月開始徵稿,五月截稿, 9 月在江蘇省南京市省美術館開幕。本次共收到作品 2780 多件,由 10 位篆刻家擔任評委,選出 406 件參展。

此屆特色有五: ①北印蒼拙質樸,南印精到細緻,此次展賽,南北印風明顯有別。 ②一向裝裱好的篆刻展品多爲紅印、黑款、白紙三種色素,但此次江、浙、河南多位作者採用色宣配以界格,或在題頭處襯以畫像圖案,或以淡墨在色宣上書篆文襯底,使作爲印章底襯的宣紙多出幾種色彩層次,在展廳中分外奪目。 ③展品中除有通用文字印(隸、楷、簡化字)、圖案印(肖形、佛像、戲劇人物)等內容外,還包括"蒙文印"。④有九位臺灣中青年作品入選。 ⑤另在南京博物院配合展出江蘇省內著名收藏家所收藏的古代璽印、名貴印石、明清以來各種版本的珍貴印譜及徽派、浙派、吳門派、鄧派、黟山派等各流派傑出印人的書畫精品。

2.全國第二屆篆刻藝術展覽

由中國書協主辦，山東省書協承辦。於 1991 年 2 月開始徵稿， 5 月截稿， 10 月在山東省煙台市展出。共收到作品 2600 多件，選出 473 件參展。

此展特色有三： ①入選的 473 名作者中，有 360 多名年齡在40 歲以下， 56 歲以上的僅 32 名，比上一屆更爲年輕化。 ②浙江、上海、江蘇分別入選 75 、 62 、 47 件，居前三名；河南、山東、遼寧、陝西分別入選 34 、 27 、 19 件，頗有後來居上之勢；北京、天津、湖北、安徽仍在原地踏步。 ③有些作品書法功底不實，文字學知識不足，《作品集》中 1500 多方印，有問題的即達50 多方。

3.全國第三屆篆刻藝術展覽

由中國書協主辦。於 1994 年 6 月開始徵稿， 8 月截稿， 11 月在北京市中國革命博物館展出。本次共收到作品 3200 多件，入選296 件參展。

此屆特色有五：① 投稿比上屆多了 600 多位，新人仍在崛起。 ②浙江、上海、江蘇等地區仍排在前三名。黑龍江、山東異軍突起，均入選 17 件作品。 ③江浙地區作者有拋棄其前人精細含蓄、雋永純樸的印風特點，轉而走向講究線條奔放、面目新奇、氣韻粗獷豪放、重視展覽視覺效果的流行印風之趨勢。 ④模仿當今印家的作品占了相當比例。 ⑤文化素養已較上屆提高。

4.全國第四屆篆刻藝術展覽

由中國書協、中國書協篆刻藝術委員會主辦。於 1997 年 9 月初開始徵稿、 10 月底截稿， 1998 年 2 月在北京中國美術館展出。本屆共收到作品近 3 千件，評出 293 件參展， 257 件入選。

五、其他全國性的書展書賽

　　大陸十餘年來，由於中國書協及各地書法團體的推波助瀾與書法專業性報刊雜誌的訊息快速傳播，書法創作風氣已由少數文人的案頭功課，普及全民上下。書法作品透過比賽、展覽，從書齋走向大型展覽廳，成為全民競相觀摩、投入創作的對象。十幾年來，全國性的書法大賽不計其數。除了以上中國書協所主辦的幾種具代表性的書展外，尚有不少全國性書賽、書展，在當代書法發展進程中影響也很大。茲擇取其中有代表性的幾個，作一番扼要的概述：

㈠、《書法》雜誌社主辦的三次徵稿評比

　　上海書畫出版社所屬的《書法》雜誌，創辦於 1977 年，這是大陸第一本專業性書法刊物，比中國書法家協會成立的時間早四年，對大陸書法事業從沉寂到繁榮，貢獻不可磨滅。在其所主辦的書法比賽中，尤以 1979 年的〈全國群眾書法徵稿評比〉、1983 年的〈全國篆刻徵稿評比〉、1987 年的〈當代中青年書苑擷英徵稿評比〉三個全國性書法比賽影響最大，茲簡述如下：

1. 全國群眾書法徵稿評比

　　由上海《書法》雜誌社主辦，於 1979 年 7 月開始徵稿，9 月揭曉，並在上海、福州、北京、廣州、開封、西安等地巡迴展出。

　　這是文革後大陸首次在全國範圍內徵稿，而且是規模較大的群眾性（即不包括著名書法家和專業書法工作者作品）書法比賽。計收到全國三十個省市自治區和港澳臺胞的作品一萬五千多件，評出一等獎 10 幅、二等獎 20 幅、三等獎 30 幅、優秀作品 40 幅，共計 100 幅參加展出。

　　此次評比共有五個特點：①評委由北京、陝西、廣東、上海四地書法協會的代表及《書法》雜誌社共五個單位組成，在評審前便通過四條評選規定：第一，評選時，在作品內容沒有問題的前題下，強調藝術質量，優者入選；第二，要考慮不同的流派、不同的風格、不同的書體，體現"百花齊放"的精神；第三，全國三十個省市自治區和港澳華僑 31 個地方，每個地方至少入選一幅，少數民族的作品，如質量較好的也應入選；第四，評選採用投票方式，五個評選單位同時投票，滿三票者錄取。原則應是"藝術面前人人平等"。②在 100 幅優秀作品中，楷書占 33 幅，行書占 43 幅，隸書占 13 幅，篆書占 11 幅。③在 100 幅入選作品中，上海、江蘇、廣東分別占 15 、 12 、 11 幅，居前三名；浙江、北京、陝西、山東，分別有 6 、 5 、 5 、 5 幅，次之；河南、四川、天津各四幅，又次之。④此次有臺胞高雄 76 歲的陳文彬入選，獲優秀作品獎。⑤ 11 月在福州展覽時，當地部份書法篆刻家還舉行座談會。

2.全國篆刻徵稿評比

　　由上海《書法》雜誌社主辦，蘇州藝石齋、上海西泠印社協辦，於 1983 年 1 月開始徵稿， 3 月截稿，並在江蘇省蘇州市揭曉。

　　這也是文革後，大陸首次舉辦的全國性篆刻比賽，在推動全國篆刻藝術發展史上，有其重要地位。此次共收到全國 29 個省市自治區的作品 4000 多件，選出 100 件優秀作品，又從中選出 10 件一等獎。

　　本次評比共有三個特點：①作品分省陳列，只有編號，不寫姓名，用無記名投票方式評選。②百件優秀作品，從作者分布地區來說，可說是遍布各省市自治區。③獲獎者 45 歲以下中青年占

85%，有年輕化傾向。作品既有相當水平，也有自己特性；既有傳統，又有創新；流派紛呈，百花齊放。

3.當代中青年"書苑擷英"徵稿評比

由上海《書法》雜誌社主辦，無錫書法藝專協辦。於 1987 年二月開始徵稿，四月截稿，六月評比、揭曉。這是上海書畫出版社《書法》雜誌編輯部為了紀念該刊創刊十周年所舉辦的活動，凡年齡在 18 至 59 歲的公民皆可參加。徵稿要求"書法必須同時投寄二種或二種以上書體，尺幅不超過六尺宣紙；篆刻須寄 4 － 10 方印蛻，一式二份，貼在 1 尺×2 尺 即四尺四開的宣紙上"。入選作品將在該刊"書苑擷英"和"作品"欄目中陸續介紹和發表，並且將于年內在上海和香港舉行展覽。

本次評比共收到來自全國 29 個省市自治區和港澳地區，以及美、英、法、荷蘭、奧地利、新加坡等國家三千多位作者，合計約一萬五千多幅作品，選出優秀作者 37 人，單種書法優秀作者 63 人。

本次評比共有五個特點：　①在評審前，評委充分協商，達到"在藝術面前，人人平等"、"只求質量，不求數量"、"要鼓勵具有傳統功力、個人特色、民族風格和時代精神相結合的優秀作品。對於只有傳統功力而無個人創造力的作品，或只有個性的發揮而缺少傳統功力的作品，或一味洋化、缺少民族特色的作品，均不宜提倡"的共識。　②採用無記名投票，入選作品的票數，必須占投票人數的三分之一以上；同一作者的兩件作品的票數相加，必須達到投票的總人數或超過投票總人數，才能確認入選。　③二種書體的總幅數，如以總分 200 分計算，篆隸占 90%、行草占 65%、正楷占 30%、篆刻占 15%，反映楷書的倡導須要加強。　④入選的 37 位作者均是男性，入選的 63 件單幅作品，女性只有一位，明顯反映婦女在書法界的地位仍很薄弱。 ⑤入選的 37 人，平均年齡 37 歲，其中 30 至 50 歲的作者有 26 人，占入選總數 的十分之七，說明在中青年中，這個年齡層的書法人才最活躍、 創造力最大，往後書法發展的繁榮大有希望。

㈡、地方書協主辦的兩次國際性書展

文革以後，中國書法在自身不斷發展的同時，各級書協組織 不斷擴大對外的文化交流，以書會友，將中國書法推向世界，作 了不少紮紮實實的基礎工作，曾多次舉辦國際性的書學研討會和 國際書法展覽。其中規模最大、最重要的應屬 1985 年的〈國際書 法展覽〉和 1987 年的〈現代國際臨書大展〉，二者皆在河南舉 辦。茲簡述如下：

*1.*國際書法展覽

由中國書協河南分會（簡稱河南省書協）、對外友協河南分 會主辦；上海《書法》、湖北《書法報》、香港《書譜》、河南 《書法家》等四家報刊雜誌社協辦。於 1985 年一月開始徵稿、四 月底截稿，九月在河南省鄭州市省博物館開幕。

徵稿啓事明定“書法作品書體、尺幅、書寫形式均不限，每 種書體以一件爲限。篆刻 4-10 方印蛻，一式二份。”，共收到 20 個國家二萬多件作品，選出 1005 件參展。

本次展覽有七個特色： ①收到 20 個國家二萬多件作品，是中 國書法史上和國際書法交流史上參展國家和件數最多、質量較高 的一次盛會。 ②開幕有近萬名人士參加，場面熱烈。 ③每件展 品都設有展卡，介紹書家的書學淵源、藝術特色，並貼上作者照 片，使觀衆更便於對書法藝術特徵和作者本人的了解。 國內展品 的特點是：基礎雄厚、個性強烈、風格多樣、流派紛呈。據有人約略統計，"這些作品中，既有傳統筆法又有新意，具有個人面目的約占 60%；個性表現強烈的約占 30%；謹守傳統法度，但個性風格不夠明顯的約占 10%；模仿國外某種流派、面目怪異的則不足 1%。" ❼。至於國外展品，以日本作品最多。在當今日本書壇上，除前衛派作品未參加以外，古典詩文、現代詩文、片假名等三大流派的作品都有。其中又以日本王鐸顯彰會的作品最爲特出，其特色爲：極度重視用筆的流暢感、左右跌宕、氣脈貫通、結體奇異、法度宛在，總格調爲王鐸書藝的和風化❽。⑤ 展品中陣容最爲壯觀的是，東道主河南省，入選 60 餘件作品中，除二件爲五尺外，其餘的均在六尺以上，大者至丈二，正草隸篆各體悉備，裝裱考究，燦然奪目。 ⑥入選作者四十歲以下的中青年占三分之二。⑦展覽期間，中國書法家協會還召開了中外書家參加的〈國際書法交流座談會〉，舉辦多場中外名家主講的學術報告會、拜師會、書家交誼會，放映有關書法活動和介紹書家的電視錄影。

2.現代國際臨書大展

由河南省開封市書法工作者協會、河南省書協、中國書協共同主辦。於 1986 年九月開始徵稿，國內十月截稿，國外十一月截稿，1987 年五月在河南省開封市相國寺開幕。

徵稿啓事明示舉辦主旨與動機爲："試圖在當代中、外書法家的臨摹古碑帖的作品中，集中展示他們在書法藝術中的卓越識見和藝術創造才能，從繼承和發展的關係上，體現書法藝術的發展規律，揭示當代書法的發展趨向，給廣大的書法愛好者和專門

---

❼ 見周俊杰〈國際書法展覽巡禮〉一文，（《書法》 1986：1）。

❽ 見徐本一〈國際書法展覽印象〉一文，（《書法報》 1985.10.2 總 64 期）。

家提供借鑒、研究的廣闊途徑，以推動書法藝術向更高和更深的層次發展。"，並規定"來稿必須是臨摹作品（不包括臨摹時人），寫實的臨、寫意的臨均可。書法規格不超過四尺宣紙，篆刻臨摹作品鈐拓幅面，豎式 45 × 30 厘米。"（見【附錄伍】徵稿啓事）。共收到 16 個國家、地區作品近萬件，選出 600 件（其中一百件爲篆刻）參展。

　　這是大陸首次舉辦的最大型的臨書展覽，約有七個特點：　①展覽分先秦、兩漢、魏晉南北朝、隋唐五代、宋元明、清、近代及篆刻七個部份，分列於七個展室，上自殷墟的甲骨卜辭、下至近代的于右任墨跡，涉及優秀書法範本 282 種，書體衆多，面目各異，千年書史、集於一室，形成一個蔚爲壯觀的臨書大系。　②透過作者，人們不僅能夠看出中國書法發展衍化的清晰脈絡，而且能夠明顯地體會到現代書家對優秀古代碑帖的理解與表現。如同時臨《石門頌》者，有的飄逸、有的挺拔、有的勁力內斂、有的奮揚恣肆；同時臨《祭姪稿》者，有的重其法度而神形具肖、有的取其韻味而略脫形跡。不管作者從那一角度去理解與表現，都能給人以生面別開，各臻其妙的感覺，說明臨書本身就是一種再創造的過程，中國傳統書法藝術有其深厚廣闊的可挖掘性。　③大展除每件作品都備製一份註明作者姓名、年齡、省份、國籍的展卡外，還附有所臨碑帖的照片，三位一體，是本次大展一大創舉。　④入選作者，35 歲以下青年占 42%，36 至 55 歲中青年占38%，年齡最大者 88 歲，最小者僅 9 歲。作者的年輕化，說明年輕輩的作者對古典作品，有著非常獨特與準確的理解。或曰老輩書家功底厚，中青年特別是青年們的基本功不夠、基礎薄弱，是不正確的偏見。　⑤投稿國家地區 16 個，國外參展作品 75 件（占大展總數的 13%），說明書法不只是中國的，已是世界性的共同藝術。　⑥開幕式上還舉行兩場學術報告會：陳振濂的〈新十年書法發展動向、性質及其估價〉、周俊杰的〈論書法人才的內在因素〉。　⑦爲紀念此次大展，開封市郵票公司特頒發了“現代國際臨書大展紀念封”一枚，河南美術出版社也出版了精印的《現代國際臨書大展作品選》。

㈢、各地書協主辦的幾次青少年書法比賽

　　大陸的書法教育迄今尙未完全走向全面化和正規化，然而在十餘年來的書法熱潮下，各類的青少年書法比賽卻層出不窮，有單獨爲青年、少年或青少年舉辦的，也有與中老年合辦的，有文化部、各級青少年組織主辦的，也有中國書協與地方書協、或各地出版社、社團、企業主辦的。今擇取其中影響較大的兩個：〈全國青少年書法銀河大獎賽〉和〈全國青少年書法篆刻神龍大獎賽〉爲例，簡述如下：

1. 全國青少年書法銀河大獎賽

　　由河南省《青少年書法》月刊編輯部主辦。迄 1997 年共舉辦過兩屆，分別在 1986 年、 1993 年。

　　比賽辦法分書法、篆刻兩項；分青年組（第一屆 30 歲以下，第二屆改爲 35 歲以下）和少年組（ 15 歲以下）二組。書法作品限交一件，書體不限，不超過四尺宣；篆刻作品印蛻 2－4 方（第二屆改爲 4－6 方，貼於 2×1 紙上），一式二份。

　　⑴〈第一屆全國青少年書法銀河大獎賽〉

　　於 1986 年六月開始徵稿，八月截稿，十月揭曉。共收到全國投稿作品四萬多件，投稿年齡最小者 3 歲。共評出青年組、少年組一等獎各 10 名、二等獎各 50 名、三等獎各 300 名，共 720 名。據王猛仁〈評選後記〉云：此次比賽作者，基本功紮實和意趣的

純正，使人難以相信他們是出自少年之手，但對一些優秀作品實地調查後，又不得不使人嘆服了。其中湧現了一批新人新作，青年人的作品多能寫出自己的風格和意趣，少年的作品則以楷書數量最大，多宗法唐楷。但有些書法出現章法、字法、筆法有誤，掉字、錯字，株守現代某一家的情況亦存在❾。全部獲獎作品皆結集在《全國青少年書法銀河大獎賽獲獎作品集》中，由河南美術出版社出版。

⑵〈第二屆全國青少年書法銀河大獎賽〉

於 1992 年底開始徵稿， 1993 年一月截稿， 1993 年七月左右揭曉。共評出少年組一等獎 10 名、二等獎 30 名、三等獎 99 名、優秀獎 304 名；青年組一等獎 10 名、二等獎 30 名、三等獎 98 名、優秀獎 297 名。至於投稿件數及評審詳細情形則未見報導。

2.全國青少年書法篆刻神龍大獎賽

第一屆由黑龍江省佳木斯市《青少年書法報》主辦，《中國書法》雜誌等 15 個單位協辦；第二屆由《青少年書法報》及《生活報》主辦，《中國書法》等 21 個報刊社協辦。迄 1997 年共舉辦過兩屆，分別在 1986 年和 1988 年。

其比賽辦法，第一屆分全能（篆、隸、楷、行、印）與單項（硬筆書法、毛筆書法、篆刻、書論）二種，單項中毛筆書法書體不限，篆刻須 2-4 方，書論在三千字以內。並分青年甲組（ 31 至 40 歲）、青年乙組（ 18 至 30 歲）、少年甲組（ 13 至 17 歲）、少年乙組（ 8 至 12 歲）、幼兒組五組。第二屆亦分全能、單項二種，但全能改為"須寄真、草、隸、篆、行書法各一件，篆刻 4-6 方，創作體會 3-5 百字"；單項中的毛筆書法，改為"書體不限，須寄創、臨作品各一件"，篆刻改爲"創、臨作品各二方"；
書論一項則取消不辦。亦分青、少、幼共五組分別競賽。

(1)〈全國青少年書法篆刻首屆神龍大獎賽〉

於 1985 年底開始徵稿， 1986 年五月截稿， 1986 年八月揭曉。
由於這次大獎賽聯合單位多，宣傳影響大，徵稿範圍廣，作者年
齡層次多，故共收到全國與海外投稿作品八萬多件。由近 20 名評
委採無記名投票方式，共選出獲獎作者 271 人，其中金牌獎 25
人、銀牌獎 41 人、銅牌獎 67 人、優秀獎 138 人。

這次大獎賽有二個特點： ①投稿逾千人以上的省份有江蘇、
廣東、四川、河南、安徽、浙江，近千人的有黑龍江、山東、上
海、遼寧，說明這十省市的青少年書法活動比較蓬勃，得獎人數
亦相對較高，此十省市得獎率佔 10 分之 6.5 ；此外北京、福建的
獲獎名次也很高。 ②此次比賽，在全國各種比賽中，首先開創全
能獎和論文競賽，對青少年書法篆刻水平全面發展，與造就新一
代的書法通才，具有極大的促進作用。

(2)〈全國第二屆青少年書法篆刻神龍大獎賽〉

於 1988 年六月開始徵稿，七月截稿，八月揭曉。共收到全國
及海外二萬五千多人投稿，十萬多件作品，其中，日本參賽者多
達 391 人。共評出金獎 102 件、銀獎 205 件、銅獎 276 件。另評
出集體參賽組織者金獎 22 名、銀獎 15 名、銅獎 32 名，和園丁金
獎 76 名、銀獎 180 名、銅獎 250 名。

此次大獎賽有三個特點：①大獎賽與全國第二回青少年書法
篆刻品段級位評定活動相結合，所有參賽者都可得到相應的等級
評定，使那些在各級各類比賽中的落選者，能對自己有個整體的
估價。②集體參賽單位多，說明此大獎賽深受各單位及書法群體
的關注、重視與支持，從而由自發型轉而爲有組織的參與。③將

得獎部份作品編輯出版《金獎作品薈萃》。

　　此外，有關少年兒童的書法比賽亦很頻繁，例如，1983年文化部與中國書協等12個單位，在北京市舉辦的〈全國少兒書畫展覽〉，共收到作品1290多件；1985年由教育部與中國書協等八個單位，在北京舉辦的〈全國少兒書法比賽〉，共收到作品二萬多件；1988年，由湖北省書學研究會在湖北省武漢市舉辦的〈雙龍杯全國少兒書畫比賽〉，共收到作品3600件；1991年，中國書協及黑龍江省書協舉辦的〈全國中小學生書法大賽〉，共收到作品8330件；……等等，再加上全國各種書法比賽也常設有少兒組、幼兒組等項目，林林總總的比賽，不計其數。由於次數太多，且資料不夠詳盡，因此在此不多敘述。

參、大陸全國性書法比賽之特色與評估

　　考察大陸全國性各種書法比賽的徵稿啓事及各報刊的報導時，發現大陸的全國性書法比賽有一些特殊而值得效法或商議的地方，茲逐條提出分析：

一、規定書寫主題內容的特色與評估

　　大陸中國書法家協會副主席、臺灣籍的書家劉藝先生，曾在其〈臺灣書壇管窺〉一文中批評臺灣書法展覽的文字內容說："筆者對一次展覽會作品做了簡單統計，書寫蔣氏語錄的作品占了八分之一。最近一次臺灣華視金鵝獎書法比賽，命題全部是蔣氏'嘉言'。由此可見臺灣書法還不是眞正獨立的藝術，不但要遵循偏狹的"正統"觀念，還要被當作宣傳工具。書法藝術至此，令人堪虞。"❿。今若以此現象來考察大陸書法比賽的文字

---

❿　見《中國書法》1988:1。

內容，雖大多只是要求"內容健康、積極向上"的文字即可（見本書【附錄伍】大陸全國性書法比賽徵稿啓事範例），但類似此種帶有宣傳廣告或政治意識的內容要求，仍然處處可見。

若以企業廣告的宣傳文字言，如 1987 年由中華花木報社主辦的〈墨苑群芳"全國書法大獎賽〉，便要求書寫內容"限與花鳥蟲魚有關的各種體裁"；1988 年，河南寶豐酒廠主辦的〈寶豐詩書大展〉，便要求書寫內容要"突出酒與文化密切關係的傳統詩詞或對聯"；其更甚者，如 1990 年江蘇省淮陰市日用化工廠主辦的〈"利民杯"全國硬筆書法大賽〉，便要求書寫一段利民特效牙膏的宣傳廣告，其詞曰："利民特效牙膏爲防治牙齦炎、牙周炎的藥物牙膏。內含複方中西藥物和天然葉綠素製劑；選用藥物和配方經醫學界專家和醫師共同商討研究。所用藥物具有清熱解毒、活血散瘀、消炎止痛、止血收筋、清除口臭等作用。藥物協調性能良好，在刷牙時能爲口腔粘膜直接吸收。具有劑量小、療效迅速等特點，長期使用安全無副作用。本品爲省優產品，藍色包裝、紅色標記，裝潢美觀、大方、醒目、新穎，暢銷省內外。"等。

若以歌頌其領袖的政治宣傳文字言，如 1983 年由廣州硬筆書法家協會等主辦的〈"燎原杯"全國硬筆書法大賽〉，便要求書寫內容"①以毛澤東同志詩詞文章、語錄爲主；②歌頌毛澤東的詩句、文章或曲詞；③老一輩革命家詩句。"；如 1994 年由四川廣安地區行署等主辦的〈"南巡杯"書畫大賽〉，便要求書寫"歌頌中國共產黨、歌頌社會主義、歌頌祖國、歌頌鄧小平同志豐功偉績和偉大精神，……等"。

若以對臺灣政治統戰的宣傳文字言，如 1988 年由泉州青年聯合會等主辦的〈"海峽杯"中華書法大賽〉，便要求書寫內容

"以歌頌祖國和平統一爲主題"。

揚雄說："書者，心畫也。"，蔡邕〈筆勢篇〉亦云："書者，散也。欲書先散懷抱，任情恣廷，然後書之。"。書法是一種宣散性情，表現個人才情意趣的一種藝術，如今被政治、被企業滲透，利用至此，美其名曰與"時代社會現實結合"、"彼此成全"，然書法獨立超然的藝術特質由然已失。

二、企業贊助，各"杯"紛起的特色與評估

大陸目前經濟猶未富厚，對書法等文化推展活動，政府單位雖紛表樂觀其成，全力支持，但在經費上的支持仍有困難，故上自中國書協，下至各地書協分會、社團舉辦的書法比賽，大多仍須自籌自辦。幸好這些年來由於大陸經濟改革成效顯著，許多企業爲打響知名度，紛紛解囊贊助，舉辦各種大型的書法比賽活動。於是冠上企業名稱的各種"杯"此起彼落，層出不窮的出現。如 1987 年的〈"雙貓杯"全國書法大獎賽〉，就是由出產"雙貓牌"石化產品的江蘇清江石油化工廠贊助舉辦的；如 1988 年〈"杏花杯"全國書法篆刻比賽〉，便是由山西省杏花村汾酒廠贊助舉辦的；〈"乘風杯"龍年篆刻大賽〉，就是由杭州乘風電器公司贊助舉辦的；〈"中意杯"龍年國際書法篆刻電視大賽〉，就是由湖南電視台、中意電冰箱廠贊助舉辦的；1989 年〈"江南杯"全國書法大賽〉，就是由上海江南啤酒廠贊助舉辦的；1990 年〈首屆"紅荔杯"書法賽〉，就是由深圳市荔枝節基金會贊助舉辦的；1991 年的〈"飛亞達杯"書法篆刻大獎賽〉，就是由中國航空集團公司深圳飛亞達計時工業公司贊助舉辦的；1992 年的〈"惜糧杯"全國書法繪畫大獎賽〉，就是由中國糧食經濟學會等贊助舉辦的；1993 年的〈"洋河杯"全國新聞界書

賽〉，就是由中華全國新聞工作者協會和洋河酒廠贊助舉辦的；1994 年〈"奧斯卡杯"全國書畫篆刻藝術大賽〉，就是由河南鄭州市奧斯卡服裝公司等贊助舉辦的；……。

當然，各"杯"的名稱也有不以贊助企業命名，而以地方名勝、或其地的歷史名人……等命名的，如 1991 年湖北南昌市少年宮主辦的〈"滕王閣杯"全國少兒書法大獎賽〉、1993 年河南南陽中華書法藝術研究會主辦的〈"諸葛亮杯"國際書畫攝影大獎賽〉……等。

這種企業贊助，各"杯"蜂起（詳見【附錄參】大陸全國性書法比賽一覽表）的特色，在正面上繁榮了書法事業的發展，帶起全民書法創作的更大熱潮。但大型、小型的比賽，舉辦過於頻繁，使作者們觀顧太多，一者容易造成功利上的追求，再者亦易降低各項比賽創作的品質，優點中仍有其缺點。

三、作品形式與限交件數的特色與評估

書法比賽，大多包括毛筆書法、硬筆書法與篆刻三項。

在作品形式上，毛筆書法規定不一，有的規定條幅不超過三尺（如〈四屆全國展〉）、或四尺、五尺、六尺，最多到八尺（如〈四屆中青展〉）；手卷、橫幅不超過 2.5 尺（如〈四屆全國展〉）、或六尺（如〈五屆全國展〉）；有的為使作者有更大的創作自由，則完全不規定（如〈五屆中青展〉）。硬筆書法則大多不加限制，只有少數會規定，如紙長不超過 50 公分（如〈"青春杯"全國硬筆書法大賽〉）、須在 16 開以內（如〈國際硬筆書法精品展〉）。至於書寫工具，有的明定為鋼筆或圓珠筆（如"文明杯"鋼筆圓珠筆書寫大賽〉）；有的明定，必須用"碳素墨水"書寫，但大多規定硬筆即可，有的甚至鼓勵作者"在工具

材料、書寫形式上大膽創新"（如〈全國二屆硬筆書法大展〉）。
至於篆刻上，在印面形式上多未規定，只有少數規定不超過 8 厘
米見方者（如〈首屆篆刻藝術展〉）。然通常都會規定須拓或貼
在印蜕上，格式形爲 2.5 尺（如〈四屆全國展〉）、或爲 6 米
（如〈四屆中青展〉）、或爲 4 尺 3 開（如〈五屆全國展〉）、
或 4 尺 4 開（如〈當代中青年"書苑擷英"徵稿評比會〉）、或
爲 34 × 45 厘米的紙上（如〈三屆篆刻藝術展〉），而不管毛筆書
法或篆刻印蜕，各比賽啓事都要求"不要裝裱"。

至於在作品件數上，毛筆書法大多限交一件，然亦有規定一
至二件者（如〈"西苑杯"書畫大賽〉）、或二件者（如〈國際
陶瓷琉璃藝術節中華書畫大展〉，又如〈第三屆全國青少年書法
篆刻神龍大獎賽〉則規定限交二件，一件創作、一件臨書）、二
至三件者（如〈'92 懷素書藝研討會暨草行書作品展〉）。硬筆
書法大多限交一件或臨、創各一件，然亦有規定在一至三件者
（如〈全國二屆硬筆書法大展〉）、或完全不限制件數者（如
〈"青春杯"全國硬筆書法大賽〉，但交一件則繳一件參賽費，
交五件則繳五件參賽費）。至於篆刻作品，有各種不同規定，或
曰 2 － 4 方（如〈第一屆全國青少年書法銀河大獎賽〉）、或曰
6 － 8 方（〈如全國第二屆篆刻藝術展〉）、6 － 10 方（〈如四屆
中青展〉）、4 － 16 方（如〈四屆全國展〉）；有的還規定須有
幾方附邊款（如〈首屆篆刻藝術展〉規定要有兩方附邊款）。

另外，大陸在各種全國性的書法比賽中，頗饒特色的是，有
些比賽除了設毛筆書法、硬筆書法、篆刻方面"單項"的競賽
外，還設有"全能"的競賽，即徵求能同時在"眞、草、隸、
篆、行、印"六項全能，或"眞、草、隸、篆、行"五項全能的
作品（如首屆與第二屆〈全國青少年書法篆刻神龍大獎賽〉）。

有的亦規定所交作品必須同時投寄兩種或兩種以上書體的作品
（即不同書體二幅或二幅以上的作品），無形中增加了許多"高
難度"。然如此規定，對各種書體的全面發展與書法通才培養，
實有莫大的鼓勵與推動作用。

　　此外，雖然各項比賽中，多只規定"限交一件"，然亦有許
多作者喜以化名方式同時投交數件作品，藉此提高其獲獎的機
率，此種功利及投機的心態，在講求書品與人品的書法藝術殿堂
上，實非所宜。

四、徵稿方式與徵稿對象的特色與評估

　　大陸全國性書法比賽的徵稿方式，可分為： 1.邀請； 2.推
薦； 3.公開徵選； 4.公開徵選與推薦結合四種。

　　第一種"邀請"徵稿的例子，如〈全國第一屆中青年書法篆
刻家作品展覽〉（原名〈全國第一屆中青年書法篆刻家作品邀請
展〉）。此次展覽乃由民間發起（由江西省美協和南昌市書協聯
合主辦），採用由主辦單位邀請的方式徵稿，但仍須經過嚴格的
評選過程（從 500 件中選出 184 件參展），因此雖號稱"邀請
展"，實有"邀請比賽"之實。

　　第二種"推薦"的例子，如前三屆那〈全國書法篆刻展覽〉，
作品基本上由各省書法研究會（中國書協未成立前）及各省書協
分會（中國書協成立後）從會員中徵稿，依一定分配名額，推薦
總會中國書協進行評選。

　　第三種"公開徵選"方式，是大陸一般全國性書法比賽採用
的方式，即在各報刊雜誌上刊登"徵稿啓事"，向全國（或國內
外）廣大作者徵稿。

　　第四種"公開徵選與推薦結合"的例子有兩種。第一種如

〈全國第四屆書法篆刻展覽〉，不限制是否為中國書協會員，公開向廣大作者徵稿，但作者須先將稿件送到各省書協分會，由分會初選之後，再依一定的分配名額，推薦總會再審。第二種例子如〈全國第五屆書法篆刻展覽〉，一方面由各省書協分會從該省內中國書協會員，及〈中國書壇新人作品展〉入選作者中徵選，再依分配的一定名額推薦給總會中國書協進行評審；一方面廣大作者自認為作品達相當水平者，也可以直接寄送中國書協進行評審，但二者作品分開處理。

至於徵稿對象，有些有身份與年齡的限制。以全國三大展來說，已舉辦過六屆的〈全國書法篆刻展覽〉，基本上是具有中國書協身份者始能參加（後來到第四、五、六屆，開放給自認作品"達相當水平"者也能參加，但仍與書協會員分開評審）。舉辦過七屆的〈全國中青年書法篆刻家作品展覽〉前六屆，規定年滿18至55周歲的中青年始能參加，第七屆規定年滿18至60周歲者始得參加。舉辦過四屆的〈中國書壇新人作品展〉，則規定凡年滿18周歲，"尚未加入中國書協"的成年人始能參加。至於其他各種種類及各種"杯"的全國性書法比賽，則大多沒有特別限制。唯在評審時，通常會將應徵作者的年齡分為幼兒、少年、青年（或青少年合成一組）、中年、老年（或中老年合成一組）等幾個組別分開評選，並分別設獎獎勵。

綜合上述徵稿方式那利弊得失，若採用"邀請"與"推薦"方式，徵得的作品品質當較穩定齊一，但也較會有默默無聞、水平又高的作者受到遺漏；若採"公開徵稿"方式，則收到的作品動輒數千、數萬，不把評審的眼睛看花才怪，也容易漏失該入選而未入選的好作品，反而選上水平不高、受人爭議的作品。因此，應該是"公開徵選與推薦相結合"的方式最理想，然從第四屆冶第五屆全國展的“革新”方式來看，從表面上旣有點、又有面，但由於各省評委組成，基本上多爲該省書協理事會的原班成員，易有自己的小圈子，加上地方書協受地域書風與門戶之見的影響，選稿思路較窄；有些書協甚至只由該會駐會幹部進行評選，審稿眼界有限，因此選出推薦給中國書協的作品，未必全是該省的尖子。因此有人想到，不如還是採用上下結合，或與左右上下結合的方式進行評選爲佳，即在全國大展之前，先由中國書協分派三名“特派員”，參與各省市分會的評審團一起選拔，再按所分配的限額匯送總會，與其他各省市作品會合後再審；或是，採用先由瀕臨各省市或跨地區的省市交換對評，再按所分配的限額匯送總會，與其他各省市作品會合後再審，可避免“小圈子”，並收“旁觀者清”之效❶。

　　再就徵稿對象限制其身份、年齡的利弊得失來看，若限制全國展全由中國書協會員或省級會員參加，則目前大陸許多水平高而未參加這些社團的作者豈不就被擋在門外；若全部不限制，誰都能參加，則又難免有些把自己實力估計過高，或只來湊熱鬧、碰運氣的作品，當會堆積如山，增加評選困擾的現象。因此，適度作某種身份上的限制，確是有必要的。如限由18至55歲的中青年參加〈全國中青年書法篆刻家展覽〉，則一者可以彌補全國展有限的入展機會，再者可以使這個創作力最旺盛的書法族群，跳開傳統的框架，盡情舒展自己創作的才華；限由18歲以上“非中國書協”會員者參加〈全國書壇新人作品展〉，則在提攜新人上有其積極的意義。各種比賽，以年齡層分組進行比賽評審，也較能收到公平競爭的功效。

---

❶　參見李尙才《影響書法藝術健康發展的六種因素》一文（《書法導報》1993.7.14，總186期）。

五、繳交參賽費、其他費用與不退稿的特色與評估

　　大陸全國性的書法比賽應徵作品，除少數不收費外（如 1988 年由山西杏花村汾酒廠獨資贊助的〈"杏花杯"全國書法篆刻比賽〉、1992 年由遼寧薩爾滸風景區等單位主辦的〈中國"薩爾滸杯"書法美術作品展覽〉、廣東珠海市藝術發展有限公司主辦的〈國際金鵝獎書畫大賽〉、湖北宣恩富硒膠股藍實業公司主辦的〈"富硒杯"全國書法大賽〉等），上從中國書協舉辦的各項大展，下至各地書協、企業、出版社舉辦的大獎賽，大多要收費，其名目或稱"參賽費"、或稱"評審費"、或稱"聯展費"、或稱"通聯費" 或稱"報名費"等等。其費用從 1981 年左右的 1 元人民幣到 1997 年左右的 15 元人民幣（最高有達 30 元者，如 1997 年第四屆中國書壇新人作品展等）不等。有些展賽要求國外繳交與國內同額的美金，如國內 10 元人民幣，國外則交 10 元美金（如 1994 年河南鄭州市西伯利亞裝飾裝潢工程公司等舉辦的〈"西伯利亞杯"全國書畫篆刻美術大獎賽〉）；有些展賽對會員特別優待少交一些參賽費（如 1990 年當代硬筆書法習字會安徽阜陽地區分會等舉辦的〈"淮河杯"當代漢字硬筆書法大展〉，一般投稿者收費 4 元，當代硬筆書法習字會的會員則只須交 2 元）；有些展賽，則規定投交幾件作品，就相對繳交多少費用（如 1989 年由青春歲月雜誌社等舉辦的〈"青春杯"全國硬筆書法大賽〉，一張作品交參賽費 3 元，五張作品交 15 元）。另外，有些參賽者若獲選"入展"，還得繳交"裝裱費"、或"作品集出版費"。

　　至於最後對應徵者作品的處理，大致可分為四種： *1.*全部歸還； *2.*入選作品展畢退還，落選作品一律不退； *3.*國外全部歸還，國內一律不退； *4.*不論錄取與否，一律不退。第一種例子，

依筆者考察結果，目前只有〈全國第四屆書法篆刻展覽〉全部退還稿件，當時報刊上號稱"創舉"❷，1979 年以後則出現欲退稿者，另交 10 元退稿費者。第二種例子見於〈全國第五屆書法篆刻展覽〉，可見"全部歸還"似確有困難。第三種例子見於 1985 年舉辦的〈國際書法展覽〉，但於次年舉辦的〈國際臨書大展〉，仍然聲稱"因人力有限"，不論國內、國外都不退。第四種例子則是普遍一般現象（雖然有些徵稿啓事並未言明退與不退，但從前述〈第四屆全國展〉退稿之號稱"創舉"，可見應是如此），大部份是一律不退稿的。

以上所述，大陸全國各展賽酌收少數費用，作為評審聯絡等費用，或入選後，對展出作者酌收部份裝裱費、作品集購買費。依理來說，實無可厚非，然據大陸中國書協代主席、名書家沈鵬先生在一次接受訪問稿說，這些收費情況，有些是"騙局"，"如山西忻州地區舉辦的〈"五台山杯"全國青少年書法大獎賽〉，……我個人收到的對"五台山杯"的控告信便有十五封以上。來信反映，舉辦者聲稱，凡獲特等獎者可得到獎金 6 萬之巨，又分別設立一、二、三等及優秀獎，可是特別獎虛設，優秀獎（一千多名）未發，而主辦人卻額外要求"優秀獎"獲得者匯款 56 元作為出版、裝裱等費用，結果如石沉大海。"❸，此種現象亦不得不讓人慨然。

至於作品不退稿的問題，也一直頗多非議。就如一位在書法導報上投書獲得刊登的作者義正辭嚴的說："當前社會上各種名

❷　見馬寧〈全國第四屆書法篆刻展作品集讀後感〉一文，（《書法報》1989.11.1，總 277 期）。

❸　見甄雪紅〈中國書協代主席沈鵬談書法繁榮後的思索〉一文，（《書法報》1994.6.29，總 520 期）。

目的書畫大賽的參賽費越來越高，由原來一、二元上漲至五、十元或更多，同時還都聲稱："限於人力、恕不退稿"。爲什麼這些大賽的主辦單位在收取參賽費時，他們決不怕人手不夠，參賽者越多越好。而在評選賽後，卻連給作者發封五角退稿信的功夫就沒有？……一個全國範圍的大賽，中獎入選者不過 5%，而 95% 作品都會落選，……這些凝結作者心血的作品，是藝術創作勞動的結晶，也是具有價值的商品……，天經地義的都成爲主辦單位某些人可以隨便處理的"廢紙"……誰能保證這些落選作品不被賣入書畫市場……中飽某些人的私囊呢？"❹確實執之有據，應是廣大投稿作者的心聲。若能退還原件，則更能鼓勵作者獻上最佳作品，並能免抱作品永失之虞，似爲較符人情之舉。

六、分等設獎之外評定品段級位的特色與評估

　　大陸書法全國三大展中，眞正設有前三名等級的，只有第四屆全國展和第六屆中青展，其他如第五屆、第六屆全國展，則在入選稿件中，另選出 48 件、45 件獲獎作品，稱"全國獎"；第四屆中青展在入選稿件中，另選出 58 件獲獎作品；第三及第五屆中青展，在入選稿件，分別選出 6 件和 10 件獲獎作品、31 件和 24 件得獎作品。此外，其他大展中，就都只選出"入選"作品而已，未再另設等級或獎項。

　　至於其它各種全國大獎賽，則大多設有分等及各種獎項，其名稱有特等獎、一等獎、二等獎、三等獎，金獎、銀獎、銅獎，金牌獎、銀牌獎、銅牌獎，鑽石杯獎、金杯獎、銀杯獎、銅杯獎，佳作獎、優秀獎、表揚獎、優勝獎、榮譽獎、創作獎、鼓勵

---

❹　見邊鐵生〈從書畫大賽規定"恕不退稿"談起〉一文，（《書法導報》
　　1993.5.19，總 178 期）。

獎、園丁獎，新秀獎、新苗獎、友誼獎、組織獎、集體獎、特別獎、精英獎、……等等，名目非常多，無非想建立榮譽等級，藉以產生激勵與競爭作用。

　　此外，在各種分等設獎的全國性比賽中，最具特色的，莫過於另設＂品段級位＂的評定活動了。此制度與活動，初設於1987年的《青少年書法報》，規定凡45周歲以下（最初定為35歲以下）的書法愛好者、書法家、或院校中小學的師生皆可參加。作品規定毛筆書法（3×1尺）臨、創作品各一件，硬筆書法（16開）臨、創作品各一件，篆刻（2×1尺）宣紙鈐印臨、創各二方，並署名、落款。評定的內容分為三品（神、妙、能）、六段（1-6段）、九級（1-9級），每個參賽者都可得到其作品相應的等級，到1997年止，共舉辦過13回。茲綜合第七回與第八回的徵稿啟事內容，製表說明於下：

進階程序	評訂級別	造　詣　階　段	獎　勵　辦　法
自由階段（品位）	神品	氣韻天成，神拔格超階段	
	妙品	意趣超然，自由生發階段	
	能品	諸法兼備，技法精熟階段	獲品位者，獎頒發＂神龍杯＂金、銀、銅獎證書及獎金。指導教師獲同級的園丁獎。單位獲同級書法教育優勝獎。
創作階段（段位）	五、六段	風格初立，有我展示階段	獲五段以上者，特於《青少年書法報》一版＂書苑擷英＂專欄作全面介紹。
	三、四段	獨立創作，院校學生應具階段	獲三段以上者，作品發表介紹於《青少年書法報》。
	一、二段	集字臨創，高中學生應具階段	
臨寫階段（級位）	7－9級	臨寫入帖，初中學生應具階段	組織500、300、200、100人參評院校、青少年宮、書學團體，領導組織者獲特別金獎、金、銀、銅獎，並頒發獎金。
	4－6級	結體勻正，小學5-6年學生應具階段	
	1－3級	點畫合度，小學1-4年學生應具階段	

此後，佳木斯市《青少年書法報》舉辦的〈神龍大獎賽〉、上海文化生活技藝專修學校的〈"文明杯"全國團體、個人寫字大賽〉、中華硬筆書法家協會的〈"興華杯"全國書法評訂大賽〉、中國民族硬筆書法家協會的〈"民族杯"中國硬筆書法藝術品位賽〉……等等皆採用此種方式進行評定。

此種分等設級方式，是一種融合大賽、定級、教學三位一體的活動，既能檢驗廣大學書者的書法水平，也能提高學習書法的興趣；運用每個人都有的強烈自尊心，經過多次的學習、定級、再學習、再定級，使能在持續評定中，一台階一台階的攀登，不斷進步，誠為一種推動和激勵學書者極佳的構想和措施。

七、比賽之外配合展覽、展銷的特色與評估

大陸各項全國性書法比賽後，通常會舉辦一次展覽或在各地巡迴展出。得獎作品有時退還作者，有時與落選者一樣，全部留在主辦單位而不退還，曾引起不知這些作品是當廢紙了，還是說不定被賣掉了的非議。

1992年以後，受經濟改革影響，商品經濟熱潮襲捲全中國大陸，許多書家紛紛"下海"從商，也引起書法界的思考，咸認為書法家不應再自命清高，作品始終只作應酬之用，致使過其簡陋生活，甚至到連紙也買不起的地步。藝術有價，但書家"自產自銷"，過多心計用於市場，終將影響創作，也影響作品的商品價值。因此河南《書法導報》首先推出"書家潤格專欄"，扮演"經紀人"的角色。年底"名家字畫拍賣"在深圳開槌，"江南書法名家精品展賣"也在杭州舉行。當代書法家作品開始有自己的推銷園地。

到了1994年5月，《書法報》上出現了一種合書法創作和書

法經濟效益爲一，合書法競賽與書法展銷一貫的廣告 － 〈"武夷杯"全國書畫篆刻大賽暨書法篆刻作品展銷徵稿啓事〉，成爲書法比賽與商業市場掛鉤的一項特色。此項活動分毛筆書法（內容以福、壽及名詩句爲主）、美術作品（以中國畫、油畫爲主）、篆刻作品（須附邊款）、硬筆書法（內容不限）四項，共設暢銷作品獎 10 名、一等獎 30 名、二等獎 60 名、三等獎 80 名、展銷獎 700 名，將發給獲獎證書、獎金和紀念品。"凡獲三等獎以上者，將聘爲武夷書畫社書畫師，並常年助其推銷作品，並將此得獎的 880 件作品送到風景名勝武夷山和廈門等地展銷。作品一旦銷出，作者得 80%，主辦者留 20%，如未銷出，可退還作者。" ❻ 。

　　在一個月後，中國文聯等幾個單位也舉辦了一項〈中國國際文學藝術作品博覽會〉，向海內外公開徵求美術、書法（包括毛筆、硬筆、篆刻等）、攝影、文學（各類作品）、作文（中、小學生作文），及海內外組織或團體所收藏的近代名家各類作品或手稿。由專家評出等級，參加博覽會拍賣、展銷、出售版權，並發給作品等級資格認定證書。"作品售後，作者得 60%，主辦者留 40% ❻"。此項活動雖未定名爲比賽，實亦有比賽之性質，與前述"武夷杯"相似。

　　此種以主辦單位扮演書法"經紀人"角色的作法，鼓勵書法創作者將其作品投入市場，並爲其認定等級、定其價位，一方面解決作家無法自產自銷的困境，一方面也解決購買者恐有買到假作之虞，不失爲一種爲書家解決生活出路的有效辦法，也是大陸全國性書法比賽中一項新鮮的特色。

---

❻　詳見《書法報》1994.5.11，總 513 期。
❻　詳見《書法報》1994.6.15，總 518 期。

八、硬筆書法比賽興盛的特色與評估

硬筆書法，廣義的說，指一切用硬的東西沾墨寫字皆可稱之，狹義的說，則指我們常用的鋼筆、原子筆、鉛筆、粉筆所寫出的書法。

硬筆書法在臺灣，除了師範學院中注重"粉筆書法"及小學中注重"寫字"外，迄今並未受到重視。大陸硬筆書寫工具主要仍是鋼筆，這幾年開始興起使用圓珠筆（即原子筆），其提倡與興起，大約在 1979 年以後。首先是字帖的出現（如 1979 年黃若舟《漢字快寫法》的再版、 1980 年龐中華《談談學寫鋼筆字》的出版；其次是各種比賽的舉辦（如 1982 年《浙江青年》雜誌舉辦的〈青年鋼筆字書法比賽〉、 1984 年《東方青年》雜誌舉辦的〈全國首屆青年鋼筆書法競賽〉）；再次是各種硬筆社團的成立（如 1984 年成立的"中華青年鋼筆書法協會"，後來改為"中國硬筆書法家協會"、及之後成立的"中國現代硬筆書法研究會"、"華藝硬筆習字會"、"當代硬筆書法習字會"等無數的硬筆書法社團）；然後各種報紙開始闢有一定版面發表鋼筆書法及文章（如 1994 年的《書法報》、《中國青年報》， 1995 年的《青少年書法報》），各種硬筆書法雜誌也紛紛創刊（如 1985 年創刊的《中國鋼筆書法》、 1988 年創刊的《硬筆書法報》、 1992 年創刊的《硬筆書法》等）；各種硬筆書法學術理論研討會亦紛紛舉辦（如 1987 年在重慶舉辦的〈中國硬筆書法全國學術理論研討會〉、及同年在長沙舉辦的〈首屆中國鋼筆書法理論研討會〉……等）。甚至到 1993 年 10 月，中國第一座硬筆書法藝術博物館，也在重慶巴縣南彭湖開工興建（於 1996 年底完工），計畫將中國硬筆書法優秀作品、字帖、報刊雜誌及有關的文化藝術資料全濃縮一處，收藏於博物館中❶。

　　而其中引起全民硬筆書法熱潮的，莫過於 1982 年以後所舉辦的大量與硬筆書法有關的比賽，如 1982 年杭州《浙江青年》雜誌社主辦的〈青年鋼筆書法比賽〉，是中國首次的全國性鋼筆書法比賽，雖只局限青年參加，但已引起許多少年和中老年愛好者的注意，在鋼筆書法史上留下深刻、光彩的一頁；兩年後，1984 年五月在杭州由《東方青年》雜誌社主辦的〈全國首屆青年鋼筆書法競賽〉，也掀起一陣硬筆書法熱的高潮，這次徵稿達 30 萬件；1985 年舉辦的〈一九八五年中國鋼筆書法大賽〉，更創下有史以來最大的徵稿量，收到投稿作品高達一百萬件，海內外作者不分男女老少，紛紛投入這股硬筆創作（寫作）的洪流中。其中中華鋼筆習字會也曾舉辦＂全國首屆硬筆書法大展＂，從 30 餘萬稿件中，選出 700 件作品，首次在北京中國美術館展示了鋼筆書法的風貌。這幾次大型的硬筆書法大展，至今仍是大陸硬筆書法界津津樂道的盛事。

　　縱觀本章所考察的 463 次全國性書法比賽中，專屬於硬筆書法的全國性比賽就占有 64 次，其他全國性書法比賽或書畫比賽中，列有＂硬筆書法＂一項的，更是不計其數（按：光是 1988 年一年中舉辦的全國性有硬筆書法項目的大賽，就有 64 種。詳見《中國鋼筆書法》1989：2，P28－P29 一覽表）。雖然硬筆書法比賽的歷史與發展只有短短十餘年，和有數千年歷史且經驗豐富的毛筆書法相比，各方面都仍顯得幼稚，而且限於硬筆表現力遠遜於毛筆書法，其發展潛力及成果，亦仍尚不可知，但硬筆書法的內涵，基本上與傳統書法一致，其實用性與普及性又遠較毛筆書法

---

❶　詳見《書法導報》1993.5.26，總 179 期報導。

爲優，因此其影響及地位仍不能忽視。尤其在臺灣，至目前硬筆
書法藝術仍未被正式提到教育檯面上來，如何借鏡大陸硬筆書法
的成長過程與經驗，乃是極重要的參考課題。

九、賽前各地集訓的特色與評估

　　大陸二十年來書法熱的發展，由上到下，從中國書協總會到
各省分會及其以下書法社團有機的組織協調、總體策劃與推動，
爲重要的原因之一。在每次全國三大書展前，各分會尤其以名次
常在前面的幾個省市，如河南、江蘇、山東、浙江、四川、遼
寧、上海……，以至近年大有進步的黑龍江、天津、河北、山西
等幾省市，無不卯足了勁，在比賽前，或舉辦學習班、創作研討
會、小型展覽會，或請名家講課、請專家下鄉輔導，有領導、有
組織的進行切磋、反復修改，經過幾上幾下，才成稿交件，無不
把每屆那全國大展當作推動協會工作，提高會員水平的動力。因
此原先成績好的幾省，現在更上一層樓，入選人數更多了，原先
基礎差的，也因此大有起色。各省書協重不重視、輔不輔導，與
成績的高下，明顯成正比。

　　以歷來各屆全國性的大展中，成績一直斐然領先的河南省來
說，在 1981 年前後書法熱開始萌動之時，並還不特殊，但十餘年
來在書協領導者有遠見、有膽識的組織策劃帶引下，廣泛的培養
人才，並有效地調動人才，提倡並樹立了雄強厚實的河南書風，
在各項全國大展賽中，屢次獨領風騷，成爲全國觀瞻效法的對
象，其辛勤的耕耘有目共睹。若以 1989 年〈第四屆全國書法篆刻
展覽〉前作品徵集的賽前＂集訓＂情形爲例，可以略見一斑。

　　這次比賽在 1988 年八月開始公開徵稿，十月截稿，1989 年八
月在北京中國美術館開幕展出。早在 1988 年三月間，他們就以公

開信形式通報到各地、市書協和全體會員。公開信中強調四屆書展的意義，分析當前國內書法界的形勢，希望全體會員從思想上予以高度重視，並對具體工作提出四條意見：一、要求各地、市文聯、書協對本地、市會員及廣大書法愛好者進行一次普遍發動，之後結合各自具體情況，制訂出本屆書展徵集作品的方案；二、分會組織水平較高的書家分頭到各地進行輔導，同時召開座談會，聽取不同層次作者的意見；三、在十月中舉辦〈第二屆中原書法大賽〉，作爲全國四屆書展的熱身賽；四、在十一月中，再進行一次以青年創研組爲對象的重點輔導，舉辦作品觀摩，使有潛力的作者更好地發揮。公開信最後還提出“人生能有幾回搏”的口號，希望河南書家珍惜兩年一次的機會，以拼搏的精神在這屆書展中爭取新的突破。

信發出後，便開始展開實際行動，首先組成三個宣講團，集中了全省十位既有多年創作實踐，又有較高理論修養的書家，帶著由省書協統一準備的一份六千字講稿（其內容爲：“強調全國書展的重要性、權威性，值得作爲個人書法事業衝刺的目標；分析全國書法形勢及發展趨向；分析各兄弟省、市的書法力量及藝術特點，如江蘇的精美華滋、遼寧的雋秀韻藉、四川的生澀奇辣、浙江的縱逸蒼韻、上海和北京的恪守法度等等，進行縱橫比較，使作者能作知己知彼的考察；鼓勵作者能在保持河南地方特色的前提下，增強內涵、靈動、個性及創新精神；並對創作方法、創作技巧作具體的指導；最後並宣布，凡獲一等獎者，由協會上報省政府晉升一級工資，凡獲獎者，河南發給與全國獎同樣數額的獎金，並列爲河南書協龍門獎的候選人等等。”）宣講團用了半個多月時間，冒著盛夏酷暑，跑遍 317 個地市，進行實地輔導。（據不完全統計，聽課人數達兩千五百人左右，分析作品一千五百多件。有一些地、市聽課人數超過預定人數的幾倍，不得不採取售票的方式限制，但這樣仍然是爆滿）。

其次，加強"青年創研組"的集訓工作。這個小組是 1986 年河南〈墨海弄潮展〉之後，書協在全省範圍內挑出三十多位有潛力的青年骨幹組成，規定每年定期活動，探討書藝。由於他們大多沒有參加過全國書展，但在其他全國性和區域性的書賽中，都曾獲得較好的名次。因此書協在年中曾集中評講兩次，令其採取自評自講的辦法，然後由省書法創作委員會提出商権性意見。大體分三步走：先讓他們寫不同書體的作品若干件，由創作委員會當參謀，從中選出一件；第二步是進行定向練習，挑選的原則是，既要避免與本省其他作者的風格雷同，又要考慮作者本人駕馭這種書體的能力在全國的地位。如有些作品，在河南看來不錯，放到全國來比較就不行；有些作品，在河南並非尖子，但在全國同類作品中比較，卻可能靠前。經過這種立體式那比較，然後確定主攻方面，力圖使交出的各作品在書風上能儘量拉開，增加風格的多樣化。最後再進行"會診"，使陷入停滯苦惱的作者，能突破瓶頸而有新的進展。

最後，並在本屆書展截稿前兩個月，特地安排一場〈第二屆中原書法大賽〉，作為四屆書展前的熱身賽。大賽有一千多位作者參展，總體看來，較前屆大賽已見明顯進步。發獎大會時，並把獲一、二等獎的作品進行展示觀摩，獲獎者相互說長道短，又一次為他們提供一個聽取意見、活躍思想的機會，進一步激發了創作之情。這時，如果說集訓之前，主辦者有點這框框、那調調的要求，到這時，便大膽放手不再強調，全由作者想怎麼寫就怎麼寫，並不給予牽制，讓作者有完全自由馳騁的廣闊天地❶❽。

事實證明，這次積極密集的集訓，河南又獲得了令人刮目相看的好成績，如書展揭曉後，共評出全國展作品 524 件，河南占了 51 件。在 50 名獲獎作品中，河南占了 9 名，其中一等獎 1 名、二等獎 4 名、三等獎 4 名（較前三屆入選量：第一屆 11 件、第二屆 29 件、第三屆 44 件，數量又有大幅增加），得獎數列全國各省市自治區之冠。

　　此為河南在大展賽前集訓活動的簡述，其實其他各省也常作這樣的活動，若觀察本書【附錄貳】〈大陸書法研討會一覽表〉所列資料，大陸各省市舉辦的創作研討會中，絕大部分便是這些地方在全國大展賽前所作的集訓活動（如 1993 年 11 月 27 ～ 29 日貴州省書協、遵義市書協在貴陽舉辦的〈貴州省第三次中青年書法創作討論會〉、1994 年 9 月 1 ～ 10 日黑龍江省書協在鏡泊湖舉辦的〈黑龍江省第七屆書法篆刻骨幹創作班暨戰略研討會〉……等皆是）。這種賽前各地集訓的特色，不只提高了各地書法創作風氣，也建立了各地書協的聲望，對書法教育的發展亦有莫大的幫助。不禁令人對這些辛苦默默耕耘奉獻的帶頭書家產生無限的敬意。

十、大賽展覽外兼辦其他輔導活動的特色與評估

　　大陸在各項全國性比賽後，通常會舉辦展覽，而在評選與展覽期間，通常也會舉辦與此比賽、展覽有關的輔助活動，如一屆中青展，在展出期間，主辦單位特以“從全國中青年書法家作品邀請展覽看我們的現狀與未來”為題，進行了三次討論。如二屆中青展，在評選活動的第三天，主辦單位之一的《中國書法》雜誌便藉此機會召開了〈當代書法創作討論會〉，有七十多位書

⑱　以上簡介，詳見中國書協河南分會〈第四屆全國書法篆刻展覽作品徵集工作回顧〉一文（《 ’89 書法博覽》P90 － 91）。

家、評委參加，由於才看過大量的書法作品，大家結合這次評選
與歷來展覽的實際問題，就"當代書法創作現狀"、"書法觀念
的更新"、"書法創作的繼承與創新"、"中青年書法隊伍的建
設"等令人關心的問題，有的放矢、切中時弊，對書法藝術的今
天與未來暢所欲言，得到許多具有學術價值的成果。與會者咸認
爲"把評選工作與學術活動合而爲一，通過對大量感性材料的選
擇、審度，上升到理論高度，是旣有效率又容易有成果的嘗試"
⑲。此外，主辦單位還在展覽開幕日的下午，在北京什刹海中國
文聯文藝之家"文苑"舉行〈評委與獲獎作者的座談會〉，與會
者對展覽籌備工作、展覽作品中所存在的不足，以及中青年作者
自身完善等問題，進行了認眞的分析討論。又如三屆中青展，在
評選結束的前一天晚上，主辦單位亦舉辦一場〈評委座談會〉，
針對此次投稿作品的優、缺、特點與評選方法提出討論，如這次
模仿時人及追求小而細膩的作品較以往多；錯別字和繁簡體混用
的情況仍然嚴重；評委較以往更注重傳統和基本功的要求，一些
變形體和流行體全被刷下來了，較之前兩屆那評選而言是一項改
進；但把眞、草、隸、篆、印章合在一起評選，致使入選和獲獎
作品行草太多，篆隸較少的情況應該改進等等⑳。又如四屆中青
展，展覽期間主辦單位特地舉辦的一場〈書學研討會〉，獲獎及
入選作者紛紛對如何進一步提高創作質量、加強字外修養以及豐
富創作形式、改進評選工作等問題，提出了意見與建議，會中還
邀請其他書家作有關當前創作的發展趨向等問題發表看法。此外

---

⑲　見知未〈全國第二屆中青年書法篆刻家作品展覽評選工作側記〉一文，
　　（《書法報》1986.6.11，總 100 期）。
⑳　見韓書茂〈全國第三屆中青年書展評委座談會述要〉一文，（《書法導
　　報》1990.7.25，總 31　期）。

主辦單位還在展覽地棗莊市的石榴園舉辦〈筆會〉，書家們興致
勃勃的揮毫作書，交流書藝。

如以上所述，在大賽、大展前後或期間，舉辦與此活動有關
的如評審座談會、與獲獎作者座談會、學術討論會、學術報告
會、聯誼會、筆會等等輔助活動，並把活動情形公諸報端，分享
關心此事的人士，在其他大展賽中亦常可見。這種以徵稿、評
審、展覽爲主體，並配合其他活動，有賽、有展、有評、有反
省、有展望，把每次展賽的效用完整呈現的態度，較之臺灣的許
多比賽展覽活動，相形之下顯然豐富許多，誠爲值得參考的方
向。

土、行草爲主體與新人輩出的特色與評估

大陸全國性的各種書法展賽頻繁，除三大展受全國矚目，且
報刊雜誌多有報導外，其他各賽、各杯入選作品內容，因缺乏資
訊，未得其詳。至於三大展，迄 1997 年共舉辦過 16 次（全國展六
次、中青展七次、新人展三次），其入選作品的書體內容多爲行
草，則是一大特色。如據報導〈全國展〉第三屆"行草居多"
❷①；第四屆"行草占 70％"❷②；第五屆"入選仍以小行草居多"
❷③。〈全國中青展〉第三屆"行草占了 80％"❷④；第四屆"行草

---

❷① 見鄒德安〈全國第三屆書法篆刻展覽評選側記〉一文，（《書法報》
　　1987.9.16，總 166 期）。
❷② 見〈評委談四屆書展作品的評選（續一）〉孫伯翔言。（《書法報》
　　1989.3.22，總 245 期）
❷③ 見天盧〈第五屆全國書法篆刻展作品評選工作在錦州結束〉一文，（
　　《書法報》 1992.4.1，總 403 期）。
❷④ 見子各〈也談全國三屆中青年書展〉，（《書法報》 1991.1.30，總 342
　　期）。

書小品有不少佳作"㉕；第五屆" 10 件獲獎中，除了一件寫得甚
佳的隸書外，九件仍是行草"㉖。〈全國新人展〉第二屆"從整
體來看，……尚有不盡人意之處，如作品中行草占的比例過大，
而篆隸，尤其是優秀的楷書作品甚少"㉗。由上述十六次大展中
看出，行草占入選作品壓倒式的多數，至少就有七次之多，可見
大陸具有代表性的全國書法展賽，以行草爲主的情形，確爲明顯
的特色之一。

　　另外，在大陸由於全國三大展爲中國書協主辦，具有國家最
高水平，且具代表性的檢驗性質，其舉辦宗旨也常標榜"提攜新
人、發現人才"（見本書【附錄伍】所附第三、四、五屆中青展
徵稿啓事）。因此，除了全國書壇新人作品展限 18 歲以上的"尚
非中國書協"會員始得參加外，即使是已爲中國書協會員，甚至
常擔任各大賽評委的書家，仍然常常親自披甲上陣參加比賽，接
受考驗（按：從歷屆得獎名單中可見）；其他各省市爲了拔擢新
人、培養人才、創造新成績，也莫不以發掘人才，提攜新人爲職
志，因此舊的人才，加上新的人才，無不以壯大的聲勢參加比
賽。但據報導，全國第三屆"從統計表明， 556 位參展作者中，
有三分之二的 370 位作者，除少數人曾參加過第一屆全國展外，
都是首次參加全國書展的新人"（同❷）；第四屆"新人湧現，
第一次入選全國書展的作者占55% ，在 55 名獲獎作者中，有34
位是第一次參加全國書展的作者"，"不少國內知名書家落選，

㉕　見〈全國第四屆中青年書法篆刻作品展覽在棗莊開幕〉一文，（《書法
　　報》 1992.6.24 ，總415 期）。

㉖　見周俊杰〈全國第五屆中青年書法篆刻展覽評選述評〉一文，（《書法
　　導報》 1993.7.28 ，總188 期）。

㉗　見周俊杰〈第二屆中國書壇新人作品展評選巡禮〉一文，（《書法》
　　1993 ：6 ）。

不少中國書協理事的作品落選"❷。全國中青展第四屆"入選 447
件作品中， 80% 是嶄露頭角的新人，連續參加三、四屆中青展的
作者不過 80 多人"（同註❷）。此外，全國新人展入選者都是
"新人"更不必說，可見"新人輩出"的現象，也是大陸代表性
的全國書法展賽的一大特色。

　　然從以上所述兩大特色言，就入選作品大多爲行草的現象
看，可喜的是，作者大多能從較靜態的篆隸楷，跳躍到較動態、
能鮮明表現個人性情個性的行草中來，但行草容易藏拙，篆隸楷
更需有眞實功夫，比行草更不易表現。今縱管因行草較好而壓倒
性的選入較多行草作品，卻未考慮其他書體的適當名額，無形中
容易引導全國參賽者偏頗的創作傾向，使各種書體未能均衡發
展，則未必是好現象。

　　另外，入選者"新人輩出"，不少知名書家均遭落選的現
象，可喜之處是，顯示今日書壇的蓬勃氣象，書壇後繼有人，但
亦顯示許多作者書法創作水平的不易保持，稍一鬆動，即有落選
可能。因此如何加深傳統書法功力，並具有與時俱進的創新風
格，是每一位書家隨時必須努力的方向。

兰、創作風格遞嬗與比賽風氣發展的特色與評估

　　從大陸已知的第一個全國群眾性書法比賽 － 1979 年在上海舉
辦的〈全國群眾書法徵稿評比〉，第一個有國家級權威代表性的
全國書法比賽 － 1980 年在瀋陽舉辦的〈全國第一屆書法篆刻展
覽〉，以迄今日（ 1997 年），可以看出近二十年來中國書法比賽

---

❷　見〈四屆書展評委談四屆書展作品的評選〉一文蕭弟言，（《 '89 書法
　　博覽》）；劉藝〈全國第四屆書法篆刻展覽綜述〉一文（《中國書法》
　　1989 ： 3 ）。

創作書風遞嬗與演變情況，總體來說，其傾向不外：一、受當時時代風潮影響；二、受評審的審美趣向左右。

第一個時期，可以 1980 年到 1983 年爲界，中間經過第一屆全國展和第一屆中青展。從參展作品看，由於老書家仍居主導地位，一些文革前起步的中青年開始嶄露頭角，書風基本上比較保守。老書家的作品，由於有深厚的功力，在展覽場中，仍然燦如北辰，不可動搖，但不少水平不高、線條單一、缺乏節奏及韻律感、無個人風貌，且仍停留在臨摹古人或模仿時人之作的作品，仍然充斥展覽會中。五年中，書風與形式基本上未發生顯著變化，表現出承前的延續性，至於其他群衆性的全國書法比賽也寥寥無幾，僅能算才起步而已。這一個時期可稱爲“模仿期”、或“延續期”、或是“書法熱的萌芽期”。

到第二個時期，可以 1984 年到 1986 年爲界，這中間經過第二屆全國展和第二屆中青展。此一時期有兩個時代風潮，一是報刊雜誌紛紛創刊，漢簡、帛書書法普遍披載；二是 1995 年“現代書法”在北京展出，引起極大的震憾。於是在這兩次展覽中，漢簡、帛書風行一時，除了一些知名的老中青年的作品外，新手中一味追求強調“新、奇、狂、怪”的作品，也在全國書展中出現，呈現出一種“求變”的傾向。這一時期，群衆性的各種書法活動也日益增多，收到的稿件動輒上萬，如蘭亭書法大賽、國際書法展覽、神龍大獎賽、銀河大獎賽、現代國際臨書大展等，競爭的局面初步形成，各省的座次也基本明確。這一時期可稱爲“創新期”、或“自由發展期”、或是“書法熱的初期”。

第三個時期，可以 1987 年到 1990 年爲界，這中間經過第三、四屆全國展和第三屆中青展。由於 1984 年第二屆那全國展入選不少“新、奇、狂、怪”的作品，引起書壇上不少非議，因此第三屆全國展評審一開始就標明，提倡既要有深厚紮實的傳統功底，又要有個人風貌的新意之作，第四屆全國展更公布四個文件，其中〈作品評選標準〉一文中的具體要點有七：①強調創造意識，作品首先必須是創作，不是簡單的臨摹，更不能抄襲或由別人代寫；②講求格調，作品無粗俗流滑習氣；③注重內涵，作品無故作姿態或賣弄小技之意；④注意全篇，作品無繁瑣累贅或雜亂無章之感；⑤主要看書法造詣和文化水準，不因個別無關宏旨的筆誤而否定全篇，但屬于重大的文字或內容，以及形式上的錯誤則不可取；⑥對書寫內容要從大的方面來審閱，在政治上易引起歧議的，或情調不高的要慎重，其他不宜苛求；⑦不以狹隘的功利觀念定取捨，但不論大幅或小幅作品，功力明顯不足者，則不宜勉強選取❷❾。因此這次選出的作品，大多表現出傳統內蘊與創新思索結合的作品，然總體來說，普遍有回歸傳統的傾向，那種過分“新、奇、狂、怪”的作品及不敢越古人藩籬半步的作品均遭落選。又由於這次評選時，採用分地區或系統陳列的方式評選，因此，地域書風漸露頭角，尤其在第四屆全國展中，地域書風更得到最高的強化，有些地方甚至有非常明顯而強烈的效法源，如河南效法北魏及王鐸（多顯粗獷、眞率、豪放、講究氣勢）、湖北效法吳丈蜀、天津效法孫伯翔（多顯造像記質樸、憨厚、方整雍容而又具現代氣息的一種風格）、四川效法劉雲泉（重新奇乖巧的結字形式與情趣）、遼寧效法陸機〈平復帖〉和孫過庭〈書譜〉（多爲小行草、小巧娟秀）。尚碑者多質樸，尚帖者多精雅，加上這幾次書展，許多作者多採用一種淡雅的彩色紙、仿古宣、洒金宣或綾絹書寫，因此一種追求“古意”，向傳統回歸的風氣，成爲這一時期的特色。另外，由於社會經濟逐漸發展，各

❷❾　〈作品評選標準〉全文見《書法報》1989.3.8，總243期。

種企業贊助書法團體舉辦的各"杯"、各種"大獎賽"的群衆書法比賽風起雲湧,開始沸騰。因此這一時期,或可稱爲"繼承傳統的創新期"、或"書法熱的沸騰期"。

第四個時期,可以 1991 年到 1994 年爲界,這中間經過第一、二、三屆新人展,第四、五、六、七屆中青展及第五、六屆全國展,大展極爲密集。此時期的評選標準,仍要求作品要創新、有個性外,具有傳統的功力與根基,仍是堅守的原則;但針對前一期地域性書風趨同性的過分呈現,這一期則特別強調作品的多風格與多樣性。如第五屆中青展在評選前,評委便共同簽名,通過〈作品評選規則〉,其中明確提出"提倡作品的多風格、多種類,在堅持作品要體現古代優秀傳統的基礎上,對那些勇於開拓、富於探索、有個性、有追求的作品要予以重視,以顯中青年展覽的開拓和進取精神"(同❷)。因此這幾次的全國展與中青展,在用筆、形式及所採用的紙張,仍傾向追求"古意",沒有明顯的變化。由於地域書風已明顯淡化,而有南北混同、宗法不一的現象,作品大部份功力紮實,在繼承傳統的基礎上能有所創新。但或許因過於強調傳統,而使許多作者走向偏重形式的"古意"追索,或許因中青展乃由 55 歲以下的中青年擔任評委,由於審美標準與意趣轉變,竟在第五屆中青展時出現了十件獲獎作品中,而有四件是出自以仿古爲形式主題(模仿魏晉古風、接近敦煌出土的墨跡,並在作品上打一層蠟,製造古意斑駁的意趣,有的甚至在作品上蓋很多章)的廣西小將之手,又引起書壇上一陣震憾與議論,褒貶的聲浪都有❸,但從此現象看,書法無法突破現狀,轉而追求外表形式的裝飾美(如用色紙書寫、做舊仿古、精心布置、率意塗抹如爭座位"稿",故意製造古色古香的氣味

❸ 詳見本章貳之二全國中青年書法篆刻家作品展覽綜述部份。

等），未能在線條的內蘊與文化素養上作更精湛、厚實的涵養與根本上的努力，卻是書壇上有識之士憂心忡忡的地方。另外，舉辦過兩屆那新人展，或由於限制非中國書協會員始能參加，實也因爲創作仍較稚嫩，作品模仿風很盛，充斥許多急功近利、追求流行風的作品，眞正具有深厚歷史感、個性鮮明、且能體現時代風尙者，只占少數。縱然外界群衆書法比賽各種"杯"、各種"大獎賽"仍然此起彼落，但過分的浮濫與趨時的追求，徒然更顯出書法熱的盲目與書法精神衰落，開始有走下坡的趨勢。因此這個時期或可稱之爲"思考期"、或"書法熱的盲目期"、或甚至是"書法創作的下坡期"。

第五個時期，可以 1995 年到 1997 年爲界，這中間經過第三屆新人展，第六、七屆中青展，第六屆全國展，及中國書協舉辦的幾次大展，如第一屆全國行草書大展、第二屆全國楹聯書法大展、第一屆扇面書法藝術大展、第二屆全國正書大展、第一屆全國硬筆書法作品展等，其密集程度，有甚於前四期。此時期的作品，大致仍延承前期作品偏重形式、學近人、現代人，學前幾屆得獎作者作品的風氣，然由於中國書協所舉辦的各項大展，都已改變爲可由地方書協集體送稿或自由投稿方式徵稿，故參加人數，遠較前幾期急速激增，評審委員會評審方法亦幾經討論，多方嘗試，制定評審規則、細則，而日趨嚴密。除其建立之權威形象屹立不變外，其所提倡或接納的書法創作形式，亦隱然導引著普遍大衆的創作方向。如在第六、七屆中青展中，更廣泛接受納了"現代派書法"的參展，第六屆並明訂"現代派"書法的標準爲："①刮現手段爲書寫；②表現媒體爲漢字；③在前兩項前提下，允許對文字的形式刮現以充分的再創造，以體現作者的審美理想和創造意識，但要有相對可識性" ❸ 。又如在 1996 年成立

"中國書法家協會硬筆書法委員會"並在同年舉辦"第一屆全國硬筆書法作品展",明示對此一藝術品種的承認和接納。估計此種鼓勵個性、時代性、探索性的創作方向,將帶引大陸書法創作朝向嶄新的開拓領域。因此此其或可稱爲展望期或書法熱的拓展期。

評審的意識與傾向,往往是導致書法創作轉變的重要因素,時代的好尚,也往往是書風轉變的方向盤。有功力的,不必隨境遷轉,自然歷久彌新,唯有功力淺薄、對自己缺乏信心者,才會隨風搖擺,甚而失去自己的方向。但在建立正確的觀念與立穩腳跟向傳統吸收有用的滋養之時,當也不宜過於排斥可以提供自己反省與刺激的有利因素。如現代書法自1985年在北京掀起風潮後,隨即受到維護傳統的衛道之士的鞭撻排擠,而在全國三大展中無立足之地(除第二屆全國展外)。但也因爲他們在書壇上不斷探險性的探索與波動,(現代書法又稱"探索性書法"),終引起書壇上開始思索"書法是否需要創新?"、"創新的出路在那裏?",赫然發現,在濃淡墨交替之間,顯然有種新的"韻"味產生,於是傅山的"四寧四毋"一時成爲許多人創作的眞理,有人稱這群人爲"理性的開拓者"。書法是要創新,但應如何創新?應走向何處?顯然是從事書法創作者要集中心力思考與繼續探索的問題,此絕不是繼續在各種"杯"與"大獎賽"之間追逐所能得到的答案。

大陸書壇與臺灣書壇環境的發展情況不同,在此時大陸書法熱已走過十多年的歷史上,如何學習其優點,避免重蹈缺點,去蕪存菁,且共同思考當前應突破的問題,以穩健的腳步發展臺灣

❸ 見〈全國第六屆中青年書法篆刻家作品展覽評審工作條例之一(初評條例)〉,(《書法導報》1995,6,21,總287)。

書法研究及提昇書法教育，著實是極嚴肅而且重要的課題㉜。

肆、結　語

　　大陸在 1979 年之前，書壇一片沈寂，十年浩劫時代，書法在各種既定的框架中畸形地發展，它既屬於四舊中的產物，又是平日不可或缺的表達工具，於是在口誅筆伐中，成了大字報、專欄的書寫工具，快寫與雅俗共賞是這時期的最高標準。此外毛澤東的 "聖人" 形象，使仿毛體也成了當時籠罩書壇的風氣，少數如郭沫若等未受到政治衝擊影響的書家，零零星星地點綴著書壇的空白，偶或有一些活躍於 1951 年之前的老書家們，仍然會出現一些天趣恣肆，妙不可言的藝術精品，可惜的是，內容仍然要在毛語錄、毛詩詞裏表現，讓人覺得啼笑皆非。而此時代表普遍大眾的書法風尚，大體仍只停留在刻板而又工整、實用而又不能脫俗的大眾書系，龐大的書法隊伍中，極少訓練有素者，中國傳之數千年，有優秀傳統的書法藝術，大概就屬這個時期最黯淡了。

　　但或許是物極必反的緣故，壓抑過久的的藝術氛圍，終於在文革結束，自由氣息復甦後，書法藝術由於它操之簡便、實用而又兼具藝術性的特質，首先在各項藝術中，受到普遍大眾的青睞。經過中國書協有機的組織與強力的推動，和各企業、各地方書法團體的響應下，終於從一年只有一、兩次的全國性書法比賽，到一年而有數十次以上的全國性書法比賽（地方性的比賽更

㉜　本小節請參考本章貳 "大陸代表性的全國性書法比賽綜述" 有關全國展、中青展、新人展的綜述及【附錄肆】大陸全國三大書法展覽一覽表。另本小節亦採用大陸小舟、王實子先生的文章資料，詳見小舟〈當代書法十年概況〉一文，（《青少年書法 1991.8.21 ～ 1991.9.11，總 252期～ 255 期》；王實子〈十年來書法創作傾向的演變〉一文。（《書法報》1991.5.22，總 358 期）。

是不計其數）；書法創作風氣，也從最初的模仿期到自由發展期
到繼承傳統的創新期，直到現在大陸人士所謂的思考期、下坡期
或展望期，二十年來，從起步到高峰到下坡到展望，時時刻刻都
激起許多思考與突破。現在書法熱已到了正在冷卻與反省的時
刻，臺灣的書壇在許多有心人士的無私奉獻下，正在穩健的成
長，期望本書的探討與研究，能作爲兩岸文化、書法交流的媒
介，提供一點微薄的參考價值。

第五章　大陸書法刊物之研究

壹、前言

　　文革後二十年間的大陸書法刊物分爲定期的"期刊"與不定期的"叢刊"二種,其發行種類之多,內容之富,讀者之衆,皆爲大陸書法藝術蓬勃發展的具體標幟。而在其前的中國歷史上,亦曾有一些書法相關刊物的發行,今簡述如下。

　　中國有史以來的第一本與書法相關的刊物,應屬 1916 年 5 月,由上海廣倉學會出版的《金石書畫》,是刊又名《廣倉學宭叢書》、《藝術叢書》,由英籍猶太人哈同出資創辦,鄒安、馮蒿庵(本名馮煦)二人主持,會址設在上海哈同的私人花園－愛儷園(今稱"哈同花園")內。收有羅振玉、王國維、鄒安等人所輯的有關金石書畫資料,每兩個月出一期,至 1920 年 6 月停刊,共出了 24 期。第二本爲 1922 年 10 月,由上海書畫會編輯出版的《神州吉金集》,是刊爲該社會員定期舉辦書畫展覽會的作品專刊,內容包括書畫圖錄與該會會員潤格啓事兩部分,銅版紙精印,由錢病鶴主持,何時停刊及共出幾期不詳(只知至少出有六期)。第三本爲 1924 年 7 月,由江蘇南通金石書畫會出版的《藝林》(旬刊),是刊爲該社團的會刊,以文字作品爲主,刊登有天民的〈書畫同源說〉、周敬庵的〈金石我見〉、喻莘侯的〈草書自述〉、顧昻千輯的〈崇川金石志〉、曹恕伯的〈畫分南北派〉以及其他大量的論書詩、論畫詩等作品;每期四面,至 1926 年 5 月停刊;共出了 33 期。

　　此後類此的金石書畫期刊陸陸續續出刊,也陸陸續續停刊,直到 1941 年 12 月才出現了中國第一本書法專刊－上海標準草書社出版的《草書月刊》。是刊主編劉延濤,發行人賈岳生,內容主要刊載草書字樣和草書研究成果，如于右任的〈標準草書序〉、〈太和本急就章跋〉；劉延濤的〈中國文字之演進－篆－隸－草〉、〈論草書不普及之原因〉；慕黃的〈章草考〉等，是迄今為止，中國唯一的一本以書體為研究對象的專刊。是刊發行於抗戰期間，第一期出版後正值太平洋戰爭爆發，緊接著又是幾年的抗戰，第二期直至 1947 年 5 月方得出版；到 1948 年 3 月停刊，共出了六期。

　　至於第二本書法專刊，則為 1943 年 7 月，由重慶中國書學研究會所編輯出版，重慶文信書局所印行的《書學》雜誌。是刊為文革前中國唯一的純書法理論的研究期刊，除刊登書法理論的論文外，還刊登書法歷史方面的研究與書法資料方面的輯錄文字，如陳公哲的《學書詹言》、龔秋儂的〈元明以來書法評傳墨跡大觀〉、胡小石的〈中國書學史緒論〉、祝嘉的〈述執筆法〉，及沈子善歷時多年所編輯成的〈中國書學論文索引〉、〈中國書學專著索引〉等。是刊初刊時，由商承祚、沈子善、朱錦江任主編，並特別聘請了馬衡、沈尹默、商承祚、張宗祥、許世英、胡小石、宗白華、顧頡剛等 61 位海內考古學者及書法理論名家，擔任編輯指導委員，由於出了兩期後，受到國內外書法愛好者的讚許，中國書學會的社會影響也日益增大，乃繼而成立了書學雜誌社，從第三期起，改由沈子善任社長兼總編輯，直到 1945 年 9 月，適逢抗戰結束，蟄居重慶的各界人士陸續返回原地，《書學》乃告終刊，共出了五期。❶

---

❶　以上資料參考自許志浩《1911-1949 中國美術期刊過眼錄》一書，（上海書畫出版社，1992.6）及許志浩〈朝氣依稀尋舊跡－介紹《草書月刊》和《書學》〉一文（《書法研究》1986:4）。有關 1949 年以前大陸所曾出版的書法相關刊物，請參見本書【附錄柒】〈1949 年以前大陸書法刊物一覽表〉。

　　此後，從 1949 年大陸政權易幟，以迄 1966 年文革結束，大陸到底出了多少書法相關刊物，由於資料缺乏，尚不得其詳。本章探討大陸文革後二十年書法刊物出版之情形，採用地毯式的研究考察方式，先羅列大陸所出版過的一切書法刊物（見【附錄陸】大陸書法刊物一覽表），而後綜述其出版現況，最後深入分析其特色所在。

　　其一覽表所錄基本資料，乃取自 1993 年北京中國旅遊出版社出版，馮亦吾主編的《中國書法今鑑 1949-1990 》；1992 年上海書畫出版社出版，許志浩著的《 1911-1949 中國美術期刊過眼錄 》；1995 年及 1998 年中國教育學會書法教育研究會、中國書畫報社聯合編纂的《中國書畫篆刻年鑑 1993-1994 》、《中國書畫篆刻年鑑 1995-1996 》；1993 年西泠印社出版社出版的《中國印學年鑑 1988-1992 》；1993 年廣西美術出版社出版，中國美術館編的《中國美術年鑑 1949-1989 》；《書法報》、《書法導報》、《中國書畫報》、《中國鋼筆書法》雜誌、《書法藝術》雜誌等刊物自創刊以來以迄 1997 年所刊登之相關報導及廣告；筆者多年來在北京圖書館、上海圖書館、香港中文大學錢穆圖書館翻閱資料及與大陸書家朋友通信詢問所得。

貳、大陸書法刊物之現況綜述

　　由本書【附錄陸】〈大陸書法刊物一覽表〉所錄，大陸文革後二十年所出版過的書法相關刊物，至少就有 279 種以上。今分項綜述如下：

一、以刊物種類言

　　可分為定期的〝期刊〞與不定期的〝叢刊〞二種，期刊又分爲“報紙”與“雜誌”二種。在大陸，報紙與期刊一般合稱“報刊”或“期刊”，叢刊則列爲一般“圖書”。通常前二者於國內可於年底向各地郵電局或出版單位統一訂閱，國外則須向北京中國國際圖書貿易總公司訂閱；且前二者常於半年後於該出版單位發售前一年之“合訂本”，後者，則須如一般圖書，向出版社購買。然由於“叢刊”形式內容通常與“雜誌”無異，因此本書將之列爲雜誌一類。

二、 以刊物性質言

可分爲(1)書法專刊；(2)篆刻專刊；(3)含書法（“書法”一名，通常包括篆刻）一項之美術刊物；(4)與書法有關之刊物（如《中國文房四寶》、《文物》、《考古》等雜誌）四種。而書法專刊方面，又分爲(1)純硬筆書法刊物（如《中國鋼筆書法》）；(2)純毛筆書法刊物（如《中國書法》）；(3) 二者兼之的刊物（如《書法報》、《寫字》……大多書法專刊皆屬此類）三種。

三、 以發行時間言

可分爲定期（有一週兩次刊、週刊、雙週刊、旬刊、半月刊、月刊、雙月刊、季刊、半年刊、年刊）和不定期二種。公開發行者當出版穩定後，通常皆爲定期；內部發行者因多屬會刊、贈閱品，叢刊因屬圖書類，故多爲不定期。

四、 以發行空間言

可分爲公開發行（即經國家新聞出版總署批准的刊物）和內部發行（即未經國家新聞出版總署批准，而只經地方省、市政府批准的刊物）二種。公開發行者，又可分爲發行國內外與只發行國內者二種；內部發行者，有發行數省市，或只發行省內者，但大多為地方書訊或社團刊物，只作社員或社團及有關部門間的交流之用。公開發行者，可在郵電局、出版社訂閱或新華書店與某些藝術類書店購買；內部發行者通常為內部交流的贈閱刊物，依國家規定不可公開訂閱，但有些卻仍可訂閱或在書局買到。

五、 以發行對象言

有針對中小學生的（如浙江《中小學書畫》）、有針對少年的（如天津《少年書法》、貴州《少年書法報》）、有針對青少年的（如河南《青少年書法》、黑龍江《青少年書法報》），然大多仍以針對普遍廣大書法愛好者發行為多。

六、 以出版版面言

其大小，除少數如上海《書法研究》為三十二開本、北京《中國書畫》為八開本外，一般雜誌、叢刊多為十六開本；報紙則分四開四版（如黑龍江《青少年書法報》，早期的河南《書法導報》，早期的湖北《書法報》）和對開四版（如一九九四年元月起改版的湖北《書法報》，一九九五年元月起改版的河南《書法導報》）二種。其顏色，除印拓多套紅外，有純為黑白版面者（如上海《書法研究》）；有大多彩色套印者（如上海《藝苑掇英》）；亦偶有在封面內外或頁中附有彩色印刷，甚至全帖以折疊裝訂彩色印刷附在頁中者（如江蘇無錫《書法藝術》）。其內容，有以圖片為主，少數文字為輔的（如北京《書法叢刊》）；以文字為主，極少見圖片者（如上海《書法研究》）；而大多皆為以文字為主，圖片為輔，二者靈活相濟。

七、 以內容欄目言

　　每一刊物所定欄目不同，各隨編輯方向及內容而定，甚有一種刊物前後所開欄目多達二十餘種者。但總括多不出於：(1) 學術類；(2) 人物類；(3) 名品類；(4) 交流類；(5) 信息類等五大類內容。

八、 以內容深度言

　　多依讀者對象而定，如針對學者，爲純學術性刊物，如上海《書法研究》，所刊皆爲學術性極高、較長的論文；如針對青少年，爲普及性刊物，如河南《青少年書法》，所刊皆爲淺顯易懂、較短的書學常識與基本技法等。然大多數刊物則多傾向兼有學術性、資料性、實用性、時代性、趣味性、能扣緊作者與讀者雙方，而有普及推廣作用的內容爲主。

參、大陸書法刊物之特色分析

一、 刊物種類方面

㈠昔多爲書畫合刊，今多爲書法篆刻專刊之特色

　　1949 年以前的書法報導，多附在美術刊物之中，書法只是美術項目之一，爲美術之附庸，未有獨立之地位。如細數許志浩《1911～1949 中國美術期刊過眼錄》一書的記錄，四十年間，約有 400 種美術期刊，然依筆者一一篩檢後，發現其中刊載有"書法"資料的，卻只有 25 種左右，且大部份爲"金石書畫"合刊性質的刊物，純粹爲"書法"主題的專門性刊物，則只有 1941 年在上海出版的《草書月刊》及 1943 年在重慶出版的《書學》二種而

已，然此二種刊物發行時間皆不長，分別在 1948 年及 1949 年停刊，且各只出六期及五期而已。又若從創辦宗旨來說，這些刊物也大多為"挽救國粹之沈淪"(1922 年《神州吉光集》之創辦宗旨)、"保存國粹，發揚國光"(1926 年《藝觀》之創辦宗旨)等因素而創，並未積極在書法藝術的開拓性及普及性上作努力。

　　然自文革結束，1977 年以後，大陸即陸續出現以書法篆刻為專門主題的刊物，如 1977 年 6 月創刊的上海書畫出版社《書法》、1979 年 4　月創刊的遼寧美術出版社《遼寧書法》、1979 年 5 月創刊的上海書畫出版社《書法研究》、1981 年 2 月創刊的文物出版社《書法叢刊》、1985　年創刊的江蘇嘉興市書協《篆刻》、1994 年 8 月創刊的榮寶齋出版社《中國篆刻》……等等。迄今(1997 年)此類曾公開發行或內部發行，以書法為主題的專業性報紙雜誌至少就有 99 種之多；以篆刻為主題的專業性報紙雜誌至少就有 119 種之多；而仍以書畫為主題合刊形式的報紙雜誌則只占約 50 種左右而已。書法(含篆刻)已然成為一門獨立的藝術，不管在發行量，發行種類，普及層面上，都已凌駕一般美術刊物之上。此為近二十年大陸書法刊物出版特色之一。

(二)內容側重不同，出版種類繁多之特色

　　從【附錄陸】一覽表資料所錄及筆者多年來親自翻閱所得，大陸書法刊物廣義來說，大致可分為書法專刊、篆刻專刊、含書法一項(即詩書畫印合刊)之美術刊物、與書法有關之刊物四種；每種又分雜誌(包括叢刊)、報紙二類。在書法專刊中，若依所用工具不同，又可分純毛筆書法刊物、純硬筆書法刊物、二者兼之的刊物三種；若依書法表現風格不同，又可分傳統書法、現代書法(如廣西《現代書法》雜誌)二種；若依深度不同，又可分學術

性刊物、普及性刊物二種；又若依對象不同，又可分偏重少年的刊物、偏重青少年的刊物、偏重老年的刊物、偏重學術理論的刊物、偏重教育教學的刊物、偏重碑帖報導的刊物（如《書法叢刊》）…等等，可謂側重不同，種類繁多。

　　若依本研究統計，大陸從 1977 年以來以迄 1997 年二十一年間，不管迄今停刊與否，總計其曾經出版的公開發行或內部發行的所有書法報刊雜誌，總共至少就有 279 種之多，至其詳細數目，茲特臚列如下：

項　　目	種　　類	公開發行者	內部發行者	總　計
一、書法專刊方面	1. 書法專業雜誌	23	37	60
	2. 書法專業報紙	15	24	39
二、篆刻專刊方面	1. 篆刻專業雜誌	2	8	10
	2. 篆刻專業報紙	3	106	109
三、含書法一項之美術刊物方面	1. 含書法一項之美術雜誌	13	15	28
	2. 含書法一項之美術報紙	11	11	22
四、與書法有關之刊物方面	1. 與書法有關之雜誌	6	0	6
	2. 與書法有關之報紙	4	1	5
總　　　計		77	202	279

二、 刊物內容方面

㈠巧設專欄，引導讀者參與之特色

　　大陸書法刊物之內容，大抵不出乎學術類、人物類、名品類、交流類、信息類等五大類內容，通常除主題較嚴肅的刊物，如《書法研究》全刊登學術理論文章、《書法叢刊》多刊登碑帖名跡者外，大多會兼顧知識性與普及性的目標，而巧設各種欄目，一以使刊物題目更加鮮活顯目，再亦能使刊物內容更加豐富多元。如 1997 年第六期《書法藝術》之設有“書法專論”，“書壇縱橫”、“名人名作”、“碑帖欣賞”、“篆刻天地”、“書法教育”、“文苑隨筆”、“書法交流”、“書法作品”、“篆刻作品”、“廣告信息”等 10 個欄目；1994 年第三期《中國篆刻》之設有“印學論壇”、“印壇名家”、“當代印人”、“篆刻教室”、“海外印蹤”、“印史研究”、“藏品介紹”、“來稿選登”、“名家印鑑”、“作品欣賞”等 10 個欄目；1996 年第十二期《青少年書法》之設有“書論選讀”、“書法美學探奧”、“知時齋說詩”、“書林刊謬”、“臨帖輔導”、“鋼筆行書簡論”、“每期一臨”、“作品賞析”、“文房四寶”、“書法教育”、“書法漫談”、“新書架”、“篆刻天地”等 17 個欄目等。

　　而在諸種欄目中，極為特殊的，便是一種特設“主持人制”的專欄討論方式，與純為讀者服務，如服務台、診療所、古帖競臨、古帖競評等專欄的設立，其所掀起編輯者與讀者間互動討論思考的活躍風潮，極具特色。前者如 1993 年《中國書畫報》邀請陳振濂開始主持的“先鋒論壇”，專欄計討論了“書法家協會”、“對近年書法理論發展的評估與展望”、“市場經濟與書法”、“十年篆刻縱橫談”……等主題，每個主題平均都持續了五六個月之久，由主持人約稿、收稿、審稿，在稿件刊出時加按語穿梭、回應，有主持人與讀者間的對話，亦有讀者與讀者間的對

話，活絡書壇批評風氣，也帶起廣大讀者思考與刺激。他如 1994
年《書法導報》之邀請周俊杰開始主持的"書壇熱點論辯"專
欄，計討論了"廣西現象衝擊後的思考"、"探索性作品可否進
入全國書展"、"書法研究向何處去"、"如何開展書法批評"…
等主題，其掀起的廣大回響，亦令人印象深刻。至於後者，則見
於 1985 年初刊以來的《中國鋼筆書法》、如設有"服務台"、
"咨詢窗"、"診療所"、"寫字病院"、"古帖新臨"、"古
帖競臨"、"作品賞析"、"作品競評"等一系列專欄，由最初
只是一個大夫診療，到最後因求醫問診者太多，而成立醫療群，
最後由編輯部出題刊登一件古帖，發動讀者競臨，然後選擇其中
佳作分期刊登出來，提供讀者觀摩；甚或刊登七、八件讀者或學
員的作品，發動讀者群起競評，但見正面與反面各種深刻的評論
紛至，讀者亦無形中由角色職能的互變，而學習到如何仔細觀察
作品，品評作品，從而提高自己鑑賞與創作能力的功用。

此種巧設專欄，長期引導讀者參與的方式，在海內外各門類
刊物中，極為難見，是為大陸書法刊物的內容特色之一。

㈡傳佈書壇動態，帶動書壇熱潮之特色

大陸書法刊物大多採用兼具學術性、實用性、資料性、趣味
性兼顧，既能深入提高，又能普及推廣的發行方向，盡其引導書
學思想，提攜書壇新人，交流學書與教學經驗，刺激作品觀摩創
作等諸種功能，使書法藝術能在讀者間穩健成長推動。而其中對
近二十年書法熱潮最直接而明顯影響的，莫過於各報刊雜誌對書
壇活動的積極報導，所掀起的連鎖反應。

據考察，大陸書法刊物，亦如其他報紙一樣，在全國各地廣
招記者與通訊員，凡各地有書法活動，記者皆會適時出現採訪，

即時刊登報導，訊息快速而明確。如在報刊雜誌的刊頭常會大篇幅地報導近期全國各地有關書法的大型活動情形，以全國書法三大展的舉辦為例，從徵稿之日起，各報刊雜誌的記者即緊密報導徵稿活動情形，而在作品評審期間，達到報導的最高峰，採訪主辦者、採訪評審、報導評審過程、公佈得獎名單、討論得獎作品，各報刊雜誌同時俱作大型顯目的相關報導，使書壇熱度達到最高點。另外各報刊雜誌亦常在刊中設有"訊息波"、"書壇廣角"、"八面來風"等欄目，報導各地較小的書法活動情形、書法刊物或書籍出版狀況、書壇人物活動近況；在刊尾亦常刊登各型書法展覽、學術研討會的徵稿啓事，以及各教育機構刊授、函授、面授班的招生廣告，使書壇訊息能即時、廣泛地流布。

大陸書法報紙多為周刊，雜誌多為雙月刊，傳佈訊息專業、廣闊、快速而詳盡，此種功能與現象，在台灣，除了中央圖書館的《漢學通訊》（為季刊雜誌）、中華民國書法教育學會的《書法教育會訊》（為雙月刊報紙）等少數刊物差可比擬外，較為難見。以書法專業報紙、雜誌而兼有通訊之性質，傳佈書壇動態，帶動書壇熱潮，確為大陸書法刊物的一大特色。

㈢多兼具業餘書法教育刊授教材之特色

大陸書法刊物內容，一如前述，大多包括與書法有關的學術文章、古今人物的評介、名品碑帖的觀摩、技巧經驗的交流與書壇訊息的流布等五大類，其發行本已具備教育普及的功用。然而大陸書法刊物之任務尙不止此，常兼具有業餘書法教育刊授（函授）教材之功能，與台灣諸多刊物為純粹發表文章、作品者不同。

一方面大陸書法刊物的編輯部常設有刊授或函授部，如《青少年書法》雜誌，於 1993 年以來設有刊授部，在雜誌中關有"函授之窗"，"刊授之窗"，刊登教師評點學生作品情形；如《中國鋼筆書法》於1994年以來設有刊授中心，在雜誌中闢有"刊授之頁"，發表教師教學心得、回答讀或學員之問題；又如《中國書法》雜誌，於1995年以來設有刊授部，在雜誌中闢有"書法教育"專欄，發表碑帖臨習知識及刊登刊授學員作品等，皆要求學生除學習所寄發之刊授、函授教材外，尚須閱讀此編輯部所編之刊物，以提高其學習效果。

另一方面大陸在教育制度上，除了小學、中學以迄大學此一條正規教育管道外，尚設有一條正規教育外的"成人教育"管道，其種類有高等函授教育、夜大學、職工大學、廣播電視大學、管理幹部學院、自學高等教育等，參與形態有全脫產、半脫產和純業餘等三種。而其中函授教育與自學高等教育，多靠學習者自學以成，而諸多大學與自學考試項目中則多設有"書法專業"一項，凡修業完成、考試通過者，則可獲得結業證書或國家所承認的高等教育文憑。因此這些雜誌刊物便成為自學學習者最佳的教材，也成為大陸書法教師進修及學習的最佳管道。

因此大陸書法刊物多兼具業餘書法教育刊授教材之性質，有異於台灣一般刊物者，亦算是極特殊的特色之一。

三、 刊物主辦者與評定等級方面

㈠主辦者以書法社團為最多之特色

依【附錄陸】一覽表"出版單位"顯示，大陸279種書法刊物之主辦者，大致可分為書法社團、美術出版社（如各地美術出版社、書畫出版社、文物出版社、榮寶齋等）、學校單位（如各業餘學校、師範學校、藝術學院)、政府單位（如文聯、文化局、文物局、博物館、社會科學院）、其他單位（如天津新雷出版社、西安科學技術出版社、紫禁城出版社）等五大系統，而以由書法社團主辦者爲最多。今以確知出版單位的刊物統計，其數目依次爲：

1. 由書法社團主辦者：共 221 種
2. 由美術出版社主辦者：共 14 種
3. 由學校單位主辦者：共 14 種
4. 由政府單位主辦者：共 11 種
5. 由其他單位主辦者：共 6 種

㈡有關當局常爲書法刊物評定等級之特色

大陸公開發行之報紙、雜誌須經國家新聞出版署核准，各地內部發行之報紙、雜誌亦須經過省市新聞出版局核准始能發行，而出版單位爲管理此類出版品，有其一套評定等級的制度，如《中國書畫報》及《書法報》即曾得到該地，亦即天津市及湖北省新聞出版局評定爲該省市一級報紙❷；《書法》雜誌亦曾榮獲首屆華東六省一市優秀期刊評選一等獎❸。其他民間團體，偶亦辦有相關評選活動。

如 1998 年 1 月 1 日大陸《書法導報》（總 367 期）曾報導：由湖南省南嶽書畫社、南嶽楹聯學會、南嶽有限電視台等有關單位、聯合組織駐嶽的省、市級美術家協會、書法家協會會員、省、市、區楹聯學會會員，以及部份區內外書畫楹聯愛好者，從全國各省、市、自治區，推薦的四十家專業書畫報中，評選出"九六全國十佳書畫專業報"其名單各爲"河南《書法導報》、湖北《書法報》、天津《中國書畫報》、山東《羲之書畫報》、浙江《美術報》、黑龍江《青少年書法報》、陝西《少年書法報》、

---

❷　見《中國書畫報》1998 年 1 月 12 日報導。
❸　見《書法》1998 、1999 封皮印識。

甘肅《九州畫壇報》、江蘇《現代書畫報》、山東《書法藝術報》"。

此種由政府或民間爲書畫報紙舉辦評選，甚至定出等級的制度，極爲特殊，是爲大陸書法刊物出版中的特色之一。

四、 刊物發行時間方面

㈠出版壽命長短不一，前仆後繼之特色

大陸書法刊物可分爲雜誌、報紙、叢刊三種，大陸通常將定期出刊的刊物稱爲"期刊"，將不定期出刊的刊物稱爲"叢刊"，然任何雜誌、報紙並非一出刊即固定爲某種形式，而是常須視出刊狀況穩不穩定而決定。如以北京《中國書法》爲例：此刊物創刊於 1982 年，至 1985 年，四年間出了四期，爲不定期"叢刊"，但到 1986 年穩定後，才改爲固定一年四期的"期刊"（季刊），1998 年因發行量穩定，又改爲固定一年六期的雙月刊，至今已發行了 16 年 62 期。可見其出版並非自始即一帆風順。

亦有一些刊物初期爲不定期"叢刊"，待穩定後改爲"期刊"，然因某種因素而"停刊"、後待因素解決後又"復刊"，出版迄今者。如浙江杭州《西泠藝叢》即是此例，此刊創於 1979 年，前八期爲不定期"叢刊"，後改爲固定一年四期爲季刊的"期刊"，然因經濟因素，於 1992 年"停刊"，共出了 31 期，至 1996 年才又"復刊"。可見其出版亦非自始即一帆風順。

至於刊物之壽命，有些創刊數月即告夭折，如廣西貴陽《少年書法報》，創刊於 1985 年 1 月，然年底 12 月即停刊，只出了 11 個月，共 14 期。然亦有些從創刊以來即穩健成長者，如上海《書法》雜誌，創刊於 1977 年，迄今不曾間斷，已出版了 21 年，共 117 期；如湖北武漢的《書法報》，創刊於 1984 年 1 月，迄今不曾

間斷，已出版了 14 年，共 703　期；如河南鄭州《青少年書法》雜誌，創刊於 1985 年，迄今不曾間斷，已出版了 13 年，共 145 期。出版經歷不同，壽命亦有長短之分。

若以本章所考察公開發行的"書法專刊"為例，從 1977 年迄 1997 年間，共出版了 38 種書法專門性報紙、雜誌，然至今確定已停刊的就占有 10 種之多，但新的刊物，在 21 年間，卻仍前仆後繼的出現，不曾停止。

若就有關資料顯示及筆者與大陸相關人士通信所得，其出版能不能順利持續，主要因素乃在"經濟"方面，以半官方經營的期刊，全國最具權威的書法團體－中國書法家協會的機關刊物《中國書法》雜誌來說，其經費主要靠公家補助、七千多名會員會費及雜誌自身經營所得支持，至 1997 年已發行近十萬份；然也有純粹由民間經營，必須由雜誌社自力發行、自負盈虧者，如目前大陸發行量最大、影響極大的書法刊物－湖北武漢的《書法報》、至 1997 年已發行逾三十萬份；而全國最大的書法教育團體－中國教育學會書法教育研究會所經營的《中國書畫報》，則從創刊以來便一直處在虧本狀態，直至前幾年才開始穩定，現已發行近十萬份。

此種出版壽命長短不一，前仆後繼的現象，顯示大陸書法出版界在書法藝術發展、推廣工作上所作的努力與用心。大陸書法熱潮持續近二十年，迄今不歇，出版界的努力功不可沒。

㈡以 1985 年至 1990 年為出版高峰期之特色

從【附錄陸】資料顯示，大陸從文革結束，第一本書法雜誌－上海書畫出版社《書法》雜誌 1977 年 6 月出刊以來，以迄 1997 年，可謂年年都有書法相關刊物創刊，其中又以 1985 年至 1990 年最為高峰。若以至今影響最大，公開發行的書法專門性雜誌、報紙而言，光是 1985 年一年間就出版了六種專業雜誌、三種專業報紙，在 21 年間全部 38 種相關刊物中，占了五分之一強。今列表如下：

年份 ＼ 種類	公開發行者		年份 ＼ 種類	公開發行者	
	書法專業雜誌	書法專業報紙		書法專業雜誌	書法專業報紙
1977	《書法》		1987	《君山》《書法賞評》《寫字》	
1978	《遼寧書法》《書法研究》		1988	《書法博覽》	《硬筆書法報》
1979			1989		
1980			1990	（無錫）《書法藝術》	《書法導報》
1981	《書法叢刊》《書論》		1991		
1982	《北方書苑》《中國書法》	《墨緣報》	1992	《書法之友》《硬筆書法》	
1983			1993	《現代書法》	《硬筆學報》《書法藝術報》《書法教育報》
1984	《嶺南書藝》	《書法報》	1994		《硬筆學報》《書法教學報》
1985	《書法家》《青少年書法》《中國鋼筆書法》《少年書法》（遼寧）《書法藝術》《書譜》	《少年書法報》《書法教與學》《青少年書法報》	1995	《現代鋼筆》	
1986			1996		《少年書法報》《鋼筆書法報》

又若以所搜集確知創刊年份的相關刊物共 244 種加以統計，亦可發現 1985 至 1990 年確為大陸書法刊物出版之高峰期，茲列表如下：

種類 / 年份	書法專刊				篆刻專刊				含書法一項之美術刊物				與書法相關之刊物				總
	書法專業雜誌		書法專業報紙		篆刻專業雜誌		篆刻專業報紙		含美術雜誌書法一項之		含美術報紙書法一項之		與雜誌書法有關之		與雜誌書法有關之		
年份	公	內	公	內	公	內	公	內	公	內	公	內	公	內	公	內	計
1977以前	1												2				3
1977	1																1
1978						1			2								3
1979	2								3		1		1				7
1980						1											1
1981	2	2							1								5
1982	2	1			1				2								6
1983		2								1	1						4
1984	1	4	1							2	2						10
1985	6	1	3	3			1	4			5	1					24
1986		1		1		2		12		4	1	2	1				24
1987	3	1		1				14	1			1			1		22
1988	1	2	1	6				22				1			1		34
1989		7		3		2		30		3	1	3	1				50
1990	1	5	1	2		3		11	1		1	1					26
1991		1															1
1992	2	1	3	1	1							1					4
1993	1			2	1						1	1					8
1994											1						4
1995	1																1
1996				2			1		1						1		5
1997																	1
總計	24	28	14	17	2	9	3	96	11	10	12	10	5	0	3	0	244

㈢ 書法教育專刊於 1993 年始蜂湧創設之特色

在諸多大陸書法刊物發行種類及時間上，發現一極特殊的現象，亦即書法教育類刊物在 1993 年之前極少見，在 1993 年以後，卻突然蜂湧而出的現象。

大陸最早的一本書法教育專刊應屬 1985 年 3 月由四川省書學會及重慶師專中文系聯合主辦的《書法教與學》（報紙），但此刊因經濟原因，於 1987 年 12 月停刊，只出了 34 期。其後未見有其他專屬於書法教育的刊物出現，即使在 1985 至 1990 年的出版高峰期間亦然。

然至 1993 年以後，此類書法專刊卻突然相繼創刊，如 1993 年由陝西西安師範學院主辦的《書法教育報》、由湖南婁底高級師範學校主辦的《書法教育報》、由浙江省書法教育研究會主辦的《中小學書畫》，突然一口氣都創刊了；其後於 1994 年江蘇南通教育學院亦創辦了《書法教學報》、1998 年中國教育學會書法教育研究會亦創辦了《書法教育》雜誌（在 1998 年連出二輯），書法教育類刊物突然成為書法刊物中晚近新出的極顯目的新星。探討其所以 1993 年始陸續出刊的原因，應是大陸書法教育社團多在 1988 年以後始陸續成立，1992 年以後國家教育委員會（即教育部）開始重視小學書法教育，並委託天津中國教育學會中國教育研究會開始編訂《九年義務教育書法教材》，該社團在全國各地的分會相繼創立並開始積極活動；另外在以往所出各書法刊物中，其實大多亦設有“書法教育”一欄目，如《青少年書法報》、《書法導報》、《中國鋼筆書法》……皆然，並未曾因此少了書法教學方面的文章。

書法專業刊物的陸續創刊，預示著書法藝術活動蓬勃發展後，書法教育活動與教學工作，亦將落實積極展開，為當今大陸各級學校書法教育尚未規範化的環境❹，注入一些蓬勃的生命力。此亦大陸書法刊物的特色之一。

肆、結語

　　大陸書法刊物，除了傳佈訊息，普及書法教育外，還負起了其他許多重要功能，如文革後的第一個書法活動即是由上海《書法》雜誌的創立所揭開的(1977年)；第一個全國性的書法比賽，即是由此雜誌所舉辦的(1979年)；直至目前最新潮、最熱門的以分級、分段、分品方式，結合比賽、教學、定級三位一體的書法比賽方式，也是由《青少年書法報》所率先發動帶起的(1987年)。促成大陸書法藝術活動蓬勃發展的因素極多，而書法刊物的發行占極重要的因素，大陸書法由少數文人的專利品，成為上千上萬上億人口愛好與從事的活動，其功不可磨滅。也由於此，大陸書法刊物的發行量越來越大，競爭力越來越強，版面越來越不敷所需，於是許多刊物的刊期也越變越短，版面也越變越大，如《書法研究》、《中國書法》、《中國鋼筆書法》原皆為一年四期的季刊，卻都改為一年六期的雙月刊；《書法報》原為半月報，後改為周報；《中國書畫報》原為旬報，後改為周報，近又改為一周兩期報；《青少年書法》原為半月報，後改為旬報，後又再改為周報；《書法叢刊》原為不定期出版，後改為定期季刊形式出版；《書法之友》原為試刊，自辦發行，後轉向郵局公開發行；《書法報》、《書法導報》原為4開4版的小報，後改為對開4版的大報；《中國書畫報》原為16開8版的小小報(如一般雜誌大小)，後改為4開4版，今已擴大為4開8版……等等，皆見其適

---

❹　請參見拙著《大陸各級學校書法教育之現況與特色分析 >>，行政院國家科學委員會專題研究報告，編號 NSC86-2417-H-004-012,1997,7。

應形勢需要，求新求變的精神，也使原本已蓬勃發展的書法刊物
出版熱潮，更加顯得豐富而壯觀。

　　古人云：“史之難，難于料耳。史才無料，如良賈不操金，
大匠不儲材”，五、六十年代，書法一直還附庸在“美術”的領
域，有些權威人士甚至不把書法看作一門藝術，而今大陸“書法
家協會”已獨立爲文聯的第十一個組織，與“美術家協會”並
立，並且在群衆的普及、技法的分析開拓與理論的深化上，似已
凌駕“美術”之上，與歷史上任一時代相比，不算遜色。因此若
欲掌握書法、書史、書論、書法美學、書法教育等書法資料與訊
息，除了從古籍文獻吸收前人的智慧外，今人的闡釋與發明尤不
宜漠視，而在這方面，大陸書法刊物的發行，無疑地提供我們很
大的方便，這是本章對大陸書法刊物全面蒐集、分析、考察、研
究的目地所在。

第六章　大陸硬筆書法藝術活動之研究

壹、前言

　　所謂 "硬筆書法" 是相對於傳統毛筆而言，指一切用 "硬" 的書寫工具所寫出來的書法。它具有方便、快捷、乾淨、爽利，實用性與藝術性相結合的特質。在大陸短短的十幾年間，掀起了陣陣學習熱潮，僅以 1984 年有史以來第二次所舉辦的全國硬筆書法比賽來說，參加者就達 30 萬人次，繳交作品達 30 多萬件，可知其興盛發展之狀況。

　　早在三千多年前的陶文、甲骨文，使用刀錐刻畫文字，應是最早的硬筆書法。後來書寫工具由毛筆所取代，但隋唐宋元所留下的敦煌遺書中，仍留下大量的硬筆書法寫經，其用具主要是骨筆、木筆、竹筆等。

　　至於目前大陸最常用的硬筆書法工具－鋼筆的傳入，則始於清末，但當時使用並不普及，甚至到了 1933 年時，由於國粹派衛道人士的抗議，某些地區，還由當地政府明令公布禁止學生使用自來水筆、鉛筆等進口文具❶。當時鋼筆連生存的權力都沒有，遑論鋼筆書法！此後一直到 1980 年前，由於戰亂頻繁、民生凋敝、教育不普及，更兼文化大革命期間，一切文化活動大多停止，研究鋼筆書法的人仍然很少。直到 1980 年之初，大陸開始從政治運動轉到大力發展經濟建設，而文化事業與教育事業也逐漸復甦，大陸人民如久病飢餓的人一般，如飢如渴地追求知識，尤

---

❶　詳見 1933 年 9 月 22 日《大晚報》的報導，及魯迅於 1933 年 10 月 1 日的《申報‧自由談》、1953 年 9 月 5 日《太白》半月刊中所發表的〈禁用和自造〉、〈論毛筆之類〉二文。

其是被文革貽誤的一代人，更是傾全力彌補長久失去教育的憾恨，從而出現如 1983 年 9 月 17 日《文匯報》〈文化熱帶來筆類暢銷〉一文中所述的"近年來自來水筆、圓珠筆、活動鉛筆市場供應充裕，銷售量不斷增長，……有些地區甚至供不應求"的現象。

而這種硬筆學習的熱潮，具體表現於硬筆組織、工具、教材、刊物、教育、比賽、研討會等各方面的創設、使用、出版、舉辦上，其發展時序依次爲 1980 年，對硬筆書法有大力推展之功的龐中華之《談談寫鋼筆字》一書出版（迄今至少已發行六千萬冊）；1982 年，《浙江青年》雜誌社舉辦了全國第一次硬筆書法比賽；1984 年全國性第一個硬筆書法組織 － "中華青年鋼筆書法協會"成立；1984 年，由中央電視台第一次聘請硬筆書法家（龐中華）上電視講授鋼筆書法；1985 年，第一本硬筆書法雜誌 －《中國鋼筆書法》創刊；1987 年，第一次全國硬筆書法理論研討會在四川重慶召開。因此若論大陸硬筆書法熱潮的興起，當始於八十年代初，至今亦不過十多年的歷史。

以下先綜述其發展現況，之後深入分析其發展特色。

貳、大陸硬筆書法藝術活動之現況綜述

一、硬筆書法組織之設立

1981 年以前大陸硬筆書壇尚未聞有團體活動，有史以來的第一個硬筆書法組織應是 1981 年 3 月成立於上海的"晨風鋼筆字研究社"，由住在上海的書法家們組成，主要成員有沈鴻根、林似春、葉隱谷等。他們曾在上海及江蘇連雲港等地舉辦過鋼筆書法展覽及交流活動，得到文化界及各地鋼筆書法同好的支持。

第二個硬筆書法組織，應是 1984 年 4 月成立於廣州的"廣州

鋼筆書法研究會"，是中國硬筆書法熱潮初興之時，較大規模的一個鋼筆書法群眾組織，也是大陸南方一支氣勢雄厚的鋼筆書法隊伍，由硬筆書法家梁錦英擔任會長。

　　第三個硬筆書法組織，則是 1984 年 11 月成立於杭州的"中華青年鋼筆書法協會"（後改稱"中國硬筆書法家協會"），由王光美擔任名譽會長，姜東舒、陳岳軍擔任會長。此後硬筆書法組織分布全國各地，較有名的全國性社團至少就有十四個，並分別在各地設有分會；地方性社團更是不計其數。茲列其名稱如下：

　　1. 中國硬筆書法家協會

　　2. 當代硬筆書法習字會

　　3. 華藝硬筆習字會

　　4. 中華硬筆書法家習字會

　　5. 九州硬筆書法家習字會

　　6. 中華鋼筆圓珠筆書法研究會

　　7. 中國現代硬筆書法研究會

　　8. 中國現代青年硬筆書法協會

　　9. 中國硬筆書法聯誼會

　　10. 中國硬筆書法聯藝會

　　11. 中國硬筆書法研究會

　　12. 南北青少年硬筆書法聯藝會

　　13. 南北青少年硬筆書法家協會

　　14. 中國書法家協會硬筆書法委員會

　　今若依大陸十餘年來硬筆書法組織之活動及發展趨勢來說，最重要的兩個社團，應屬 1984 年成立，總會設在杭州的"中國硬筆書法家協會"和 1996 年成立，設立在北京的"中國書法家協會硬筆書法委員會"，茲分介如下：

㈠、中國硬筆書法家協會

"中國硬筆書法家協會"是在原"中華青年鋼筆書法協會"的基礎上改成的。"中華青年鋼筆書法協會"成立於 1984 年 11 月，會員是以 18 歲以上，在兩次全國性鋼筆書法競賽中獲獎的青年為主要組織成員。到 1988 年 10 月正式改名為"中國硬筆書法家協會"，總會設在杭州。

"中國硬筆書法家協會"成立以來推動硬筆書法活動及教育不遺餘力，大陸硬筆書法熱潮的發展與之大有關係。其具體作為如下：

1. 1985 年，創辦大陸第一個、且是目前唯一、最具權威的、發行量在同類報刊上最大的硬筆書法雜誌 －《中國鋼筆書法》。對硬筆書壇訊息的迅速傳佈、硬筆書法技巧理論知識的普及與提高，功不可沒。

2. 1985 ～ 1997 年，舉辦了六屆的"中國鋼筆書法大賽"，一屆的"國際鋼筆書法大賽"（ 1988 年），一屆"蘭花杯中國鋼筆書法菁英擂臺賽"（ 1989 年），一屆的"園丁杯三筆書法大賽"（ 1991 年）。每次參賽者皆達數萬人，掀起了硬筆書法比賽與學習的熱潮。

3. 1986 年，舉辦中日兩國鋼筆書法交流會，並與日本最大、最有影響力的硬筆書法團體"日本鋼筆習字研究會"（會員十多萬人）結為姊妹社團，發展國際硬筆書法交流。

4. 1987 年創辦"中國鋼筆書法刊授中心"，落實並擴大硬筆書法教育事業。

5. 1987 年舉辦協會會員赴老山前線慰問活動。

6. 1987 年舉辦了二次"中國鋼筆書法理論研討會"。

7. 1996 年，在《中國鋼筆書法》雜誌中發動"硬筆書友聯誼

會”並編輯發行載有書友姓名、住址的“聯誼會手冊”，受到讀者極熱烈的迴響。

㈡、中國書法家協會硬筆書法委員會

　　“中國書法家協會”設於 1981 年 5 月，是大陸目前最大、最有權威、最具影響力的書法社團。 1981 年以來陸續設有《中國書法》雜誌、“中國書法培訓中心”、“中國書法進修學院”及五個委員會：學術委員會，創作評審委員會，教育委員會，篆刻研究委員會，刻字委員會。直到 1996 年 1 月才設立“硬筆書法委員會”，比“中國硬筆書法家協會”的前身“中華青年鋼筆書法協會”足足晚了 12 年。其原因據委員會主任劉炳森先生的說法是：“中國書協在十年前就提過建立硬筆書法組織的動議，但由於當時一些人對硬筆書法的發展規模前景還看不太清楚，甚至少數同志對其藝術性有不同看法，這件事便擱置下來。現在大家意見基本統一下來了，成立中國書協硬筆書法委員會，是順應時代的要求。”❷

　　中國書法家協會硬筆書法委員會的成立，象徵中國最具權威的書法藝術團體對硬筆書法這一藝術品種的承認和接納。預料大陸硬筆書法將在此會的成立之後，一如其對毛筆書法的影響力般，產生一番新的氣象與發展。

　　本會從 1996 年 1 月成立之後，隨即舉辦“全國第一屆硬筆書法展覽（人民保險杯）”徵稿活動，並於 8 月在北京中國美術館完成展覽。

二、硬筆書法工具之使用

❷　見〈中國書法家協會硬筆書法委員會在京成立〉一文，《中國鋼筆書法》1996：2（總 61 期）。

㈠、筆的使用

目前大陸硬筆書法工具主要是鋼筆。師範生強調的"三筆字訓練"則爲鋼筆、粉筆、原子筆。然而在其他質材的運用創作上亦極普遍，大體可分爲六類：①金屬類（如鋼筆、原子筆、針筆、鐵筆等）；②植物類（如竹筆、木筆、笋皮筆、紙卷筆等）；③塑膠類（如纖維筆、尼龍筆、泡沫筆、記號筆等）；④礦物類（如鉛筆、粉筆、碳筆、蠟筆等）；⑤骨質類（如鵝管筆、雞骨筆、羊骨筆等）；⑥其他類（如以指代筆等）。且這些硬筆又可分爲有彈性和無彈性的兩類。前者指那些筆端開了縫且不全包筆尖的硬筆（如自來水筆、蘸水筆等），後者指全包筆尖（如原子筆、纖維筆等），今擇項分述於後：

1.鋼筆：鋼筆是美國人沃特曼在 1884 年發明，後經另一位美國人派克改製通行的。

在大陸，常用的鋼筆有自來水鋼筆和蘸水筆兩種。自來水鋼筆又分金筆、銥金筆和普通鋼筆三種。其區別，乃在金筆是合金製成，銥金筆和普通鋼筆是不鏽鋼製成；銥金筆筆尖有點上銥粒，而普通鋼筆則直接用機器軋出一個圓珠體。根據 1985 年和 1986 年文匯報統計，大陸生產 30 億零 5 千萬枝硬筆，佔世界第一位。即以鋼筆來說，所生產的品種，光是高級銥金筆就有 256 種，普通銥金筆也有 90 種。必須根據"牌號"和"型號"來加以區分，選擇自己喜歡的用筆。

鋼筆若依書寫彈性的不同，可分爲開縫鋼筆（如蘸水鋼筆和老式鋼筆）和包尖鋼筆（如銥金筆、普通鋼筆）兩種。前者筆尖彈性好、開合度大、線條粗細變化豐富，一般書法創作多用此筆，故又稱"硬筆書法鋼筆"或"粗鋼筆"；後者筆尖彈性小，開合度也小，線條粗細變化不大，適合初學者練習及一般性使用，又稱“細鋼筆”❸。

　　大陸硬筆書法家亦常將自己買來的鋼筆，用鉗子、刀片、磨砂紙，依個人喜好，自己加工製作。如用刀片小心地插入筆尖，讓縫隙擴大；或用鉗子將筆尖夾彎上翹，以寫出可粗可細的線條；或乾脆將筆尖剪掉，在細磨石上磨幾下，創作許多特殊風格的佳作來。因此這種加工後的特殊鋼筆又稱為美工筆。

　　2.原子筆：大陸稱為圓珠筆。是 1943 年匈牙利人皮勒所發明❹，經美國人雷諾改進通行的。其普遍使用，在大陸是這幾年的事，在書法上的創作，“所占比重與鋼筆書法相比少得可憐”❺。

　　一般認為原子筆彈性比鋼筆差，所書線條瘦硬，不易表現線條的豐富性。然而原子筆是靠筆尖的圓珠滾動，帶出油墨，壓在紙上。其書寫流利，筆道均勻，不必受筆尖方位限制，寫出來的線條都是中鋒，避免了鋼筆偏鋒、側鋒所造成的淺薄弱點，若能在書寫時適度在紙下墊上軟硬和厚度適中的報紙或墊板，則可克服其硬瘦與彈性不足的現況。更況其兼具結構簡單、經濟實惠，攜帶方便等優點，因此運用在書法上做為創作工具，已漸被大陸硬筆書壇所接受。

　　3.粉筆：於十九世紀末從西方傳入中國，為石膏或白堊所製成，長度一般約八厘米，一頭粗一頭細，筆身呈圓柱狀。由於筆性鬆脆，沒有彈性，因此書寫時須不斷轉換粉筆方向，讓粉筆前端磨損面保持均勻，寫出的字才易勻稱；且用筆輕重亦須掌握，

---

❸　參見吳旨〈金筆、銥金筆和鋼筆有什麼區別〉、沈寶才〈自來水筆型號表示什麼〉二文，《中國鋼筆書法》1995：2；1987：1。

❹　另說為 1898 年美國喬治・A 惠那所發明。

❺　見唐建中〈圓珠筆與硬筆書法〉一文，《中國鋼筆書法》1998：2。

以免頻頻折斷。

粉筆用於堅硬的黑板上，為教師教學用具，大陸亦不例外。且在社會上使用較之台灣還多，如在街道、機關公佈事務、教育民眾，使用粉筆與黑板，謂之“黑板報”，極為普遍。

4.鉛筆：是一種用石墨或添加顏料合成筆芯的硬筆。有帶蠟性的鉛筆、含碳多的炭筆、一般學童寫字用的普通鉛筆等。而單是普通鉛筆，就又有軟（Ｂ）、硬（Ｈ）、中性（ＨＢ）之分；軟性又有Ｂ、2B……6B，硬性又有Ｈ、2H……6H之分。書法創作多用軟性鉛筆，且亦可用鉛筆筆心蘸墨書寫。

5.針筆：大陸稱為“針管筆”，筆芯為不銹鋼管，內有一根小針導水，書寫時必須90度直立，有各種粗細型號。

6.號碼筆：帶油性，有各種顏色，能在鐵、木、塑膠、玻璃上書寫而很難擦去的一種進口筆。

7.簽字筆：軟木筆尖，有黑、藍、紅、紫四色。書法創作多用黑色。

8.羽毛筆：又稱“羽管筆”“羽桿筆”。即用雞、鴨、鵝、孔雀等禽鳥較粗的羽毛管，用小刀削成筆尖形，在管心內填入棉花、海綿等物，蘸墨水或白粉進行創作。

9.木筆：取木筷子，在末端3-4公分間，自上到下刻出一道深一毫米、寬一毫米的輸水道後，將頭部磨出圓、方、扁、多稜等多種形狀，蘸墨書寫，製造奇特效果的線條。亦有用油畫筆的倒頭稍加切削，蘸墨或白粉書寫者。

10.竹筆：即用竹材做的筆。或用舊毛筆的竹桿削成鋼筆尖狀（在竹筆尖端的正面用小刀從前面向後劈一條細縫，然後鑽一蓄水小孔，並在竹管內壁掏一凹槽，用以儲墨。）；或用竹筷子削成毛筆尖狀（在一端開一細縫，或繞著尖端刻一螺旋凹槽）；或將竹子削成扁片狀（又叫〝竹片筆〞）；或將二厘米左右的竹筒，一頭劈出許多細絲，用繩子捆住使用；或直接摘取小竹枝，不經加工，直接蘸墨使用。皆能製造出許多豐富多采的書作來。

11.火柴棒：因火柴棒木質軟硬適中，吸墨量適合表現毛筆書法的韻味，尤適於行草書之創作。

12.棕杆筆：即將棕毛綑綁而成，似毛筆而質地較堅挺。

13.高梁杆筆、蘆葦杆筆：即將高梁杆或蘆葦杆削製，或直接折斷，留一些細絲，蘸墨靈活運用。

14.鑰筆：即以鑰匙蘸墨書寫，因其兩側各有一小溝，可以吸墨儲墨。或垂直中鋒書寫，或斜持側鋒書寫，端賴手腕靈活翻動運用。

15.指書：清代高其佩首創其法，以指代筆，大指當大筆，小指當小筆。

㈡、墨的使用

　　硬筆書法的用墨豐富多變，有朝追求墨色與書寫材料結合的方向發展之趨勢。可分為三種：①墨水類（如一般墨水、碳素墨水）；②粉質類（如金粉、銀粉、白粉－摻水在黑色、深色的紙上書寫，製造碑帖風韻）；③顏料類（如各色廣告顏料及丙烯顏料等）。

㈢、紙的使用

　　硬筆書法用紙通常分為五種：①宣紙類（有吸水性強的〝生宣〞，吸水性弱的〝熟宣〞 或吸水性適中的〝半生半熟宣〞）；②銅版紙；③複印紙；④牛皮紙；⑤裝飾紙等，各隨創作需要而選用。

三、硬筆書法刊物之發行

　　在 1985 年大陸的第一本硬筆書法專門性刊物發行之前，大陸的硬筆書法作品、文章只能依附在少數如《書法報》、《中國青年報》等報刊上的小版面生存。

　　直到 1985 年 5 月，在杭州創辦的《中國鋼筆書法》雜誌誕生，已經撩起的硬筆書法學習熱潮更是如虎添翼，在快速訊息的傳遞與相關知識、技法的普及上，如火如荼的展開。

　　目前大陸硬筆書法刊物，除了一些未公開發行的硬筆書法社團會刊外，全國公開發行的主要有“一刊二報”。一刊指浙江杭州出版的《中國鋼筆書法》；二報指蒙古呼和浩特出版的《硬筆書法報》與湖北咸寧地區出版的《鋼筆書法報》。今分述如下：

　　1.《中國鋼筆書法》：1985 年 5 月創刊。杭州浙江青年報社出版（杭州市省府大樓 2 號樓，郵發代號 32 － 93）。原為季刊，1991 年以後改為雙月刊。欄目隨內容靈活改變，主要有“人物專訪”、“藝苑論壇”、“師生園地”、“會員天地”、“好帖導臨”、“佳作選登”、“書壇信息”等七個方向，二十多個欄目。

　　2.《硬筆書法報》：1994 年創刊。原為半月報，1995 年以後改為周報。（蒙古呼和浩特市新城郵局 10 號信箱，郵發代號 15 － 38）。四開四版，雙色膠印。是一份以推廣、普及硬筆書法知識和技法為目標的專業性報紙。

　　3.《鋼筆書法報》：1996 年底創刊。原為半月報，1998 年以後改為旬報。（湖北咸寧地區 668 信箱，溫泉淦河大道八號，自辦發行）。四開四版，激光照排，雙色套印。設有名家星座、精英榜、硬筆書法選登、院校師生專欄、軍人專欄、書壇動態、理論精選、古今名帖欣賞、硬書教育、習作點評、擂台大觀、印苑擷華、交友天地等欄目。

四、硬筆書法教材之出版

　　硬筆書法教材，包括字帖、字典、作品集、教程等四種，然往往四者內容互通，未能截然劃分。如張學鵬《硬筆楷行書簡明教程》、李枝楓《怎樣寫好硬筆字》，性質屬於"教程"，然其中例字卻可以作爲"字帖"臨寫觀摩，書末也常附有名家佳作；又如歐英欽《常用七體硬筆書法字典》、劉江《中國鋼筆書法大字典》，性質屬於字典，然既可做爲工具查索，亦可作爲字帖臨寫欣賞之用等。

　　目前大陸並沒有國家統一的硬筆書法教材，因此凡是對本身習字有用者，皆可自取以爲教材。

　　若論大陸第一本硬筆書法教材，應推 1935 年由上海商務印書館出版，陳公哲書寫的《一筆行書鋼筆千字文》，是書以蘸水鋼筆豎行書寫，每個字一筆寫成，筆力遒勁，線條流暢瀟灑。是書出版在中國政治不安定、民生凋蔽、教育不普及、硬筆書法研究者少、守舊派死守毛筆排斥硬筆的環境下，而能作爲倡導者與先行者，令人敬佩。

　　其次第二本教材，應屬 1939 年出版，黃若舟普及漢字快寫的《通書》。第三本爲 1949 年出版，由鄧散木、白蕉所合寫的《鋼筆字範》（萬象書屋圖書館印行）。第四本爲 1950 年左右，由鄒夢禪所書寫的《三體鋼筆字帖》。此四本教材的書寫者：黃若舟、陳公哲、鄧散木、白蕉、鄒夢禪等五位先生，可稱爲中國現代硬筆書法的啓蒙者。

　　此後在文革之前，出版的教材亦不多，計有 1954 年出版，沈六峰的《鋼筆字的練習和寫法》（上海文化出版社）；1958 年出版，黃若舟的《漢字快寫法》（上海文化出版社）；1959 年出版，鄧散木的《鋼筆字寫法》；1962 年出版，周稚雲的《鋼筆美術字練習》（上海文化出版社）；1965 年出版，林似春的《雷鋒日記鋼筆字帖》等五本。

文革期間，百事皆廢，只知上海書畫出版社（以前叫做“朵雲軒”文革期間改爲“東方紅”）曾出過一套“革命樣板戲鋼筆字帖”約有六七本。

文革之後，大陸人民久蟄的心靈頓然開放，如飢如渴地追求文化知識，各種硬筆書法工具甚至到了“供不應求”的境地。然而就在此學習精神壯烈激昂的時刻，龐中華的《談談寫鋼筆字》一書，在 1980 年適時出版；黃若舟的《漢字快寫法》亦獲再版，配合二人隨後又在中央電視台講授硬筆書法（龐氏於 1984 年開設“鋼筆書法講座”，黃氏於 1986 年開設“漢字快寫法” 課程），促使二書在當時成爲熱極一時的硬筆書法教材。迄今龐書已發行六千萬冊，黃書亦已發行三千萬冊❻。

此後硬筆書法透過全國性及各地的比賽，各刊授函授中心的教育推廣，在教材上發行種類極多。茲將其中發行量較大者，列舉如下：

1. 周稚雲《鋼筆字練習法》（上海文化出版社），從 1982 年出版至 1993 年第十一次印刷，已發行二十六萬多冊。
2. 高惠敏《鋼筆行書字帖》（上海書畫出版社），從 1983 年出版至 1992 年第十一次印刷，已發行近三百八十萬冊。
3. 駱恆光《唐詩三百首鋼筆字帖》（浙江教育出版社），從 1984 年發行至 1990 年第四次印刷，已發行八十七萬多

---

❻ 參考龐中華《與學員朋友談書法》頁 24-28，北京中華硬筆書法函授中心出版；吳身元〈硬筆書苑常青樹－再記漢字快寫法創始人黃若舟先生〉，《中國鋼筆書法》1997：1

册。

4. 閔德祥《鋼筆字書寫途徑》（廣東人民出版社），從
   1986 年出版至 1993 年第六次印刷，已發行二十多萬册。

5. 陳德賢《怎樣寫好鋼筆字》（山東教育出版社），從
   1987 年出版至 1989 年第二版，已發行二十多萬册。

6. 梁錦英《原子筆書寫門徑》（廣東人民出版社），從
   1988 年至 1993 年第五次印刷，已發行近十萬册。

7. 寫字雜誌社《3500 常用字鋼筆正楷字帖》（百家出版
   社），從 1988 年出版至 1993 年第十五次印刷，已發行一
   百三十多萬册。

8. 寫字雜誌社《寫好常用鋼筆正楷字》（百家出版社），
   從 1989 年出版至 1993 年第七次印刷，已發行二十三萬
   册。

9. 顧廷培主編《圓珠筆字優秀字帖》（三聯書店上海分
   店），從 1988 年出版至 1991 年已第五次印刷。

10. 龐中華《龐中華最新鋼筆字帖》（敎育科學出版社），
    從 1990 年出版至 1994 年第六次印刷，已發行一百二十五
    萬册。

11. 錢沛雲《鋼筆書法技巧要領》（廣西美術出版社），從
    1990 年出版至 1995 年已第九次印刷。

12. 鄧散木《鋼筆字寫法》（上海書畫出版社），從 1990 年
    再版，已發行十七萬五千册。

13. 王寶洺《鋼筆字快寫法》（農村讀物出版社），從 1990
    年出版至 1993 年第五次印刷，已發行十二萬册。

14. 王須興、沈鴻根主編《硬筆行書字帖》（三聯書店上海
    分店），從 1990 年出版至 1991 年已第三次印刷。

15. 丁謙《古詩名篇鋼筆字帖》（金盾出版社），從 1993 年
    3 月出版至 1993 年 12 月第三次印刷，已發行十三萬册。

另外，《中國鋼筆書法》雜誌亦於 1989 年舉辦過一次“全國
鋼筆書法字帖大賽”，在 53 本字帖，21 位作者中，挑選出最佳字

帖七本，最佳作者八位，最佳封面六幀，最佳編輯十一位，並分別按類設一、二、三等獎，茲附列名單如下：

獎　　類	書名	出版單位	編輯（作者）
最佳字帖一等	《鋼筆臨帖》 《漢字快寫法》 《詩詞鋼筆字帖》	（嶺南美術出版社） （上海書畫出版社） （海峽文藝出版社）	梁鼎光 黃若舟 華繼善
最佳字帖二等	《古詩詞行（楷）字帖》 《唐宋詞三體鋼筆字帖》 《孫子兵法鋼筆字帖》 《鋼筆正楷字帖》	（福建教育出版社） （浙江古籍出版社） （廣西人民出版社） （上海書畫出版社）	黃華生 蘇健等 王正良 林似春
最佳編輯一等獎	《鋼筆行書速成習字帖》 《五體千家詩鋼筆字帖》 《唐詩三百首鋼筆字帖》	（上海書店） （三秦出版社） （浙江教育出版社）	陳其瑞 王曉莉 駱恆光
最佳編輯二等獎	《實用對聯鋼筆字帖》 《鋼筆書法五體字典》 《全國青少年硬筆書法作品選》 《仇寅鋼筆字》	（《對聯·民間對聯故事》雜誌社） （浙江教育出版社） （新疆青少年出版社） （福建美術出版社）	郭榮華等 潘曉東 陳新良 黃學文
最佳編輯三等獎	《鋼筆字技法舉要》 《寫好常用鋼筆正楷字》 《硬筆書法宋詞字帖》 《沈鴻根鋼筆行書字帖》	（灕江出版社） （百家出版社） （中國文聯出版公司） （北京師範大學出版社）	于光 費琳朱 輝軍 謝又榮
最佳封面一等獎	《全國硬筆臨寫傳統碑帖展覽作品精選》 《鋼筆書法五體字典》	（中國卓越出版公司） （浙江教育出版社）	荊鷹 駱恆光
最佳封面二等獎	《硬筆行書》 《鋼筆楷書行書字帖》 《全國青少年硬筆書法作品選》 《千家詩鋼筆字帖》	（商務印書館） （福建美術出版社） （新疆青少年出版社） （江蘇教育出版社）	關佩貞 黃學文 張良度 虞剛
最佳作者	一等獎 梁鼎光、駱恆光	二等獎 黃若舟、林似春、池剛華	三等獎 錢沛雲、王正良、華繼善

（見《中國鋼筆書法》1990年第二期）

五、硬筆書法教育之推廣

大陸硬筆書法教育之推廣，主要可從各級正規學校之硬筆書法教育、業餘函授學校之硬筆書法教育、電視硬筆書法講座三個方面來敘述：

㈠、各級正規學校之硬筆書法教育

根據拙著 1997 年國科會《大陸各級學校書法教育之現況與特色分析》一書所做大陸各級學校書法教育共 106 所學校之問卷調查❼，發現大陸強調並實施硬筆書法教育者，主要是中專以上的學校，尤其是師範學校最為重視，今分述如下：

1. 中專：在所調查的已知有實施書法教育的 11 所中等專科學校中，有七所學校實施硬筆書法教育，分別為：

⑴山東省商業學校（主要教師：朱崇昌等四位；本校在 1993 年被山東省教育委員會（即台灣之"教育局"）、山東省硬筆書法家協會授予"山東省硬筆書法明星學校"稱號。

⑵山東省即墨市第二職業中專（主要教師：常志林。）

⑶上海市統計職業技術學校（主要教師：吳露善；學生入學後即須接受三年多的書寫正規訓練。）

⑷上海商業會計學校（主要教師：項守信；硬筆書法課從一年級下學期開設後，便一直訓練，直到畢業。）

⑸江蘇省南京物資學校（主要教師：蔡汝龍；在第二學年開設硬筆課，規定學習鋼筆楷書和行書，並在畢業前夕舉行硬筆書法定級。）

⑹福建省福州商業學校（主要教師：徐春興；設有硬筆書法等級考核制度，分三級，學生畢業前至少達到三級水平。）

❼　見行政院國家科學委員會補助論文，編號 NSC86 － 2417 － H － 004 － 012

⑺福建省集美中國語言文化學校（主要敎師：邱凱華；所開寫字課程，敎授硬筆書法及美術字。）

2、普通大學：在所調查的已知有實施書法敎育的 12 所普通大學中，只有三所大學實施硬筆書法敎育，分別爲：

⑴陝西省西北大學（主要敎師：倪文東；由 1985 年成立的"美育敎硏室"開設，並出版有《鋼筆書法基礎》、《鋼筆書法練習冊》二書。）

⑵四川成都電子科技大學（主要敎師：倪家棋；在人文社科院現代公關文秘與辦公室自動化專業開設。）

⑶貴州省政法管理幹部學院（主要敎師：楊天勇；開有"鋼筆快寫""司法筆錄"等硬筆課程；1992 年起即對中專班學生實行定級考評制度，共分六級，學生必須通過三級才算及格，才准畢業。）

3、師範各級學校：

在所調查的已知有實施書法敎育的 61 所師範學校中，有 29 所實施硬筆書法敎育，分別爲：

⑴湖北省華中師範大學（主要敎師：余斯大等三位敎師；由文學院"書法敎硏室"統籌開設。）

⑵遼寧省錦州師範學院（主要敎師：李玉琨、張峻；開設"鋼筆書法""粉筆板書"等硬筆課程。）

⑶遼寧省撫順師範高等專科學校（開設一年"書法"課程，上學期爲毛筆書法，下學期爲硬筆書法。）

⑷河南省南陽師範高等專科學校（主要敎師：張士鈞，開設"硬筆書法"、"字體"等課程。）

⑸福建省寧德師範高等專科學校（主要敎師：林陳華等三位敎師；開設"漢字快寫"指定選修課，規定全校師生都須通過考

核，才准畢業。）

⑹內蒙古民族師範專科學校（蒙文書法主要教師：邵道，漢文書法主要教師：唐春玉；開設“蒙文鋼筆書法”“蒙文榜書”“漢文鋼筆書法”“漢文榜書”等課程。）

⑺河北省唐山師範專科學校（主要教師：張學鵬等十位老師；開設“三筆字書寫”，由“師範素質教研室”統籌開設。）

⑻浙江省麗水師範專科學校（主要教師：蘭俏梅等五位教師；開設“三筆字訓練”，由中文系統籌開設。）

⑼湖南省衡陽師範專科學校（主要教師：席志強；開設內容爲三筆字的“書法教學課程”，並規定不合格不准畢業。）

⑽廣西省右江民族師範專科學校（主要教師：李漢寧；開設內容爲毛筆、硬筆楷書或行書的“書法”課程）

⑾吉林省公主嶺師範學校（主要教師：張洪權；開設內容爲三筆字的“書法”必修課。）

⑿吉林省長春師範學校（主要教師：劉永鎮；一年級開設“硬筆書法”必修課。）

⒀內蒙古哲里木盟師範學校（主要教師：姚國臣；開設“三筆字書寫訓練”課程。）

⒁山東省泰安師範學校（主要教師：呂澄祥、楊克仲；一到三年級皆開設“書法”必修課，一年級爲毛筆字，二年級爲鋼筆字，三年級爲粉筆字，每週一節課，另在每天晚自習安排習字時間，教務處定期舉辦三筆字抽查，期末進行考核。）

⒂山東省淄博師範學校（主要教師：牛國泰、劉慧龍；一年級以毛筆楷書爲主，兼授硬筆基礎訓練；二年級爲硬筆行書；三年級爲全面達標考核。）

⒃山東省平度師範學校（主要教師：王懋等三位老師；開設

內容爲三筆字的 "書法" 課，每班每週 1 − 2 節，每天另有 20 分鐘固定練習。)

⒄河南省汝南師範學校（主要敎師：王正華等五位老師；開設 "三筆字敎學" 課程。)

⒅江蘇省鎮江師範學校（主要敎師：劉龍等四位老師；一到三年級皆開設 "寫字" 與 "書法" 兩種課程，每天下午第一節課前 20 分鐘規定爲寫字時間。)

⒆黑龍江齊齊哈爾市幼兒師範學校（主要敎師：劉兆鐘；開設 "書法" 必修課四個學期，以毛筆帶硬筆，三筆字同時進行；畢業前考核，不及格者不發畢業證書。)

⒇江蘇省無錫師範學校（二年級開設 "鋼筆書法" ，三年級開設 "粉筆書法" 等課程。)

⒇江蘇省新蘇師範學校（主要敎師：王偉林；開設內容爲三筆字的 "書法" 課程。)

⒇浙江省少數民族師範學校（二年級開設內容爲三筆字的 "書法" 課程，設立三筆字 "過關考核制度" ，建有 "三筆字過關卡" ，不及格不准畢業。)

⒇安徽省徽州師範學校（主要敎師：吳國強；開設內容涉及毛筆、鋼筆、粉筆、鐵筆字的 "中師寫字" 課程。)

⒇陝西省銅川師範學校（主要敎師：許勁文；開設內容爲三筆字的 "書法" 課程。)

⒇陝西省城固師範學校（主要敎師：吳永昭；開設內容爲三筆字的 "書法" 課程。)

⒇陝西省藝術學校（開設內容爲三筆字的 "書法" 課程。)

⒇福建省福清市元洪師範學校（主要敎師：薛文棟、張麟；開設內容爲三筆字的 "書法" 必修課和選修課，並規定每天半小

時練習三筆字。）

㉘福建省黃岩師範學校（主要教師：於光庭等六位教師；從一年級到三年級皆開設"書法"課程，一年級毛筆字，二年級鋼筆書法，三年級粉筆字和小學寫字教法。）

㉙福建省寧德師範學校（一年級到三年級皆開設"書法"課程，一年級毛筆字，二年級鋼筆字，三年級粉筆字，並規定三年級畢業前三筆字全面考核，不及格者只發結業證書，一年後回校補考，通過後始發給畢業證書。）

綜觀以上各級正規學校之硬筆書法教育，發現大陸小學與台灣一樣，每週設有一節寫字課，主要內容爲毛筆基礎訓練。初、高中未設有書法寫字課。中專以上設書法課者，全憑各校重不重視，有沒有師資，願不願意開設而定。而其中設有硬筆書法課程者，在所調查 11 所中專中，有七所開設；而七所中，又有六所是屬於會計、統計等商業類型學校；其學習硬筆書法當出於記帳等要求整潔、清楚、規範的實用性漢字書寫有關。在所調查的 12 所普通大學中，只有三所開設；其中四川省成都電子科技大學是在"文秘"專業上開的，也是出於實用性的要求；貴州省政法管理幹部學院屬於成人教育學校，應亦多少出於司法人員的漢字實用性要求。在所調查 61 所各級師範學校中，有 29 所開設，此蓋因師範院校爲培養師資之主要場所，因此對三筆字（毛筆、鋼筆、粉筆乃至鐵筆）的訓練要求甚爲嚴格。多所學校亦表明在畢業前不及格者，不准畢業；教務處平時常做抽查，期末統一考核；有些學校甚至以三年時間分設毛筆、硬筆、粉筆書法課程，並在每天下午上課前 20 分鐘，每天晚上晚自習前 20 分鐘，規定爲寫字練習時間，而由書法教師或語文教師進行督導；有些學校並設有書法評定等級制度及課外興趣小組（或稱書法第二堂課，即台灣所稱的學生書法社團）。

可見大陸各級學校硬筆書法教育，多出於該校學生職業（會計、統計、文秘、司法、師範）需要而實施，在全國中開設課程並不普及，但凡有設課者皆極爲用心，例如山東省商業學校，即因常年訓練學生硬筆書法教育，累在全國各大比賽中榮獲硬筆書法組個人獎及團體獎，而在 1993 年被有關單位授予"山東省硬筆書法明星學校"頭銜，即是一例。

㈡、業餘函授學校之硬筆書法教育

業餘函授學校之硬筆書法教育，是大陸硬筆書法能產生學習熱潮的最主要原因。今根據 1997 年《中國鋼筆書法》雜誌、1990年至 1997 年《書法導報》、1985 年至 1997 年《青少年書法報》所登報導及廣告，及《中國書畫篆刻年鑑 1995-1996》一書頁 922 至933〈全國開設書畫篆刻中國畫專業各類院校一覽表〉中所列資料，羅列大陸設有硬筆書法函授之業餘學校名稱、師資、班別如下：

編次	學校名稱	地 址	主要教師	備 註
1	北國硬筆書法函授學校	黑龍江省哈爾濱市南岡區船舶學院 41 號樓		
2	瀋陽中華硬筆書法中心	遼寧省瀋陽市皇姑區黃河南大街 95 號	羅明方	
3	天津市茂林書法學院	天津市和平區河南路公安胡同 3 號	陳雲君	設有硬筆函授班
4	天津市硬筆書法函授學校	天津市	副校長況兆鴻	
5	北京回宮格書法藝術學校	北京市海淀區北京大學文化活動中心 403 室	楊延琪 劉麗莉	設有硬筆函授班
6	李強書法藝術工作室	北京市 9799 信箱	李強	開設九項教學科目，中有"硬筆行書""硬筆楷書"二項

編次	學　校　名　稱	地　　　址	主要教師	備　　註
7	中華鋼筆書法函授中心	河北省鄭州市紅旗路 18 號副 30 號	龐中華 崔陵渝	在全國設有十餘所分校（學制五個月）
8	中原硬筆書學院	河南省平頂山建設路	葉殿迎	
9	上海文化出版社與南市區藝術學校等四個單位	上海市	沈鴻根	開設"鋼筆楷書""鋼筆快寫"兩個函授班；"鋼筆楷書""鋼筆行書"兩個面授班。見《中國鋼筆書法》1985：3
10	上海文化生活技藝專修學校	上海市文廟路 120 號		辦有《寫字》雜誌
11	3S 習字專門學校	上海市天鑰橋路	席珠	北京等地亦設有分校
12	時代潮硬筆書法函授中心	江蘇省靖江市季市石橋西路 16 號	仇國林	
13	《中國鋼筆書法》刊授中心	浙江省杭州市	校長王正良 教務處主任邱陶陶	設有①實用字速成班（學期 2 個月）；②基礎班（楷書為主，學期 6 個月）；③提高班（行書為主，學期 6 個月）；④名師指導班（學期 8 個月）
14	《西泠藝叢》刊授中心	浙江省杭州市郵政 714 號		設有"硬筆書法名師單獨點評函授班"
15	一得鋼筆書法社鋼筆書法函授班	浙江省金華市常青巷 3 號	楊軍	設有"鋼筆行書速成函授班"（學制半年）

編次	學 校 名 稱	地 址	主要教師	備 註
16	江西社會科學業餘大學	江西省	席珠	設有"硬筆書法系"初級班。見〈非凡的事業〉、《中國鋼筆書法》 1991：2
17	湖南省書法函授中心	湖南省長沙市迎賓路 7 號	何滿宗	設有硬筆函授班
18	張國雄新型毛筆硬筆書法彩紋裝飾函授部	湖南省黔陽縣黔城鎮	張國雄	
19	《文化導報》社培訓中心	湖南省冷水灘市零陵中路 142 號	李德新	舉辦"九體九步速成鋼筆字函授"
20	成都市書法學校	四川省成都市花牌坊街 37 號	魏雅賓	設有硬筆書法班
21	廣漢市實用美術學校	四川省廣漢市實用美術學校		設有硬筆書法面授班、函授班
22	廣州鋼筆函授學校	廣東省廣州市	校長梁錦英	
23	廣西玉林鋼筆書法函授學校	廣西省玉林市玉林師專	陳英君 曾崇明	
24	南疆硬筆書法函授學校	雲南省麻栗坡糧食局	曾梓洪	
25	無錫書法藝術專科學校	江蘇省無錫市場北新村 12 號		設有硬筆書法班

　　函授學校乃是以書信方式進行教學活動之學校，大陸設有硬筆函授教育的學校，至少有 25 所。通常各種硬筆書法函授班皆定有四個月、六個月、八個月、或一年的學制，採用隨時報名，隨時上課的方式，由學校發給教材、練習冊、作業紙；通常每個月繳交作業一次（《中國鋼筆書法》刊授中心則學制六個月者，共批改四次；學制八個月者，則批改六次），由教師批改後寄還；設有會刊或雜誌的函授學校，還會要求學生常年訂閱所屬刊物，以提高書法綜合知識和優秀作品的觀摩借鑑。

　　硬筆函授學校教師多由曾在全國各種硬筆書法比賽中得獎的人才，或是學有專長、有書法教學經驗的教師所組成。編輯硬筆書法教材，批改學生寄來的硬筆書法作業，在書信、作業及所屬雜誌中做溝通輔導。而學生成員多為自發自學者。以 1987 年《中國鋼筆書法》刊授中心所做的調查報告說："在第一期二萬二千多個學員中，我們不僅有近二千名解放軍戰士，還有工人、農人、幹部、大學生、中學生、小學生和教師。學員們南起海南瓊崖，北迄內蒙沙漠；東有出海打漁的漁民，西有少數民族的學生。年齡最小的才五歲，……最大的是一位年屆花甲的江蘇丹陽折柳鄉的老農。"❽可見其推廣硬筆書法教育的功能性及普及性。

　　業餘函授學校之硬筆書法教育，是大陸硬筆書法師資及教師進修、全民自學的主要訓練基地，也是大陸硬筆書法教育得以普及的重要關鍵因素。

㈢、電視硬筆書法講座

　　大陸中央或地方各電視台、教育電視，亦常播放硬書法講座，其所設中央廣播電視大學或各省、市、自治區的廣播電視大學亦偶有設立"書法專業"者，在空中進行硬筆書法教學。

　　如龐中華曾從 1984 年連續 5 年在中央電視台主講"鋼筆書法講座"，並拍有電視教學片《龐中華書法藝術》錄影帶發行。黃若舟曾於 1986 年在中央電視台主講"漢字快寫法"，中央電視大學亦規定文科類學生必修讀此科。孫厚琦於 1992 年在山東電視台主講"描影練字法硬筆楷、行、草書電視講座"，並編輯拍有

---

❽　見海婷〈"中國鋼筆書法刊授中心"見聞錄〉；《中國鋼筆書法》198 7：3。

《描影練習硬筆楷行草字帖》及錄影帶。錢沛雲亦曾在電視上教授、推廣其"硬筆四步教學法"。另外江蘇電視台亦於 1995 年左右每晚播放 8 分鐘的"硬筆書法"專題節目，江蘇鎮江師範學校甚至規定學生每天晚自習時間觀看此節目，以結合作三筆字之練習。❾

六、硬筆書法比賽之舉辦

　　大陸的第一個硬筆書法比賽始於 1982 年由《浙江青年》雜誌社所舉辦的"青年鋼筆字書法大賽"，比第一個毛筆書法比賽－始於 1979 年由《書法》雜誌社所舉辦的"全國群衆書法徵稿評比"晚了三年，然其全民參與的熱潮一直不曾間斷，今考察本書【附錄參】〈大陸全國性書法比賽一覽表〉所錄資料，可以發現全國 463 次的全國性書法比賽中，純屬於硬筆書法單項的比賽就至少佔了 81 次左右，含"硬筆項目"的全國性綜合性書畫比賽則至少有 70 次以上。其參與人數，最盛者且達 50 萬人次，作品達一百萬件（見" 1985 年中國鋼筆書法大賽"，此次徵稿公告規定每人只能交兩件作品），足見其盛況。

　　若分析大陸鋼、筆硬筆書法有關比賽，大致可分爲以下四種：

　　㈠、**有關硬筆書法字帖之比賽**：如 1989 年 2 月由華藝硬筆習字會所舉辦的"全國硬筆臨寫傳統碑帖展覽"（雖名爲"展覽"，實先經過"比賽評選"）及 1989 年 9 月《中國鋼筆書法》雜誌社所舉辦的"全國鋼筆書法字帖大賽"。此種比賽在毛筆書法字帖

❾　龐中華事，見其北京函授中心所發廣告；黃若舟事，見《中國鋼筆書法》 1986 ： 3 ，頁 32 ；孫厚琦事，見 1993 年山東美術出版社其所出版字帖之〈序〉；錢沛雲事，見《中國鋼筆書法》 1988 ： 2 ，頁 10 ；鎮江師範學校事，見拙著《大陸各級學校書法教育之現況與特色分析》一書中該校書法教師劉龍先生所做簡介。

中是不曾見到的,此概因鋼筆興自近代,字帖亦多近人所書,但坊間字帖常良莠不齊,故須透過專家評鑑,提供學習者做正確之選擇。

㈡、**含硬筆書法項目之綜合性比賽**:如1995年3月,由歐陽詢書法協會等單位所舉辦的"首屆"洗筆泉"海內外書法邀請大賽",1995年9月由浙江省青少年宮協會等單位所舉辦的""西施杯"全國青少年書畫大賽"等,皆在其中設有"硬筆書法"一項。此類比賽甚多,據本書研究至少就有70次以上。

㈢、**純屬於硬筆書法單項之比賽**:如1987年6月,由上海生活技藝專修學校等單位所舉辦的"文明杯"鋼筆圓珠筆書寫大賽"。1987年7月,由《年輕人》雜誌社等單位所舉辦的"全國首屆年輕人硬筆書法大獎賽"。1990年12月,由中國硬筆書法家協會等單位所舉辦的"全國首屆園丁杯'三筆'書法大賽"。1995年8月,由《中國鋼筆書法》雜誌社等單位所舉辦的"第六屆中國鋼筆書法大賽"。此類比賽,據本書研究,至少就有81次以上。

㈣、**爲編輯作品集所舉辦之比賽**:如1995年10月,由《鋼筆書法報》社所舉辦的《硬壇十年-'95中國硬筆書法藝術精品大觀》之徵稿活動,1997年3月,由新長征民族文化藝術傳播中心等單位所舉辦的《中國硬筆書法大成》之徵稿活動。❿此種爲編輯硬筆書法作品集所做之徵稿活動,雖不名爲"比賽",但大多一如各種比賽之對全國作有公告、設有獎項、並有一定審核程序,具有"比賽"之實。

倘分析此四種比賽,㈡、㈢種屬於一般經常性的比賽,其比

---

❿ 見《中國鋼筆書法》1995:4,頁59;1996:5,頁64之徵稿啓事。

賽內容規定大致如下：

1.**主辦與協辦者**：通常由硬筆書法報社、雜誌社、社團及其上級指導單位、聯合企業贊助團體一起主辦，而由各省相關單位協辦。因此其比賽多冠上相關單位名稱、地點或特色，如“保險杯”即由保險公司贊助主辦；“運酒杯”即由安徽運酒集團所主辦；“淮河杯”即由安徽地區書法團體所主辦；“青春杯”即由《青春歲月》雜誌社所主辦。

2.**收件時間**：通常在公布後三個月截稿。

3.**作品件數**：通常二件，一件爲規定內容，一件爲自選內容；或一件爲臨書作品，一件爲自運作品。

4.**書體格式**：通常不限書體；格式大多訂在 16 開左右；所交兩件作品中，一件字數或定爲不得少於 200 字者，或定爲不得少於 500 字者。

5.**參賽評審費**：除了少數不收費外，幾乎都收有一定費額。

6.**所立獎項**：通常分少年（ 18 歲以下）、青年（ 35 歲以下）、中老年（ 36 歲以上）三組。並各設特獎、一至三等獎、（或金、銀、銅三等獎）、佳作及組織獎（組織 15 人或 20 人以上之團體），有時還設有園丁獎，獎勵組織團體參賽之指導老師；或設有特別獎，鼓勵在全國比賽中曾獲高名次者參加。

7.**作品處理**：通常都不退稿，近年已有少數將未入選者悉數退稿（如 1997 年 1 月，由四川省成都市青年聯合會等單位所主辦的“ 96 遠大魔具杯中國書畫大獎賽”），甚至還主動爲參賽者評斷等級（如 1994 年 9 月，由中國民族硬筆書法家協會等單位所主辦的“中國首屆民族杯硬筆書法藝術品位賽”）、朱筆點評寄回者（如 1995 年 8 月由顏眞卿書法學會所主辦的《當代臨書名精品大賽》）。

8.作品發表與出版：公告啓事中，大多言明評審後將出版書法集。若由報刊、雜誌社主辦者，則除了出有書法集外，並會將前幾名作品刊登於其報刊、雜誌上。

七、硬筆書法研討會之舉辦

理論的研討通常都在創作已到某種程度之後才會產生，大陸硬筆書法理論的研討還不多，到目前只舉辦過兩次，一次爲1987年5月在重慶舉辦的"中國硬筆書法全國學術理論研討會"，一次爲翌月（亦即1987年6月）在湖南長沙舉辦的"首屆中國鋼筆書法理論研討會"；次數雖不多，卻代表硬筆書法風氣的興盛，已由實踐創作走向學術理論討論的另一階層。

這兩次書法研討，第一次根據《書法報》1987年1月20日刊登的徵文廣告公布，內容大致包括："硬筆書法綜論；硬筆書法史論；鋼筆書法美學；鋼筆書法教學法；中外硬筆書法比較觀；硬筆與軟筆；書寫技藝縱橫談；書寫工具與其特色；書法心理學；筆跡學；鋼筆書法與智力開發；硬筆書法教學法；名人鋼筆書法鑑賞"等十三個專題。又根據《中國書法今鑑1949～1990》一書〈書壇紀事〉記載，該次研討會共有80多人參加，會中除交流23篇論文外，並通過了"漢字硬筆書法作品科學評定方案"一文。

第二次研討會，根據《中國書法今鑑1949～1990》一書中〈書壇紀事〉與《中國鋼筆書法》1987年第4期報導，共收到論文300多篇，在大會中交流29篇。研討內容主要包括"鋼筆書法發展史、硬筆書法史、鋼筆書法與毛筆書法、篆刻藝術的開展、鋼筆書法的技法"，另外會中並就"硬筆書法的本質、特性、硬筆書法實踐中的新課題研究、硬筆書法理論研究趨勢"等問題進行討論。會後結論，黃若舟教授作總結說：「問題提了不少，可還不能說已真正解決了問題」。此正是硬筆書法在蓽路藍縷，以啓山林中的寫照。

參、大陸硬筆書法藝術活動之特色分析

考察近十多年來大陸硬筆書法活動蓬勃發展之現況，發現有下列九點特色，今深入分析如下：

一、崛起於江浙地區之特色

凡學術風氣或藝術熱潮的產生，都必須有「天時、地利、人和」三個條件密切配合，始能達成，而其中「人和」最爲重要。考察大陸硬筆書法熱在大陸蓬勃燃起，江浙（包括上海）地區相關人才的開頭帶動與傳播之功，在全國三十個省市自治區中，甚爲顯目。

如 1982～1985 年是大陸硬筆書法熱潮燃起的關鍵年，其間大陸有史以來的前三次全國性硬筆書法比賽，全是由在浙江杭州的《浙江青年》雜誌、《東方青年》雜誌所舉辦。其一等獎得獎者，1982 年的比賽未得其詳，1984 年的比賽前十名中，江浙人才就占了一半（浙江：任平、王正良、倪偉林；上海：顧仲安、張月朗）⓫。1985 年的比賽，特等獎 10 名，江浙人才占了三位（江蘇：馬明；浙江：任平；上海：顧仲安）；一等獎 50 名，江浙人才占了 24 位（江蘇：華繼善、鞠如凡等六位；上海：林似春、錢沛雲等四位；浙江：楊爲國、王正良等十四位），⓬ 這些「新

⓫ 詳細名單見＜全國首屆青年鋼筆書法競賽圓滿結束＞一文，《中國鋼筆書法》1985：1，頁23。
⓬ 詳細名單見《中國鋼筆書法》1986：2，頁30，＜中國鋼筆書法大賽獲獎名單＞

秀"帶動大陸硬筆書法的熱潮，如今（1997 年）都已成了知名的
硬壇"悍將"。如任平現爲杭州大學東方書法文化研究中心主
任；王正良現爲《中國鋼筆書法》雜誌社主編，《中國鋼筆書
法》刊授中心校長；其他林似春、楊爲國、錢沛雲、王群力……
等等，亦都出有暢銷全國的硬筆書法字帖。即以錢沛雲來說，其
在1985年至1987年間，共出版了七本鋼筆字帖，其中《鋼筆字技
法舉要》被評爲全國暢銷書，行書代表作《中學生鋼筆字帖》發
行量達一百四十萬册，足見其影響**⑬**。

　　若以硬筆書法的先行者來說，鄧散木（1898－1963）是上海
人、白蕉（1907－1969）是上海人，黃若舟也是上海人。黃若
舟，他是上海師範大學藝術系教授，是中國現代鋼筆字快寫的最
早研究者，早在1939年就出版了普及漢字快寫的《通書》，迄今
已出版了一千三百萬册，四十年代又出版了《漢字快寫法》一
書，文革後再版，迄今也出版了三千萬册，在大陸凡研究硬筆書
法者，幾乎人手一册；1986年大陸中央電視台還請他開了"漢字
快寫法"課程，且列爲中央電視台大學文科類學生的必修課，這
對於八十年代初期硬筆書法剛起步的階段，無疑在普及教育方面
起到了極大的推波助瀾的作用。**⑭**

　　再若以大陸第一個地方性研究硬筆書法的組織－1981年創立
於上海的"晨風鋼筆字研究社"、第一個全國性研究硬筆書法的
組織－1984年創立於杭州的"中華青年鋼筆書法協會"、第一個公開

---

⑬　詳見〈錢沛云〉一文，《中國鋼筆書法》1988：2，頁10。
⑭　詳見《上海鋼筆書法名家精品選》頁69〈實用、藝術、普及、提高－
　　　訪黃若舟教授〉，（學林出版社，1992）；張小林、妥錄〈刻意求工殊
　　　乏天趣－評當代硬筆書法家黃若舟〉，（《中國鋼筆書法》1996：3，
　　　頁19）；吳身元〈硬筆書苑常青樹－再記漢字快寫法創始人黃若舟先
　　　生〉，（《中國鋼筆書法》1997：1，頁4）

發行的全國性硬筆書法雜誌－1985 年發行的杭州《中國鋼筆書法》，亦都設立於江浙地區，而擴大爲會員、讀者、刊授學員遍佈全國各地之情形，凡此皆足以見大陸硬筆書法風氣之崛起於江浙，並以此地爲中心，輻射發展於全國之特色。

二、由"快速"走向"速成"之特色

　　1995 年暑假，筆者在大陸考察書法研究及教育情形，發現大陸硬筆書法界突然湧出了大批"快寫"乃至"速成"的字帖；走訪上海《寫字》雜誌社，亦赫然發現"（席殊）3S 習字專門學校"（全稱爲" 3SFM "，即以實用〔S〕、速成〔S〕爲目標，直接學習實用硬筆字〔S〕，採用範字訓練〔F〕和摹帖訓練〔M〕相結合的教學方式），也設在此地。但見堆滿速成習字教材的狹小辦公室裡，其行政人員正忙碌地與大批前來報名的學員穿梭接洽的情形，印象極爲深刻，從中亦見證了大陸硬筆書法興盛普及，及由追求"快速"走向"速成"的事實。

　　硬筆書法以其方便、快速，在實用的領域上，取代了毛筆，也爲了讓學習者少走彎路，邁向捷徑，早在 1939 年上海師範大學藝術系黃若舟教授就出版了一本普及漢字快寫法的《通書》；其後在 1958 年又出版了一本《漢字快寫法》；迄 1997 年，又陸續出版了《怎樣快寫鋼筆字》、《黃若舟快寫法》、《漢語快寫法》等書。因此黃若舟先生若被稱爲大陸硬筆書法"快寫"風氣的鼻祖與推動者，應該當之無愧。

　　1989 年至 1995 年可說是大陸硬筆書法教育由追求"快寫"走向追求"速成"的狂飆期，各種"快寫"及"速成"硬筆教材蜂湧而出，掀起了一股鋼筆字先由"快寫"而後走向"速成"的熱潮，以筆者手邊書籍及所見書目爲例：

1. 《鋼筆行書速成習字帖》，張索，1989，上海書店。
2. 《鋼筆字快寫法》，王寶洺，1990.2，農村讀物出版社。
3. 《常用漢字快寫法》，唐光志，1990.6，中國青年出版社。
4. 《實用鋼筆書法速成教程》，黃全信，1993.4，中央民族學院出版社。
5. 《鋼筆正楷 77 天便捷速成法》，劉大衛，1993.6，中央民族學院出版社。
6. 《實用鋼筆書法 60 天速成技巧》，王樹鋒，1994.5，哈爾濱船舶工程學院。
7. 《鋼筆書法半月通》，張金標，1994.6，延邊大學出版社。
8. 《回宮格百日練習速成 (常用 5000 字)》，楊為國，1995，長春出版社。
9. 《 99 天鋼筆字速成練習法》，北京硬筆書協，1995，北京體大出版社。
10. 《 31 字鋼筆字速成練習法》，北京硬筆書協，1995，計量出版社。
11. 《新 99 鋼筆字練習法‧行楷》，楊再春，樂天，1995，北京體大出版社。
12. 《席殊實用字 60 小時訓練》，席殊，1995，江西美術出版社。
13. 《初中生硬筆書法速成講座》，吳玉生，1995，農村讀物出版社。
14. 《高中生硬筆書法速成講座》，吳玉生，1995，農村讀物出版社。
15. 《青少年硬筆正楷習字帖》（ 50 天速成法），王海艦，印刷工業出版社。
16. 《硬筆行書字帖》（ 50 天速成法），王海艦，印刷工業出版社。

　　以上 16 本書目，不是標榜＂快寫＂，即是標榜＂速成＂。 此現象大陸學者李尚軍亦撰文敘述曰：＂近幾年，社會上掀起了一股鋼筆速成熱，且一浪高過一浪，先是半年速成，繼而百日速成，99 天速成，77 天速成，60 天速成，甚至 60 小時，16 小時速成。＂ ⓯

⓯　見李尚軍〈 90 天、 60 天、 30 天、 60 小時－近年鋼筆字速成研究評述〉《中國鋼筆書法》 1995：3 。

　　即以辦學嚴謹的《中國鋼筆書法》刊授中心來說，在 1995 年的招生簡章上都還要註明爲：“學習期限不得少於四個月”“不是速成敎學”，但至 1996 年就擋不住此一社會風潮，於“基礎班”、“提高班”、“名師指導班”外，另開了一班學期爲兩個月的“實用字速成班”。**⓰**

　　分析由“快寫”走向“速成”的風氣，可以發現兩個現象：*1.* “快寫” 風氣在前，“速成”風氣在後；*2.* “快寫”內容多爲草書，“速成”內容多爲行書。如時間較早的黃若舟曾自述云：“一個漢字用一筆完成叫漢字快寫”，“一個詞語用一筆完成叫漢語快寫”**⓱** 。可見其所謂快寫“者，乃爲俗稱“一筆書”的草書；另外在 1990 年出版，王寶洺的《鋼筆字快寫法》亦爲草書。然則草書快則快矣，但一般人難以辨識，不易普及。因此往後的硬筆“速成” 風氣，則多不主張練習草書，而主張練習行書，綜括其主張，可以發現以下四個特色：

㈠、強調學“寫字”而非學“書法”

　　寫字是實用，書法是藝術。在硬筆書法發展過程中，曾有很長一段時間都在爭論“硬筆書法是一種藝術嗎？”，至“速成”諸敎材出現，此問題終有一個明確的抉擇，它是爲現代忙碌的人，能急切練得一筆規範、清楚、熟練的字而設計的訓練；是爲了實用，不是爲了藝術；是爲了培養“能寫好字的人”，而不是爲了培養“書法家”。

㈡、主張從“行書”入手

⓰　見《中國鋼筆書法》 1994：5，頁 39；1996：2，末頁；1997：1，末頁廣告。

⓱　見吳身元＜硬筆書苑長青樹-再記漢字快寫法創始人黃若舟先生＞，《中國鋼筆書法》 1997：1

漢字由篆及隸，由隸變草，由眞入行，都是爲了速度的需要。草書很快，但是不易辨認；現代人多用楷書，但在日常書寫應用上總會帶一些"行意"；楷書不若行書快，況且行書亦與楷書相近，因此"速成"諸教材多使用"行書"作爲訓練的目標。

(三)、選擇"實用字"入手

雖是求"速成"，但仍須有"法度"，因此必須從規範漢字入手，然漢字數以萬字，自不便全學。書家們通常選擇一些"實用字"做重點練習。如有的選了 3500 字（國家語言文字工作委員會和國家教育委員會公佈的 2500 個常用字及 1000 個次常用字）；有的選擇了 1000 個常用字；有的選擇了 750 個常用字；有的選擇了 150 個或 100 個獨體字或偏旁部首**⓲**。

(四)、編排特殊的臨摹方式

"速成"訓練，通常不臨毛筆字帖，而直接在硬筆字帖上描與摹，且編者爲了打破臨摹者的慣性動作，通常都會參考教育學、心理學等原理，巧心設計字帖（亦即"作業簿"）摹寫的位置，如張索之《鋼筆行書速成習字帖》即提出"強化練習法"、劉大衛之《鋼筆正楷 77 天便捷速成技巧》即提出"平行線練習法、寶塔式練習法、矩陣式練習法、捲地毯式練習法"等四種練習法。

近十年來大陸硬筆書法學習風潮之從"快寫"追逐到"速成"，在短時間內確實可以達到寫字規範與普及的效果，但一味追求速成，而忽略習字藝術性的導向，所出版帖字，亦多字體不甚美觀，而頗受許多書家非議。但從社會上硬筆書法速成班、速成字帖的不斷出現，亦可見其全民普及與熱烈參與之盛況，此亦

⓲　同**⓯**

大陸硬筆書法發展之一大特色。

三、直寫之外多存橫寫之特色

從先秦金文以來，漢字即採用從上到下、從右至左豎行書寫，直至鋼筆從本世紀初傳入中國，也多採用直行書寫形式－如中國的第一本硬筆書法字帖－1935 年出版的陳公哲的《一筆行書鋼筆千字文》，即是以蘸水鋼筆豎行寫成；其後 1949 年鄧散木、白蕉合寫的《鋼筆字範》，其書法與文字亦按傳統習慣豎排。直到 1954 年沈六峰的《鋼筆字的練習和寫法》，範字以楷行二體對照，始採用橫寫形式，與當時大陸報刊印刷從豎行變爲橫行的改革同步。

觀察大陸近二十年來書法創作形式，可以發現毛筆書法仍多爲直寫，極少橫寫；相對的，硬筆書法在比賽作品中，雖直式書寫仍占多數，但橫式書寫亦不少，形成大陸硬筆書法極顯著的特色之一。其原因至少有四：

*1.*鋼筆從西方傳來，書寫時借鑑了西方由左到右橫式書寫的寫字特徵。

*2.*吾人以右手書寫，由左到右橫寫，符合生理要求，旣不影響視線，也不會把字跡擦動模糊。

*3.*硬筆書寫的點線相對毛筆書法而言，所占的組合空間和面積較小，橫式章法不至隔礙，亦能盡情揮灑。

*4.*大陸一般出版品，除古籍外，已大多採用橫式排版，一般民間書信、學生筆記亦已採用橫式書寫。

另外觀察大陸硬筆書法橫寫格式，亦可發現其書寫位置常在界欄之中間，或界欄之下半，緊靠底線書寫；而且字距緊、行距鬆；字體以行草書居多。此概因硬筆書法的產生與發展，乃是植基於其"實用"、"快速"、"簡便"的優勢之上，用橫寫，兼有種種方便，因此形成較之毛筆書法橫寫作品爲多之特色。

四、工具大膽改革，仍以鋼筆爲主之特色

創作工具大膽改革，創作思路不斷拓寬，試圖在工具"硬"的特質上，找出硬筆書法獨特的藝術表現之路，是大陸硬筆書法工作者一直努力的目標。其創作工具，除了常用的普通鋼筆、原子筆、美工筆外，其他工具如刀片、烙鐵、竹片、樹枝、火柴棒、指頭、塑膠……等等，皆見嘗試，充分表現其在材料上的選擇與硬筆書法發展方向的用心良苦。

然觀察大陸社團組織研究硬筆書法的方向及所出版的書籍刊物，可以發現，大陸硬筆書法界仍是以鋼筆爲主，其他硬筆工具爲輔的特色。

如 1984 年 11 月成立的"中華青年鋼筆書法協會"，其在章程中即直接說明此會的研究重點："中華青年鋼筆書法協會以推廣和研究鋼筆書法爲主，同時開展對圓珠筆、鉛筆、羽管筆、塑料筆、竹木筆、炭筆、粉筆等其他硬筆的探討和研究"；即其會刊《中國鋼筆書法》，也是以鋼筆作爲名稱，足見其以"鋼筆"書法爲研究之目標❶。

至於其他全國性社團，除了"中國鋼筆圓珠筆書法研究會"，乃直接標榜以"鋼筆""圓珠筆"書法爲研究對象外，則皆以廣泛的"硬筆"二字爲名稱概括其研究推廣範圍（詳見本章貳之一內容），然根據筆者在大陸所購買及所見到的硬筆書法教程、字帖、字典、作品集等，不下一百本，其內容除了少數二三本是直標爲"粉筆字""板書"者外，大部分即使書名是直標爲"硬筆

❶見＜中華青年鋼筆書法協會章程＞，《中國鋼筆書法》1985：3

書法"者，內容亦多爲鋼筆字。

　　其所以如此以鋼筆爲主要發展對象之原因，或許因鋼筆使用壽命長、出產多、價錢便宜、易寫、流暢；原子筆（大陸稱爲"圓珠筆"）價錢與普及品的鋼筆相若、使用壽命短、價錢貴；而且鋼筆種類多、彈性好、能寫出一定張力的線條；而原子筆筆尖硬、彈性弱、不易表現書法線條的藝術美；至於其他硬筆工具則使用不穩、不便，皆爲缺點，因此從 1982 年硬筆書法熱潮初起迄今，一直都仍以鋼筆爲主要表現工具。台灣日常書寫工具多以原子筆爲主，使用鋼筆者少，大陸正好相反，此亦爲大陸硬筆書法藝術發展中的特色之一。

五、組織、刊物、刊授三合一聯合推動之特色

　　考察研究大陸書法熱之沸騰，發現"組織"嚴謹的策劃執行、"刊物"的配合、"刊授"或"函授"等教育的落實，三者合力推動是重要原因與特色。如在硬筆社團中，中國硬筆書法家協會之有《中國鋼筆書法》雜誌與刊授中心之配合；一般性社團中，如中國書法家協會之有《中國書法》雜誌與培訓中心之配合；其他成功的地方性社團組織，在地方上推展活動，亦常有此類情形。只是具有此三種條件並能緊密結合協會會員、編輯、書家與學員，上下內外打成一片者，這在各種藝術團體中還是少見的，然在硬筆書法界中卻常見此現象。

　　以中國硬筆書法家協會、《中國鋼筆書法》雜誌、《中國鋼筆書法》刊授中心三者配合推動"全民習字教育工程"的作法爲例：首先，此協會初成立時的主要成員，是建立在 1982 、 1984 兩次全國性硬筆書法比賽、滿 18 歲的青年得獎者爲基礎所構成的。協會成立後，繼而共同策劃、執行各項既定工作目標；創立《中

國鋼筆書法》雜誌。除在靜態上發表作品、論文、書學知識等內容外，還開闢了編輯、書家與讀者熱切交流的管道，如 1985 年開闢了「服務台」；1986 年開闢了「診療所」、「寫字病院」；1988 ～ 1992 年開闢了「作品賞析」、「來稿評析」；1988 ～ 1995 年開闢了「古帖臨寫」、「古帖競臨」、「古帖競評」等欄目。由最初單由一位書法家擔任"主治大夫"，後因問病求醫者眾，而成立了"醫療院"，最後甚至發動全民參與，互相品評討教，乃至於 1996 年更發動"硬筆書友聯誼會"活動，建立會員檔案，印發《聯誼會手冊》，並在雜誌上專闢「聯誼會沙龍」，介紹會員發展近況、地區集體聯誼活動情形、交流會員間同臨一種帖或一種書體的經驗感受等。其間又設立了"刊授中心"，讓雜誌與刊授教育密切結合，學員可以從雜誌中吸取需要的營養，在透過刊授教材的指導、教師對作業的評改、疑難問題的分析解答，以獎品、獎狀、公開表揚等方式鼓勵優秀學員，並將優秀作品登刊於雜誌上，推薦優秀學員加入協會，介紹給社會大眾。

如此組織、刊物、刊授三者有機的結合，發掘了不少硬筆書壇的新秀，培養了不少硬筆書法方面的人才、明星與教師，在良性循環下，推動了大陸十多年來硬筆書法迅速而不間斷的熱潮。這是大陸硬筆書法發展中，為其他藝術種類所不具的優良條件與特色之一。今為清楚說明此關係，特製圖說明如下❷：

---

❷ 參考①〈中國硬筆書法家協會章程〉，《中國鋼筆書法》1989：3；
②《中國鋼筆書法》1985 ～ 1997 年各期欄目；
③〈硬筆書友聯誼會啓事〉，《中國鋼筆書法》1996：3；
④〈聯合推出全民習字教育工程〉，《中國鋼筆書法》1996：2；
⑤〈中國鋼筆書法刊授中心優秀學員獎勵暫行條例〉，《中國鋼筆書法》1996：3；
⑥〈硬筆書友聯誼會啓事〉，《中國鋼筆書法》1996：3。

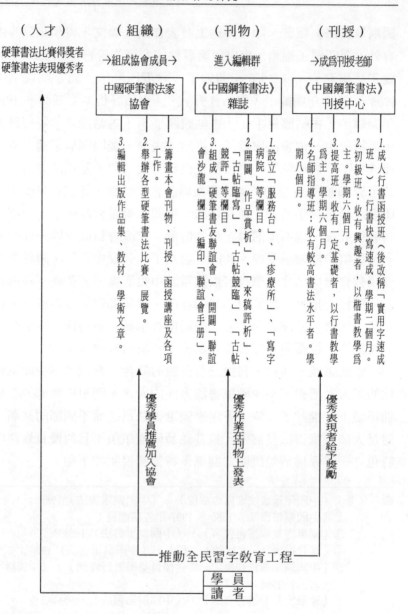

（人才）　　　（組織）　　　（刊物）　　　（刊授）

硬筆書法比賽得獎者　　→組成協會成員→　　進入編輯群　　　→成爲刊授老師
硬筆書法表現優秀者

中國硬筆書法家協會

《中國鋼筆書法》雜誌

《中國鋼筆書法》刊授中心

中國硬筆書法家協會

1. 籌畫本會刊物、刊授、函授講座及各項工作。
2. 舉辦各型硬筆書法比賽、展覽。
3. 編輯出版作品集、教材、學術文章。

《中國鋼筆書法》雜誌

1. 設立「服務台」、「疹療所」、「寫字病院」等欄目。
2. 開闢「作品賞析」、「來稿評析」、「古帖臨寫」、「古帖競臨」、「古帖競評」等欄目。
3. 組成「硬筆書友聯誼會」、開闢「聯誼會沙龍」欄目、編印「聯誼會手冊」。

《中國鋼筆書法》刊授中心

1. 成人行書函授班（後改稱「實用字速成班」）：行書快寫速成。學期二個月。
2. 初級班：收有興趣者，以楷書教學爲主。學期六個月。
3. 提高班：收有一定基礎者，以行書教學爲主。學期六個月。
4. 名師指導班：收有較高書法水平者。學期八個月。

優秀學員推薦加入協會

優秀作業在刊物上發表

優秀表現者給予獎勵

──推動全民習字教育工程──

學　員
讀　者

六、比賽者眾，作品分級分段鼓勵之特色

　　觀察大陸硬筆書法學習熱潮，可從各項比賽參與的人數及投稿件數上見其端倪。如 1982 年在杭州舉辦的第一次全國青年鋼筆書法比賽，參賽者及收入作品爲 2 萬 2 千多人、10 萬多件，到 1984 年杭州的第二次比賽達 30 多萬人、30 多萬件，到 1985 年杭州的第三次比賽就多達 50 萬多人、100 多萬多件。四年之間，人數從 2 萬 2 千人到 30 多萬人到 50 多萬人，件數從 10 萬多件到 30 萬多件到 100 多萬件，其幾何級數的增長數字，令人驚嘆。即使是以後的數十次全國性硬筆書法比賽，每次參與人數也多在數萬人以上。此爲一般文藝性比賽所難見的景象。

　　又爲了激勵學習硬筆書法參與比賽的風氣，有些比賽在徵稿啓事上還提供評定等級的服務，並且申明"每函必覆"。如《青少年書法報》所舉辦的幾次比賽，將作品分爲九級（一～九級）、六段（一～六段）、三品（能、妙、神三品）；"中國'民族'杯硬筆書法藝術品位賽"將得獎作品分爲上品（1－3 段）、精品（4－6 段）、能品（5－7 段）、妙品（7－8 段）、神品（8－9 段）、逸品（超一流）等階段；"第一屆'文華杯'全國硬筆書法段位大獎賽"將得獎作品分爲 1～9 段等等。皆是激發學習、鼓勵向上的有效方法。此亦大陸硬筆書法蓬勃發展中的特色之一。

七、實用爲主，猶須借鑑毛筆書法之特色

　　硬筆書法（主要是鋼筆、原子筆）由於其具有簡便、隨時可練、容易入門等實用性，因而在現代漢字書寫上居於主導地位。然而從鋼筆傳至中國以來，硬筆書法始終離不開毛筆附庸的情

形，仍極爲明顯。

　　若從實踐歷史上言，從四五十年代的白蕉、鄧散木所編寫的
《鋼筆字範》（1949年，萬象書屋圖書館印行）上，可以看到他
們猶然採用毛筆運筆"欲左先右"，"欲上先下"的藏鋒技法；
直到八十年代龐中華的《談談學寫鋼筆字》（1980年初版，1986
年天津人民美術出版社出版修訂本）雖已加入露鋒（或曰順鋒）
技法的闡述，但大致仍是脫離不開從毛筆書法"中軸線"中提取
毛筆中所謂的"骨"的運筆形式，即以觀察目前硬筆書法的創
作，仍多不出於：1.注重點畫美和結體美，有明顯的提按頓挫，
有如毛筆字的縮影者；2.略帶筆意、強調結體美，運筆較快、沒
有明顯的提按頓挫者；3.用竹筆、木筆等工具書寫；注重結體
美、線條變化與墨趣者等三種類型，而此三種類型皆可看出其仍
脫離不開毛筆書法的痕跡。再者若從實踐內涵上言，硬筆書法除
了還須依附毛筆之技巧外，還有對毛筆法帖的依附、對毛筆理論
的依附、對毛筆書家參預與支持的依附等等條件，都可發現至少
在目前現階段上，硬筆書法猶須借鑑依附毛筆書法的事實。

　　《中國鋼筆書法》1995年第四期刊登一篇王先鋒〈硬筆書法
不能成爲毛筆書法的附庸〉的文章，內容說明硬筆書法具有"筆
跡清晰，輕重分明，挺勁清秀；有粗有細，變化而不懸殊；有按
而不肥，無圭角；有頓而飽滿卻無臃腫；有中鋒運筆的美感、而
無側、偏鋒的敗筆之狀"等優點，"可以給予人們一種不同於傳
統毛筆書法的全新刺激"，因此主張硬筆書法應該脫離毛筆書法
的附庸性格，並云"一味刻意追求毛筆書法所表現的東西，……
硬筆書法會失去因其'硬性'特點而獨具的藝術魅力"。倘然再
觀察目前硬筆書法之運用各種竹筆、木筆、紙筆、彎頭筆、白
粉、顏料、蠟燭等工具，無所不用其極的嘗試各種技巧，亦無不

是試圖突破毛筆書法藩籬、獨創硬筆書法新境界的一種表現。然而冷眼以觀硬筆書法的產生，從甲骨文之用鋼刀刻在硬的龜甲獸骨上，因其筆法單調而漸被毛筆書法所取代，如今經過兩千多年來，多少書法家的實踐、創造、累積終於能形成一套完美的漢字書寫技巧規範，產生"書法"此一獨立藝術門類，並有其理論架構；而硬筆書法畢竟是本世紀初才從西方傳入，在實用性上雖占優勢，在藝術性上卻遠不能與毛筆相比，因此如何把握硬筆書法實用的特性，同時借鑑於同樣講求漢字線條美、結構美、章法美的毛筆書法，而逐步探索、開拓其獨特藝術表現的新空間，是目前大陸硬筆書法界大部分書家所主張的方向，也是大部分作品所表現的方式。

　　硬筆書法雖以實用為主，但目前尚不能脫離毛筆書法為其創作之借鑑，是大陸硬筆書法藝術發展的事實，也是特色之一。

八、組織過多，呈現會員浮濫之特色

　　大陸硬筆書法在 1980 年左右，由龐中華先生四處奔走，率先在大陸掀起了硬筆書法熱潮，此後社團組織林立，如上海"晨風鋼筆字研究社"、河南"中華鋼筆書法協會"、廣東"廣州鋼筆書法研究會"、杭州"中華青年鋼筆書法協會"……相繼創立，迄今頗富盛名的，至少就有十四個之多，名稱具見本章貳之一敘述。而分佈於各省市自治區的分會及小社團更是不計其數，翻開 1992 年浙江大學出版社所出《中國硬筆書法家辭典》上、下冊，凡收編介紹者，無不皆隸屬某個硬筆書法組織，甚至隸屬三、四個組織者亦不在少數。

　　而此山頭林立，會員浮濫的現象，引起有識之士諸多非難，如《中國鋼筆書法》雜誌 1992 年第 5 期，趙繼明撰〈關於當前的硬筆書法組織〉一文批評云："大多協會在全國省、市、縣還設立了分會，可謂協會林立，各霸一方。出現了只要是硬筆書法愛好者，都掛有"'×××硬筆書法協會'會員頭銜的現象，更有甚者，一些剛入門的硬筆書法愛好者，就是'全國××硬筆書法協會'的會員或理事，令人啼笑皆非。似乎只要願意交錢，就可以成為會員，發給會員證。"另外《書法導報》1997年5月7日王運智亦撰〈硬筆書界，誰能封"家"〉一文批評此現象，其文云："十餘家全國性硬筆書法組織，……互不往來，……各自為政，各據一方，東家搞全國展，西家也辦環球賽，賽後各會競相發展會員，以致會員登記表漫天飛舞，會員之間更是認為半斤八兩，級別相當（都確認自己是國家級），因此也就互不賣帳，雞犬之聲相聞，老死不相往來！"

　　觀察大陸正規書法組織，國家級官方書法組織，如中國書法家協會；地方性官方組織，如河南書法家協會；純民間書法組織，如標準草書協會等，凡入會者都須提出作品或論文，經過嚴格審查制度考核，因此其具有"某會會員資格"即為具某種身份榮譽的象徵。而硬筆書法組織過多、會員入會浮濫、致使此身份相對"折價"，不如毛筆書法組織值錢，此亦算是大陸硬筆書法藝術活動發展中的一大特色。

九、出版品良莠不齊之特色

　　大陸硬筆書法方面的出版品，大約可分為三種：㈠、純為硬筆字帖者；㈡、純為硬筆教程，兼附例字者；㈢、前半為教程，後半為字帖者。筆者在翻閱了一百多本的硬筆書法出版品後，發現其中存有良莠不齊之現象，且粗劣情況不少，如：*1.* 字小、紙粗、印刷模糊：此或因物質條件不足之故，然對初學者臨帖觀摩，極為不利。*2.* 書名與內容名不符實：如書名曰《硬筆書法欣賞》、《硬筆書法臨習與欣賞》，內容卻只有簡單的例字或作者本人的作品，全無文字、或甚少文字作臨習導讀，並且作品低劣，全無"欣賞"之價值。*3.* 徵稿草率，出版過速：如報刊媒體常刊登某些硬筆書法作品集"徵稿函"，其形式與書法比賽之徵件相似，卻都要交上一筆定額的評審費。於是某些不負責任的編者與出版社，便利用一些作者漁名好利之心理，好像"誰交錢就能入選"、"草率一編，交到出版社就完事"、"生產速度之快令人應接不暇，且一部比一部牌子大，但質量卻一部不如一部" ❹，因此有些號稱"硬筆書法家作品大展精選"、"硬筆書法精萃"的出版品，既不見其"精"，也不見其"萃"，卻見許多名片上"硬筆書法家"滿街都是，令人慨嘆。

　　《中國鋼筆書法》1990 年第二期刊載大陸硬筆書法界曾舉辦"全國鋼筆書法字帖大賽"，選出"最佳字帖"、"最佳作者"、"最佳封面"、"最佳編輯"各若干名，衡諸目前大陸硬筆書法出版品草率泛濫之現況，此舉實屬必要。而此現象，亦算是大陸硬筆書法藝術活動發展中，特殊的特色之一。

肆、結語

　　硬筆書法以其實用性而兼有藝術性的特質，從 1980 年前後開始掀起大陸全民學習的熱潮，雖然其邁向藝術之路，尚在諸種嚐試與努力之中，尚無法完全脫離對毛筆書法的依賴，然其在普及

---

❹　見劉小龍〈硬筆書法典集低劣剖析與改良〉《中國鋼筆書法》1995：4

全民書法教育的推廣上，如社團的設立、工具的多方嚐試、專門刊物的發行、大衆教材的出版、各種面授函授刊授學校的舉辦……等等，都已做出了許多可觀的成績。目前台灣硬筆書法除了小學在“寫字”教育及師範院校在“粉筆板書”上較重視外，幾乎普遍受到忽視。如何借鑑大陸既有的經驗與成果，妥適思考台灣硬筆書法教育發展的前途，並落實在個人與社會的實踐上，是從事書法教育工作者責無旁貸的責任

第七章　結論－綜合評估與建議

　　大陸書法熱潮乍起於文革內亂後的荒漠之中,從文革結束後迄今的復甦期、發展期、高潮期、百花齊放多元期,總體來說,其各方面成就在歷史上都算是空前的,但在這期間也產生了不少弊端,如在書法創作上,只注重形式、技巧,而忽略精神素質和文化修養,或一味模仿名人、評審的作品,或一味粗率膚淺地追求新、奇、狂、怪的作風,看行情、趕時髦、追時尚的流行書風充斥書壇;甚至有些人本身書法水平就差,又缺乏自知之明,偏偏熱衷於出字帖,出版社爲了經濟效益,亦不加揀擇地隨意出版,誤人子弟莫爲此甚。而在書法理論上,硬搬書法理論,長篇累牘,故作深奧,讓人如入五里霧中,抓不著重點者亦有;以收參評費爲目的所設的書法比賽騙局,屢見報端;書法家協會濫收會員,甚至有捐多少錢就可以當上協會名譽主席、常務理事等"賣官"情事發生;社會上有健全的右手,卻偏要左書、口書、腳書、鬍鬚書,雙手持筆雙管齊下、持巨筆書寫"世界之最"的巨字或長卷,從而把書法這一高級藝術降低到"耍把式"的程度;入選比賽,便可稱爲"書法家",連小朋友都入"書法家名錄"中,書法的尊貴莊嚴性無端地被踐踏,因此著名書法理論家祝嘉先生乃有〈書壇感懷〉的四絕句之作,大力評擊此不良現象,其詩云:"寶劍緣何用木雕,分明狗尾都稱貂。紛紛都是一丘貉,費盡精神也雪消。""今日書壇別字多,塗鴉亦可換籠鵝。妖風暫奪當前夢,夢想吹來作巨波。""江湖市儈亦書家,瘴氣烏煙競自誇。魚目珍珠應有別,紙花也算做名花。""《三通》《四史》義如何?今日書壇南郭多。不是濫竽圖一飽,且尸高位且揮戈。"❶上海《新民晚報》亦曾載魯兵的一首詩，譏評飲於蘭亭而自命爲書法大師者，其詩云"雅集何妨逞一辭，酒酣正是畫符時。居然不辨天與大，錯把天師當大師。"❷

　　然而縱管如此，他山之石，仍多有可以取爲我用之處，畢竟大陸書法藝術從文革後蓬勃發展，已紮紮實實走過二十年輝煌的歷史，如何截長補短，仍是須要我們理性對待的。底下提出個人對大陸書法藝術活動所作之評估，與對台灣書法藝術活動所作之建議。

壹、對大陸書法藝術活動之綜合評估

　　透過以上有關大陸書法社團、書法研討會、書法刊物、全國性書法比賽、硬筆書法藝術活動等五方面的全面考察研究，發現其中若干特色頗具參考價值，今特摘列出來，簡述如下：

一、可供臺灣書法教學之參考者

　　1.書法教學經驗交流會的舉辦：在臺灣不管正規學校或業餘書法班的書法教學，都仍處在各自爲政的情形下進行，彼此甚少互通訊息。而在大陸，各校從事書法教學者，則常會聚集一處，進行書法教學或書法教學理論的研討，彼此交流大綱、材料、分享心得，共同討論書法相關問題，培養共識，這項措施頗具意義，值得從事書法教育者之參考。

　　2.硬筆書法之重視：在臺灣，除了小學語文課特別注意"寫

---

❶　見朱延春〈師座春風悲已遠-緬懷先師祝嘉先生〉一文所引，《書法導報》1996，1，10。

❷　見陳聲桂〈中國"書法熱"特寫〉一文所引，《書法博覽》1990，頁236。

字"、師範院校特別注重粉筆字板書的書寫外，硬筆書法普遍不受重視，尤其近年來電腦興起，能寫出一手好字的人更少，遑論毛筆的藝術創作了。反觀大陸，自 1981 年左右，各種硬筆書法字帖、各種硬筆書法比賽、各種硬筆書法社團、各種硬筆書法學術研討會、各種硬筆書法報刊雜誌紛紛出版、創立與舉辦，其全民重視，掀起的風潮，盛況不下於毛筆書法。硬筆書法實用而易練，大陸在這方面已有許多成果，宜爲臺灣書法教育界重視。

二、可供臺灣舉辦書學研討會之參考者

1.論文採用特約與公開徵稿的方式徵集：在臺灣，大部份學術研討會的論文都採特約方式徵集，非學界或與主辦單位有關人士，很少有機會發表。在大陸則大多採用"廣泛公開徵稿和少數特約邀稿"的方式進行，其公開徵文多刊在各報刊雜誌上，明訂徵稿緣起、範圍、論文要求、截稿日期、寄送地點等，時間短則二個月，長則一年，但以半年左右爲多。雖然特約方式較能保證論文品質，但以公開廣泛徵稿方式，一者可免遺珠之憾，再者也可促進全民對書法理論的關注與涉獵，不失爲兩全之策。

2.會議採用報告討論與論辯方式並行：在臺灣大多數的學術研討會都採用論文宣讀與討論方式進行，通常一場研討會討論二到三篇，宣讀時間共約 100 分鐘，討論時間共約 30 分鐘。因此一篇論文能分到的討論時間甚少，許多問題往往不了了之，或到會後私下再作討論。在大陸，於 1987 年之前，則多採用論文宣讀、分組專題討論、小組大會彙報的方式進行，氣氛溫和；但從 1987年以後開始有書法學術"論辯會"的產生，起初採用集體質疑和集體答辯的方式進行，但到 1993 年以後則嘗試兩種方式，一種是一場四人，每人用 10 分鐘宣讀， 30 分鐘（或 40 分鐘）答辯，爲

"台上論文宣讀者主辯與台下提問者對辯"（也容許主辯者之間、提問者之間互辯）方式進行；一種是在所有入選論文中，選出大家普遍關心的論文，徵得作者同意後，由作者擔任主辯，同時可以尋找與自己論文研究方向相近的代表一人或多人助辯，在大家分組交流討論和從容閱讀後，一場三組人，由一位主持人主持論辯。這種對答辯者、質詢提問者、主持者來說都是一種嚴峻的考驗，但卻可從中測驗出作者是否立論謹慎、論據充實、及臨場的應變能力，對提高論文作者的整體水平和樹立論文作者的學術形象，都有極大的幫助，頗具有參考價值。

3.研討會除發表論文外，另設大會主題討論：在臺灣，各種學術研討會，不管專題性或綜合性的討論會，通常都以所提交宣讀的論文為主，充其量於會議結束前作個綜合報告貫串一下而已。但在大陸，常於論文發表討論後，還會另設一個或數個大會主題，進行分組討論、大會匯報；或直接於大會中進行討論。否則即使沒有論文發表，為例行的會議，也會特設一個或數個主題進行討論。其所討論的主題如"當前書法理論研究的現況與今後的任務"、"關於書法藝術的繼承與創新"、"傳統與現代、繼承與創新、生活與藝術"、"近年書法界現狀、傳統與創新、書法藝術的審美標準、如何看待書家藝術個性和藝術風格"、"書法本體及其發展趨勢和研究方法"、"書法史觀、書法學方法論"、"當代書法的走向"、"硬筆書法如何開拓獨立的發展道路"、"書法教育的現狀及發展提高"、"市場經濟大潮下，如何提高書法品味"、"青年書協工作面臨的困難及其出路"、"本省書法界的現狀"、"本縣中小學書法教學的現狀"、"面對當代書壇，本省的書法創作、篆刻創作、理論研究怎麼辦"……等。此種特設一與此會議專題有關的主題或特設一大家當前所關切的主題，進行重點式的討論，集思廣益，尋求解決之道，不失為一促進書法發展的好方法。

4.研討會配合展覽與參觀等活動：在臺灣，各種學術研討會通常以會議會場為主要活動區域，鮮少移地做其他活動或有其他配合此會議論文發表的活動舉辦（最多只在開幕式或開幕前作個學術演講、座談會，或偶有如"紀念顏真卿逝世一千二百年國際書學討論會"等大型會議，而由故宮配合顏真卿的作品展出）。大陸由於幅員廣大，古蹟眾多，各項專題研討會常在與此專題有關的地點舉辦，如"殷墟筆會"就在甲骨文的故鄉河南安陽舉辦、"雲峰諸山北朝刻石討論會"就在鄭道昭摩崖刻石的所在地山東掖縣舉辦、"中國洛陽魏碑研討會"就在龍門魏碑石刻的所在地河南洛陽舉辦、"趙孟頫國際書學討論會"就在趙孟頫的故鄉浙江湖州舉辦。於是於會議期間便可順便到殷墟、天柱山、雲峰山、龍門石窟、趙孟頫夫婦的陵墓等處參觀。否則任何綜合性的書學研討會也常會在中間配合舉辦展覽，或穿插其他小型會議、座談會、學術報告講座、筆會或欣賞書法影片....等活動。而其中最有特色的是主辦單位常會於論文徵稿外，另外徵集與本次研討會有關的書法作品或文物舉辦展覽會。如"張裕釗書法學術討論會"就配合展出張裕釗墨跡及其所書"南宮碑"和所徵集的比賽入選作品"張裕釗書體流派展"、"紀念王羲之撰寫《蘭亭集序》1630 週年大會"就配合展出各種版本的《蘭亭集序》。另外主辦單位也常在會議期間邀請與會書家舉行筆會、書藝交流會、觀摩會等活動。這種配合研討會舉辦展覽及筆會交流的方式，可以提高與會者的興趣及會議氣氛，亦值得參考。

三、可供臺灣書法比賽與書法組織之參考者

*1.*書法比賽，除設獎分等以外，另外評定品段級位的構想：
以"品"論技藝、文藝等第的風氣，盛行於南朝齊梁間，如南齊
沈約有＜棋品＞、謝赫有＜畫品＞、南梁鍾嶸有《詩品》、。而
將書家排名的，第一個是南梁庾肩吾的《書品》，將歷代書家分
爲上、中、下三品；第二個是唐張懷瓘的《書斷》，將歷代書家
分神、妙、能三品；後來，唐李嗣眞《續書品》又新添逸品，列
於神、妙、能之前；而清末康有爲〈碑品〉則卻將逸品置於神、
妙、高、精、能五品之末，爲第六品。這種以"品"論書法等
第，是中國書法批評史上常用的一種批評方法。至於分段、分
級，則盛行於近代的體育界，如跆拳、柔道等，方法應來自西
方。大陸在諸多全國性的書法比賽中，大多仍採用選出優等、一
等、二等、三等、佳作、……的方式設獎，與臺灣大多數比賽無
異。而其中頗爲特殊的是黑龍江省佳木斯市《青少年書法報》所
首創的分品段級位評定作品的方法了。據該報說明此活動的源
起，稱："當時由於編輯部人少，而書藝求索的信函卻越來越
多，回不勝回，有感於大陸天高地闊的阻隔，文化構成的差異，
觀念封閉的茫然，以及廣大青少年學書者尋師無門的饑渴與危機
感。終於在苦思之下，受到日本雪心書會編輯出版《雪心》、
《新書鑑》的啓發，而製定了這項將所有來參加比賽的作品，分
爲高級（神、妙、能三品）、中級（一～六級）、初級（一～九
級），共十八個等級的方式，以給予參與者每件作品相應的等
級，知道自己的進程階段"❸。而在其交件作品中，不管毛筆書

---

❸　詳見《青少年書法報》1987, 1, 1, 總35期〈本報舉辦青少年書法首屆
　　品、段、級、位評定活動〉及〈青少年書法品段級位評定細則〉二文。

法、硬筆書法或篆刻作品，都須要各交臨與創的作品各一件（篆刻各二件），這種臨書與創作並重，並運用每個人都有的向上求進的自尊心，融合大賽、定級、教學為一體，藉以鼓勵學書者一級一級攀爬的設想與作法，極為新穎實用，值得參考。

　　*2.舉辦正書大展與臨書大展的構想：*大陸中國書協副主席、臺籍書家劉藝曾在他的〈臺灣書壇管窺〉一文中批評臺灣書家說"從作品上看，臺灣新一代書法家的風格相仿，……他們的特點之一是，師承有緒，不是師法碑帖，就是以老書法家為師（當然也臨習碑帖）。因而，特點之二是，受老書法家及前人的影響較深。……老書家的作品以行書為主（屬於和平穩重一流，雖有個人風格，但終顯單一類同），……年輕一代的書作，也大都是同類的行書，少量的篆隸作品亦屬工整平穩之流，……大多是面目相近的工整行楷。功力雖可觀，作風亦嚴謹，路數較為狹窄"。認為臺灣書風有"單一保守"之嫌❹，然此亦說明臺灣書風注重傳統的一面。至於大陸書風，雖然也有一派功底不深，到處炫奇的作品存在，但仍以提倡傳統、創新兼重為主，非常強調沒有傳統就沒有創新，從其全國展、全國中青展入選作品風格及"現代書法"仍被排擠在全國展之外的作風可見一斑。而在諸多全國性書法比賽中，筆者發現有兩項比賽頗為特殊，值得提倡。一是1994年九月由中國書協舉辦的"全國第一屆正書大展"，一向中國書協所舉辦的全國大展中，入選作品都以行草為主，曾引起不少訾病。此次正書大展首開先例，規定只能投交篆隸楷三種書體作品，行草不收。強調傳統功力的重要性，對現今許多年輕人不重視正書，不理解正書的積極作用有極大的針砭之效。另外一項

---

❹　見《中國書法》1988:1。

是 1987 年五月，由中國書協、河南省書協及開封市書法工作者協會聯合舉辦的"現代國際臨書大展"，一向大多數人認為臨摹之作，不過是原作的再次展現而已。然而這次展賽，則規定來稿必須是臨摹古人作品，"寫實的臨，寫意的臨均可"，於是出現了"同樣是臨《石門頌》，有人飄逸、有人挺拔、有人勁力內斂、有人奮揚恣肆；同樣是臨《祭姪稿》，有人重其法度而神形具肖、有人取其韻味而略脫形跡。不管從那一角度去理解和表現，都能給人以生面別開，各臻其妙的感覺" ❺。而且此展還在作品上附上所臨碑帖的照片、及列有作者姓名、年齡、省份、國籍的基本資料卡，供人對照參考。這種鼓勵從傳統立根基，並提示臨書本身就是一種再創作的展現，打破一般人急功近利的觀念，提供大家觀摩的機會，誠是一種別開生面而富有意義的構想。

3. **書法組織，採用金字塔式層級策畫與配合的架構形式：**大陸書法風氣十多年來發展迅速，書法熱歷久不衰，與其有一嚴密如金字塔式網狀分布的組織、上下密切配合大有關係。首先，最高層級的書法組織是 "中國書法家協會"，創設於 1981 年，現有會員七千多人，全是在書法創作或書法理論上有成就，經過申請審核通過的書家，散布在全國各地，成為各地書協分會的主幹。中國書協現在全國 30 個省市自治區都設有分會。總會設有辦公室、組織聯絡部、研究部、展覽部、編輯部和六個委員會（學術委員會、創作評審委員會、教育委員會、篆刻研究委員會、刻字委員會、硬筆書法委員會）各部門分工合作、策畫、指導，並配合各地書協分會推展書法活動。而各地書協分會也各設有辦公室、組織聯絡部、展覽部、秘書處和若干個委員會，並策畫、指

❺ 詳見《書法報》 1986,10, 8, 總 117 期〈現代國際臨書大展徵稿〉； 1987, 7, 1 總 155 期〈現代國際臨書大展述評〉。

導、配合其省內各地書法社團的書法活動。這種層層嚴密，群策群力，推動書法事業發展的有機結合方式，值得參考。

貳、對台灣書法藝術活動之建議

另外，透過以上有關大陸書法社團、書法研討會、書法刊物、全國性書法比賽、硬筆書法藝術活動等五方面全面的考察研究，發現臺灣的書法環境與推展活動上，仍有一些不足之處，在此提出一些建議，供作參考。

一、急需建立書法圖書館或書法資料中心

目前臺灣各公私立圖書館、資料中心有關大陸書法的圖書與資料幾乎全未措意。國立中央圖書館及其所屬的漢學資料中心、美術資料室；有美術系的師範大學、東海大學、文化大學；政治大學國際關係研究中心、社會科學資料中心；及清華大學、成功大學等各大學圖書館皆然。致使從事書法研究者倍覺辛苦，幾乎人人必須各逞所能，或從日本、或委託大陸親友、或利用寒暑假，全大陸各地奔走求索，在人力、物力的重複與分散下，甚為浪費。為了臺灣書法在創作、理論的全面發展及人才的培養，臺灣有必要建立一能收集海內外中國書法史料、信息、碑帖作品、目錄索引等全面資料，並能善用電腦等現代化科學管理的圖書館或資料中心，專供教學研究之用，是誠為當務之急。

二、應創辦較具權威性的書法專門性刊物

大陸書法風氣之所以能普及全國各角落，成為全民普遍修息的藝術項目，眾多具有快速資訊與豐富內容的書法專門性刊物的取得是主要原因之一。以目前來說，大陸曾出版公開發行過的書法專門性雜誌至少就有 23 種以上，書法專門性報紙就有 15 種以

上，其內容有純學術性的，但大多是屬於兼有學術性、資料性、實用性、時代性和趣味性，能爲一般讀者所接受的普及性刊物。倘然臺灣亦能創辦一些類似這種性質，並能普遍報導大陸及全球各重要地區有關中國書法活動訊息的書法專門性刊物，對臺灣書法教育與研究的提升，當有莫大的助益。

三、應組織類似中國書協的書法組織

書法創作、書法理論與書法組織管理是推動書法風氣發展的三個重要因素。臺灣在書法組織方面的社團不少，如成立於 1962 年的中國書法學會、成立於 1980 年的中華民國書法教育學會、成立於 1993 年的中華書道學會；中國書法學會在全省各地並設有分會；有關印社亦不少，但大多各自爲政，並無彼此配合，共同推展書法教育、研究或活動的情形。因此如能組織一具有像大陸中國書協那樣具有領導與權威性質的組織機構，負責總策劃及指導，配合其下各相關組織推展活動，當是一個理想的組織結構。

四、宜由各大專院校配合舉辦書法活動

大陸各項書法活動多由民間社團發動推行，大專院校甚少涉足，而台灣情形則相反。大專院校除爲人才、人力匯聚的地方外，申請經費亦較容易，臺灣各項學術活動多由其推動，各大專院校除美術系、中文系、語文系設有書法課外，學生或教職員亦多設有書法社團，若能結合這些組織推動書法各項活動，當亦是一大助源。

五、應加強硬筆書法教育與研究

在臺灣，硬筆書法除小學及師院外，一向不受重視，能寫得一筆好字的人甚少，這方面大陸已有許多成績，除出版字帖、組

織社團、舉辦比賽外，學術研討也逐漸增多，硬筆書法好學易練又實用，宜為有關方面之重視。

六、應編輯中國歷代書法論著索引

　　資料的掌握是學術研究的起步，中國歷代書論不少，近二十年來大陸書法蓬勃發展，論著尤多，目前大陸上海書畫出版社已編有《中國書畫全書》、《中國書法論著辭典》，中國旅遊出版社出版的《中國書法今鑑》也附有〈歷代書法、印學著作一覽〉，但都未全面收集，於臺灣、日本、韓國、美國等地的書法論著亦全闕然。臺灣資訊發達，學術環境遠較大陸優越，能有系統的將中國歷代迄今發表過的所有書法論著匯聚成書，編為索引，並製作光碟、設計方便的檢索系統，對書法界亦當是一件重要而偉大的貢獻。

七、宜加強兩岸書法交流

　　大陸幅員廣大，書法人才、活動極多，與外界的交流已極頻繁，如日本、新加坡、及最近的南韓，都與之有書法展覽、友誼賽或學術方面的交流研討，其新出土的書法資料極豐富，有關論著亦不少。臺灣由於政治因素，阻隔四十餘年，兩岸音訊不通，於今兩岸開放，文化交流逐漸受到重視，雖然如何妥當進行交流活動，仍然見仁見智，但基於維護學術的純正性與自由性，如何適時妥善加強與大陸書法的交流，如引進大陸重要比賽展覽作品，以饗全民；邀請大陸學者參加書學研討、座談、交換教育與研究心得；兩岸書法文物交換展覽與解說、及一起編輯某方面重要的書法論著等等，對增進彼此的視野、提升及擴展書法研究的領域，都會有正面的意義與幫助。

【附錄壹】　大陸書法社團一覽表

一、一般類書法社團

編號	社　團　名　稱	成立時間	地點	主席	會員	所設刊物	辦學情形
1	中國書法家協會	1980.11.7籌備 1981.5.9成立	北京市	沈鵬	7000多人	《中國書法》、《書法通訊》	設有書法培訓中心、中國書法進修學院
2	中國科學院書法協會	1985.9	北京市	貝時璋	81人		辦有各種型式書法學習班
3	北京市書法家協會	1983.9.20	北京市	宣祥鎏	619人	《北京書法通訊》	
4	北京市西城區書法協會	1984.9.11	北京市	劉景平	409人		
5	北京市西城區德外地區書法協會	1985.12	北京市	馬烈	85人		
6	北京朝陽書法協會	1980.6.23	北京市	李龍吟	95人		
7	海淀區書法協會		北京市	易海雲			
8	門頭溝區書法協會		北京市	吳經緣			
9	通縣書法協會		北京市	蘇發田			
10	順義縣書法協會		北京市	候維祺			
11	懷柔縣書法協會		北京市	張希祿			
12	大興縣書法協會		北京市	曹廣基			
13	北京市石景山區書法協會	1983.10	北京市	范德安	76人		
14	北京市昌平縣書法協會	1984.12.9	北京市	王維啟	104人		
15	延慶縣書法協會	1980	北京市	遠省	990人		
16	密雲縣書法協會	1979.12成立 1988.10改名	北京市	王金綿	64人		辦有書法培訓班11期
17	北京神州書法研究會	1987.8	北京市	安曠貴	114人		
18	歐陽詢書法藝術研究會、中國水利系統書法協會	1997	北京市	李日旭 顧洗			
19	中國書法家協會天津分會	1983.12.28	天津市	王學仲	310人	《渤海書壇》	
20	塘沽書法工作者協會	1980成立 1989.11改名	天津市	魯光	45人		
21	天津市婦女書法研究會	1989.3.8	天津市				
22	中國書法家協會河北分會	1981.2.24	河北省石家莊市	黃綺	1200人	《燕趙書印》	
23	石家莊市書法家協會	1982.5	河北省石家莊市	張松齡	160人		

編號	社　團　名　稱	成立時間	地　點	主席	會　員	所設刊物	辦　學　情　形
24	邢臺市書法篆刻工作者協會	1983	河北省邢臺市	王耀生	120人	《百泉印刊》	
25	唐山市書法家協會	1984	河北省唐山市	王永興	250人		
26	秦皇島市書法家協會	1981	河北省秦皇島市	李崇海	174人	《海嶽墨痕》	
27	廊坊市書法工作者協會	1983.8	河北省廊坊市	高鴻遠	235人		辦有書法學習班
28	邯鄲地區書法工作者協會	1984.9	河北省邯鄲市	姚小堯	74人	《書法簡報》	
29	保定地區書法協會	1981.7	河北省保定市	靳述凡	55人以上		辦有書法講習班，或書法篆刻研討班
30	張家口地區書法協會	1981.5.1	河北省張家口市	郝治	152人		
31	滄州地區書法家協會	1984.4.23	河北省滄州市	趙一	200人		
32	衡水地區書法家協會	1984.9.3	河北省衡水市	張馨	74人		
33	遷西縣書法篆刻協會	1982.2	河北省遷西縣	紀天星	40人		
34	撫寧縣書法工作者協會	1989.4	河北省撫寧縣	吳環露	22人		
35	辛集市書法協會	1984.3	河北省辛集市	宗建業	89人		
36	承德市書法協會	1980.5	河北省承德市	關闊	108人		
37	唐山市書法協會	1986	河北省唐山市	王永興	280人		
38	華北油田書法協會	1990.11.14	河北省任丘市	李全亨	120人		
39	無極縣書法協會	1981.9	河北省無極縣	連克明	34人		
40	南宮市書法協會	1989.6.6	河北省南宮市	黃毓明	74人		
41	新城縣書法工作者協會	1984.7	河北省新城縣	張貞	38人		
42	康保縣書法協會	1988	河北省康保縣	郭振興	20人		
43	平泉縣書法協會	1982.10	河北省平泉縣	李雷	89人		
44	灤平縣書法工作者協會	1985.3	河北省灤平縣	李崑	75人	《石竹》	

編號	社 團 名 稱	成立時間	地點	主席	會員	所 設 刊 物	辦 學 情 形
45	孟村回族自治縣書法研究會	1984.8	河北省孟村回族自治縣	趙一	130人		
46	中國書法家協會山西分會	1962 成立 1981.11 改名	山西省太原市	林鵬	635人	《書法通訊》	
47	太原市書法家協會	'979	山西省太原市	袁旭臨	400人	《書法通報》	
48	大同市書法工作者協會	1979.9	山西省大同市	王善清	175人		辦有書法培訓班9期
49	陽泉市書法工作者協會	1981.12.1	山西省陽泉市	蘇振准	374人		辦有書法培訓班
50	晉城市書法工作者協會	1986.10	山西省長治市	柏扶疏	107人		辦有市直機關書法班、兒童書法班
51	呂梁地區書法協會	1983	山西省呂梁市	劉靜望	150人		
52	運城地區書法家協會	1984.9.28	山西省運城市	宋嘉木	162人		
53	應縣書法愛好者協會	1988.4	山西省應縣	劉耀武	50人		
54	五臺縣書法協會	1983.12	山西省五臺縣	田桂林	119人		
55	五寨縣書法協會	1987.7	山西省五寨縣	張新民	45人		
56	侯馬市書法協會	1987.4.10	山西省侯馬市	韓左軍	96人		
57	襄汾縣書法協會	1987.8.12	山西省襄汾縣	許貴芳	37人		
58	新絳縣書法協會	1985.7.18	山西省新絳縣	梁鴻志	136人		
59	河津縣書法協會	1988.2.25	山西省河津縣	安德天	63人		
60	平陸縣書法工作者協會	1987.7	山西省平陸縣	陸賢忠	20人		
61	傅山書法研究會	1987.11.12	山西省太原市	閻武宏			
62	中國書法家協會內蒙分會	1984	內蒙古呼和浩特市	耶拉	370人	《內蒙書法通訊》	
63	中國地質書法家協會	1990.4	內蒙古呼和浩特市	李國忱	158人	《中國地質書法報》	
64	包頭市書法家協會	1980.12	內蒙古包頭市	孫進科	341人		

編號	社 團 名 稱	成立時間	地點	主席	會員	所設刊物	辦學情形
65	烏蘭察布盟文聯書法家協會	1988.10	內蒙古烏蘭察布盟	劉曉廉	87人		
66	滿洲里市青年書法協會	1985.8	內蒙古滿洲里	周維正	64人	《書法活動簡報》	
67	大連市書法家協會	1980	遼寧省大連市	于植元	294人		
68	中國書法家協會遼寧分會	1982.4.1	遼寧省瀋陽市	潘延毅	103人		
69	營口市書法家協會	1982.9.15	遼寧省營口市	張澤民	60人		
70	遼中縣書法學會	1985.12.16	遼寧省遼中縣	倪洪濤	80人	《遼河之聲》	
71	清原滿族自治縣書法工作者協會	1989.9.28	遼寧省清原縣	王守霖	54人		
72	彰武縣書法協會	1980.6.7	遼寧省彰武縣	馮昌	89人		辦有五所小學參加的書法培訓班10期
73	遼陽市青年書法協會		遼寧省遼陽市	陳乃強			
74	本溪市書法協會		遼寧省本溪市	林曉鵬			
75	中國書協吉林分會	1984.4.5	吉林省長春市	劉敬之	251人		
76	延邊朝鮮族自治州書法家協會	1984.4	吉林省延邊市	孫鴻翔	82人		
77	長春市書法協會		吉林省長春市	周昔非			
78	中國書法家協會黑龍江分會	1979.3 成立 1982.3.20 改名	黑龍江省哈爾濱市	郭征夫	840人	《書法賞評》	辦有業餘書學院
79	哈爾濱市書法家協會	1979.3 成立 1982.2.8 改名	黑龍江省哈爾濱市	姚偉聲	390人		
80	雙鴨山市書法家協會	1984.12.18	黑龍江省雙鴨山市	孫永林	120人		
81	雞西市書法家協會	1979.6 成立 1981 改名	黑龍江省雞西市	樂慶華	79人	《東隅藝林》	
82	綏化地區書法工作者協會	1982.10	黑龍江省綏化市	孫泉洗	150人		
83	大興安嶺地區書法工作者協會	1982	黑龍江省加格達奇	曲俊峰	126人		
84	富裕縣書法協會	1984.7.14	黑龍江省富裕縣	薛忠福	67人		
85	東寧縣書法協會	1979	黑龍江省東寧縣	馬書學	43人		

編號	社　團　名　稱	成立時間	地點	主席	會員	所設刊物	辦學情形
86	海林縣書法篆刻工作者協會	1984	黑龍江省海林縣	唐誌	93人		辦有不同種類的書法學習班20多次
87	阿城書法工作者協會	1984.10.23	黑龍江省阿城市	吳正寶	156人	《阿城刻字藝術》、《阿城書壇》	
88	密山市書法愛好者協會	1984.5.2	黑龍江省密山市	鄂驥	186人		
89	五大連池市書法工作者協會	1984.8.20	黑龍江省五大連池市	張文彬	28人		
90	雙城市書法協會	1983.9	黑龍江省雙城市	劉榮	522人		
91	漠河縣書法愛好者協會	1988.10	黑龍江省漠河縣	馬廣甫	48人		
92	上海書法家協會	1961.4.8成立 1989改名	上海市	謝稚柳	480人		
93	中華書法研究會	1961.4.8成立 1989改名	上海市	顧延培	5600人	《寫字之友》	
94	上海市浦東新區書協	1994.1.25	上海市				
95	上海青年文聯書法專業委員會		上海市	戴小京			
96	中國書法家協會江蘇分會	1980.4	江蘇省南京市	武中奇	825人		
97	省直屬系統書法協會	1987.2.22	江蘇省南京市	武中奇	320人		
98	南京市書法家協會	1980.3.13	江蘇省南京市	章炳文	313人	《金陵書潭》	
99	徐州市書法家協會	1980	江蘇省徐州市	王冰石	192人		
100	連雲港市書法篆刻研究會	1980.9.17	江蘇省連雲港市	杜庚	150人		
101	淮陰市書法工作者協會	1983.5	江蘇省淮陰市	戚慶隆	143人		
102	銅山縣書法協會	1995	江蘇省銅山縣				
103	南通市書法家協會	1980.12.13	江蘇省南通市	陳雲	189人	《書協簡訊》、《淡遠印社》	
104	南通市書法篆刻研究會		江蘇省南通市	盧成瑞			
105	鎮江市書法篆刻研究會	1980.10.5	江蘇省鎮江市	丁觀加	162人		
106	常州市書法篆刻研究會	1982.3.20	江蘇省常州市	闞長山	237人	《書法簡訊》、《常州印社》	

編號	社 團 名 稱	成 立 時 間	地 點	主席	會 員	所 設 刊 物	辦 學 情 形
107	蘇州市書法工作者協會	1980.6	江蘇省蘇州市	朱第	322人		
108	沛縣書法工作者協會	1985.2	江蘇省沛縣	孟昭俊	52人		
109	豐縣書法工作者協會	1980.8	江蘇省豐縣	景大文	65人		
110	武進縣書法工作者協會	1985.7	江蘇省武進縣	徐浩然	84人		辦有各類書法學習班10期
111	金壇縣書法工作者協會	1983.3	江蘇省金壇縣	范石甫	136人	《愚池石趣》	
112	無錫縣書法金石工作者協會	1987.4.14	江蘇省無錫縣	沈中平	69人		
113	泰州市書法工作者協會	1987.2	江蘇省泰州市	徐蔭庭	130人		
114	張家港市書法家協會	1984.9	江蘇省張家港市	尉遲宏	83人		
115	江陰市書法印章工作者協會	1988.7	江蘇省江陰市	夏國賢	65人		
116	丹陽市書法工作者協會	1984.6.30	江蘇省丹陽市	余康寧	128人		辦有書法培訓班7期
117	淮安市書法家協會	1984.4	江蘇省淮安市	李錫貴	46人		
118	啓東市書法家協會		江蘇省啓東市	施惠新			
119	滄浪書社	1987冬至	江蘇省蘇州市	華人德	20多人		
120	中國書法家協會浙江分會	1982	浙江省杭州市	郭仲選	739人		
121	浙江省青年書法家協會	1988.2	浙江省杭州市	陳振濂	200多人	《青年書法界》	
122	杭州市書法家協會	1984	浙江省杭州市	陳振濂	553人	《杭州篆刻》	
123	寧波市書法家協會	1981.1	浙江省寧波市	張星亮	184人		
124	紹興市書法工作者協會	1984.9	浙江省紹興市	鮑賢倫	185人	《蘭亭》	
125	紹興墨趣會	1986	浙江省紹興市	張傳政	140人		
126	衢州市書法工作者協會	1985.8	浙江省衢州市	王克勤	80人		
127	舟山市書法家協會	1983.11	浙江省舟山市	王亞	102人		組織會員到舟山師專、師範學校及中小學擔任書法教學工作

編號	社　團　名　稱	成立時間	地點	主席	會員	所設刊物	辦　學　情　形
128	淳安縣書法工作者協會	1987.10.19	浙江省淳安縣	方榮喜	48人	《千島湖》	
129	泰順縣書法協會	1984.11	浙江省泰順縣	薛國泰	32人		辦有書法培訓班（每年1～2期）
130	樂清縣書法協會	1985.8.30	浙江省樂清縣	袁良安	87人		
131	平湖縣書法工作者協會	1984.6	浙江省平湖縣	俞標淡	41人		辦有書法、硬筆書法、篆刻短訓班9期
132	紹興縣書法工作者協會	1982	浙江省紹興縣	甘稼泥	72人		辦有小學生書法培訓班（每年暑期）
133	蘭亭書會	1982.5.23	浙江省紹興市	沈定庵	45人	《蘭亭》	
134	金庭書會	1984.11.2	浙江省嵊縣	周安聲	105人		辦有書法培訓班21班次
135	常山縣書法工作者協會	1986.12	浙江省常山縣	姚哲人	60人		辦有書法學習班
136	岱山縣書法工作者協會	1985.10.5	浙江省岱山縣	李永岳	54人		
137	餘姚市書法篆刻工作者協會	1984.11.24	浙江省餘姚市	袁子良	64人		
138	海寧市書法協會	1982.9	浙江省海寧市	陳有法	51人		
139	海寧市青年書法工作者協會	1987.12.22	浙江省海寧市	沈建國	46人		
140	蘭溪市書法工作者協會	1982.5	浙江省蘭溪市	陳永源	77人		
141	瑞安市書法協會	1988.11.7	浙江省瑞安市	潘知山	55人		
142	蕭山市青年書法家協會	1994.5.8	浙江省	來海鴻			
143	書法藝術研究院	1992.6.28	浙江省	童忠良			
144	江山市書法工作者協會	1983.4	浙江省江山市	方岳年	50人		
145	義烏市書法工作者協會	1982	浙江省義烏市	朱巨枝	136人	《義烏書法界》	辦有書法培訓班20期
146	慈溪市書法篆刻工作者協會	1984.10	浙江省慈溪市	李公亭	56人		
147	慈溪市書法研究會	1996	浙江省慈溪市	馬華林			
148	奉化市書法工作者協會	1989.4	浙江省奉化市	裘然之	42人		

編號	社 團 名 稱	成立時間	地點	主席	會員	所設刊物	辦 學 情 形
149	黃巖市書法工作者協會	1983	浙江省黃巖市	陳天文	25人	《黃巖書法界》	辦有書法學習班
150	三門縣書法工作者協會	1985	浙江省三門縣	蔡松茂	29人		辦有書畫培訓班3期
151	田園書社	1988.9	浙江省奉化市	竺波	67人		辦有青少年假期書法班
152	西瀛書會	1984.3	浙江省象山縣	徐慶華	50人	《西瀛藝壇》	
153	麗水地區書法協會		浙江省麗水地區	王迅			
154	安徽省書法家協會	1981	安徽省合肥市	李百忍	940人	《安徽書壇》	辦有黃山業餘學校安徽書畫函授學院
155	安徽省青年書法家協會	1989.5.4	安徽省合肥市	曹寶麟	200人		
156	淮北市書法家協會	1981.12	安徽省淮北市	徐立	152人	《完白藝報》	
157	中華書法藝術研究會	1989	安徽省淮北市	張永宏	3000人	《中華書法報》	
158	蕪湖市書法協會	1984.12	安徽省蕪湖市	李漢章	196人		
159	銅陵市書法協會	1984	安徽省銅陵市	阮良之	46人		
160	宿州市書法協會	1994.6.17	安徽省宿州市	趙崎			
161	霍山書法協會	1995	安徽省霍山縣				
162	蚌埠市書法協會	1984.4	安徽省蚌埠市	楊大可	235人		辦有少年兒童書法培訓班
163	壽縣書法協會	1990.4.7	安徽省壽縣	魯克望	50人		
164	淮南市青年書法協會	19905.1	安徽省淮南市	趙永林	70人		
165	馬鞍山書法工作者協會	1980.11	安徽省馬鞍山市	陳艾中	168人	《江東書壇》	
166	巢湖地區書法工作者協會	1983.7.5	安徽省巢湖地區	錢仰吾	107人		
167	宣城地區文學藝術界聯合會書法協會	1979.10	安徽省宣州市	張洪爐	300人		
168	阜陽地區書法協會	1981.1	安徽省阜陽市	鍾銘勛	268人	《清穎》	
169	宿松縣書法工作者協會	1987.11	安徽省宿松縣	曹菊亭	35人		

編號	社 團 名 稱	成立時間	地 點	主席	會　員	所 設 刊 物	辦 學 情 形
170	屯溪書法協會	1987.4	安徽省黃山市	徐家駿	95人	《黃山書壇》	
171	歙縣書法協會	1989.9.13	安徽省歙縣	蔣鳳起	94人		
172	蒙城縣書法工作者協會	1986.3.30	安徽省蒙城縣	馮騰月	58人		
173	現代書法研究會	1988.10.6	安徽省阜陽市	王天民	20人	《中國現代派書法》	
174	壽州書法研究會		安徽省壽縣	虞衛毅			
175	青年書法家協會		安徽省	桂雍			
176	中國書法家協會福建省分會	1985.12.20	福建省福州市	魯鳴	283人		
177	福州市書法篆刻研究會	1979.10	福建省福州市	沈覲壽	122人		
178	三明市書法家協會	1989.12.3	福建省三明市	蘇寶星	75人		
179	泉州市書法工作者協會	1984.8	福建省泉州市	丁明鏡	120人	《泉州書法》	
180	南平地區書法工作者協會	1986.5	福建省南平地區	郭勳安	72人		
181	閩西書法家協會	1981	福建省龍巖地區	劉國梁	57人		
182	閩清縣書法協會	1989.7.15	福建省閩清縣	張益周	49人		
183	沙縣青年書法學會	1985.11.30	福建省沙縣	童劍敏	38人	《池頭樹》	辦有書法夏令營3期、書法培訓班2期
184	仙遊書法協會	1988.5.23	福建省仙遊縣	余一石	120人		
185	龍海縣書法工作者協會	1981	福建省龍海縣	藍君植	84人		
186	長泰縣書法工作者協會	1989.6.3	福建省長泰縣	戴寅	34人		
187	東方書法研究會	1988.1	福建省雲宵縣	方聞達	2596人		
188	平和縣書法工作者協會	1988.12.25	福建省平和縣	葉國華	71人		
189	光澤縣文聯書法協會	1985.3	福建省光澤縣	李一鳴	38人		
190	福安市書法協會	1984.2	福建省福安市	鄭復贈	37人		

編號	社 團 名 稱	成立時間	地點	主席	會　員	所設刊物	辦 學 情 形
191	廈門市書法協會	1980.3	福建省廈門市	余綱	200人	〈廈門書法〉	
192	寧德市書法協會	1989.8	福建省寧德市	陳世瑤			
193	廈門市青年書法研究會	1986.8.31	福建省廈門市	王文吉	72人		
194	中國書法家協會江西分會	1986.6.6	江西省南昌市	王一琴	480人		
195	上饒地區書法工作者協會	1985.8.20	江西省上饒市	黃永勇	116人		
196	吉安地區書法工作者協會	1980	江西省吉安地區	尹承志	135人		
197	贛州地區書法工作者協會	1987.1	江西省贛州市	呂家鴻	148人		
198	分宜縣書法協會	1987	江西省分宜縣	龍宜恢	45人		
199	彭澤縣書畫工作者協會	1986.4	江西省彭澤縣	傅偉	60人		辦有書法學習班
200	都昌縣書法工作者協會	1985.4	江西省都昌縣	郭維勤	51人		
201	樟樹市書法篆刻研究會	1987.3.1	江西省樟樹市	陳海先	35人		
202	宜豐縣書法協會	1988.3	江西省樟樹市	蕭樂生	78人	〈宜豐文藝〉	
203	臨川縣書法工作者協會	1989.5	江西省臨川縣	陳水明	50人		
204	永新縣書法協會	1980.8	江西省永新縣	尹承志	48人		辦有書法培訓班
205	泰和縣書法協會	1987	江西省泰和縣	曾繁志	9人		
206	安遠縣書法協會	1985	江西省安遠縣	何柏達	43人		
207	龍南縣書法協會	1989.1	江西省龍南縣	賴冠夫	39人		
208	鄱陽市書法協會	1996	江西省鄱陽市	黃河九			
209	樂平市書法工作者協會	1994.3.27	江西省樂平市	張保副			
210	中國書法家協會山東分會	1981.5.9	山東省濟南市	魯萍		〈書法藝術報〉	
211	淄博市書法家協會	1982.3	山東省淄博市	王延生	165人		

編號	社 團 名 稱	成立時間	地 點	主席	會員人數	所設刊物	辦 學 情 形
212	棗莊市書法工作者協會	1981.12	山東省棗莊市	王中	131人		
213	東營市書法家協會	1984.4.30	山東省東營市	王軍	126人		
214	煙台市書法家協會	1985.12	山東省煙台市	柳志光	226人		辦有書法學習班
215	威海市書法家協會	1988.6	山東省威海市	于春桂	65人		
216	濟寧市書法家協會	1984.10	山東省濟寧市	龔敦聚	250人		
217	泰安市書法工作者協會	1985.8.27	山東省泰安市	黃廷惠	132人		
218	惠民地區書法協會	1982	山東省濱州市	張德一	115人		
219	臨沂地區書法家協會	1986.7	山東省臨沂地區	趙慶允	210人		
220	荷澤地區書法家協會	1988.10	山東省荷澤地區	張劍萍	187人		辦有全區書法尖子人才培訓班
221	聊城地區書法家協會	1981.5	山東省聊城地區	王志文	80人		
222	中國書法促進會	1989.3.26	山東省煙台市	孫世瑤	84人	《墨苑》	
223	青州市書法協會	1983.3	山東省青州市	許有祥	136人		
224	德州市書法家協會	1988.8	山東省德州市	上官洪夫	70人		
225	濱州市書法協會	1989.7	山東省濱州市	趙守禮	90人		
226	高青縣書法協會	1989.10	山東省高青縣	盧秀超	45人		
227	昌邑市書法協會	1996.1.10	山東省昌邑市	王蔚成			
228	平度市書法協會		山東省平度市	于書亭			
229	毛澤東書法藝術研究會	1996	山東省濰坊市				
230	中國書法家協會河南分會	1980.4	河南省鄭州市	張海	1100人	《書法博覽》	
231	焦作市書法工作者協會	1985.5	河南省焦作市	薛垂廣	256人		
232	新鄉市書法家協會	1985.7	河南省新鄉市	宋子範	211人		

編號	社 團 名 稱	成立時間	地 點	主席	會員人數	所 設 刊 物	辦 學 情 形
233	安陽市書法家協會	1984.2	河南省 安陽市	周鳳池	190人		
234	周口地區書法工作者協會	1984.5	河南省 周口地區	何仰羲	80多人	《中州書畫》	
235	駐馬店地區書法工作者協會	1986.6	河南省駐馬店地區	邱成文	206人		
236	尉氏縣書法工作者協會	1985.1	河南省 尉氏縣	蘇雪泰	57人		
237	孟津縣書法協會	1989.10.11	河南省 孟津縣	韓元桂	43人		
238	武陟縣書法工作者協會	1987.12	河南省 武陟縣	李永樂	33人		
239	滑縣書法協會	1983.3	河南省 滑縣	李如傑	45人		
240	鄢陵縣書法協會	1985.3	河南省 鄢陵縣	李清業	40人		
241	三門峽市書法工作者協會	1986.6	河南省 三門峽市		100多人		
242	禹州市書法工作者協會	1985.10	河南省 禹州市	張自立	65人		
243	民權縣書法工作者協會	1986.12	河南省 民權縣		30人		
244	睢縣書法工作者協會	1985.1.23	河南省 睢縣	鄭洪勛	27人		
245	淮陽縣書法工作者協會	1983.2	河南省 淮陽縣	張雲生	29人		
246	項城縣書法協會	1984.2	河南省 項城縣	劉運興	34人		
247	西平縣書法篆刻工作者協會	1984.11	河南省 西平縣	王九成	53人		
248	潢川縣書法工作者協會	1985.3.12	河南省 潢川縣	楊大春	62人		
249	淮濱縣書法工作者協會	1985	河南省 淮濱縣	李紹曾	88人		
250	南陽市書法協會	1987.12	河南省 南陽市	張兼維	30多人		
251	商丘地區書法協會		河南省 南陽市	張龍雲			
252	河洛書法研究會	1984.7.12	河南省 洛陽市	齊運通	100多人		

編號	社團名稱	成立時間	地點	主席	會員人數	所設刊物	辦學情形
253	中國書法家協會湖北分會	1983.2	湖北省武漢市	王俊峰	700人	《書法報》	辦有各類型書法培訓活動
254	襄樊市書法家協會	1984.12.28	湖北省襄樊市	涂廷多	290人		
255	沙市書法協會	1979	湖北省沙市	石鐵	99人		
256	宜昌地區書法家協會	1988.3	湖北省宜昌市	姜祚正	150人	《宜昌書訊》	
257	鄖陽地區書法家協會	1883.5	湖北省十堰市	冷冰	125人		
258	遠安縣書法工作者協會	1988.6.18	湖北省遠安縣	王安來	89人		
259	安陸市書法協會	1989.12.10	湖北省安陸市	劉金凱	186人		
260	仙桃市書法家協會	1993.9.18	湖北省仙桃市	楊吉祥			
261	武昌市書法協會		湖南省武昌市	楊漢林			
262	黃岡市書法協會	1996.6.3	湖北省黃岡市	賀少安			
263	恩施自治州書法家協會		湖北省恩施市	吳法乾			
264	中國書法家協會湖南分會	1984	湖南省長沙市	周昭怡	76人		
265	湘潭市書法工作者協會	1985	湖南省湘潭市	黃蘇民	100人		
266	衡陽市書法家協會	1979.12	湖南省衡陽市	李正南	209人	《書藝通訊》	辦有書法學習班11期(1979～1985)
267	邵陽市書法家協會	1985.12.8	湖南省邵陽市	胡毅	169人		
268	常德市書法工作者協會	1985.7	湖南省常德市	張弓	96人		辦有書法學習班5期,少年書畫班一期,1987年創辦中國書畫函授大學分會
269	益陽市書法家協會	1997.4.22	湖南省益陽市	郭道康			
270	郴州地區書法工作者協會	1985.12.7	湖南省郴州地區	陶世禮	110人		
271	零陵地區書法協會	1989.5	湖南省永州市	黎篤田	45人		

編號	社團名稱	成立時間	地點	主席	會員人數	所設刊物	辦學情形
272	懷化地區書法協會	1985	湖南省懷化市	滕明瑞	85人		
273	湘西土家族苗族自治州書法工作者協會	1987.1.17	湖南省吉首市	林時九	120人		
274	瀏陽縣文學藝術聯合會書法工作者協會	1985	湖南省瀏陽縣	羅傳學	105人		
275	新邵縣書法工作者協會	1987.6	湖南省新邵縣	粟紹源	36人		
276	城步苗族自治縣書法工作者協會	1989.9.12	湖南省城步縣	段志強	32人		
277	湘陰縣書法工作者協會	1985.7	湖南省湘陰縣	巢善寶	117人		
278	湘鄉市文學藝術界聯合會書法協會	1985.2	湖南省湘鄉市	王海松	96人		辦有書法篆刻學習班3期
279	長沙市書法協會		湖南省長沙市	譚秉炎			
280	吉首市青年書法家協會	1994.4	湖南省吉首市	初五			
281	中國書法家協會廣東分會	1963.9成立1981改名	廣東省廣州市	陳永正	20多人	《嶺南書藝》	
282	深圳市書法家協會	1984	廣東省深圳市	陳江	103人		
283	珠海市書法研究會	1985.12	廣東省珠海市	陳洪岫	60人		
284	汕頭市書法家協會	1985.7.6	廣東省汕頭市	魯本斯	222人		辦有楷、行草隸、草書講習班10多次
285	梅州市書法家協會	1984	廣東省梅州市	黃秉良	56人		
286	東莞市書法協會	1982.4.7	廣東省東莞市	羅陽	380人		
287	江門市書法家協會	1986.8	廣東省江門市	薛劍虹	139人		
288	佛山市書法家協會	1981	廣東省佛山市	李少如	80人	《佛山書畫》	
289	陽江市書法家協會	1982	廣東省陽江市	謝紹禎	32人		
290	茂名市書法協會	1985.5	廣東省茂名市	吳兆奇	79人		辦有書法班15期
291	肇慶市書法協會	1987.9	廣東省肇慶市	吳家仿	92人		

編號	社 團 名 稱	成立時間	地 點	主席	會員人數	所設刊物	辦 學 情 形
292	清遠市書法協會	1988.5	廣東省清遠市	黃元溥	56人		
293	澄海縣書法協會	1984.元旦	廣東省澄海縣	張樂恭	120人	〈澄海書苑〉、〈書法簡訊〉	
294	潮陽縣書法協會	1988.10.16	廣東省潮陽縣	黃逸夫	107人		辦有暑假青少年書法講習班6期
295	仁化縣書法協會	1988.1.22	廣東省仁化縣	羅青天	67人		
296	興寧縣書法協會	1987.3	廣東省興寧縣	陳捷	55人		
297	平遠縣書法協會	1989.7	廣東省平遠縣	張會義	42人		
298	新會縣書法協會	1986.8	廣東省新會縣				辦有書法培訓班
299	台山縣書法篆刻學會	1986.6	廣東省台山縣	關齊	79人		辦有書法培訓班8期
300	恩平縣書法篆刻學會	1982.3.14	廣東省恩平縣	梁照墀	20人		
301	順德縣勒流書法研究會	1980.6.17	廣東省順德縣	伍嘉陵	104人		
302	陽西縣書法協會	1988.12	廣東省陽西縣	謝汝蒲	60人		
303	陽春縣書法協會	1982	廣東省陽春縣	謝維祥	123人		
304	遂溪縣書法學會	1985.8	廣東省遂溪縣	吳正菁	56人		
305	連南瑤族自治縣書法篆刻學會		廣東省連南瑤族自治縣	陳應鳳	41人		
306	嶺南書法篆刻藝術研究會	1996.1.6	廣東省	歐廣勇	60人		
307	韶關市書法協會	1981.10.27	廣東省、韶關市	林修典	134人		
308	中國書法家協會廣西分會	1980.3.25	廣西省南寧市	鍾家佐	734人		
309	桂林市書法家協會	1980.5.22	廣西省桂林市	張開政	21人		辦有書法普及班、提高班、少兒班共77班次，業餘書法學校
310	桂林中日友好書法研究會	1986.10	廣西省桂林市	王仁武	60人		創辦中日友好學校、日語學習班

編號	社 團 名 稱	成立時間	地 點	主席	會員人數	所設刊物	辦 學 情 形
311	桂林地區書法工作者協會	1984.8	廣西省桂林市	黃河富	163人		
312	邕寧縣書法工作者協會	1984.1.20	廣西省邕寧縣	盧定山	47人		辦有青少年書法培訓班5期
313	蒼梧縣書法工作者協會	1985.3.22	廣西省蒼梧縣	溫璐珈	48人		辦有書法學習班：1986 六期，1987 四期，1988～1990 十七期
314	橫縣書法協會	1983.11.7	廣西省橫縣	黃耀松	109人		辦有教師書法學習班1期，學生假期書法班8期，機關幹部學習班10期，廠場職工書法學習班5期
315	桂林市職工書法協會		廣西省桂林市	張映學			
316	寧明縣書法協會	1987	廣西省寧明縣	陳華杰	44人		
317	賓陽縣書法工作者協會	1986.9.30	廣西省賓陽縣	黃龍賢	75人		
318	南寧地區書法工作者協會	1985	廣西省南寧地區	陸子才	53人		
319	三江侗族自治區書法工作者協會	1985.4.25	廣西省三江侗族自治區	顏谷	40人		
320	梧州市書法工作者協會	1984.11.17	廣西省梧州市	黃鈞仁	70多人		
321	昭平縣書法工作者協會	1985	廣西省昭平縣	李兆宗	42人		
322	貴港市書法工作者協會	1982	廣西省貴港市	楊秀枝	96人		
323	靈山縣書法藝術工作者協會		廣西省靈山縣	蕭建文			
324	金秀瑤族自治縣文聯書法協會	1980.7	廣西省金秀瑤族自治縣	覃梳綱	50人		
325	荔浦縣書法工作者協會	1984	廣西省荔浦縣	汪浩	68人		
326	資源縣書法工作者協會	1985.1	廣西省資源縣	劉啓書	13人		
327	岑溪縣書法工作者協會	1982.2	廣西省岑溪縣	劉家才	78人		

編號	社　團　名　稱	成立時間	地　點	主席	會員人數	所設刊物	辦　學　情　形
328	賀縣書法工作者協會	1984.2.25	廣西省賀縣	藤流品	29人		辦有成人書法學習班8次，少年書法學習班12期
329	藤縣書法工作者協會	1987.9	廣西省藤縣	唐德業	28人		
330	玉林市書法工作者協會	1981.11.24	廣西省玉林市	蘇先義	44人		辦有玉林市書法夜校(1983.8)，成人班42次，小學生書法班135班，師範生書法班、中小學書法師資培訓班、中國書畫函授大學玉林分校兩屆
331	容縣書法工作者協會	1982.1	廣西省容縣	楊開信	63人		辦有書法學習班
332	上思縣書法協會	1987.1.10	廣西省上思縣	黃劍吾	25人		辦有中小學假期書法學習班2期
333	凌雲縣書法工作者協會	1985.8	廣西省凌雲縣	祁富	68人	《凌雲書法》	
334	羅城仫佬族自治縣書法協會	1985.7	廣西省羅城仫佬族自治縣	吳蓮彪	27人		
335	瓊南地區書法協會	1994.4.6	海南省	邢福澤			
336	中國書法家協會海南分會	1982.12.26	海南省海口市	杜式謹	94人		辦有書法班(每年2期)
337	海南省書法家協會	1992	海南省海口市	黃強			
338	海口市書法家協會	1985.12	海南省海口市	楊毅	120人	《海口書藝報》	辦有中國書畫函授大學海口分校、書法培訓班多期
339	三亞市書法家協會	1989.11	海南省三亞市	楊雄	34人		
340	文昌縣書法篆刻協會	1985.2.5	海南省文昌縣	邵延謙	68人		辦有書法培訓班
341	樂東黎族自治縣書法協會	1984.10.1	海南省樂東黎族自治縣	邢福禎	52人		
342	瓊山市書法家協會	1997.6.26	海南省瓊山市	黃培平			
343	瓊台市書法協會		海南省瓊台市	莫賜聰			

編號	社 團 名 稱	成立時間	地 點	主席	會員人數	所設刊物	辦 學 情 形
344	中國書法家協會四川分會	1982.6.28	四川省重慶市	何應輝	697人		
345	重慶書法家協會	1981.12.25	四川省重慶市	周春山	356人	《重慶書法界》	
346	自貢市書法家協會	1982.8.26	四川省自貢市	黃宗壤	124人		
347	攀枝花市書法家協會	1982.7.14	四川省攀枝花市	蕭大昌	65人	《攀西書藝》	辦有全市書法講習班
348	瀘州市書法家協會	1985.1	四川省瀘州市	余安中	140人		
349	綿陽市書法工作者協會	1987.5.12	四川省綿陽市	羅子平	151人		辦有四川省第二屆書法藝術研究班
350	遂寧市書法家協會	1984.6.2	四川省遂寧市	冉永輝	146人		
351	內江市書法家協會	1985.12.10	四川省內江市	董國福	212人		辦有各類書法學習班，業餘書法學校
352	萬縣地區書法家協會	1986	四川省萬縣	周漫白	71人		辦有各種書法學習班
353	涪陵地區書法家協會	1982.11	四川省涪陵市	張存中	90人		辦有培訓班多期（老年班、青少年班、幼兒班等）
354	宜賓地區書法家協會	1989.2.23	四川省宜賓市	陳一足	114人		
355	南充地區書法家協會	1985.6.14	四川省南充市	王紹康	167人		辦有各種短訓班及主辦中國書畫函授大學南充分校
356	達縣地區書法家協會	1982.9.12	四川省達縣	章繼肅	180人		
357	雅安地區書法家協會	1986.5	四川省雅安市	陳祖裕	108人		
358	涼山彝族自治州書法家協會	1983.7.1	四川省西昌市	王傳廷	187人		辦有書法普及、提高班37期164班
359	新津縣書法研究會	1987.5	四川省新津縣	王志芳	35人		
360	潼南縣書法協會	1986.10	四川省潼南縣	曾純武	78人		辦有書法學習班
361	富順縣江陽書法學會	1982.2	四川省富順縣	沈光旭	253人		

編號	社團名稱	成立時間	地點	主席	會員人數	所設刊物	辦學情形
362	蒼溪縣紅領巾書法協會	1985.12	四川省蒼溪縣	吳衛	74人		
363	廣漢市書法協會	1984.5.18	四川省廣漢市	羅永嵩	45人		
364	都江堰市書法家協會	1988.12.25	四川省都江堰市	孫壽權	98人		
365	峨嵋山市書法家協會	1989.9.5	四川省峨嵋山市	周德華	65人		
366	萬縣書法協會	1988.12.24	四川省萬縣	陶梅岑	60人		
367	梁平縣書法協會	1981.9.21	四川省梁平縣	彭明祥	131人	《書法愛好者》、《穎藝》、《筆花》、《墨海》	
368	豐都縣書法協會	1984.1.6	四川省豐都縣	蔡中益	61人		辦有青少年書法培訓班
369	南充市書法篆刻協會	1983.8	四川省南充市	馮國烈	106人		
370	廣安縣書法協會	1983.3.1	四川省廣安縣	虞元龍	142人		辦有書法培訓班12期
371	西昌市書法工作者協會	1986.2	四川省西昌市	劉體剛	105人		辦有各類成人書法培訓班35期(1986～1990),少年兒童書法班,每年2期約66班次
372	會理縣書法協會	1985.5.20	四川省會理縣	劉偃	86人		
373	鹽源縣書法工作者協會	1990.9.15	四川省鹽源縣	王癸元	93人		辦有書法培訓班
374	四川草書研究會	1996.1.27	四川省	陳國志			
375	永川市書法協會		四川省永川市	況明新			
376	自貢市書法協會	1993.11.21	四川省自貢市	沈成宜			
377	中國書法家協會貴州分會	1982.11	貴州省貴陽市	張一凡		《中國少年書法》報、《貴州書法界》	
378	貴陽市書法工作者協會	1984.9	貴州省貴陽市	包俊宜	90人		辦有少年書法學校、少年書法夏令營
379	貴陽市青年書法篆刻研究會	1985.6.23	貴州省貴陽市	周加加	50人		

編號	社團名稱	成立時間	地點	主席	會員人數	所設刊物	辦學情形
380	遵義地區書法家協會	1984.11	貴州省遵義市	傅浩	142人		
381	黔西南州書法家協會	1988.9	貴州省興義市	熊洪斌	50人		
382	黔東南苗族侗縣自治州書法工作者協會	1985.11	貴州省凱里市	楊勝吉	123人	《墨苑》	
383	貴州省書法家協會黔南分會	1984.12	貴州省都勻市	李慧	120人		
384	赤水書法協會	1984.10.20	貴州省赤水	雍益	222人	《貴州協會簡報》	辦有青少年培訓班、硬筆書法培訓班
385	納雍縣書法協會	1986.12	貴州省納雍縣	劉鳳鳴	24人	《總溪河》	
386	大方縣書法協會	1985.1.15	貴州省大方縣	李正榮	57人		辦有青少年書法班
387	開陽縣書法協會	1987.10.1	貴州省開陽縣	汪維志	120人		
388	紫雲苗族布依族自治縣職工書法協會	1988.10	貴州省紫雲縣	李通遠	47人		辦有書法講習班
389	從江縣書法工作者協會	1988.1.30	貴州省從江縣	鄢建新	42人		
390	鎮遠縣書法協會	1986.1.25	貴州省鎮遠縣	袁明武	68人		
391	榕江縣書法工作者協會	1986.7	貴州省榕江縣	陳光考	86人		
392	惠水縣書法學會	1983.3	貴州省惠水縣	黃逢藩	56人		辦有各種書法學習班
393	甕安縣書法協會	1985.5	貴州省甕安縣	田景益	55人		
394	福泉縣書法協會	1983.3	貴州省福泉縣	王朝廷	77人		
395	中國書法家協會雲南分會	1984.5	雲南省昆明市	李群傑	331人		
396	雲南省書學研究會	1986.12	雲南省昆明市	趙浩如	80多人		
397	昆明書法家協會	1984.3.6	雲南省昆明市	段雪峰	255人		
398	昭通地區書法篆刻協會	1984	雲南省昭通地區	陳孝寧	150人	《昭通書法》	

編號	社 團 名 稱	成 立 時 間	地 點	主 席	會員人數	所 設 刊 物	辦 學 情 形
399	曲靖地區文聯書法協會	1986.11	雲南省曲靖地區	王 敏	58人		
400	玉溪地區書法協會	1984	雲南省玉溪地區	張鳳生許兆龍	20人		
401	思茅地區書法家協會	1989.5.29	雲南省思茅地區	張泰安	64人		
402	紅河哈尼族彝族自治州書法工作者協會	1984.9	雲南省紅河州	白祖文	130人		辦有各種書法培訓班
403	西雙版納州文聯書法工作者協會	1996.1.1	雲南省西雙版納州	周濟民	35人		
404	楚雄彝族自治州書法家協會	1988.9	雲南省楚雄市	任逸浩	37人		
405	德宏州書法家協會	1989.8	雲南省德宏州	朱寬柔	68人		
406	爨鄉書法協會	1988.12	雲南省陸良縣	李自華	18人		
407	臨滄縣書法協會	1981.3.18	雲南省臨滄縣	錢功寶	118人	〈臨滄書畫〉	
408	麗江納西族自治縣書法協會	1987.8	雲南省麗江縣	和 石	58人		辦有青少年書法學習班
409	開遠市文聯書法協會	1988.8.8	雲南省開遠市	李長斌	35人		辦有書法培訓班2期,假期書法培訓班
410	石屏縣書法組	1979	雲南省石屏縣	江聞仁	92人		
411	中國書法家協會陝西分會	1980.3成立1981改名	陝西省西安市	石 魯	542人		
412	西安市書法家協會	1984.3	陝西省西安市	劉浩然	365人		
413	西安青年書法家協會	1984	陝西省西安市	傅嘉儀	120人		
414	寶雞市書法家協會	1986	陝西省寶雞市	張志道	231人		
415	延安地區書法家協會	1982.8	陝西省延安市	楊明春	137人		
416	商洛地區青年書法協會	1988.10	陝西省商洛地區	閻林虎	31人		
417	漢中地區書法家協會	1984	陝西省漢中地區	許建中	118人		

編號	社 團 名 稱	成立時間	地 點	主席	會員人數	所設刊物	辦 學 情 形
418	西安秦苑書法學會安康分會	1987.4	陝西省安康市	萬安祿	87人		辦有青少年書法學習班及老年書法研討班（每年1～2次）
419	咸陽市書法協會		陝西省咸陽市	葉炳喜			
420	于右任書法學會	1987.12.22	陝西省西安市	范 明			
421	渭南市書法家協會	1982.7	陝西省渭南市	魏 俊	52人		
422	中國書法家協會甘肅分會	1979.10成立 1990.11.24改名	甘肅省蘭州市	趙 正	161人		
423	蘭州市書法家協會	1985	甘肅省蘭州市	尹建鼎	103人		
424	金昌市書法協會	1986	甘肅省金昌市	拓 之	40人		
425	白銀市書法工作者協會	1989.7	甘肅省白銀市	魏卓林	43人		
426	天水市書法家協會	1988.10.23	甘肅省天水市	萬惠民	102人		
427	慶陽地區書法家協會	1990.9.7	甘肅省西峰市	郭文允	49人		
428	靖遠縣書法協會	1988.2	甘肅省靖遠縣	陳少亭	68人	《書畫通訊》	
429	宕昌縣書法學會	1981.6	甘肅省宕昌縣	張子敬	37人		
430	中國書法家協會青海分會	1984.9	青海省西寧市	王 雲	162人		
431	西寧市書法工作者協會	1980.7	青海省西寧市	李海觀	170人		
432	格爾木市書法家協會	1988.5.6	青海省格爾木市	王錫盛	31人		
433	中國書法家協會寧夏分會	1978.5	寧夏銀川市	董維基	161人	《賀蘭石》	
434	銀川市書法家協會	1981.11.28	寧夏銀川市	董維基	144人		
435	吳忠市書法協會	1989.12	寧夏吳忠市	周開成	68人		
436	銀南地區書法協會		寧夏銀南地區	魏沁當			

編號	社 團 名 稱	成 立 時 間	地 點	主席	會員人數	所 設 刊 物	辦 學 情 形
437	平川書法家協會	1992	寧夏白銀市	馬積森			
438	中國書法家協會新疆分會	1986.5.25	新疆烏魯木齊市	趙彥良	450人		
439	新疆克拉瑪依市書法協會	1982.9	新疆克拉瑪依市	李保孚	87人		
440	阿克蘇地區書法家協會	1989.11	新疆阿克蘇市	王智倫	76人		辦有書法培訓班2期
441	喀什地區文聯書法家協會	1987.6.16	新疆喀什地區	徐登舉	84人		
442	昌吉回族自治州書法協會	1985.11	新疆昌吉市	丁培健	近百人		
443	吐魯番地區書法協會	1988.5.28	新疆吐魯番	申北人	50人		
444	伊犁哈薩克自治州書法協會	1987.10.20	新疆伊寧市	張肇思	84人		
445	西藏地區書法家協會	1982	西藏拉薩市	拉巴次仁	73人		
446	中國書法家協會西藏分會	1982.3	西藏拉薩市	拉巴次仁	72人		
447	香港中國書道協會	1974	香港九龍	梁鈞庸	80人		
448	香港南薰書學社	1979	香港九龍	黃兆顯	40人	《南薰藝文》	
449	香港書法藝術研究會	1988	香港北角	錢開文	120人		
450	甲子書學會	1985.2	香港九龍	蘇樹輝	38人		
451	香港書法愛好者協會	1983	香港沙田	余寄撫	230人		

二、教育類書法社團

編號	社 團 名 稱	成立時間	地 點	主 席	會員人數	所 設 刊 物	辦 學 情 形
1	中國書法家協會教育委員會	1981.6.7	北京市	黃綺	委員8多人		辦有中國書法培訓中心、中國書法進修學院、《中國書法》刊授。
2	北京市書法教育研究會	1988以前	北京市				
3	中國教育學會書法教育研究會	1988.11.26	天津市	劉炳森	1000多人	《書法教育》、《中國畫報》	辦有天津神州書畫進修學院
4	天津市書法教育研究會	1988	天津市	張慶義			
5	全國中等師範學校書法教研協作組	1991.5.6	天津市	李枝樞			
6	河北省書法教育研究會	1989.12.9	河北省石家莊市	安效珍			
7	山西省書法教育研究會	1992.3.21	山西省太原市	周禮賢			
8	山西省臨汾市教育工作者書畫學會	1990	山西省臨汾市				
9	山西省臨汾市書畫教育研究會	1990	山西省臨汾市				
10	大連市書法教育研究會	1994	遼寧省大連市	賈聚林			
11	遼寧省師專系統書法教育研究會	1980	遼寧省撫順市	于植元			
12	吉林省書法教育研究會	1990	吉林省長春市	張叔漢			
13	長春市書法教育研究會	1990左右	吉林省長春市				
14	黑龍江省書法教育研究會	1989.10	黑龍江省齊齊哈爾	郭征夫			辦有書法師資培訓班
15	哈爾濱市書法教育研究會	1990左右	黑龍江省哈爾濱市				
16	上海市高校書法教育研究會	1985.11	上海市	黃若舟	192人		辦有書法師資培訓班、面向全國的鋼筆書法函授班
17	上海市書法教育研究會	1988.10.7	上海市				

編號	社　團　名　稱	成立時間	地　　點	主　席	會員人數	所 設 刊 物	辦　學　情　形
18	南京市書法教育研究會	1990左右	江蘇省南京市				
19	寧波市書法教育研究會		浙江省寧波市				
20	浙江省書法教育研究會	1991.2.1	浙江省杭州市	劉　江	217人	《中小學書畫》	辦有書法教師骨幹培訓班
21	金華市書法教育研究會	1992	浙江省金華市	金振林			
22	安徽省書法教育研究會	1989.4.10	安徽省合肥市	傅愛國			
23	廈門市書法教育研究會	1990左右	福建省廈門市				
24	福建省書法教育研究會	992左右	福建省福州市				
25	福建省中等師範學校書法教學中心組	1991.5	福建省福清市	薛文棟		《書法教育》	
26	青島市書法教育研究會		山東省青島市				
27	山東省書法教育研究會	1989.3.28	山東省濟南市				
28	青島市高等學校書法教育研究會	1990	山東省青島市	馮國榮			
29	武漢市書法教育研究會	1990.5	湖北省武漢市	李珠			辦有書法師資培訓班
30	湖北省書法教育研究會	1992	湖北省武漢市	孫品前	200多人		
31	湖南省書法教育研究會	1992左右	湖南省衡陽市				
32	廣東省書法教育研究會	1988以前	廣東省廣州市				
33	深圳市書法教育研究會	1990左右	廣東省深圳市				
34	廣東教育學會美術書法教育研究會	1984.9	廣東省廣州市	張文祺	300人		
35	廣西壯族自治區書法教育研究會	1989.8.1	廣西省桂林市	馬岱宗			
36	四川省書法教育研究會	1993.12	四川省成都市	周浩然			

編號	社 團 名 稱	成立時間	地 點	主 席	會員人數	所設刊物	辦 學 情 形
37	重慶市書法教育研究會	1993.5	四川省重慶市	青曉陽			辦有書法師資培訓班
38	成都市書法教育研究會	1993左右	四川省成都市				
39	瀘州市書法教育專業委員會	1994.5.7	四川省瀘州市	鍾天炯			
40	貴州省書法教育研究會		貴州省貴陽市				
41	雲南省書法教育研究會		雲南省昆明市	趙浩如	111人		
42	西安市書法教育研究會		陝西省西安市				
43	陝西省書法教育研究會	1989	陝西省西安市	權劍琴		67人	辦有書法新教材師資培訓班
44	甘肅省書法教育研究會	1990.6	甘肅省蘭州市	王松山	520人		辦有書法師資培訓班
45	寧夏自治區書法教育研究會	1989.10.17	寧夏自治區銀川市	胡介文		50人	

三、硬筆類書法社團

編號	社團名稱	成立時間	地點	主席	會員人數	所設刊物	辦學情形
1	中國書法家協會硬筆書法委員會	1996	北京市		委員10多人		
2	中國現代硬筆書法研究會	1985.8.22	北京市	田英章			
3	北京硬筆書法學會	1988.7	北京市	李鐸	420多人		辦有全國硬筆書法函授及北京面授班
4	現代漢字硬筆書法協會(原名:現代青年硬筆書法家協會)	1993.2.20	北京市				
5	中國硬筆書法協會	1993.5.16	北京市	龐中華田英章			
6	中國現代硬筆書法研究會華北油田分會	1989.12.24	河北省任丘市	馬駿祥	140人		
7	玉田縣硬筆書法協會	1989.6.5	河北省玉田縣	孫汝舉	65人		協助中、小學校和煤礦等單位輔導和培養硬筆書法人才
8	襄樊市硬筆書法家協會	1993	河北省襄樊市	嚴學章			
9	滄州市硬筆書法協會	1994	河北省滄州市	雲光華			
10	欽州硬筆書法學會	1988.7	河北省欽州市				
11	滄州市硬筆書法學會	1994	河北省滄州市	賈會			
12	忻州地區硬筆書法家協會	1990.4	山西省忻州市	賀壽長	140人		
13	山西高平縣硬筆書法家協會	1992	山西省高平縣				
14	中國硬筆書法家協會山西分會	1989.2	山西省				
15	北疆硬筆習字會	1992	內蒙古				
16	大連莊河市硬筆書法家協會	1993	遼寧省大連市	宋炳坤			
17	莊河市硬筆書法協會	1993.9	遼寧省莊河市	宋炳坤			
18	吉林省硬筆書法家協會	1994	吉林省	孫中文			

編號	社 團 名 稱	成立時間	地 點	主 席	會員人數	所 設 刊 物	辦 學 情 形
19	齊齊哈爾市硬筆書法協會	1992.9.26	黑龍江省鶴縣	張會光	265人		
20	哈爾濱市硬筆書法學會	1991.2	黑龍江省哈爾濱市	苤巍任			
21	上海晨風硬筆字研究會	1981.3	上海市				
22	江蘇省硬筆書法家協會	1987.1.7	江蘇省南京市	汪寅生			辦有硬筆書法班
23	淮陰市硬筆書法協會	1990.6.24	江蘇省淮陰市	張曉兆	200人		
24	無錫市硬筆書法家協會	1989.1.1	江蘇省無錫市	梁明泰	230人	《無錫硬筆書法通訊》	
25	連雲港市硬筆書法家協會		江蘇省連雲港市	陳夙桐			
26	丹陽市硬筆書法研究會	1990	江蘇省丹陽市	殷農			
27	淮陽市硬筆書法家協會	1990	江蘇省淮陽市	張曉兆			
28	淮安市硬筆書法家協會	1991.2.1	江蘇省淮安市	王野雲			
29	江蘇硬筆書法家協會	1987.1	江蘇省南京市				
30	南京市硬筆書法協會	1988.3	江蘇省南京市	章炳文			
31	常州市鋼筆、圓珠筆書法研究會	1988.5.4	江蘇省常州市	趙世平			
32	無錫市硬筆書法研究會	1989	江蘇省無錫市				
33	當代硬筆書法習字會無錫分會	1989	江蘇省無錫市				
34	鎮江市硬筆書法家協會	1994	江蘇省鎮江市	唐明覺			
35	中國硬筆書法家協會	1984.11成立 1988.10改名	浙江省杭州市	姜東舒		《中國鋼筆書法》	
36	現代鋼筆書法藝術研究	1995	浙江省德清市	陳小榮		《現代鋼筆書法》	
37	中國硬筆書法家協會浙江慈溪市分會	1990	浙江省	馬華林			

編號	社團名稱	成立時間	地點	主席	會員人數	所設刊物	辦學情形
38	杭州市青年鋼筆書法協會	1991	浙江省杭州市	楊爲國			
39	中國硬筆書法家協會浙江分會	1989	浙江省杭州市				
40	銅陵市硬筆書法家協會	1989.10.1	安徽省銅陵市	盧斌	82人		
41	宿州市硬筆書法協會	1993.11.10	安徽省宿州市	郭大華			
42	淮南市硬筆書法協會	1991.9	安徽省淮南市	熊黎明			
43	淮南市青年鋼筆書法協會	1988.5.4	安徽省淮南市	趙永林			
44	馬鞍山市職工硬筆書法研究會	1989	安徽省馬鞍山市				
45	廈門市硬筆書法協會	1992	福建省廈門市	周堅			
46	福建青年鋼筆書法協會	1986.4.30	福建省				
47	彭澤縣硬筆書法協會	1992	江西省				
48	江西省硬筆書法研究會	1988.10	江西省南昌市	邱振中	700人	《硬筆書法報》	曾與江西社會科學業餘大學合辦硬筆書法系
49	中華硬筆書法家協會江西分會上栗支會	1989.8.1	江西省萍鄉市	鍾神福	185人	《硬筆書法簡訊》	辦有上栗區業餘書畫學校，面向萍鄉市招生
50	上饒地區硬筆書法研究會		江西省	陳鳳			
51	山東荷澤地區硬筆書法家協會	1993.8	山東省荷澤地區	孫世民			
52	棗莊市硬筆書法家協會	1994	山東省棗莊市				
53	濮陽市硬筆書法學會	1988.12	河南省濮陽市	張劍鋒	160人		
54	焦作市硬筆書法研究會	1989.9.26	河南省焦作市	黃光杰			
55	河南省南陽地區硬筆書法學會	1991	河南省南陽市	張兼爲			
56	河南省硬筆書法學會	1988.6.12	河南省鄭州市	龐中華			

編號	社　團　名　稱	成立時間	地　　點	主席	會員人數	所設刊物	辦　學　情　形
57	鄭州硬筆書法家協會	1989	河南省鄭州市	龐德順			
58	河南省硬筆書法學會平頂山分會	1990	河南省				
59	湖北省蘄春縣硬筆書法協會	1992	湖北省蘄春縣				
60	武漢硬筆書法家協會	1985.11成立1987改名	湖北省武漢市	李洪川			
61	鄂州硬筆書法協會	1989	湖北省鄂州市				
62	湖南省硬筆書法家協會		湖南省長沙市	何滿宗			
63	邵陽市硬筆書法家協會	1991.8.18	湖南省邵陽市	胡建國			
64	綏寧縣硬筆書法協會	1993.8.29	湖南省	陳永耀			
65	益陽地區硬筆書法協會	1992	湖南益陽地區	李正平			
66	湖南省沅江市硬筆書法研究會	1991.10	湖南省沅江市	余德先			
67	湘潭市青年硬筆書法研究會	1989	湖南省湘潭市				
68	醴陵市青年硬筆書法家協會	1989	湖南省醴陵市				
69	肇慶市硬筆書法家協會	1994	廣東省肇慶市	吳駒賢			
70	廣州硬筆書法協會	1984.4	廣東省廣州市	梁錦英			
71	湛江市硬筆書法研究	1988.8	廣東省湛江市	劉名衛			
72	廣西省硬筆書法家協會		廣西省南寧市	莫振寧			
73	中國現代硬筆書法研究會廣西分會	1989.5.8	廣西省南寧市	蘭彥之	300人		
74	中華硬筆書法協會廣西分會	1991.10.15	廣西省韶關	李國瓊			
75	廣西岑溪縣硬筆書法協會	1993	廣西省岑溪縣				

編號	社團名稱	成立時間	地點	主席	會員人數	所設刊物	辦學情形
76	海南省硬筆書法協會	1994.8.14	海南省海口市	吳東民			
77	四川省硬筆書法家協會		四川省重慶市	唐嗣田			
78	重慶中華硬筆書法協會	1992.11.21	四川省重慶市				
79	簡陽縣硬筆書法藝術研究會	1992.9.6	四川省簡陽縣		200人以上		
80	瀘州市青年硬筆書法家協會	1989.4	四川省瀘州市		100多人		
81	萬縣現代硬筆書法研究會	1989.7	四川省萬縣	王繼承	180人		
82	自貢市硬筆書法學會	1993.11.21	四川省自貢市	沈成宣			
83	陝西硬筆書法研究會	1986.5.3	陝西省西安市				
84	甘肅硬筆書法協會	1987.8	甘肅省蘭州市	張宗恕	300人		
85	當代硬筆書法藝術研究會	1994	甘肅省通渭縣	劉宏業			
86	甘肅省張家川回族自治縣硬筆書法協會	1994	甘肅省	張小林			
87	九州硬筆書法家協會	1991	甘肅省靖遠縣		4000人		
88	甘肅省硬筆書法家協會	1990	甘肅省蘭州市				
89	甘肅省硬筆書法學會	1990	甘肅省蘭州市	也鳳	59人		
90	石嘴山硬筆書協	1994	寧夏	夏慶林			
91	白銀市平川硬筆書法家協會	1992	寧夏白銀市	馬積森			
92	寧夏硬筆書法研究會	1986.4.10	寧夏省	盧桐			
93	新疆石油管理局硬筆書法研究會	1992	新疆省克拉瑪依市	楊成澤	150人		
94	中國現代硬筆書法研究會克拉瑪伊分會	1990	新疆省克拉瑪伊市	蘇耿			

編號	社　團　名　稱	成 立 時 間	地　　點	主 席	會員人數	所 設 刊 物	辦　學　情　形
95	青海硬筆書法協會	1993.11.21	青海自治區	張邦文			
96	青海省硬筆書法家協會	1992	青海省	樊華			
97	青海省硬筆書法協會	1993.11.21	青海省西寧市	張邦文			
98	河湟硬筆書法研究會	1988.3	青海省				

四、篆刻類書法社團

編號	社 團 名 稱	成立時間	地 點	主 席	會員人數	所設刊物	辦 學 情 形
1	中國書法家協會篆刻書法委員會	1986.7	北京市	方去疾	委員12人		
2	蜚鳴印社	1986	北京市	劉振清	12人		
3	匯泉印社	1986	北京市	張雅琳	47人	《匯泉》	
4	京華印社	1987.9	北京市	宋致中	87人	《京華印社》	
5	北京印社	1988.8.20	北京市	康伇	54人	《北京印學》	
6	薊門印社	1988.12.12	北京市	范越偉	10人	《薊門印叢》	
7	北京篆刻藝術研究會	1989	北京市	李文新	110人		
8	北海印社	1989.10	北京市		8人	《印譚》	
9	小刀會印社	1991.11	北京市		9人	《小刀會》	
10	鐵龍印社	1992.5.10	北京市	雷杜	27人	《鐵龍印社》	
11	游冥印社	1986.5	北京市				
12	迪帆印社	1986.11	北京市				
13	燕曉印社	1987.2	北京市				
14	當代肖形印社	1989.9	北京市	華奎			
15	春泥印社	1986.1	上海市	張自強	22人	《春泥》	
16	三原色印社	1986.9	上海市	李興亞	26人	《朱白黑》	
17	秋石印社	1988.10	上海市	唐之鳴	21人		
18	東庵印社	1988.12	上海市		20餘人		
19	鄧散木藝術研究社	1998.10.24	上海市	葉隱谷			
20	孟海印社	1992.9.20	上海市	方正之	20餘人		
21	海河印社	1984.7.6	天津市		110人	《煙活印影》	連續六年舉辦篆刻講習班
22	海河青年印社	1987.11.10	天津市	董鴻程	26人	《海河青年印社》	
23	天津市書法家協會篆刻藝術研究部	1992.1	天津市		6人		
24	滄海印社	1985.4.28	河北省滄州地區	韓煥峰	67人	《滄海印》	
25	藝青印社	1986.3.6	河北省唐山市	趙劍鵬	7人	《藝青印社》	

編號	社 團 名 稱	成 立 時 間	地　　點	主 席	會員人數	所 設 刊 物	辦 學 情 形
26	邯鄲市職工篆刻研究會	1986.6.10	河北省邯鄲市		89人		
27	趙都印社	1986.6.10	河北省邯鄲市	朱伯華	89人		
28	百泉印社	1987.1	河北省邢台市	薛英傑	42人	《百泉印苑》	
29	河北省篆刻研究會	1987.9.25	河北省石家莊市	董川	22人	《燕趙印林》	
30	燕山印社	1988.9.7	河北省廊坊市	趙忠仁	22人		
31	長城印社	1985	河北省遷安縣	古泥	53人		
32	海岳印社	1988.7	河北省秦皇島市		10多人		
33	北芥印社	1991.5.5	河北省宣化	馬馳	12人	《北芥》	
34	西方印社	1992.2.5	河北省涿州市	金文和	35人	《四方印痕》	
35	燕風印社	1989.3.12	河北省唐山市	陳述	61人	《燕風印社》	
36	清州印社	1989.10	河北省青縣				
37	長治市篆刻工作者協會	1988.6	山西省長治市				
38	遺山印社	1990.4.10	山西省忻州市	安開年	30多人		
39	石舟印社	1990.11.24	山西省陽泉市	李琳文	13人		
40	堯都印社	1992.8.26	山西省臨汾市	章觀軒	24人	《堯都印社》	
41	天龍印社	1990	山西省太原市	林鵬			
42	北疆印社	1989.8.2	內蒙古呼和浩特	楊魯安	32人		
43	上京印社	1989.9.12	內蒙古赤峰市	崔連魁	24人		
44	嶺北印社	1987.6	內蒙古滿州里	吳硯鵬	21人	《嶺北印壇》	

編號	社 團 名 稱	成 立 時 間	地 點	主 席	會員人數	所設刊物	辦 學 情 形
45	藝友印社	1989.10.1	內蒙古臨河市	張傑	37人	《印友》	
46	瀋陽印社	1985.3	遼寧省瀋陽市	姚哲成	46人		
47	鍥之印社	1988.01	遼寧省撫順市	張長海	48人	《鍥之》	
48	求索印社	1988.3.18	遼寧省阜新市	王璽銘	12人	《求索》	
49	遼河印社	1988.9	遼寧省瀋陽市	鍾立志	20多人	《印海拾貝》	
50	青泥印社	1989	遼寧省大連市	張德鵬	30多人	《書法園》	
51	玄武石社	1989.8	遼寧省瀋陽市	葉偉夫		《吉光片羽》	
52	遼陽印社	1989.11.3	遼寧省遼陽市	李承培	68人		
53	青齊印社	1990.12.9	遼寧省大連市	張華慶	68人	《書藝天地報》	辦有三期書法篆刻班
54	遼金印社	1992.1.12	遼寧省大連市	汪正中	17人		
55	龍泉印社	1989.7.21	遼寧省鞍山市	赫成大	20人		
56	遼寧印社	1984.4.16	遼寧省撫順市	朱成國	33人		
57	碣石印社	1985.2	遼寧省錦州市	李曉棣	29人	《梨園》	
58	遼守印社	1989.11.3	遼寧省遼陽市	李承培	68人		
59	白山印社	1985.6.28	吉林省長春市	金意庵	38人		
60	昭河印社	1987.8.1	吉林省梨樹縣		21人	《梨園》	
61	石緣印社	1989.6.16	吉林省永吉縣	李柏秋	12人	《石緣社印》	
62	遼東印社	1986.1.5	吉林省撫順市		10多人	《撫順印藝》	
63	太陽石印社	1988.3	吉林省阜新市				

編號	社團名稱	成立時間	地點	主席	會員人數	所設刊物	辦學情形
64	通化印社	1989.8	吉林省通化市	奚向群	30餘人	《通化印社》	
65	關東印社	1989.12	吉林省四平市	徐靖宇	12人		
66	吉林市青年印社	1991.7.30	吉林市	張樹	20人		
67	黑龍印社	1985.10.22	黑龍江省哈爾濱市	王兆卿	79人	《黑龍》報	
68	東隅印社	1984.3.4	黑龍江省雞西市	石生金	72人	《東隅藝林》	
69	颯風印社	1985.1.20	黑龍江省哈爾濱市	范淳明	38人	《颯風》	
70	大慶印社	1985.4	黑龍江省大慶市	安德祥	37人	《大慶篆刻》	
71	鏡泊印社	1985.7	黑龍江省牡丹江市	賈振祥			
72	拓荒印社	1985.8.4	黑龍江省牡丹江市	何德元	22人	《拓荒月報》	辦有篆刻班
73	紅豆印社	1988.3	黑龍江省齊齊哈爾市	張玉杰	30餘人	《紅豆印苑》	
74	蘇通海印社	1988.5.12	黑龍江省海倫市	趙春爽	411人	《蘇通海印苑》	
75	哈爾濱市篆刻家協會	1989.12.18	黑龍江省哈爾濱市	趙佩緞	80餘人		
76	林甸印社	1990.1.1	黑龍江省林甸縣	許凱軍	10人	《神龍》	
77	寶靈印社	1991.9.25	黑龍江省大慶市	吳兆臣	15人	《寶靈印社》	
78	甜草印社	1992.1.19	黑龍江省肇東市	陳耀先	40餘人		
79	神龍印社	1992.2	黑龍江省佳木斯市	郭恒	28人	《神龍印》	
80	哈工大篆刻學會	1987.12.20	黑龍江省哈爾濱市		30多人		
81	威虎山印社	1994	黑龍江省牡丹江市	孟飛			
82	黑龍江省書協篆刻研究會	1992.4.25	黑龍江省哈爾濱市	趙雋明			

編號	社 團 名 稱	成 立 時 間	地 點	主席	會員人數	所 設 刊 物	辦 學 情 形
83	哈爾濱市少年刻字研究會	1994.5.26	黑龍江省哈爾濱市	蔺承霖			
84	散木印社	1986.9.6	黑龍江省哈爾濱市	于光亞	28人		
85	星暉印社	1990.5	黑龍江省集賢縣				
86	荊山印社	1985.12	陝西省西安市				
87	太白印社	1988.5	陝西省西安市				
88	終南印社	1979.2	陝西省西安市	傅嘉儀	100人	《終南》	
89	岐陽印社	1985	陝西省寶雞市	曹宇	58人	《石鼓》	
90	寶雞印社	1987.8	陝西省寶雞市	張鳳彩	42人	《陳寶印訊》	
91	戶縣篆刻藝術研究會	1988.4	陝西省戶縣	吉文鵬	136人	《秦嶺印壇》	辦有培訓班2期
92	西嶽印社	1988.6	陝西省渭南市	程平	15人		
93	驪山印社	1991.9	陝西省臨潼縣	鄭安慶	31人	《驪山印苑》	
94	蘆蓮印社	1992.3.5	陝西省富平縣	邵寶民	5人		
95	石門印社	1987.1.10	陝西省漢中市	何挺警	14人		
96	蘭山印社	1986.10.22	甘肅省蘭州市	駱石華	132人		
97	西峰印社	1989.6	甘肅省西峰市	楊永成	44人	《四方印風》	
98	隴中印社	1990.3.3	甘肅省定西地區	莫邪	58人		
99	武威青年金石學會	1984.6	甘肅省武威市				
100	賀蘭印社	1988.5.1	寧夏銀川市	柴建方	45人	《賀蘭石》	
101	土樓印社	1987.1.1	青海省西寧市	海石	15人	《士樓印藝》	

編號	社 團 名 稱	成立時間	地　　點	主席	會員人數	所 設 刊 物	辦 學 情 形
102	青海印社	1983.12.18	青海省西寧市	金成山	8人		
103	大漠印社	1989.11.14	新疆烏魯木齊市	趙彥良	38人		
104	西域印社		新疆石河子市				
105	芝罘印社	1989.2.26	山東省煙台市	衣石竟	36人	《芝罘印社》	
106	洗硯池印社	1989.3.12	山東省臨沂市	馮文鎬	42人	《洗硯池藝風》	
107	火天印社	1989.5.12	山東省濱州市	老善	81人		
108	泰山印社	1989.5.12	山東省泰安市	元小平	24人		
109	德州印社	1989.5.30	山東省德州市	劉志耘	45人	《德州印社》、《德州印壇》、《德州印社通訊》	
110	青檀印社	1989.6.2	山東省棗莊市	燕守谷	49人		
111	東石印社	1989.9.13	山東省東營市	顧睿蔭	37人	《東石印痕》	
112	鐵龍印社	1989.11.23	山東省臨沂市	李錫恩	55人		
113	萬印樓印社	1991.3.10	山東省濰坊市	陳壽榮	49人		
114	青島印社	1991.4.18	山東省青島市	王夢凡	50人		
115	嶗山印社	1992.5.20	山東省青島市	陳博州	24人		
116	曲阜印社	1992.11.18	山東省曲阜市	周翰庭	15人		
117	山東大學書法篆刻研究會	1981.3	山東省濟南市				
118	漱玉印社	1986	山東省濟南市	陳左黃	50人		
119	渤海印社	1987.1.1	山東省慶雲縣	王征遠	22人	《渤海印社》	

編號	社團名稱	成立時間	地點	主席	會員人數	所設刊物	辦學情形
120	溫河印社	1989.5	山東省費縣	魏寶玉	15人		
121	東吳印社	1984.10	江蘇省蘇州市	周瑪和	87人	《東吳印社》	
122	澹遠印社	1984.10.15	江蘇省南通市	王樹堂	80多人		
123	愚池印社	1986.10	江蘇省金壇縣	邵仲英	14人	《愚池石趣》	
124	西神印社	1985.12.13	江蘇省無錫市	劉守戎	92人	《西神》	
125	紫竹篆刻社	1986.4	江蘇省南京市		10多人		
126	常州印社	1986.7	江蘇省常州市	胡一飛	45人	《常州印社》	
127	南通印社	1986.10	江蘇省南通市	丘石	20餘人	《南通篆刻》	
128	蒼梧印社	1986.10.12	江蘇省連雲港市	許厚文	40人	《蒼梧印存》	
129	南京印社	1987.2.22	江蘇省南京市	武中奇	88人		辦有南京業餘書法篆刻學校
130	中泠印社	1987.7.25	江蘇省鎮江市	姜挹秋	134人	《中泠印社》	
131	亭林印社	1987.7	江蘇省昆山市	程十分	33人	《亭林印社》	
132	竹西印社	1987.7	江蘇省揚州市	蔣永義	53人	《竹西印稿》	
133	野草印社	1987.8.2	江蘇省淮陰市	馬丁	45人	《野草印社》	
134	西氿印社	1988.5	江蘇省宜興市		16人	《西氿印蹟》	
135	虞山印社	1988.10	江蘇省常熟市	蔡紹心	64人	《印苑》	
136	彭城印社	1989.2.26	江蘇省徐州市	邵澤芬	29人	《彭城印社》	
137	揚州印社	1989.3	江蘇省揚州市	張郁明		《揚州印社》	
138	夢谿印社	1989.10	江蘇省鎮江市	唐戈	11人		

編號	社 團 名 稱	成立時間	地 點	主席	會員人數	所 設 刊 物	辦 學 情 形
139	延陵印社	1989.10	江蘇省江陰市	黃寶泯	20人		
140	古楚印社	1989.11.27	江蘇省淮陰市	萬玉龍	22人		
141	潼陽印社	1989.11.27	江蘇省沐陽縣	徐暢亮	24人	《潼陽印社》	
142	欣榮印社	1990.4	江蘇省泰興市			《欣榮印報》、《銀杏篆刻報》	
143	泰州印社	1991.4	江蘇省泰州市	王靖	26人	《泰州印社》	
144	取慮印社	1991.9.5	江蘇省睢寧縣	夏鋤	14人		
145	金陵印社	1986.5	江蘇省南京市	許烱	297人		辦有南京業餘書法篆刻學校
146	西山印社	1988.11	江蘇省無錫市	吳衛東	11人		
147	啓東印社	1987.12	江蘇省啓東市				
148	立中印社	1988.5	江蘇省海安縣				
149	如皋印社	1988.5	江蘇省如皋縣				
150	西山印社	1988.11	江蘇省無錫市				
151	富陵印社		江蘇省洪澤縣				
152	宿遷市篆刻家協會	1991.12.25	江蘇省宿遷市	劉雲鵬	25人	《靈傑印社社刊》	
153	涓流書法篆刻藝術會	1992.5	江蘇省南京市	張吉慶	23人	《涓流》	
154	江海印社	1992.6.18	江蘇省海安縣	仲貞子	31人		
155	青山印社	1984	江蘇省南京市	戴兆心	21人		
156	芙蓉印社	1983.6.12	浙江省東陽市	金永獎	21人	《芙蓉印社》	
157	書齋樓書法篆刻研究會	1983.11.5	浙江省杭州市		12人	《書齋樓》	

編號	社 團 名 稱	成立時間	地 點	主席	會員人數	所設刊物	辦 學 情 形
158	鉤沈篆學社	1985	浙江省 杭州市	姚衛根	10 多人	《鉤沈集》	
159	剢谿印社	1985.7	浙江省 嵊縣	徐國兆	20人	《剢谿印社》	
160	杭州印友會	1986	浙江省 杭州市	曹所生	100多人	《印友會》	
161	蒼石印社	1986	浙江省 象山縣	李煜旭	7人	《蒼石印報》	
162	元暢印社	1986.2	浙江省 金華市	廖達敏	92人	《元暢印社》	
163	石榴印社	1987.2.8	浙江省 玉環縣	陳繼民	54人	《石榴印社作品集》	
164	石屋印社	1986.10.1	浙江省 象山縣	張光岳	8人	《象山篆刻》	辦有青少年篆刻培訓班2次
165	青桐印社	1986.7.21	浙江省 桐鄉	袁道厚	46人	《篆刻報》	
166	南屏印社	1987.5.17	浙江省 杭州市	王海言	25人	《南屏之聲》	
167	南湖印社	1988.4.5	浙江省 嘉興市	傅其倫	26人		
168	浙江省書協篆刻創作委員會	1989.6	浙江省 杭州市	祝遂之	19人		
169	寧波市篆刻創作委員會	1989.9.5	浙江省 寧波市	曹厚德	10餘人	《寧波篆刻》	
170	苕溪印社	1988.3	浙江省 湖州市				
171	北嶺印社	1991.11	浙江省 武義縣				
172	黑海印社		浙江省 溫嶺縣				
173	檇李印社	1984.6	浙江省 嘉興市				
174	艇湖印社	1985.7	浙江省 嵊縣				
175	晨鐘印社	1986.11	安吉縣				
176	庚社	1987.3	浙江省 杭州市		7人	《庚社》	

編號	社 團 名 稱	成立時間	地 點	主席	會員人數	所設刊物	辦 學 情 形
177	舟山印社	1987	浙江省舟山市		20人		
178	嘉興市青年篆刻研究會	1985.12	浙江省嘉興市				
179	樸存印社	1988.5	浙江省		20多人	《樸存藝報》	
180	碧浪印社	1988.7.29	浙江省湖州市	白廉	22人	《碧浪印社》	
181	處州印社	1988.9	浙江省雲和縣	金葉	36人		
182	紫徵印社	1988.11.13	浙江省海寧市	陳浩	42人	《紫徵印草》	
183	明州印社	1989.1.7	浙江省鎮海市		17人	《明州印社》	
184	求是印社	1989.1.25	浙江省杭州市	汪永江	11人	《求是藝叢》	
185	東甌印社	1989.3.6	浙江省溫州市	張如元	30人		
186	橫湖印社	1989.4.1	浙江省溫嶺縣	毛孝弢	6人		
187	員碩印社	1989.7.30	浙江省安吉縣	洪亮	16人	《篆刻藝術報》	
188	江山印社	1989.11.18	浙江省江山市	程達鵬	52人	《江山篆刻》	
189	西冷印社	1904	浙江省杭州市	趙樸初	152人	《西冷藝叢》、《西冷藝報》	
190	陽明印社	1989.12.22	浙江省餘姚市	葉文龍	8人	《姚江印叢》	
191	諸暨市印社	1990.3	浙江省諸暨市				
192	西湖印社	1990.6.24	浙江省杭州市	于波	33人	《西湖印社通訊》	
193	天台山印社	1990秋	浙江省天台縣	袁首昂	6人		
194	松蔭印社	1990.10	浙江省松陽縣	徐詠平	56人	《松蔭印社》	
195	當湖印社	1992.5	浙江省平湖市	張宏	19人	《當湖印社》	

編號	社團名稱	成立時間	地點	主席	會員人數	所設刊物	辦學情形
196	稠州印社	1992.11	浙江省義烏市	石君一	6人		
197	天姥山印社	1996	浙江省新昌市	梁少膺			
198	蚌埠市篆刻藝術研究會	1983	安徽省		21人		
199	蕪湖市篆刻研究會	1984.10	安徽省蕪湖市		30人		
200	黟山印社	1987.12	安徽省蕪湖市		20多人	《黟山印社》	
201	金泉印社	1987.5.30	安徽省馬鞍山市				
202	安慶印社	1988.8	安徽省安慶市				
203	鳩茲印社	1989.1	安徽省蕪湖市		10多人		
204	楚鋒印社	1989.5.1	安徽省壽縣			《楚鋒篆刻報》	
205	青蓮印社	1989.5	安徽省當塗縣				
206	江南印社	1990.2	安徽省蕪湖縣				
207	蕪湖印社	1990	安徽省蕪湖市				
208	淮河印社	1990	安徽省蚌埠市				
209	鄧琰印社	1990	安徽省懷寧縣				
210	江東印社	1984.6.23	安徽省馬鞍山市	王斌	34人		
211	安徽省篆刻研究會	1984.7.5	安徽省合肥市	葛介屏	108人		
212	龍舒印社	1985	安徽省舒城	張寶璐	8人	《龍舒印社》	
213	完白印社	1986.11.4	安徽省淮北市	徐立	33人	《完白印社》	
214	瑯琊印社	1987.3	安徽省滁州市	戴武	34人	《青年篆刻家》	

編號	社 團 名 稱	成 立 時 間	地 點	主席	會員人數	所 設 刊 物	辦 學 情 形
215	淮海印社	1988.1.1	安徽省淮北市	盛軍	79人		辦有篆刻培訓班5期
216	和州印社	1989.4.8	安徽省和縣	尹壽石		《印譚》	
217	淮南印社	1989.8.6	安徽省淮南市	朱慶亮	24人		
218	盧州印社	1989.10.1	安徽省合肥市	徐從濱	46人		
219	潁淮印社	1989.10	安徽省阜南縣	張雷		《鴻蒙印蹟》	
220	結盧印社	1989.12.24	安徽省合肥市	方有新	15人	《結盧印社》	
221	西澗印社	1992.5.4	安徽省滁州縣	余駿祥	8人	《西澗印潮》	
222	南北印社	1988.6	福建省漳浦市	淋墨	15人		
223	石聲印社	1987.11.6	福建省石獅市	吳清輝	7人		
224	閩東印社	1988.6.30	福建省寧德市	李輝	10人		
225	刺桐印社	1989.1.1	福建省泉州市		10多人	《浪花集》	
226	閩海印社	1989.5.4	福建省石獅市	康耀仁	30人	《閩海先光》	
227	鷺潮書印社	1989.11.16	福建省廈門市	蔡勁松	30人	《鷺潮書印專刊》	
228	華夏印友社	1990.2.1	福建省福州市	石川	120人	《印人印集》、《印刊簡訊》	
229	三明印社	1991.7.1	福建省三明市	蘇寶新	50人		
230	洪塘印社	1992.9.10	福建省福州市	鄒禮	15人		
231	心泉印社	1983.6	福建省三明市		10多人		
232	阜南印社	1986.2	江西省武寧縣		14人		
233	鵝湖印社	1988.3.9	江西省鉛山縣		6人		

編號	社 團 名 稱	成立時間	地 點	主席	會員人數	所設刊物	辦 學 情 形
234	信江印社	1989.6.6	江西省弋陽縣	翁石旬		《信江印報》	
235	鷿州印社	1992.6.10	江西省萍鄉市	黃德華	10餘人		
236	石旬印館	1992.10.1	江西省弋陽縣		11人	《石旬印館藝園》	
237	春台印社	1989.6.1	江西省宜春市	黃勇萍			
238	洪都印社		江西省南昌市				
239	嵩暉印社	1988.3.2	河南省新鄉市	王海	65人	《印壇》	辦有培訓班3班
240	殷契印社	1987.3.31	河南省安陽市	徐學萍	31人		
241	舞鋼印社	1987.4.1	河南省舞鋼市	何運通	52人	《舞鋼石》	
242	石淙印社	1987.4	河南省鄭州市	何宇台	48人		
243	南山印社	1987.8.1	河南省襄城縣	浩玫瑰	41人	《南山石》	
244	李斯印社	1987.12.5	河南省駐馬店地區	劉建平	21人		
245	愚樂印社	1987.12.30	河南省洛陽市	孫右人	12人	《愚樂印禮》	
246	金谷印社	1988.2.7	河南省洛陽市	郭西河	89人	《金谷印社》	
247	鶴壁印社	1988.8.19	河南省鶴壁市	李中企	36人		
248	河南印社	1988.11.22	河南省鄭州市	牛濟普	95人		
249	神墨印社	1989.1	河南省鞏義縣		10多人		
250	三豐印社	1989.11.11	河南省開封市	尚佳軒	16人		
251	青年印社	1991.6.20	河南省安陽市	王曉萌	40人	《青年印苑》	
252	三川印社	1987.9	河南省周口市		30人		

編號	社 團 名 稱	成立時間	地 點	主 席	會員人數	所 設 刊 物	辦 學 情 形
253	南陽臥龍印社	1987.12	河南省 南陽市	張兼維	38人	《臥龍印社》	
254	東湖印社	1961.8	湖北省 武漢市	楊白匋	50人	《東湖印社》	
255	南紀印社	1986.11	湖北省 江陵縣	汪新士	32人		辦有江陵篆刻講習班
256	涵芬印社	1987.8	湖北省 武漢市	黎伏生	34人		
257	松風印社	1989.5.1	湖北省 鄂州市	宋哲金	31人	《松風印報》	辦有印學講座
258	廣濟印社	1989.6	湖北省 武穴市		5人		
259	白廟印社	1988	湖北省 白廟市	敖啓權	30人		
260	鐵魂印社	1989.7.8	湖北省 武漢市	李玉柱	29人		
261	襄陽印社	1989.8.11	湖北省 襄樊市	柴有煒	28人		
262	荊山石社	1990.10.1	湖北省 鄂州市		25人		
263	雲鶴印社	1991.3.16	湖北省 武漢市	趙智鋒	18人	《雲鶴印刊》	
264	十堰印社	1991.4.9	湖北省 十堰市	魏國永	60多人		
265	屈嶺印社	1991.4.29	湖北省 京山縣	夏濟澤	14人		
266	長江印社	1991.9.28	湖北省 武漢市	王竹之			
267	楚源印社	1991.11.11	湖北省 長沙市	張行元	16人		
268	東坡印社	1996.6.3	湖北省 黃岡市				
269	天心印社	1985.10	湖南省 長沙市	譚石光	19人		
270	白石印社	1985	湖南省 長沙市	黃蘇民	11人		
271	寶慶印社	1992.5	湖南省 邵陽市	涂玉書	10人		

編號	社 團 名 稱	成 立 時 間	地 點	主 席	會員人數	所 設 刊 物	辦 學 情 形
272	南楚印社	1988.6.18	湖南省株洲市	楊志達	10多人		
273	益陽印社	1986.5.5	湖南省益陽市		31人	《益州印社》	
274	洞庭印社	1989.5.1	湖南省津市市	劉澤榮	22人		
275	石鼓印社	1986.10	湖南省衡陽市	楊寶琳	37人		
276	龍泉印社	1989	湖南省醴陵市	王立新	21人		
277	石友印社	1987.5	廣東省廣州市		25人		
278	嶺南篆刻學會	1988.9.28	廣東省廣州市		33人		
279	海天印社	1989.12.22	廣東省深圳市	陳祥	16人	《海天印社》	
280	深圳印社	1988.10.22	廣東省深圳市	黃開稼	18人	《深圳篆刻》	
281	雙栖印社	1994.8.8	廣東省順德市	李平			
282	邕江印社	1986.1.14	廣西省南寧市	范清濤	50人	《邕江印叢》	
283	百色地區印社	1989.8.1	廣西省百色市	周堅	13人	《右江印社》	
284	柳州市壺城印學研究會	1978.8	廣西省柳州市	蒙仁周	9人		
285	神灘印社	1988.12	廣西省桂林市		100多人		
286	右江印社	1989.8.1	廣西省百色市	周堅	10人	《右江印藝》	
287	中國印學界聯合會委員會	1989.3	廣西省桂林市				
288	開明印社	1981.4	四川省成都市	陳明德	26人	《開明印社》	
289	重慶印社	1985.7.25	四川省重慶市	青曉暘	85人		
290	桂湖印社	1986.10.12	四川省內江市	李文馥	25人	《鐵筆春》	

編號	社團名稱	成立時間	地點	主席	會員人數	所設刊物	辦學情形
291	四川省青年篆刻研究會	1986.12	四川省成都市	陳復澄	80多人		
292	九龍印社	1987.1.26	四川省重慶市	辛華	19人	《九龍灘》	
293	紫光印社	1987.4.29	四川省樂山市	周積強	36人	《紫光》	
294	建南印社	1990.10.1	四川省會理縣	劉仙	17人		
295	重慶篆刻學會	1985.7.25	四川省重慶市		40多人		
296	石海印社	1988.5	四川省白沙	向安順	11人		
297	遵義印社	1985.10.18	貴州省遵義市	葉位琛	30人	《印存》	
298	芙峰印社	1987.1.13	貴州省貴陽市	戴明賢	60餘人	《芙峰印叢》	
299	夜郎印社	1990.元旦	貴州省甕安縣	陳臥子	21人	《夜郎印風》	
300	滇雲印社	1987.5.21	雲南省昆明市	孫太初	49人		
301	古銅印社	1987.11.12	雲南省東川市	鍾山	22人	《古銅印苑》	
302	望湖印社	1991.3.21	雲南省大理市		29人		
303	玉泉印社	1989	雲南省麗江				
304	珠崖印社	1994	海南省	楊毅			
305	珠峰印社	1989.10	西藏拉薩市		6人		
306	蘭山印社	1986.10.22	甘肅省蘭州市	駱石華	98人		
307	西峰印社	1989.6	甘肅省西峰市	楊永成	176人	《四方印風》	
308	友聲印社	1978.11	香港	鄧昌成	40人	《友聲印集》《香港篆刻報》《印譜快訊》	

五、理論類書法社團

編號	社 團 名 稱	成立時間	地 點	主席	會員人數	所設刊物	辦 學 情 形
1	中國書法家協會學術研究委員會	1986	北京市	王學仲	委員19人		
2	浙江省書法理論研究會	1985.12成立 1989.1.5撤銷	浙江省杭州市	朱關田	41人		
3	浙江省書學理論研究會	1989.1	浙江省杭州市	金鑒才	86人		
4	浙江省篆刻理論研究會	1985.5成立 1989.1撤銷	浙江省杭州市	劉江	38人		
5	中國青年書法理論家協會	1988.11	四川省成都市	陳振濂	600多人		
6	廣東省青年書法理論研究會	1988.10.8	廣東省陽江市	范少樂	51人	《書法理論報》	
7	湖北襄樊市書學理論研究會	1990.10.5	湖北省襄樊市	王世森			

六、綜合類書法社團

編號	社團名稱	成立時間	地點	主席	會員人數	所設刊物	辦學情形
1	中國老年書畫研究會	1984.4	北京市	劉寧一	7000多人	《工作通訊》	辦有中國書畫函授大學及分校，站共212所
2	中國老年書畫研究會外交部分會	1989.5	北京市	王人三	50多人		辦有書法學習班
3	中國鐵路書畫研究會	1983成立 1985.4改名	北京市	章洛	4000多人	《鐵路戰士書畫增刊》	
4	國家建築材料工業局老年書畫學習研究會	1986.3	北京市	任大一	44人		
5	中國社會科學院老年書畫研究會	1987.8	北京市	謝冰岩	30人		
6	中國老年書畫研究會人民日報社分會	1989.11	北京市	許靜	30多人		
7	中國人民解放軍總後勤部老年書畫研究會	1987.1	北京市	李開湘	233人		
8	北京鐵流美術書法研究會	1988.4	北京市	朱永芳	140人		
9	北京東城區書畫協會		北京市	林挺			
10	神劍文學藝術學會	1983.8	北京市	周一萍	分書法和美術部共2000人		
11	商業部離休幹部書畫研究會	1987.8	北京市	孟憲章	1369人		
12	中國老年書畫研究會公安部分會	1988.1	北京市	蘇宇涵	80人		
13	中國老年書畫研究會冶金部冶金部機關分會	1988.6.7	北京市	李超	40人		
14	國家體委老幹部局書畫研究組	1988	北京市	黃榮	13人		
15	中國書畫社	1956成立，1988.3改名	北京市	高冠華	2萬多人		
16	東方書畫研究社	1985.3	北京市	齊良遲	400多人		
17	北京中山書畫社	1980多	北京市	邵恒秋	近300人		
18	北京市職工美術書法攝影協會	1986	北京市	曲慶運	1200人		
19	北京中國書畫研究社	1956成立 1979.12.26改名	北京市	蕭勞	2106人		辦有書畫業餘學校，曾一度發展到9所

編號	社 團 名 稱	成 立 時 間	地 點	主席	會員人數	所 設 刊 物	辦 學 情 形
20	北京卿雲詩書畫聯誼社	1984.7	北京市	馮亦吾	1144人	〈卿雲通訊〉	辦有講座和函授班60多次
21	北京陶然書畫院	1987.11.29	北京市	馬堯坡	258人	〈陶然書畫〉	
22	北京齊白石藝術研究會	1986.3	北京市	盧光照	5000多人	〈齊白石藝術報〉〈齊白石藝術〉	辦有齊白石藝術函授學院
23	京華書畫會	1984.9.13	北京市	侯及名	87人		
24	北京市南城老年書畫研究會	1989.10.13	北京市	張順芝	200人	〈南城書畫〉	
25	長城硯友書畫社	1989.4	北京市	吳鳳之	34人		
26	平谷縣書畫協會		北京市	邢鳳玉			
27	北京電信書畫協會	1994.5.26	北京市	張善德			
28	北京市東城區書畫協會	1985.1	北京市	林挺	335人		
29	宣武區椿樹地區老年書畫協會	1987.9	北京市	李長青	80人		
30	北京市房山區書畫協會	1985.7	北京市	劉仲全	70人		
31	北京市崇文書畫研究會	1983.4.10	北京市	盛繩武	340人		辦有"燕京業餘美術學校"
32	北京朝陽書畫普及社	1985.4.25	北京市	郭德魁	170人		辦有輔導班3期
33	津沽書畫會	1996.7.11	天津市	史如源			
34	天津市老年書畫研究會	1984秋	天津市	陳福田	1500多人		
35	盧龍縣美術書法攝影協會	1988.5	河北省盧龍縣	周德榮	26人		
36	青縣文聯書畫工作者協會	1986.7	河北省青縣	王樹鵬	75人	〈盤古風〉	辦有培訓班
37	霧靈書畫院	1988.6	河北省興隆縣	馬廷奎	28人		
38	中國農民書畫研究會平泉分會	1990.10	河北省平泉縣	王玉華	120人		

編號	社　團　名　稱	成立時間	地　　點	主席	會員人數	所設刊物	辦　學　情　形
39	晚霞書畫社	1986	河北省藁縣	張建國	30多人		
40	中國老年書畫研究會河北分會	1987.6	河北省石家莊市	王東寧	700多人		
41	醉墨齋書畫社	1989.10	山西省太原市	梁振文	45人		
42	朔州市書法美術家協會	1990.12	山西省朔州市	趙光武	70人		
43	內蒙古老年書畫研究會	1992	內蒙古呼和浩特市	暴彥巴圖	60多人		
44	伊克昭盟美術書法協會	1979.5	內蒙古東勝市	劇保科	80人		辦有各種類型書法學習班、培訓班
45	巴彥淖爾盟美術攝影書法協會	1980	內蒙古臨河市	周經洛	40人		
46	巴彥淖爾盟職工書法美術攝影協會	1987.1.8	內蒙古臨河市	張有貴	67人		
47	內蒙古社會書畫協會	1989.4	內蒙古呼和浩特市	李金喜	193人		
48	怡齋書畫研究會	1985	內蒙古呼和浩特市	吳金	180人		
49	莊河縣書畫協會	1986.9.22	遼寧省莊河縣	劉恩斌	250人		
50	瀋陽書畫研究會	1953	遼寧省瀋陽市	趙洪武	480人		
51	鐵嶺市書畫研究會	1989.4.28	遼寧省鐵嶺市	楊偉	92人	〈鷺湖書畫報〉	
52	農民書畫研究會	1996.11.26	遼寧省	李軍			
53	吉林省老年書畫研究會		吉林省長春市	可沫雲			
54	少年兒童書畫協會	1994.4.3	吉林省	孟慶春			
55	吉林省民進書畫社	1988.1	吉林省長春市	段成桂	37人		
56	北國書畫社	1985.5	吉林省長春市	華宣宇	400多人		辦有中國函授大學吉林省分校，開設書法專業，學制四年
57	哈爾濱工業大學書法、繪畫篆刻學會	1986.3	黑龍江省哈爾濱市	胡志宏	324人		辦有短期學習班

編號	社團名稱	成立時間	地點	主席	會員人數	所設刊物	辦學情形
58	太陽島書畫研究會	1984.9.25	黑龍江省哈爾濱市	李激揚	57人		
59	中國老年書畫研究會上海分會		上海市	杜宣	410人		
60	寶山區美術書法協會	1988.3	上海市	龔贛弟	180人		
61	蒼松書畫社	1989.6.27	上海市	李廣	100多人		
62	上海市中學生書畫社	1992.1	上海市	張祿	80多人		
63	江蘇省老年書畫聯誼會	1985.4	江蘇省南京市	李進	1200多人		
64	江蘇霞客書畫社	1994.2.26	江蘇省江陰市	陳樂經			
65	淮陰市青年聯合會書畫研究會	1989.8.10	江蘇省淮陰市	唐善玉	100人		
66	鎮江市老幹部書畫協會	1984.11.16	江蘇省鎮江市	劉明遠	160人		辦有學習班
67	大豐縣書法美術工作者協會	1982.11.7	江蘇省大豐縣	張重光	34人		
68	大豐詩社	1986.5	江蘇省大豐縣	劉兆清	87人	《大豐詩草》	
69	儀徵市美術書法印章工作者協會	1986.12	江蘇省儀徵市	陳獻芹	43人		
70	蘇州石湖書畫院	1992.11.5	江蘇省蘇州	方耕水			
71	農民書畫研究會	1997.5.13	江蘇省南京市	耿杰民			
72	鎮海書畫協會	1981.1.1	浙江省寧波市	王惠定	18人		
73	麗州書畫社	1993.5.6	浙江省永康	陳有標	344人		
74	浙江靈峰書畫研究會	1992	浙江省	駱恆光			
75	孝豐書畫協會	1988.4	浙江省安吉縣	曹壽槐	68人		
76	海寧市金碩書畫會	1987.10	浙江省海寧市	吳小華	61人	《硬筆書法知》、《印苑》	

編號	社 團 名 稱	成立時間	地 點	主席	會員人數	所設刊物	辦 學 情 形
77	諸暨市美術書法工作者協會	1989.9	浙江省諸暨市	郭仲祿	44人		
78	逸仙書畫社	1981.6	浙江省杭州市	戴盟	325人		
79	南通市書法篆刻工作者協會	1980.12.13	浙江省南通市	陳雲	180人	《書協簡訊》	
80	蚌埠海外聯誼會書畫沙龍	1988.12.24	安徽省蚌埠市	崔懷勤	75人		
81	完白書畫研究會	1984.10	安徽省懷寧縣	朱疏斌	65人		
82	宿州市書法美術攝影協會	1986.3	安徽省宿州市	唐千	42人		
83	天長書畫研究會	1985.4	安徽省天長縣	趙炳中	35人		
84	巢湖市書畫協會	1985.5.23	安徽省巢湖市	盛詩國	43人		
85	中關書畫會	1989.7	安徽省合肥市	殷勵箴	40人		
86	中煤第三建設公司老年書畫協會		安徽省宿州市	李勝利			
87	飛龍書畫院	1988.1	福建省大田縣	巫禎來	58人	《飛龍書畫》	
88	石獅市書畫協會	1988.9.30	福建省石獅市	鄭伯洋	60人		
89	閩西青年書畫家協會	1992.5	福建省	林堅			
90	吉安地區老年書畫協會	1988.12.27	江西省吉安市	葉州一	63人		
91	餘江縣美術書法工作者協會	1988.6	江西省餘江縣	羅四忠	52人		辦有書法學習班
92	江西個山（八大山人）書畫研究會	1984.12	江西省南昌市	何報榴			
93	威海市書畫研究會	1982.3.27	山東省威海市	王壽川	56人		
94	利津縣書畫協會	1989.7.10	山東省利津縣	王日明	128人		
95	招遠縣書畫研究會	1984.7.25	山東省招遠縣	姬中玉	80人		

編號	社 團 名 稱	成立時間	地 點	主席	會員人數	所設刊物	辦 學 情 形
96	海陽縣書畫攝影協會	1987.12	山東省 海陽縣	黃貴山	180人		
97	山東高等學校書畫家協會	1994.6	山東省 海陽縣	張鶴雲			
98	乳山縣書畫協會	1984.8	山東省 乳山縣	隋典福	35人		
99	泰安市老年書畫研究會	1992	山東省 泰安市	張華慶			
100	中山書畫研究會	1993.8.28	山東省 濟南市	胡理修			
101	中國歷史文化名城書畫家協會	1989.4.17	山東省 曲阜市	王學仲	784人	《名城書畫》	
102	萊州市書畫研究會	1984.5.4	山東省 萊州市		48人		辦有書法學習班
103	文登市書畫研究會	1986.10.17	山東省 文登市	岳重溫	58人		
104	費縣書畫篆刻協會	1982.4.2	山東省 費縣	魏寶玉	60人		
105	莒南縣書畫研究會	1983.1.30	山東省 莒南縣	范奉臣	115人		
106	齊魯書畫研究院	1987.3	山東省 濟南市	黑伯龍 等4人	4500多人		附設有齊魯書畫業餘函授大學
107	山東省少數民族書畫協會	1987.3	山東省 濟南市	許煥新	近百人		
108	濟南軍區老戰士書畫研究會	1986.4	山東省 濟南市	任思忠	300多人		
109	孟津老年書畫研究會	1986.11.31	河南省 孟津縣	韓元桂	85人		
110	延津縣書畫工作者協會	1987.3	河南省 延津縣	楊寶盎	136人		
111	靈寶縣美術書法工作者協會	1985.7	河南省 靈寶縣	賀玉龍	38人		
112	荆門市老年書畫協會	1988.12.26	湖北省 荆門市	張道州	80多人		
113	清雅書畫影研究會	1989.8.1	湖北省 公安縣	劉明星	700人		
114	竹山縣書畫協會	1982.11.9	湖北省 竹山縣	江達	86人		辦有培訓班

編號	社 團 名 稱	成 立 時 間	地 點	主席	會員人數	所設刊物	辦 學 情 形
115	湖北郵電書畫院	1994.3.10	湖北省荊門市	馬萬程			
116	鍾祥縣書法美術學會	1987	湖北省鍾祥縣	蔡仁傑	97人		
117	武漢市武昌區書法家協會	1992.1.31	湖北省武漢市	楊漢林			
118	巴東縣書畫協會	1986.7.1	湖北省巴東縣	許顯國	71人	《巴東書報》	辦有書法培訓班，中小學生書畫輔導
119	中國老年書畫研究會湖北分會	1988.5	湖北省武漢市	李爾重	385人		
120	中國老年書畫研究會武漢分會	1986.12成立 1987.12改名	湖北省武漢市	余金堂	1200多人		
121	醴泉文學書畫協會	1986.10.1	湖南省醴陵市	黃建國	72人	《醴泉》	
122	安化縣職工書畫協會	1988.12.10	湖南省安化縣	夏遠銘	138人	《硬筆書法》報	辦有成人書法學習班、少兒書畫學習班各兩期
123	湖南省老幹部書畫協會	1988.12	湖南省長沙市	薄貴先	402人		
124	湖南省楚天書畫藝術研究會	1988.9	湖南省長沙市	劉齒一	100多人		
125	衛生系統書畫協會		湖南省長沙市	孫隆椿			
126	香山書畫協會	1981	廣東省中山市	胡桂釗	21人	《中山詩詞書法集》	
127	惠東縣書畫協會	1988.10.15	廣東省惠東縣	朱耀東	102人		
128	廣東省老年書畫家協會	1987.7成立 1996改名	廣東省廣州市	寇慶延	800多人	《廣東省分會動態》	
129	中山村書畫印社	1986.11	廣西省南寧市	韋瑞霖	250人	《中山藝苑》	
130	灌陽縣書法美術協會	1985	廣西省灌陽縣	王德禮	45人		
131	永福縣書畫美術協會	1985	廣西省永福縣	王德禮	45人		辦有書法學習班8期
132	桂林地區中國書畫研究會		廣西省桂林市	蔣鴻飛	157人		

編號	社團名稱	成立時間	地點	主席	會員人數	所設刊物	辦學情形
133	永福縣書法美術工作者協會	1980	廣西省永福縣	龍倚仁	115人		
134	丹溪書畫社	1987.5.21	廣西省嶺溪縣	管政	19人		
135	中國老年書畫研究會廣西分會	1988.3	廣西省南寧市	賀亦然	1200多人		
136	中國老年書畫研究會桂林市分會	1985.9成立 1986.2改名	廣西省桂林市	朱乃文	91人		
137	四川省青年書畫協會		四川省重慶市				
138	重慶中國詩書畫研究會	1988.10.5	四川省重慶市	高濟民	1126人		
139	重慶香國詩書畫協會	1985.10	四川省重慶市	宴濟元	235人	〈嘉陵江〉	
140	重慶江北區老年書畫研究會	1988.7	四川省重慶市	唐朋	85人		
141	綦江縣詩書畫院	1985.10	四川省綦江縣	李白深	118人	〈綦江書畫專刊〉、〈綦江詩稿〉	
142	犍為縣岷江書畫社	1985.5.1	四川省犍為縣	帥華光	62人		辦有各種書畫培訓班12期
143	女子書畫協會	1996	四川省重慶市	邢元敏			
144	中國老年書畫研究會四川分會	1987.7	四川省成都市	李文清	527人		
145	重慶市中華書畫研究會	1981.12	四川省重慶市	周春山	385人		
146	樂山書畫院	1986.7	四川省樂山市	萬一賓	60多人		
147	遵義中國書畫印研究會	1989.11	貴州省遵義市	趙進爭	4800人	〈中國書畫印研究〉	
148	畢節地區文聯美術書法協會	1988.12	貴州省畢節地區	楊小吾	58人		
149	盤縣特區書法美術協會	1989.2	貴州省盤縣特區	余朝陽	62人		
150	松桃苗族自治縣書法美術協會	1984.9.25	貴州省松桃苗族自治縣	劉宗久	61人		辦有培訓班

編號	社　團　名　稱	成立時間	地　　點	主席	會員人數	所設刊物	辦　學　情　形
151	黎平縣老年書畫藝術協會	1989.1.20	貴州省黎平縣	季秀岑	89人		
152	墨象書法繪畫協會	1984.6.2	貴州省都勻市	飽方義	360人		
153	雲南省老幹部書畫協會	1986.7.24	雲南省昆明市	林亮	1206人	《滇老翰墨》	
154	迪慶州文聯書美影協會	1989.5	雲南省迪慶州	倪志高	28人		
155	荷城翰墨苑	1984.7	雲南省姚安縣	劉慧星	設書法組和美術組共25人		
156	周原書畫研究會	1989.4.21	陝西省	沙舟	300人		
157	金堆城書畫協會	1982.5.22	陝西省華縣	張擴宇	109人		
158	西安新月書畫研究會	1985	陝西省西安市	程連凱	40多人		
159	中國書畫家協會	1985.2.23	陝西省西安市	郭布羅潤麒	2700人		
160	平涼地區美術書法攝影協會	1982.5	甘肅省	李鴻文	206人		
161	中國老年書畫研究會甘肅分會	1987.9	甘肅省蘭州市	黃羅斌	203人		
162	甘肅老少書畫協會	1987.5	甘肅省蘭州市	張正杰			
163	蘭州飛天書畫學會	1979.2	甘肅省蘭州市	楊志印	240人		
164	五泉書畫研究會		甘肅省蘭州市	薛文俊	120人		
165	化隆回族自治縣書法美術攝影協會	1987.10	青海省化隆縣	孟希哲	52人		
166	積石書畫學會	1985.4	青海省循化縣		32人		
167	寧夏老年書畫協會	1986.12	寧夏省銀川市	高俄光	191人		辦有中國書畫函授大學寧夏分校
168	中國金融書畫會寧夏分會	1988.2	寧夏省銀川市	王希坤	200多人		
169	寧夏電力工業局文學藝術協會書畫分會	1987.5	寧夏省銀川市	程全有、張志吉	46人		

編號	社團名稱	成立時間	地點	主席	會員人數	所設刊物	辦學情形
170	寧夏回族自治區銀南地區美術攝影書法協會	1981.10	寧夏省吳忠市	孟長慶			
171	中國老年書畫研究會新疆分會	1984.9	新疆烏魯木齊市	劉子謨	776人		
172	新疆絲路書畫院	1985.11	新疆烏魯木齊市	舒春光	30多人		
173	博爾塔拉蒙古自治州美術書法工作者協會	1986.8.25	新疆博爾塔拉州	解興祿	57人		
174	伊黎哈薩克自治州書法家協會	1986.4	新疆伊黎州	張肇思	85人		
175	阿勒泰地區書法協會	1987.1	新疆阿勒泰地區	段桐華	50人		
176	石河子書法協會	1981.3	新疆	王澎濤	17人		
177	昭蘇縣書法協會	1988.11.19	新疆昭蘇縣	曾禎祥	68人		
178	香港福建書畫研究會	1989	香港	施子清	80多人		
179	天采學會	1982.8.10	香港	高倬雲	90人	〈香港華僑日報〉	

【附錄貳】 大陸書法研討會一覽表

一、書法學術研討會

㈠專題性書學研討會

研討會名稱	日　期	地　點	主　辦　單　位	與會人數及性質	論文篇數
紀念王羲之撰寫《蘭亭集序》1630週年大會	1983,4,15	浙江省紹興市	中國書協、浙江省書協、蘭亭書會	100多人全國性	收到30多篇
鄭板橋書畫研究學術交流會	1983,11,23	江蘇省興化市	鄭板橋紀念館、清代揚州畫派研究會、揚州市文聯	80多人全國性	交流15篇
殷墟筆會	1984,10月15～19日	河南省安陽市	河南省安陽市文聯、文化局、教育局、總工會、書協	200多人國際性	收到70多篇
雲峰諸山北朝刻石討論會	1984,10月初	山東省掖縣	山東省書協、山東省石刻藝術博物館	80多人全國性	交流30多篇
中國洛陽魏碑研討會	1985,4,12	河南省洛陽市	洛陽市文聯、書協	190多人全國性	收到58多篇
首屆黃庭堅學術研討會	1985,11月4～7日	江西省修水縣	江西省師範大學、九江師專等5個單位	191人全國性	提交72篇
中國襄陽米芾書會	1985,11月12～15日	湖北省襄樊市	中國書協、湖北省書協等單位	90多人國際性	收到69篇
楊守敬及其門人流派作品展覽暨學術討論會	1986,3,28	湖北省武漢市	湖北省書協、湖北省博物館、湖北書學研究會、日本訪中團	30多人國際性	宣讀至少3篇
趙孟頫學術座談會	1987,1,25	浙江省湖州市		全國性	收到16篇
中日書法討論暨1987年中日蘭亭書會	1987,4,9	浙江省杭州市	《人民日報》社、浙江省文化廳、紹興市文化局、浙江省書協、日本《讀賣新聞》社、日本電視放送網	41人國際性	宣讀至少8篇
錢南園研究報告	1988,1,24	雲南省昆明市	雲南省圖書館、昆明青年書協	300人全國性	
王學仲藝術研究會	1988,3,23	山東省滕縣	王學仲藝術館	全國性	
第三屆褒斜石門國際學術研討會	1988,4月20～24日	陝西省漢中市	蜀道及石門石刻研究會	160多人國際性	提交60多篇
中國漢碑學術討論會	1988,9月12～14日15～17日	山東省泰安市曲阜市	山東省書協、山東省國際文化交流中心	80餘人國際性	收到200多篇，交流57篇，宣讀36篇

研討會名稱	日　　期	地　　點	主　　辦　　單　　位	與會人數及性質	論文篇數
張裕釗書法學術研討會	1988,10,15	河北省石家莊市	河北省書協、河北省老年書畫研究會等單位	30餘人國際性	
趙之謙學術討論會	1989,11, 8	浙江省桐鄉君匋藝術院	浙江省書協、西泠印社等單位	50餘人	收到16篇
李斯學術討論及學術報告會	1989,12,10	河南省駐馬店市	河南省書協等	全國性	
中國北朝摩崖刻經書學討論會	1990,10月15～20日	山東省鄒縣	山東省書協、山東省國際文化交流中心	近40人國際性	收到60餘篇
首屆何紹基書法藝術研討會	1990,11,27	湖南省道縣	湖南省書協、零陵地區書協、道縣政協	80多人全國性	宣讀17篇
〈瘞鶴銘〉學術研討會	1991,4月26～28日	江蘇省鎮江市	中國書協研究部、鎮江市文管會	40多人國際性	
中國簡牘學國際學術討論會	1991,8月	甘肅省蘭州市	甘肅省文物考古研究會、甘肅省博物館、中國文物研究所、中國社會科學院歷史研究所	130多人國際性	80多篇
紀念衛門書派全國書學理論研討會	1991,11月上旬	山西省運城市		40多人全國性	入選37篇
中國秦代刻石書學討論會	1991,12月23～27日	山東省濟南市	山東省書協、山東石刻藝術博物館	60多人國際性	
中國古代墓誌書學討論會	1992,10月	山東省			
'92全國懷素書藝研討會	1992,10月26～29日	湖南省永州市	中國書協、湖南省書協、湖南省永州市委、市政府、市政協	45人全國性	收220多篇
馬一浮國際學術研討會	1993,3月16～19日	浙江省杭州市	杭州師範學院、馬一浮研究所	60多人國際性	交流40餘篇
王鐸書法國際研討會	1993,4月8～11日	河南省洛陽市	中國書協、河南省書協、洛陽市書協、王鐸書法館	30多人國際性	選出近40篇
王羲之、顏眞卿國際學術研討會	1993,8,28	山東省臨沂市	臨沂國際文化交流中心	50多人國際性	
中國安陽甲骨文書法藝術研討會	1993,10月9～12日	河南省安陽市	安陽市文聯、市書協、安陽書畫院、安陽機床廠、殷墟博物館	60多人全國性	至少30多篇

研討會名稱	日　　期	地　　點	主　辦　單　位	與會人數及性質	論文篇數
沙孟海書法學術研討會	1993,10,10	北京市	沙孟海書學院、中國青年書法理論家協會	數十人	
趙孟頫國際書學研討會	1993,10月17～19日	浙江省湖州市	浙江省湖州市人民政府、中國書協學術委員會、浙江省書協	61人國際性	收到146篇入選52篇交流31篇宣讀25篇
第四屆蜀道及石門石刻國際學術討論會	1993,11, 1	陝西省漢中市	蜀道及石門石刻研究會	146人國際性	印發78篇
紀念徐渭400周年學術研討會	1993,11,23	浙江省紹興市		60多人全國性	
中國毛澤東書法藝術研討會	1993,12月4～7日	山東省濟南市	中國書協、山東省書協、濟南市文聯、濟南市書協	全國性	收到30多篇
諸樂三書畫篆刻研討會	1994.12.15	浙江省杭州市	浙江逸仙書畫院	80餘人全國性	
趙孟頫國際學術研討會	1995.3.24	浙江省湖州市	上海書畫出版社	40多人國際性	入選40篇
全國首屆書法藝術與道家美學學術研討會	1995.4月12～15日	安徽省蚌埠市	友聲書社、蚌埠市畫院、〈書法之友〉雜誌	全國性	
徐无聞書法藝術思想研討會	1995.7.15	四川省成都市	四川省書協、四川省書學協會	60多人全國性	收到30篇
趙冷月書法藝術研討會	1995.11	上海市	上海東方書院、〈書法研究〉雜誌社		
潘受先生詩書藝術座談會	1996.4.5	陝西省西安市	西安書學院	50多人全國性	
康有為書學國際研討會	1996.8月底截稿1996.10.6舉辦	廣東省廣州市	廣州書畫研究院		收到9個國家地區的70多篇論文入選32篇交流
顧廷龍學術成就暨書法藝術研討會	1996.12.22	上海市	上海圖書館、上海書協、上海豫園管理處	全國性	
沈延毅先生書法藝術座談會	1997.4.20	遼寧省	遼寧省書協	30多人全國性	
顏眞卿書藝研討會	1997.6	江蘇省南京市	南京顏眞卿書畫院	全國性	8篇

研討會名稱	日　　　期	地　點	主　　辦　　單　　位	與會人數及性質	論文篇數
邢侗書畫詩詞研討會	1997.5月28～29日	山東省臨邑	邢侗紀念館	30多人全國性	
九七沙孟海書學研討會	1997.10月8～10日	浙江省杭州市	浙江省文化廳、中國美術學院等四個單位主辦，浙江省博物館承辦	60多人國際性	收到國內外論文近百篇，選入47篇編成論文集並討論
李方膺誕辰三百周年作品特展及座談會	1997.10.14	江蘇省南通市	南通市文化局、文聯	全國性	

(二)全國性的綜合書學研討會

研討會名稱	日　　　期	地　點	主　　辦　　單　　位	與會人數及性質	論文篇數
全國書學研究交流會(後稱〝全國首屆書學討論會〞)	1981,10,26	浙江省紹興市	中國書協、《書法》雜誌、紹興市文化局（蘭亭書會）	47人全國性	收到591篇
中日書法學術討論會	1986,4,5	北京市師範學院	北京師範學院書法藝術專修科	國際性	至少交流4篇
十三省區市書協、十二家書法報刊書法理論交流會	1986,7月5～10日	貴州省貴陽市	貴州省書協	全國性	收到數十篇，宣讀8篇
全國書學討論會	1986,10,12	山東省掖縣	中國書協	73人全國性	收到635篇，交流66篇，宣讀60篇
長安書法年會	1986,11,24	陝西省西安市	陝西省旅遊局、陝西省書協	100多人國際性	
中國硬筆書法全國學術理論研討會	1987,5,15	四川省重慶市	中國現代硬筆書法研究會、中國書協理論部	80多人全國性	交流23篇

研討會名稱	日　期	地　點	主　辦　單　位	與會人數及性質	論文篇數
現代國際書畫大展及學術討論會	1987, 5,20	河南省開封市相國寺	開封市書協、河南省書協	國際性	
首屆中國鋼筆書法理論研討會	1987, 6,21	湖南省長沙市	《東方青年》雜誌社、《中國鋼筆書法》編輯部	全國性	收到300多篇交流29篇
中日書法學術交流會	1987, 8,15	浙江省杭州市	中國西泠印社、日本日中書法交流史研究會	國際性	宣讀6篇
書法新十年學術論辯會	1987,10月5～9日	河南省鄭州市	河南省書協、河南省書法理論委員會、《書法家》編輯部	60多人全國性	收到360篇選出87篇提交40篇
全國首屆青年書學討論會	1988, 7,1	四川省成都市	四川成都市青年聯合會、青年書協	全國性	
全國第二屆青年書學討論會	1989, 5,15	陝西省西安市	中國青年書法理論家協會	60多人全國性	收到217篇入選94篇
全國第三次書學討論會	1989,11,28	四川省都江堰市	中國書協	68人全國性	收到520篇入選125篇交流56篇
'90書法批評研討會	1990, 6,18	湖北省十堰市	《書法報》社	全國性	
第三屆全國青年書學討論會	1990, 7,18	貴州省貴陽市	中國青年書法理論家協會	63人全國性	收到224篇入選80篇交流53篇
中國書法十年回顧與瞻望座談會	1991, 4,15	北京市	中國書協	30多人全國性	
首屆國際書學交流會	1991, 5月27～29日	浙江省紹興市、杭州市	中國書協、浙江省書協、紹興市文聯	70多人國際性	收到51篇入選36篇
首屆全國煤礦書法理論研討會	1991, 7,11	河北省開灤礦務局	中國煤礦書法研究會	23人全國性	入選20餘篇
首屆西安國際書學研討會	1991,10,30～11, 3	陝西省西安市	陝西省文聯、陝西省書協	232人國際性	收到100多篇入選77篇
'92書法批評年會	1992, 9月6～11日	四川省成都市金牛賓館	《中國書法》《書法報》《書法》三家報刊	全國性	收到80篇入選40篇
全國煤礦書法工作會	1993, 9月中旬	四川省都江堰市		71人全國性	
全國第四屆書學討論會	1993,11月12～15日	四川省重慶市	中國書協、重慶市書協	150多人全國性	收到680多篇獲獎36篇(1等獎4篇2等獎7篇3等獎25篇)

研討會名稱	日　　期	地　點	主　　辦　　單　　位	與會人數及性質	論文篇數
中國書畫藝術研討會	1993,10月			全國性	
全國『書法學』暨書法發展戰略研討會	1993,10月 13～15日	天津市	中國書畫報社、江蘇教育出版社、中國青年書法理論家協會	數十人 全國性	40多篇
中日書法史研討會	1994, 3月 26～28日	北京 通縣		50多人 國際性	
全國近現代書法研討會	1994, 6月 6～11日	安徽省 黃山市	沙孟海書學院、安徽美術出版社、《書法之友》雜誌社	50多人 全國性	收到110篇 入選42篇 交流25篇 評出優秀論文三篇
現代書法創作現況暨王南溟《理解現代書法》研討會	1994, 7月 26～29日	安徽省 黃山市	江蘇教育出版社、安徽中國黃山藝術沙龍主辦、《書法研究》社協辦	30多人 全國性	
全國書法史學、美學學術研討會	1994, 8月 21～24日	山東省 青島市	沙孟海書學院、《書法報》社、中國青年書法理論家協會等八個單位	200多人 全國性	交流56篇
中國書法史國際學術研討會	1994, 9月 16～18日	江蘇省常熟市水月山莊	滄浪書社、常熟市書協	40人 國際性	提出26篇
'94書法評論年會暨《書法》雜誌出版百期書學研討會	1994,10月 25～28日	浙江省富陽市依綠園	《中國書法》《書法報》《書法研究》主辦，浙江省書協、上海海巨服務總公司協辦	60多人 全國性	收到188篇 入選40篇 宣讀12篇
《書法藝術》雜誌創刊五週年書法研討會	1994,12月 24～25日	江蘇省無錫縣港下鎮	《書法藝術》雜誌社	30多人 全國性	收到16篇
國際書畫研討會	1995.11月 17～26日	湖南省 衡陽市			至少四篇
第二屆全國"書法學"暨書法發展戰略研討會	1995.3月 16～19日	湖北省 宜昌市	中國書畫報社、中國青年書法理論家協會、江蘇教育出版社、遼寧教育出版社	60多人 全國性	其中六篇論文進行答辯
當代中國書法創作評審理論研討會	1995.11月 2～6日	四川省 成都市	中國書協、中國書協創作評審委員會	30多人 全國性	22篇
'95國際書法史學術研討會	1995.11月 18～22日	北京市	中國書協、中國書協學術委員會	200多人 國際性	9個國家、地區約稿論文41篇（含書面交流4篇）

研討會名稱	日 期	地 點	主 辦 單 位	與會人數及性質	論文篇數
民國時期書法研討會	1996.1.11	天津市	天津市書協、藝術博物館、天津文物公司	11人 全國性	
第二屆中國書法史論國際研討會	1996.9.6	遼寧省瀋陽市	文物出版社《書法叢刊》編輯部等5個單位	100多人 全國性	研討主題定為「晉唐法書」，文物出版社將出論文集
中國文化（書畫類）藝術研修會	1996（4天）	北京市	中國藝術研究院文研中心	103人 全國性	討論四篇專題
'96中國書法批評年會	1996.9月16～19日	湖南省張家界	《書法報》、《中國書法》、《書法》、《書法研究》雜誌社	200多人 全國性	收到210多篇交流55篇
'96中國書法主義（陝西地區）學術研討會	1996.11	陝西省商州	《現代書法》雜誌、中國書法主義學術中心、商洛地區文聯主辦、商洛地區青年書協、商洛地區書協承辦	80多人 全國性	20多篇
全國青年書法理論家座談會	1997.10月10～12日	山東省青島市	中國書協學術委員會、《中國書法》雜誌社	30多人 全國性	
全國第二屆近現代書法研討會暨沙孟海逝世五周年紀念會	1997.10月25～27日	浙江省鄞縣	沙孟海書學院、《書法之友》編輯部	全國性	收到70多篇入選40篇

(三)地區性的綜合書學研討會

研討會名稱	日 期	地 點	主 辦 單 位	與會人數及性質	論文篇數
河南省首次書學討論會	1982, 5,30	河南省雞公山	河南省書協	22人 地區性	宣讀16篇書面發言4篇
河南省第二次書學理論研討會	1983, 8,30	河南省雞公山	河南省書協	地區性	宣讀10篇
四川省攀枝花市首屆書學研討會	1983, 9月	四川省攀枝花市	四川省攀枝花市書協	地區性	
山西省書法理論學術研討會	1983,12,28	山西省	山西省書協	20多人 地區性	宣讀7篇
北京市書協書法藝術和理論報告會	1985, 2,3	北京市	北京市書協	地區性	
四川省第二屆書學討論會	1985,11,28	四川省永川市	四川省書學學會	42人 地區性	收到43篇印發39篇

研討會名稱	日　期	地　點	主　辦　單　位	與會人數及性質	論文篇數
浙江省書法理論學術討論會(即浙江省第一次書學研討會)	1985,12月14～15日	浙江省杭州市	浙江省書法理論研究會	地區性	宣讀33篇
湖北省書學研究會首次學術討論會(應爲湖北省第一次書學討論會)	1986, 3月27～28日	湖北省武昌市	湖北省書學研究會	地區性	收到48篇宣讀14篇
山東省書協書法學術討論會	1986, 6月	山東省濟南市	山東省書協	地區性	宣讀19篇
渤海書學討論會	1986, 7,28	天津市	天津市書協	20多人地區性	
首都中青年書法家座談會	1986,10,23	河北省延慶縣	北京市書協	地區性	
浙江省書法理論研究會第二次學術討論會(即浙江省第二次書學研討會)	1986,10,29	浙江省黃岩縣	浙江省書法理論研究會	地區性	收到25篇宣讀25篇
湖北省第二次書學研究會	1986,11,25	湖北省仙桃市		65人地區性	提交50多篇宣讀19篇
湖南省首屆書學討論會	1986,12, 2	湖南省祁陽縣		50多人地區性	收到65篇交流19篇
雲南省首屆書學討論會	1986,12,12	雲南省楚雄市	雲南省書協等單位	90多人地區性	提交80多篇入選50篇
上海市青年書法社年會	1986,12,15	上海市		100多人地區性	
四川省書藝研究討論會	1987, 3月4～7日	四川省成都市什邡縣	四川省書協	60多人地區性	
佛山廣州中青年書法研討會	1987,10月22～23日	廣東省佛山市		地區性	
浙江省第三次書法篆刻學術討論會	1987,11月4～8日	浙江省建德市	浙江省書法理論研究會、浙江省篆刻理論研究會	地區性	交流30多篇評出優秀論文3篇
北京神州書法研究會書法理論研究會	1987,11,22	北京市	北京神州書法研討會	300多人地區性	

研討會名稱	日 期	地 點	主 辦 單 位	與會人數及性質	論文篇數
雲南省第二屆書學討論會	1987,11,26	雲南省大理市		70人地區性	入選28篇交流11篇
江蘇省首屆書學討論會	1987,12月	江蘇省常熟市		地區性	
綿陽市書法藝術理論研討會(應爲綿陽市首屆書學研討會)	1987	四川省三台縣	四川省綿陽市書法工作者協會	會員31人地區性	交流25篇
湖北省書法研討會(應爲湖北省第三次書學研討會)	1988,4,27	湖北省武漢市	湖北省書協		
四川省攀枝花市第二屆書學理論研討會	1988,5月	四川省攀枝花市		地區性	
雲南省第三屆書學討論會	1988,8月15～19日	雲南省昭通市	雲南省書學研究會	60多人地區性	入選25篇
上海青年書法理論研討會	1988,11月	上海市		地區性	交流12篇
四川省第三次書學討論會	1988,11,25	四川省都江堰市	四川省書學會、四川省書協會	51人地區性	提交50篇
浙江書學理論研究會第四次學術討論會	1989,1,7	浙江省義烏縣		50多人地區性	交流53篇評出優秀論文4篇
河南省第七屆書學討論會	1989,2,1	河南省雞公山	河南省書協	25人地區性	收到35篇入選28篇
湖北省書法理論研討會(應爲湖北省第四次書學研討會)	1989, 3,2	湖北省沙市	湖北省書協	45人地區性	宣讀30篇
漢中首屆書法理論研討會	1989, 3,25	陝西省漢中市	陝西省青年書法家協會漢中分會、漢中師範學院教工書法學會	地區性	宣讀8篇
青海省首屆書學研討會	1989, 4月11～12日	青海省西寧市	青海省書協	27人地區性	提交11篇
北京市書協'89書學研討	1989, 4,21	河北省昌平縣	北京市書協	26人地區性	
北京書協與湖南書協書法聯誼筆會暨理論座談會	1989, 5月18、20日	湖南省長沙市	北京市書協、湖南省書協	地區性	

研討會名稱	日　期	地　點	主　辦　單　位	與會人數及性質	論文篇數
江蘇省首屆硬筆書法理論研討會	1989,5,20	江蘇省南京市		地區性	收到30篇交流14篇
河北省書法家協會第七次書法理論研討會	989,10,15	河北省贊皇縣		37人地區性	交流20篇書面發言8篇
廣東省書法理論研究座談會	1989,10,17	廣東省廣州市	廣東省書協	20多人地區性	
新疆首屆書法理論研討會	1990,3,25	新疆維吾爾自治區烏魯木齊市	新疆維吾爾自治區書協	60多人地區性	入選60多篇評出優秀論文15篇
青海省中青年書法藝術研討會	1990,3,31～4,2	青海省西寧市	青海省書協	近60人地區性	
上海市青年書法家協會年會	1990,4,9	上海市		地區性	
湖北省首屆少年兒童書畫學術研討會	1990,5,4	湖北省武漢市		150人地區性	收到50多篇
四川省第二屆書法藝術研究會(應為綿陽市第二屆書學研討會)	1990,5,10	四川省綿陽市	四川省綿陽市書法工作者協會	地區性	
書法篆刻與上海首次學術報告會	1990,5,19	上海市	上海市書協	300多人地區性	宣讀20多篇
黑龍江省第二屆書學討論會	1990,9月24～26日	黑龍江省哈爾濱市		31人地區性	入選1等獎6名2等獎8名3等獎5名
浙江省第五次書法篆刻學術研討會	1990	浙江省寧波市	浙江省書協	地區性	書法論文40篇篆刻論文7篇
浙江省首屆群文系統書法理論研討會	1990,9,24	浙江省杭州市	浙江省書法理論研究會、群藝館	21人地區性	宣讀25篇
河北省篆書研討會(即河北省第八次書學研討會)	1990,9月25～27日	河北省保定市	河北省書協、河北省老年書畫研究會	35人地區性	入選29篇
四川、江蘇、河南、廣州四省市首屆硬筆書法理論研討會	1990,9,30	四川省成都市		近百人地區性	收到61篇交流14篇

研討會名稱	日　　期	地　點	主　辦　單　位	與會人數及性質	論文篇數
襄樊市第一屆書學理論研討會	1990,10,5	湖北省襄樊市	襄樊市書學理論研究會	地區性	收到20餘篇
紹興市首屆書學討論會	1990,11月9～10日	浙江省紹興市	紹興市書協	地區性	22篇
湖北省書畫理論研討會(應爲湖北省第五次書學研討會)	1990,11,26	湖北省襄樊市			提交108篇
寧波市首次書學理論研討會	1990,11,27	浙江省寧波市	寧波市文聯	48人	入選21篇
浙江省書學理論研究會第六次學術討論會	1990,11,28	浙江省海寧	浙江省書學理論研究會	42人地區性	入選34篇評出優秀論文5篇
黑龍江省第二屆書學討論會	1990,12,4	黑龍江省哈爾濱市書法活動中心	黑龍江省書協、《書法賞評》雜誌社	50多人地區性	宣讀35篇評出1等獎6名2等獎7名3等獎5名
四川省硬筆書法首屆年會	1990	四川省	中國現代硬筆書法研究會四川分會		
大連市首屆書法理論研討會	1991,1,16	遼寧省大連市			研討11篇
山西省1991年書法理論研討會	1991,1,28	山西省太原市	山西省書協	40多人地區性	收到近20篇宣讀7篇
貴陽市首屆青年書學討論會	1991,3,2	貴州省貴陽市	貴陽市青年書法篆刻研究社		收到近20篇
四川省第四次書學討論會	1991,3月	四川省峨嵋山市		98人	交流69篇
西安市首屆青年書學研討會	1991,5,12	陝西省長安縣		40多人	
天津市書法藝術研討會	1991,10,5	天津市	天津市書協、天津市文聯、《天津日報》社		
《書法報》'91書法批評討論會	1991,10,26	湖北省武漢市	《書法報》社	19人地區性	
浙江省書學理論研究會第七次學術討論會	1992,1月	浙江省武義縣		地區性	入選58篇交流33篇評出優秀論文2篇

研討會名稱	日　期	地　點	主　辦　單　位	與會人數及性質	論文篇數
內江市第二屆書學研討會	1992,3月	四川省甜城	內江市教委、市文化局、市書協、市總工會	80多人	
廣西省第四屆書法理論研討會	1992,8,14	廣西省靈山縣	廣西省書協	100人	入選40篇
新疆第二屆書學討論會	1992,10月28～30日	新疆維吾爾自治區獨山子煉油廠招待所	新疆維吾爾自治區書協、獨山子廠區	40多人地區性	收到45篇評出優秀論文13篇
黑龍江省第三屆書學討論會	1992,10月	黑龍江省密山興凱湖	黑龍江省書協	40多人地區性	評出優秀論文9篇
天津市書法理論研討	1992,12月	天津市	天津市書協、天津市文聯理論研究室、《天津日報》文藝部		
浙江省第八次書學理論研討	1993,1月	浙江省天台縣		地區性	收到56篇
江西省首屆書學理論研討會	1993,4月6～7日	江西省南昌市	江西省書協	20多人地區性	入選15篇
'93河南書法篆刻理論研討會	1993,8月20～23日	河南省南陽市	河南省書協	地區性	
浙江省第九次書學研討會	1993,12月11～13日	浙江省東陽市	浙江省書協	50多人地區性	收到58篇入選33篇
四川省第六次書學討論會暨陳毅、謝无量書法研討會	1993,11月16～18日	四川省樂至縣		62人地區性	收到54篇
紀念毛澤東誕辰一百週年學術研討會	1993,12月	河南省鄭州市	河南省委宣傳部、河南省文聯省文藝理論研究室	近百人地區性	提交16篇
浙江省青年書協理論座談會	1994,1,9	浙江省杭州市碑林	浙江省青年書協	30多人地區性	
安徽省阜陽地區書畫院'94年會	1994,1,26	安徽省阜陽	安徽省阜陽地區書畫院	地區性	
'94湖南省書法理論座談會	1994.12月18～20日	湖南省岳陽市	湖南省書協	20多人地區性	
浙江省第十次書學理論研討會	1994.12月5～6日	浙江省諸暨市	浙江省書法理論研究會	39人地區性	收到4篇入選35篇交流23篇
四川省第七次書學討論會	1995.11月6～9日	四川省內江市	四川省書協		收到63篇

研討會名稱	日　期	地　點	主　辦　單　位	與會人數及性質	論文篇數
浙江省第十一次書法理論研討會	1995.12月11～13日	浙江省德清市	浙江省書協理論委員會	40多人地區性	收到50多篇入選37篇交流26篇
遼寧省書協理論研討會	1995.12月12～14日	遼寧省本溪縣	遼寧省書協	20多人地區性	30多篇
河北省第九次書學理論研討會	1996.6月25～26日	河北省涿州市	河北省書協	地區性	收到20篇8篇獲優秀論文獎
重慶首屆書法學術研討會	1996.5	四川省永川市	重慶書協學術委員會	50多人地區性	入選34篇
'96湖北省書學理論研討會	199.69.12	湖北省武昌市	湖北省書協	地區性	至少6篇
浙江省第十二次書學研討會	1996.12.4	浙江省富陽市	浙江省書法理論研究會	地區性	共收到59篇入選38篇交流22篇
四川省第八次書學討論化	1996.4月18～22日	四川省樂山五通橋	四川省書學學會	80多人地區性	共收到50多篇
甘肅省書畫印現狀與走向理論研討會	1997.8.23	甘肅省蘭州市	九州書畫家協會，《九州書法》報	30多人地區性	
山東省書法藝術（理論）研討會	1997.12	山東省青島		地區性	
咸陽市首屆書法理論研討會	1997.11.13	陝西省咸陽市	咸陽市書協	40多人地區性	12篇
浙江省第十三次書學研討會	1997.11月26～28日	浙江省海鹽縣	浙江省	地區性	收到50多篇入選40篇交流12篇
廣西省第六屆書學研討會	1997.11月25～28日	廣西省平果鋁	廣西省書協	20多人地區性	

二、書法教育研討會

研討會名稱	日　期	地　點	主　辦　單　位	與會人數及性質	論文篇數
首屆書法教育經驗交流大會	1985, 7月11～15日	天津市	天津業餘書畫學院、無錫書法藝術學校、北京中國書畫業餘學校等11個書法業餘教育單位	60多人全國性	交流材料25篇

研討會名稱	日　期	地　點	主　辦　單　位	與會人數及性質	論文篇數
四省(區)二市中小學生書法邀請賽及書法教學經驗交流會	1985,12,9	廣西省桂林市	廣西、雲南、貴州、四川、重慶、桂林市書法家協會聯合舉辦	地區性	
河北省書法教學經驗現場交流會議	1985	河北省保定市	河北省保定地區書協	地區性	
江蘇省如皋縣中小學書法教學研討會	1985,8月	江蘇省如皋縣	江蘇省如皋縣書協、縣教育局	地區性	
小學生習字本試點工作會議	1987,9月	四川省成都市	中國書協	全國性	
山東省書法教育研究會成立大會及首屆學術年會	1989,3,28	山東省濟南市		60多人地區性	
安徽省教育學會書法教育研究會成立大會及首屆書法教育研討會	1989,4月10～12日	安徽省合肥市		50人地區性	
寧夏回族自治區書法教育研究會成立大會暨首屆年會	1989,10月17～18日	寧夏回族自治區銀川市		44人地區性	收到8篇
河北省書法教育研究會成立大會暨首屆年會	1989,12月9～11日	河北省石家莊市		42人地區性	交流15篇
浙江省教育協會書法教育研究會成立大會及書法教育研討會	1991,2,1	浙江省	浙江省教育學會	地區性	宣讀10篇
中國教育學會書法教育研究會第二次書法教育理論研討會	1991,11月11～18日	貴州省貴陽市		200多人全國性	
中國老年大學書畫教學研討會	1991,12月4～9日	廣東省廣州軍區老幹部大學	中國老年大學	56人全國性	交流52篇
中國教育學會書法教育研究會	1992,5月21～26日	陝西省興平市	中國教育學會書法教育研究會'92工作會議	100多人全國性	

研討會名稱	日　　期	地　點	主　辦　單　位	與會人數及性質	論文篇數
中國教育學會書法教育研究會一屆三次常務理事會擴大會議	1993,2,25～3,2	廣東省深圳市	中國教育學會書法教育研究會	全國性	
第三屆全國中專書法教學研討會	1993,7月下旬	江蘇省鎮江市		全國性	
中國書法家協會教育研討會	1994,3月20～22日	山東省青島市	中國書協教育委員會	20多人地區性	
首屆國際書法教育學術理論研討會暨第三屆全國書法教育學術理論研討會	1994,6月	北京懷柔	中國教育學會書法教育研究會	國際性	收130多篇入選46篇
全國青少年書法教育論文研討會	1994,7月	河北省保定市文苑中學書法學校	全國青少年書法協會	全國性	宣讀1篇
浙江省農村書法工作座談會	1995.2	浙江省奉化市			
首次全國中師書法教育學術研討會	1995.2月17～21日	天津市	中國教育學會、書法教育研究會	百餘人全國性	收到200多篇交流50多篇
浙江省首屆書法教育理論研討會	1996.3	浙江省台州市	浙江省書法教育研究會	60多人	收到88篇入選68篇
'96中國書協教育委員會工作會議	1996.8	山東省青島市	中國書協	近20人	
首屆全國中職書法教育學術研討會	1997.3月25～29日	天津市	中國教育學會書法教育研究會	百餘人全國性	收到100多篇印發43篇20餘作者宣讀

三、書法創作研討會

研討會名稱	日　　期	地　　點	主　辦　單　位	與會人數及性質	論文篇數
王羲之故里書法作品聯展及書藝學術討論會	1984.4月	浙江省紹興市（山東省臨沂市）	浙江省書協、山東省書協	地區性	
長城頌書法展覽評論會	1984	河北省張家口	河北省張家口地區書協	地區性	20多篇

研討會名稱	日　　期	地　　點	主　辦　單　位	與會人數及性質	論文篇數
國際書法展覽及國際書法交流座談會	1985.9.1	河南省鄭州市	河南省書法家協會、省對外友好協會	國際性	
長江頌書法展覽及座談會	1996.3.11	湖北省武漢市	湖北省書協倡議，十省市書協聯合舉辦	地區性	20多篇
當代書法創作討論會	1986.5月	北京市西山	中國書協	全國性	
瀋陽市皇姑區書法研究會書法作品講評會	1986.5月	遼寧省瀋陽市		地區性	
湖北省書法篆刻展覽及藝術交流會	1987.4.12	四川省成都市	湖北省書協、四川省書協	地區性	
當代書法作品展及座談會	1987,11, 3	上海市	《書法》雜誌編輯部	全國性	
日本現代書法展覽及討論會	1987,11,10	上海市	上海市書協、東洋書人聯合會等	國際性	
河南省中青年書法觀摩展評	1988,7月	河南省鄭州市	河南省書協	30多人地區性	
北國書展及座談會	1988,8, 3		北京市書協、遼寧省書協	48人地區性	
河南省第三次青年創研組作品觀摩會及講評	1989,9月下旬	河南省鄭州市	河南省書協	38人地區性	
北京市書協行草書評析會	1989,10,19	北京市	北京市書協	地區性	
湖北省書法創作研討會	1989,10,27～11,2	湖北省南漳縣	湖北省書協	42人地區性	
北京市第一次中青年書法家創作研討會	1990, 3,15	河北省平谷縣	北京市書協	30多人地區性	
北京市第二次中青年書法家創作研討會	1990,6,24	河北省白洋淀	北京市書協	30多人地區性	

研討會名稱	日　　期	地　　點	主　　辦　　單　　位	與會人數及性質	論文篇數
創作思想座談會	1990,7,22		中國書協、美術家協會、攝影家協會	近百人全國性	
全國第三屆中青年書法篆刻家作品展覽創作討論會	1990,10,26	安徽省合肥市	中國書協、合肥市書協	近百人全國性	
北京市第三屆中青年書法創作研討會	1990,11,22	河北省房山縣	北京市書協	地區性	
河南省書法創作研討會	1992,4月25～29日	河南省焦作市	河南省書協	50多人地區性	
第二屆華北書法展暨創作研討會	1992,5月16～26日	天津市	天津市書協	地區性	
陳振濂書畫篆刻展覽及其作品研討會	1993,6,4	浙江省東錢湖畔沙孟海書學院	沙孟海書學院	地區性	
中國書畫藝術創作研討會	1993,9月8～12日	北京市		250多人全國性	
四川省老年書畫研究會創作研究組年會	1993，9月15～17日	四川省成都市	四川省老年書畫研究會	地區性	
貴州省第三次中青年書法創作討論會	1993,11月27～29日	貴州省貴陽市	貴州省書協、遵義市書協	地區性	
第四屆婦女書法家創作研討會	1994,2月4～5日	北京市石景山瀛州飯店	北京市書協	20多人地區性	
謝澄光書法展覽暨書法作品研討會	1994,5月8～13日			地區性	
全國書畫藝術創作研討會	1994,6月6～10日	北京市	《人民日報》社新聞培訓中心、國家人事部中國書畫人才研修中心	108人全國性	
'94河南省書法篆刻創作、理論研討會	1994,6月25～27日	河南省鞏義市民俗文化村	河南省書協	70多人地區性	
索宏源書法創作座談會	1994,7月1～7日	河南省鄭州市		地區性	

研討會名稱	日 期	地 點	主 辦 單 位	與會人數及性質	論文篇數
黑龍江第七屆書法篆刻骨幹創作班暨戰略研討會	1994,9月1~10日	黑龍江省鏡泊湖		30多人地區性	
淮南青年書法家作品研討會	1994,9,30~10,1	安徽省淮南市	安徽省書協	10多人地區性	
當代中國書法創作評審理論研討會	1994,11月2~6日	四川省成都市	中國書協、中國書協創作評審委員會主辦，四川省書協承辦	50多人全國性	宣讀22篇
黃開稼書法創作討論會	1994,11,7	湖北省武漢市黃鶴樓紫竹院		10多人地區性	
廣東省書法篆刻理論創作研討會	1994,11月	廣東省順德市桂州鎮		38人地區性	
東方潮——九五海上十二家書法展覽座談會	1995.5月中旬	北京市	《中國書協》、《中國書法》雜誌、東方美術交流學會		
沙坪書藝院書法創作研討會	1995.5月13~16日	四川省重慶市沙坪壩	沙坪書藝院	60多人地區性	
'95遼寧省書法創作會議	1995.2.28~3.2	遼寧	遼寧省書協	40多人地區性	
'95湖北省書法創作研討會	1995.3月17~24日	湖北省仙桃市	湖北省書協	40多人	
浙江省書法創作委員會成立大會暨創作研討會	1995.3月16~17日	浙江省杭州市	中國書協、浙江省書協		
'95浙江書法創作座談會	1995.9.19	浙江省臨安市	浙江省書協創作委員會、理論委員會		
六屆中青展獲獎作者座談會	1995.11.23	北京市	中國書協、《中國書法》雜誌社		
墨海弄潮展座談會	1995.11.30	河南省鄭州市	大河文化報、河南省書協		
紹興市中青年書法家創作座談會	1995.12	浙江省紹興市	《中國書法》雜誌社、浙江省書協、紹興市書協	近20位	
鎮江書法精品展學術研討會	1996.1.3	北京市	中國藝術研究院美術研究所	10多人	

研討會名稱	日　期	地　點	主　辦　單　位	與會人數及性質	論文篇數
《書法報》首屆讀友書法篆刻邀請展座談會	1996.1.7	湖北省武昌市	《書法報》社	300多人	
張錫庚書法（創作）研討會	1996.3.10	江蘇省常熟市	《書法之友》編輯部、常熟市書協		對其近期創作20件作品進行分析討論
淄博中青年書法創作座談會	1996		《中國書法》雜誌社		
北京六人書法篆刻展研討會	1996		《中國書法》雜誌社		
運城地區書法篆刻進京展座談會	1996.4	北京市	中國書協、《中國書法》雜誌社、中國書協理論研究部		
《沈延毅先生書法作品集》出版發行座談會	1996.4.20	遼寧省瀋陽市	遼寧省書協	20人以上	
重慶青年書法篆刻家作品邀請座談會	1996.6.15	四川省重慶市	《中國書法》雜誌社、四川省書協、重慶書協	19位作者及有關人士	
河北省重點作者創作研討會	1996.5月16～18日	河北省南宮市	河北省書協	29人	
新疆書法藝術創作座談會	1996.7	新疆自治區烏魯木齊	新疆自治區書協	60多人	
'96浙江省書法創作座談會	1996.6.14	浙江省富春	浙江省書法創作委員會		
文藝新星張建會書法藝術研討會	1996.6.8	天津市	天津市文聯組聯部、天津書協	60多人	
首屆當代名家書法精品展學術研討會	1996.6.15	北京市	中國書協	20多人	
江蘇省甲骨文學會首屆書法展座談會	1996.7.4	江蘇省南京市	江蘇省甲骨文學會	30多人	
'96河南書法篆刻創作研討會	1996.7月17～19日	河南省周口市	河南省書協	近40人	
李廣桐書法展專家研討會	1996.10.24	北京市	中國書協	11人	

研討會名稱	日　期	地　點	主　辦　單　位	與會人數及性質	論文篇數
'96四川書法創作研討會	1996.10月21～24日	四川省蓬溪縣	四川省書協	60多人	
"張強蹤跡學報告"藝術展與學術研討會	1996.11月16～20日	北京市			
兩岸情陳秀卿書法展討論會	1996.11.8	福建省廈門市		20多人	
《書法報》讀者、編者書法篆刻作品展座談會	1996.11.30	江蘇省南京市	《書法報》社		
中國紅俑展：首屆書法現代文化展和學術研討會	1997.1月18～21日	廣東省潮州	廣東畫院	20多人	
浙江省衢州市'97書法骨幹創作研討會	1997.5.11	浙江省衢州市	浙江省衢州市書協	10人	
天津市書法創作觀摩研討會	1997.4月～5月	天津市	天津市書協	8次500多人	
萬傳新書法展及作品研討會	1997.5.30	安徽省阜陽市			
全國煤礦企業家書法展及研討會	1997.5.30～6.3	北京市	中國煤礦文聯、中國煤礦書法家協會		
王亞洲書法篆刻作品研討會	1997.7	北京市		10多人	
安徽省中青年書法家作品選拔展暨研討會	1997.7	安徽省	安徽省文聯、書協、《書法之友》雜誌		
全國第七屆中青年書法篆刻家作品展評審座談會	1997.8.9	山東省威海市	中國書協		
'97河南中青年書法篆刻創作研討會	1997.7月10～12日	河南省潢川	河南省書協	40多人	
'97第三屆書法主義展及學術研討會	1997.11	浙江省杭州市	《現代書法》雜誌等五個單位		
西安青年書法創作研討會	1997.11月27～28日	陝西省西安市	西安市文聯、西安書學院、《西安晚報》	30多人	

研討會名稱	日　期	地　點	主　辦　單　位	與會人數及性質	論文篇數
北京市書協臨帖研討會	1997.11月20～22日	北京市	北京市書協		
江西省第三屆書法篆刻創作研討會	1997.12月12～14日	江西省鷹潭市	江西省書協		

四、與書法有關之研討會

研討會名稱	日　期	地　點	主　辦　單　位	與會人數及性質	論文篇數
全國印學討論會	1983	黑龍江省哈爾濱市	哈爾濱市書協	全國性	宣讀60多篇
山東省篆刻新人作品評比及經驗交流學術報告會	1985,5,20	山東省青島市	山東省書協	35人地區性	
書法家談漢字規範化座談會	1986,4,19	北京市	國家語言文字工作委員會、中國書協、中央電視台、語文出版社	全國性	
書法報創刊三週年座談會	1986,12,21	湖北省武漢市	《書法報》社	100多人地區性	
浙江省篆刻理論會第二次學術討論會	1987,3月21～22日	浙江省杭州市		30多人地區性	宣讀數篇
南京印社學術報告會	1987,10,11	江蘇省南京市		地區性	
浙江省篆刻創作會議	1988,3,26	浙江省杭州市	浙江省篆刻理論研究會	20多人地區性	
漢字研究座談會	1988,10,28	北京市	漢字現代化研究會、《人民日報》海外版		
全國首屆印學研討會	1989,5月18～21日	江蘇省南京市	中國書協、《光明日報》社、中國金陵印社	數十人全國性	收到至少102篇
山東省首屆中青年書法篆刻作品展覽及座談會	1989,6,27	北京市	山東省書協	地區性	
浙江省民間印學社團座談會	1989,10,13	浙江省寧波市	浙江省篆刻創作委員會	27人地區性	
新疆首屆篆刻創作經驗交流會	1990,1月	新疆維吾爾自治區烏魯木齊市	新疆維吾爾自治區書協	37人地區性	

研討會名稱	日　　期	地　　點	主　辦　單　位	與會人數及性質	論文篇數
河南省篆刻創作研討會	1990,2月	河南省鄭州市	河南省書協、河南省篆刻研究會	地區性	
全國印社篆刻聯展及創作座談會	1990,5,4	湖北省武漢市	東湖印社	地區性	
山東省篆刻藝術研討會	1990	山東省濟南市		200多人地區性	
中國書畫藝術暨裝裱藝術研討會	1992,5月18～21日	廣東省廣州市	人民日報神州畫院、香港華夏文化藝術中心、廣州影星賓館有限公司	200多人全國性	
河南省篆刻及刻字藝術研討會	1992,8月	河南省油田	河南省書協	30多人地區性	
繁體字問題座談會	1992,9月	北京市國際飯店	北京市國際漢字研究會、《漢字文化》編輯部	30多人地區性	
中日刻字藝術交流研討會	1993,1月10～12日	廣東省深圳市博物館		國際性	
全國首屆刻字藝術研討會	1993,4月4～5日	河南省洛陽市	河南省書協	全國性	收到52篇入選21篇
書法界與在京的古文字學家座談會	1993,8,12	北京市	中國古文字研究會、中國書協、《中國書法》雜誌	地區性	
中國宣紙文化研討會	1993,10,18	安徽省涇縣		全國性	
書法界與在京的美學家座談會	1993,11,4	北京市	中國書協、《中國書法》雜誌	地區性	
現代篆刻藝術的現狀與展望會議	1993,11月20～22日	湖北省武漢市	中國書協篆刻藝術委員會	18人全國性	
浙江省篆刻創作委員會'93年會	1993,12月底	浙江省富陽市	浙江省書協	30多人地區性	
紀念《漢字簡化方案》公布38週年書法家座談會	1994,1,26	湖北省武漢市	武漢市委宣傳部、武漢語言文字工作委員會	40多人全國性	
漢字、書法、美學、傳統文化座談會	1994,5,23	北京市	中國書協、北京市書協、中國藝術研究院美術研究所	60多人全國性	
遼寧省首次篆刻創作研討會	1994,7,23	遼寧省瀋陽市	遼寧省書協、遼寧印社	40多人地區性	

研討會名稱	日　期	地　點	主　辦　單　位	與會人數及性質	論文篇數
棗莊市篆刻作品觀摩研討會	1994,7,24 1994,8,10	山東省棗莊市青檀畫廊	棗莊市總工會、市書協、青檀印社	地區性	
湖北省篆刻創作討論會	1994,7月 27～29日	湖北省武昌市	湖北省書協	近20人 地區性	
東北、華北、西北三北地區印學研討會	1994,8月	內蒙古自治區呼和浩特市		10多人 地區性	宣讀10多篇
王學仲三論一記研討會	1994,10,22	天津市	《天津日報》文藝部、天津市文聯理論研究室 天津市詩詞學會、天津市書協		
在京部分藝術家書法座談會	1994	北京市	中國書協		
《書法學》修訂學術研討會暨《中國書畫篆刻年鑑》審稿會	1995.1月 14～18日	浙江省杭州市	江蘇教育出版社	20多人	
天津刻字藝術研討會	1995.3.10	天津市	天津市書協、天津刻字藝術研究會		
首屆全國篆刻理論研討會	1995.6月底截稿 1995.10召開	江蘇省蘇州市	中國書協、中國書協篆刻藝術委員會		收到146位作者論文160多篇，入選60篇（其中優秀論文33篇）
《青少年書法》月刊'95座談會	1995.7.4	河南省鄭州市	《青少年書法》月刊編輯部	20多人	
當代篆刻創作與批評現狀座談會	1995.10	江蘇省蘇州市	《中國書法》雜誌社		
海峽兩岸書畫印名家促進祖國和平統一研討會	1996.7月 4～6日	福建省廈門市	海峽兩岸書畫名家聯誼會、廈門市經濟技術協作集團公司	170多人	
第二屆國際篆刻藝術交流展座談會	1997.4.26	北京市	《中國書法》雜誌社	80多人	
全國首屆"篆刻學"暨篆刻發展戰略研討會	1997.7月 26～28日	北京市	《中國書畫報》社等4個單位	40多人	收到近百篇 入選52篇 交流41篇
'97中國書協學術委員座談會	1997.8.8	山東省威海市	中國書協	20人	

【附錄參】　大陸全國性書法比賽一覽表

比　賽　名　稱	日　　期	地　點	主　辦　者	收到件數	評選及展覽情形
※全國群衆書法徵稿評比	1979, 9,20	上海市	《書法》雜誌社	1萬5千多件	評出一等獎10幅、二等獎20幅、三等獎30幅、優秀作品40幅
※全國第一屆書法篆刻展覽	1980,5,11展出	遼寧省瀋陽市	北京書學研究會、上海書畫出版社等13個單位	各地選送書法約1000件，篆刻約300多件	展出書法413件，篆刻90件，共503件
1981年全國少年兒童大字比賽	1981,6,1展出		中國書協、中央電視台、中國少年報社、北京市少年宮、中國展覽公司		展出部份獲獎作品
全國大學生書法競賽	1982,2,24展出		文化部、教育部、全國學聯、中國書協、中國青年報社、中國青年雜誌社		展出143件
△青年鋼筆字書法比賽	1982	浙江省杭州市	《浙江青年》雜誌社	2萬2千多人10萬多件	
中國煤礦第一屆美術書法展	1982		中國煤礦文化宣傳基金會等		
※全國第一屆中青年書法篆刻家作品展覽（原名爲〝全國第一屆中青年書法篆刻家作品邀請展〞）	1982,11,24展出	江西省南昌市	江西省美術家協會、南昌市書法家協會	500多件	展出184件
※全國篆刻徵稿評比	1983,3,16截稿	江蘇省蘇州市	《書法》雜誌社	4000多件	選出優秀作品100件（其中10件獲一等獎）
全國第六次質量月書法展覽	1984,2,5展出		南方動力機械公司		
※全國少兒書畫展覽	1984,5,31展出	北京市	文化部、全國少年兒童文化藝術委員會、中國書協、中國美協等12個單位	1290多件	限14歲以下兒童參加。分少年、兒童、低幼三組。入選201幅（其中50幅獲優秀獎），共展出580幅
△全國首屆青年鋼筆書法競賽	1984,7,31截稿1985,11月頒獎	浙江省杭州市	《東方青年》雜誌社	30多萬人30多萬件	評出一等獎10名

比 賽 名 稱	日　　　期	地　　點	主　辦　者	收到件數	評選及展覽情形
※全國第二屆書法篆刻展覽	1984,9,1展出	北京市	中國書協	各地選送1300多件	展出書法547件、篆刻88件，共635件
全國職工業餘美術書法攝影作品展覽	1984,11,15展出 1984,12,15展出	山西省太原市 北京市		969件	展出217件（書法占55件）
蘭亭書法大賽	1985,1,26揭曉	浙江省	浙江省書協、浙江日報	48400件	選出一等獎10幅、優秀獎150幅
△一九八五年中國鋼筆書法大賽	1985,12月底截稿	浙江省杭州市	《東方青年》雜誌社	50多萬人一百多萬件	分中老年、青年、少年三組。評出特等獎共10名、一等獎共50名、二等獎共100名、三三等獎共200名
全國化工職工首屆書法美術攝影展覽	1985,3,4展出	北京市	中國書協、中國美協、中國攝協、中國化工報社、化學工業部		展出675件（書法201件）
少年兒童書法大賽	1985, 4,15截稿	貴州省貴陽市	少年書法報		分集體（每班10名，每人一幅、個人（15歲以下）二組
※全國少兒書法比賽	1985, 4,16揭曉	北京市	教育部、中國書協、中國少年報等八個單位	2萬多件	評出一等獎100名、二三等獎和表揚獎1500名
全國儲蓄書畫展	1985, 5,11展出	江蘇省南京市	中國工商銀行江蘇省分行、南京分行		展出460多幅
※國際書法展覽	1985,4月底揭曉 1985, 9, 1展出	河南省鄭州市	河南省書協、對外友協河南分會主辦，《書法》、《書法報》、《書譜》、《書法家》雜誌協辦	20多個國家2萬多件	展出1005件
中國煤礦第二屆美術書法展覽	1985, 9, 9展出	北京市	中國煤礦文化宣傳基金會等		展出360件
△全國首屆硬筆書法大展	1986, 1,21展出		中國硬筆習字會		

比 賽 名 稱	日　　期	地　點	主　辦　者	收到件數	評選及展覽情形
※全國青少年書法篆刻首屆神龍大獎賽	1986,5月底截稿 1986,8,1揭曉	黑龍江省 佳木斯市	佳木斯《青少年書法報》社等12個單位	8萬多件	每三年舉辦一次。分全能（眞草隸篆行印）和單項（毛筆書法、硬筆書法、篆刻、書論）二種。分設青年甲組(31-40歲),青年乙組(18-30歲),少年甲組(13-17歲),少年乙組(8-12歲),幼兒組五組。共評獲獎作者271人,其中金牌獎25人、銀牌獎41人、銅牌獎67人、優秀獎138人
書法報首屆《黃鶴獎》書法篆刻比賽	1986,3,30截稿 1986,6,13揭曉	湖北省 武漢市	《書法報》社	12700多人2萬多件	評出金獎10名、銀獎20名、銅獎100名、佳作獎1270名
全國首屆婦女書法篆刻展覽	1986,2,24展出	北京市	中國書協、全國婦聯宣教部、老年書畫社	1300多件	展出200多件
長江頌書法篆刻展覽	1986,3,11展出	湖北省 武漢市	中國書協及長江沿岸十省市書協	十省市各選出20件	展出200件
※全國青少年書法銀河大獎賽	1986,8,1截稿 1986,10月揭曉	河南省 鄭州市	《青少年書法》月刊	4萬多件	評出少年組(15歲以下)、青年組(30歲以下),各為一等獎10名、二等獎50名、三等獎300名
※全國第二屆中青年書法篆刻家作品展覽	1986,7,16展出	北京市	文化部、中國書協、《中國書法》雜誌社	近萬件	展出388件（篆刻占52件）
首屆〝峨嵋山杯〞書畫賽	1986,9,15截稿	四川省 夾江縣	夾江鄉鎮企業管理局、樂山文聯等四個單位		分少年（18歲以下）、成年二組。設一等獎10名、二等獎30名、三等獎60名、創作獎10％
西泠印社首屆全國篆刻作品評展	1986,10,15截稿	浙江省杭州市	西泠印社		評出優秀作品獎50名、入選作品200名
※現代國際臨書大展	1986 國內10月底截稿 國外11月底截稿 1987,5,20展出	河南省 開封市	河南省開封市書法工作者協會、河南省書協、中國書協	16個國家、地區 近萬件	展出書法臨書500件、篆刻臨刻100件,共600件

比 賽 名 稱	日　　　期	地　　點	主　辦　者	收到件數	評選及展覽情形
國際恐龍燈會書法篆刻藝術作品展覽	1986 國內11月底截稿 國外12月底截稿 1987,1,20展出	四川省自貢市	本展覽籌備會	4000多件	展出500件
首屆〝愛國杯〞海內外書法篆刻大獎比賽	1987,3,15截稿	北京市	光明日報等五個單位		設一等獎10名、二等獎20名、三等獎100名、優秀獎1000名
※全國第三屆書法篆刻展覽	1987,5月中旬截稿 1987,10,5展出	河南省鄭州市	中國書協	各地選送共1848件	展出556件
△〝文明杯〞鋼筆圓珠筆書寫大賽	1987,6月底截稿	上海市	上海生活技藝專修學校等單位		分少年(15歲以下)、青年(16-35歲)、中老年(36歲以上)三組。設特等獎1名、一等獎6名、二等獎30名、三等獎300名
首屆中外草書展	1987,5月底截稿 1989,5,26展出	寧夏自治區銀川市	中國書協、標準草書學社等九個單位	1萬多件	展出408件
〝青藤杯〞全國書畫大獎賽	1987,8月底截稿 1987,11,25揭曉	浙江省紹興市	紹興青藤書畫會	8千餘件	評出青年組(35歲以下)一等獎10名、二等獎20名、三等獎50名、佳作獎100名;少年兒童組(15歲以下)一等獎3名、二等獎15名、三等獎29名、佳作獎100名
〝九華山杯〞全國書畫大獎賽	1987,7月底截稿 1987,11,18揭曉	安徽省蕪湖市	蕪湖市文聯書法金石工作者協會、中國畫研究會	近6千件	評出少年、青年、中老年組的書法篆刻家一~三等獎及佳作獎300名,對海外增設榮譽獎二名
△全國首屆年輕人硬筆書法大獎賽	1987,7月底截稿	湖南省	《年青人》雜誌社、湘潭鋼鐵廠團委		限14-40歲者參加
△全國第二屆硬筆書法大展	1987,8,10截稿	北京市	中國青年出版社等十多個單位	近10萬件	展出600多件(特選200多件編入作品集)
※當代中青年〝書苑擷英〞徵稿評比會	1987,4月底截稿 1987,6,6評比	江蘇省無錫市	《書法》雜誌社主辦、無錫書法藝專協辦	3千多人15000多件	徵稿要求每位作者必須同時投寄兩種書體。共選出(兩件皆入選的)優秀作者37人、單種書法優秀作者63人

比 賽 名 稱	日 期	地 點	主 辦 者	收到件數	評選及展覽情形
〝雙貓杯〞全國書法大獎賽	1987, 9,10 截稿	江 蘇 省 淮 陰 市	淮陰市文聯、江蘇清江石油化工廠等四個單位		設一等獎10名、二等獎30名、三等獎若干名
〝黃河杯〞全國書法大賽	1987, 6 月截稿	河 南 省 開 封 市	開封市群藝館		評出成年組、青年組、少兒組一等獎各10名
北國書展	1987,10,30 截稿	遼 寧 省 瀋 陽 市	天津《今晚報》		展出北京、天津、河北等14個省市評選出的作品近300件
〝墨苑群芳〞全國書法大獎賽	1987,12月底截稿	湖 南 省 長 沙 市	《中華花木報》社		毛筆、硬筆自定,限交一件。分蓓蕾杯(13歲以下)、新花杯(14-35歲)、碩果杯(36歲以上)三組
△'88首屆國際鋼筆書法大賽 △省市自治區首屆鋼筆書法聯賽	1988,6月底截稿 1988,6月底截稿	廣 州 省 深 圳 市	《中國鋼筆書法》雜誌社、深圳中國現代藝術畫廊、香港寶祥工程貿易公司	3萬多件	評出特獎10名、一等獎20名、二等獎100名、三等獎200名、優勝獎1000名
首屆全國少年兒童書法習字競賽	1988, 3,15 截稿	四 川 省 成 都 市	宋慶齡基金會、中國書協教育委員會等六個單位		
全國第二屆〝峨嵋山杯〞書畫賽	1987, 8,15 截稿 1987,12, 2 揭曉	四 川 省 夾 江 縣	夾江鄉鎮企業管理局等單位	2萬多件	評出特獎2名、一等獎10名、二等獎30名、三等獎60名、佳作獎750名
〝九成宮杯〞全國書法大賽	1988,3 月底截稿 1988, 7, 6 頒獎	陝 西 省 寶 雞 市	陝西省書協、寶雞市書協等單位	23000 多 人 37000多件	評出特等獎3名、一等獎10名、二等獎20名、三等獎50名、四等獎150名、優秀獎2000多名
全國農民書畫大賽	1988, 4,揭曉	北 京 市			
〝杏花杯〞全國書法篆刻比賽	1988, 1,13 揭曉	山 西 省	山西省文聯、山西省書協等主辦,山西杏花村汾酒廠贊助	18000 多人 25000 多件	評出一等獎9名、二等獎20名、三等獎39名、優秀獎116名
〝乘風杯〞龍年篆刻大賽	1988,3月底截稿 1988, 7,21揭曉	浙 江 省 杭 州 市	浙江省書協、杭州乘風電器公司、《山海經》雜誌社	國內 1 萬多件,海外 1 百多件	評出金獎10名、銀獎30名、優秀作品200件
寶豐詩書大展	1988,2月底截稿 1988, 6,17展出	河 南 省 北 京 市	河南寶豐酒廠等單位	書法篆刻8千多件,詩詞楹聯3千多首	評出入選書法篆刻作品200多件、詩詞1百多首

比賽名稱	日　期	地　點	主　辦　者	收到件數	評選及展覽情形
△全國第二屆硬筆書法大展	1988,1,18展出	北京市	華藝硬筆習字會、中國青年出版社等九個單位	近10萬件	展出1千多件(書寫工具達20多種)
※全國首屆篆刻藝術展	1988,5,i0截稿 1988,9,25展出	江蘇省南京市	中國書協主辦,江蘇省書協承辦	2780多件	入選406件
〝中意杯〞龍年國際書法篆刻電視大賽	1988,1,7揭曉	湖南省	湖南省電視台、中意電冰箱廠	3萬多件	評出金獎22名、銀獎80名、銅獎300名、佳作獎600名
紀念〝井岡山會師〞六十周年書畫展覽	1988,4,10截稿	江西省	井岡山會師紀念館		設一等獎3名、二等獎10名、三等獎20名
△三溪杯全國硬筆書法大賽	1988,5,20截稿	四川少重慶市			
△瀘華杯中國鋼筆字大獎賽	1988	四川少重慶市			
△〝龍年〞全國鋼筆書法大獎賽	1988,5月底截稿	安徽省	安徽省硬筆書法字協會		
△全國首屆學生鋼筆書法大賽	199 6,15截稿	浙江省杭州市			
△中華首屆〝龍杯〞硬筆書法大獎賽	1988,6,20截稿	黑龍江省哈爾濱市			
△〝彩龍杯〞硬筆書法大賽	1988,6,30截稿	雲南省東川市			
△'88首屆國際鋼筆書法大獎賽	1988,6月底截稿	浙江省杭州市	中國鋼筆書法雜誌社		
中國新書法大展	1988,4月底截稿	廣西自治區桂林市	桂林市書法工作者協會、漓江出版社、中國新書法研究會籌備會	21300多件	展出270件
劍南春全國書法大獎賽	1988,4月底截稿	四川省德陽市	四川省德陽市書協主辦,四川省綿竹劍南春酒廠贊助		設一等獎3名、二等獎10名、三等獎50名、佳作250名
〝屈原杯〞海內外書畫藝術大獎賽	1988,5,20截稿 1988,6月初揭曉	湖北省荊州市	湖北省荊州市龍寶齋書畫社	近3萬件	分書、畫二組,共評出金獎14名、銀獎60名、銅獎70名、優秀獎2412名
△第一屆全國學生鋼筆書法競賽	1988,5,20截稿		中華鋼筆書法函授中心		

比賽名稱	日　　期	地　點	主　辦　者	收到件數	評選及展覽情形
※第三屆全國少兒書法大賽	1988,6月揭曉	北京市			
〝海峽杯〞中華書法大賽	1988,7,30截稿 1988,9,20揭曉	福建省 泉州市	泉州青年聯合會、泉州市青年書協等八個單位	近8千件	分未成年(17歲以下)和成年二組。共評出一等獎3名、二等獎26名、三等獎63名、佳作獎220名
〝雙龍杯〞全國少兒書畫比賽	1988,5,20截稿 1988,6,1揭曉	湖北省 武漢市	湖北省書學研究會	3600件	限4-12歲少年兒童參加。共評出金杯獎60件、銀杯獎120件、銅杯獎180件、優秀作品獎440件
〝東湖杯〞旅遊書法大獎賽	1988,7,20截稿 1988,9,14揭曉	福建省 福州市	福建省旅遊局、福建省書協等	近萬件	評出一等獎5名、二等獎10名、三等獎15名、佳作獎50名
〝黃河碑林獎〞詩書畫印國際徵稿評選活動	1988,8月底截稿	河南省 鄭州市	鄭州市書協、鄭州黃河游覽區		設碑林獎、優秀獎二種,計500名
1988年首屆〝中醫杯〞全國書畫大獎賽	1988,8,15截稿	浙江省 杭州市	浙江中醫學院人民衛生出版社杭州發行站		分書法、繪畫、硬筆書法三項。分少年甲組、乙組、青年組、中老年組四組。各設一等獎12名、二等獎40名、三等獎100名,另設優秀獎共14名
1988年〝蘭亭杯〞全國青少年書法大賽	1988,5,18揭曉	浙江省 杭州市	紹興市文聯、蘭亭書會、浙江省書協等	6289件	評出青年組:一等獎10名、二等獎22名、三等獎41名、鼓勵獎78名。少兒組:一等獎5名、二等獎11名、三等獎15名、鼓勵獎20名
※全國青少年書法篆刻第二屆神龍大獎賽暨第三回全國青少年書法品段級位評定活動	1988,7月底截稿 1988,8,15揭曉	黑龍江省 佳木斯市	《生活報》、《青少年書法報》主辦,21個報刊社聯辦	25000人10萬多件	分青年甲組乙組、少年甲組乙組、幼兒組五組。項目分全能、單項二種。品段級位評定設三品、六段、九級(凡參賽者皆可得到相應的等級評定)。計評出金獎102件、銀獎205獎、銅獎276件。集體參賽組織金獎22名、銀獎15名、銅獎32名。園丁金獎76名、銀獎180名、銅獎250名

比 賽 名 稱	日　　　　期	地　點	主　辦　者	收到件數	評選及展覽情形
〝歷史名人與酒〞中國書畫大獎賽	1988,7,30截稿	北 京 市	《人民畫報》、《農民日報》、《經濟日報星期刊》		設一等獎2名、二等獎5名、三等獎50名、鼓勵獎若干名
全國首屆〝東峰碑林〞書法篆刻大賽	1988,8,10揭曉				評出成人組一等獎共14名、二等獎共8名；青年組一等獎共14名；少年組一等獎共5名
△〝京兆杯〞硬筆書法大獎賽	1988,7月底截稿	河 北 省 唐 山 市			
△第一屆全國鋼筆書法大賽	1988, 9,15截稿		《解放軍報》		
△〝老山杯〞全國硬筆書法大賽	1988,10,1截稿	成 都 軍 區			
△〝獨秀杯〞全國硬筆書法大獎賽	1988,11月底截稿		廣西桂林地區平樂文聯		
△全國首屆當代硬筆書法家作品巡迴展	1988,12月上旬截稿		當代硬筆書法習學會		
△首屆〝紅燭獎〞全國教育系統硬筆書法大賽	1989,1月底截稿		《教師報》		
△首屆〝蘭花杯〞中國硬筆書法精英擂台賽	1988,12月底截稿				
※全國第四屆書法篆刻展覽	1988,10月底截稿 1988, 8,17開幕	北 京 市	中國書協	徵集 2510 件（篆刻占326件）	入選597件（其中一等獎5件、二等獎10件、三等獎35件）
〝能源杯〞全國書畫大獎賽	1988,8月底揭曉	山 西 省	山西省書協、山西省忻州煤機廠、山西省煤礦工會	5564件	評出一等獎8名、二等獎18名、三等獎34名、優秀獎100名、佳作獎160名
全國〝五一杯〞書法篆刻大賽	1988, 8,17揭曉	江 蘇 省 南 京 市	江蘇工人報社	13000多件	評出一等獎10名、二等獎20名、三等獎50名、優秀作品100多
〝太白杯〞全國書畫攝影公開賽	1988年底截稿	陝 西 省	文化藝術報主辦、國營陝西眉縣太白酒廠贊助		各設金獎2名、銀獎10名、銅獎20名、優秀獎參賽作品10％設立

比　賽　名　稱	日　　期	地　點	主　辦　者	收到件數	評選及展覽情形
首屆民主與法制全國書畫藝術大賽	1988,10月底截稿	安徽省天長縣	安徽省書協、安徽省法學會等		分毛筆書法、繪畫、篆刻、硬筆書法四項。分少年、青年、中老年三組。共設一等獎20名、二等獎40名、三等獎120名、優秀獎500名
《今古傳奇》1989年刊名書法大獎賽	1989,3,31截稿	湖北省武漢市	《今古傳奇》雜誌社		設一等獎1名、二等獎2名、三等獎3名
〝古井貢酒〞全國書法大獎賽	1988,10,26揭曉	安徽省阜陽市	阜陽地區青年書協、亳州古井酒廠	7千多件	評出一等獎10名、二等獎20名、三等獎50名、佳作獎300名
國際旅游年〝武夷杯〞全國書畫大賽	1988,12,30截稿 1990,2,8展出	福建省南平市	福建省書協、福建武夷畫院、福建省南平市文聯		共評出500件獲獎作品，選出150件展出
〝牡丹杯〞國際書畫大獎賽	1988,11月底截稿	山東省菏澤市	山東省美協、山東省書協、山東電視台等		設特等獎2名、一等獎20名、二等獎100名、三等獎300名
〝古象杯〞全國書法大獎賽	1988,11,23揭曉				評出一等獎10名、二等獎20名、三等獎30名
第二屆〝文明(上復)杯〞寫字段位大賽	1989,3月底截稿		中華鋼筆圓珠筆書法研究會、上海文化生活技藝專修學校等		分毛筆、鋼筆、圓珠筆三類。各分少兒、青年、中老年三組，參加者皆可得到相應段位
△首屆全國硬筆書法作品邀請賽	1989,2,15截稿	河南省新鄉市	硬筆書法報社		少兒組獎200名、青年組獎500名、成年組獎200名、老年組獎100名。每組設一、二、三等獎。另設榮譽獎、優秀獎、組織獎若干名
〝孔聖杯〞海內外首屆書畫大獎賽	1989,3月底截稿	河南省周口市	河南省周口市文化館		各設特點獎1名、一等獎5名、二等獎15名、三等獎50名、優秀獎10％
△〝秦海杯〞全國硬筆書法大賽	1989,1月底截稿	河北省秦皇島市			
△全國硬筆臨寫傳統碑帖展覽	1989,2月底截稿		華藝硬筆習字會		
△〝大連杯〞海內外硬筆書法大賽	1989,4,1截稿	遼寧省大連市	大連現代硬筆書法研究會		

比賽名稱	日期	地點	主辦者	收到件數	評選及展覽情形
△第二屆全國硬筆書法大賽藝術展	1989,3月底截稿	四川省	中國現代硬筆書法研究會四川分會、四川日報社、重慶金筆廠等		設一等獎10名、二等獎20名、三等獎70名
〝于右任杯〞全國書法大賽	1989,4月底截稿	陝西省三原縣	中國人民政治協商會議陝西省三原縣委員會、三原縣書協、三原于右任書法研究會		分成年、少年二組。各設毛筆書法一等獎5名、二等獎20名、三等獎30名。篆刻一等獎3名、二等獎5名、三等獎10名。共設優等獎10%
紀念劉伯承護國討袁血戰豐都海內外書畫大展賽	1989,4月底截稿 1989, 7,25揭曉	四川省豐都	本展賽籌委會主辦、豐都印刷廠等贊助	入選毛筆書法、國畫作品580多件，硬筆書作400件	分書法、中國畫、硬筆書法三項，並分老、中、青、少四組。入選毛筆書法、國畫作品580多件、硬筆書作近四組。評比出160多名分獲一、二、三等獎和優秀獎
〝泛華〞國際書畫聯誼賽	1989,3月底截稿	福建省福州市	福建省青年聯合會、福建青年書畫家協會等		分少、青、中老年組。各設一等獎3名、二等獎10名、三等獎30名、佳作獎100名
慶祝建國四十週年全國書畫大聯展	1989,4月底截稿	北京市	卿雲詩書畫聯誼社主辦、北京第三製藥廠等贊助		書法、國畫各設一等獎5名、二等獎20名、三等獎80名
〝仇池山〞全國書詩畫大展賽	1989,6月底截稿	甘肅省	甘肅西和書畫研究會、仇池詩社		設一等獎10名、二等獎30名、三等獎200名、佳作獎若干名
〝米公杯〞國際書畫篆刻大獎賽	1989,6月底截稿	湖北省襄陽市	襄陽縣文化局		分毛筆書法、硬筆書法、篆刻和繪畫四項。分少年、青年、中年、老年四組
〝蘇東坡杯〞中國詩書畫大聯賽	1989,6月底截稿	四川省重慶市	海南海陵企業公司、重慶中國詩書畫研究會		分少兒、中青年、老年三組。設特別獎2名、一等獎15名、二等獎30名、三等獎50名、優秀獎400名、佳作獎500名
〝楚天杯〞青年書法藝術大賽	1989, 9,15截止	湖北省武昌市	湖北青年雜誌社、武昌青年書法篆刻協會		限45歲以下青年參加。設金獎6名、銀獎10名、銅獎15名

比　賽　名　稱	日　　期	地　點	主　辦　者	收到件數	評選及展覽情形
〝黑陶杯〞全國書法大賽	1989,5月底截稿	安徽省淮北市	安徽日報、文化周報、安徽青年報等		設一等獎10名、二等獎30名、三等獎100名、優秀獎300名
全國首屆現代篆刻藝術大展賽	1989,6月底截稿	廣西自治區桂林市	神漓印社		設特等獎、一、二、三等獎
全國首屆〝山水杯〞書畫篆刻大展賽	1989,7月底截稿	廣西自治區桂林市	神漓印社、桂林市文化局等		分繪畫、書法、篆刻三組。每組分成年、少年二組。各設一等獎10名、二等獎50名、三等獎100名
〝龍泉青瓷藝術杯〞全國中師書法大賽	1989,6,10截稿	浙江省	浙江省中師教育研究會、浙江龍泉藝術瓷廠、浙江麗水地區電視台		設一等獎10名、二等獎20名、三等獎60名、優秀獎金人數10％、園丁獎10名、集體獎3名
炎黃子孫書畫大賽	1989,8,18截稿　1990,7,4揭曉	廣東省珠海市	天津美術學院、中國畫報社等十幾個單位		獲獎名單見《炎黃子孫書畫冊》（河北美術出版社出版）
〝大聖杯〞全國書畫大獎賽	1989,7月底截稿	江蘇省連雲港市	江蘇省連雲港市新浦工藝社		設一等獎5名、二等獎10名、三等獎30名、佳作獎10％
〝牧野杯〞國際書畫大獎賽	1989,7,20截稿	河南省	河南省師範大學主辦，新鄉市金屬材料公司等贊助		設一等獎6名、二等獎15名、三等獎30名、優秀獎300名
〝洞山杯〞全國書法大展	1989,7,20截稿	江西省宜豐	大展辦公室主辦，宜春地區旅遊開發公司等贊助		
△全國鋼筆書法字帖大賽	1989,9月底截稿	浙江省杭州市	《中國鋼筆書法》雜誌社		將選出最佳字帖獎、最佳作者獎、最佳封面獎、最佳編輯獎四類，各分設一、二、三等獎
〝曹素功杯〞國際小主人書法大賽	1989,12月底截稿	上海市	《小主人報》報社，愛國教育社		
〝嶗山杯〞中國書畫大獎賽	1989,9,15截稿　1990,4,25展出	山東省青島市	青島北九水療養院	3000件	設一等獎5名、二等獎10名、三等獎20名、優秀獎500名。最後選出105件參展

比 賽 名 稱	日　　期	地　點	主　辦　者	收到件數	評選及展覽情形
全國印社篆刻聯展	1989,8月底截稿	浙 江 省 杭 州 市	西泠印社		
″書聖杯″國際書法藝術大賽	1989,9月底截稿 1990,4,11揭曉	山 東 省 臨 沂 市	中國書協、山東省書協、中國山東國際文化交流中心等		評出一等獎10名、二等獎21名、三等獎63名
″黃山電視杯″全國書畫大賽	1989,10月底截稿	安 徽 省 合 肥 市	安徽黃山電視工業聯合公司、合肥無線電二廠		設一等獎4名、二等獎6名、三等獎40名、優秀獎500名
李斯書會	1989,10,20截稿	河 南 省 駐 馬 店	中國李斯書會		作品以篆書篆刻爲主，設一、二、三等獎
△首屆″聞一多杯″全國青少年硬筆書法大賽	1989, 9,15截稿	湖 北 省 浠 水 縣	湖北電視台、武漢硬筆書法家協會等		參賽者35歲以內。分青、少年二組。共設金獎10名、銀獎30名、銅獎100名、優勝獎1000名
△″青春杯″全國硬筆書法大賽	1989,9月底截稿 1990,2月展出	河 北 省 石 家 莊 市	河北省青年聯合會、青春歲月雜誌社		設全能獎1名(五體均優)、一等獎5名、二等獎20名、三等獎50名、優秀獎200名。共展出800多件
△″淮河杯″當代漢字硬筆書法大賽	1989,10月底截稿 1990,7,18揭曉	安 徽 省	當代硬筆書法習字會安徽省阜陽地區分會、安徽省阜陽地區硬筆書法研究會		分少年、青年、中老年三組。共評出一等獎10名、二等獎21名、三等獎99名獎
″天涯杯″國際書法美術攝影大獎賽	1989,10,30截稿	海 南 島 三 亞 市	三亞市民族文化基金會		設天涯杯獎12名、一等獎40名、二等獎100名、三等獎300名、優秀作品獎10％
″峨嵋杯″第四屆全國群衆書畫大賽	1989, 7,30展出	四 川 省 峨 嵋 山		近萬件	展出500多件
△″東海雙龍杯″全國集郵硬筆書法大賽	1989,11月底截稿		嵊泗硬筆書協、(嵊)泗(上)海旅遊開發總公司		分老年、中青年、少年三組。分設特等獎、一、二、三等及優勝獎
上海″江南杯″全國書法大賽	1989,11,15截稿 1990,5,23揭曉 1990,6月中旬展出	上 海 市	上海江南啤酒廠、鶴坡書社等	8千多件	分少年、青年、中老年三組。評出一等獎8名、二等獎20名、三等獎53名、榮譽獎38名、優秀獎350名

比　賽　名　稱	日　　　期	地　　點	主　辦　者	收到件數	評選及展覽情形
〝和平杯〞首屆青少年書法大賽	1989,10,4揭曉	天津市	天津市電視台、和平文化宮、和平書畫會	2300多件	評出一等獎8件、二等獎20件、三等獎40件、優秀作品200件
〝遵義杯〞中國書畫印大賽	1989,10月揭曉	貴州省	貴州省文聯、省書協、省美協等	16235件	評出一等獎13名、二等獎66名、三等獎369名、佳作獎1100名
△迎亞運〝騰龍杯〞全國硬筆書法大賽	1990,2,20截稿 1990,5,9揭曉	湖南省郴州市	湖南郴州青年鋼筆書協、郴州體育訓練基地	18000多件	評出一等獎5名、二等獎10名、三等獎65名、優秀獎1000名
全國首屆〝園丁杯〞三筆書法大賽	1990,9月底截稿	浙江省杭州市	中國硬筆書法家協會、《人民日報》教科文部、《中國鋼筆書法》雜誌社		限各大中小學教師及各級師範院校的學生參加
中國武當首屆書法篆刻大獎賽	1990,4月底截稿	湖北省十堰市	武當書畫院		分毛筆書法、硬筆書法、篆刻三項。分老、中、青、少四組。每萬名各設特等獎1名、二等獎6名、三等獎10名、優秀獎100名、入選獎10％
※全國第三屆中青年書法篆刻家作品展覽	1990,5,15截稿 1990,10,25開幕 1990,12,1展出	安徽省合肥市 北京市	中國書協主辦，中國書法雜誌社、合肥市書協承辦	12510人 19860件	展出410件（其中獲獎作品6件、優秀作品31件）
〝五台山杯〞全國書法篆刻大賽	1990,1,1揭幕	山西省忻州	五台山書畫院、地區書協、地區青年書協	5000多件	展出150件
中國〝穎州西湖碑林〞海內外書畫大賽	1990,4月底截稿	安徽省阜陽市	中原文化書院等	8786件	評出一等獎5名、二等獎19名、三等獎44名、優秀獎500名。另設特別獎17名、組織獎若干名
△馬年中國硬筆書法大展	1990,3月截稿 1991,5月開賽	湖南省長沙市	湖南美術出版社、中國硬筆書法家協會	5萬件	
△全軍第二屆硬筆書法〝天馬凌空杯〞大賽	1990,2,14揭曉	北京市	解放軍報社、空軍後勤部	4,5萬多件	評出一等獎10名、二等獎20名、三等獎30名、優秀獎200名、特別獎10名

比　賽　名　稱	日　　期	地　點	主　辦　者	收到件數	評選及展覽情形
"扇藝杯"書畫印大獎賽	1990,7月底截稿	廣西自治區南寧市	中國扇子藝術學會廣西分會、中外文化書院民族藝術研究所		共設一等獎10名、二等獎20名、三等獎100名、佳作獎若干名
"中華僑光杯"中國書畫工藝大賽大展	1990,5月底截稿	四川省德陽市	東方藝社、德陽市文化局		設一等獎2名、二等獎6名、三等獎100名、優秀作品獎500名
"峨嵋杯"第五屆全國中青年群衆書畫大賽	1990,5月底截稿	四川省夾江縣	本大賽組織委員會		本賽旨在發掘新人，凡本賽已得一、二等獎及省級以上書協、美協委員不得參加。年齡限16-55歲。設一等獎5名、二等獎15名、三等獎40名、佳作獎若干名
海峽兩岸青少年書法比賽	1990,4,25報導			大陸2364件澳門16件臺灣初選作品300多件	評出一等獎13名（臺灣占5名）、另有二、三等獎（臺灣占20名）
第三屆"文明杯"全國寫字段位大賽	1990,9月底揭曉	上海市	中華書法研究會、上海文化生活技藝專修學校等13個單位		分團體賽（滿10人即可參賽）和個人賽二種
△全國首屆黃河獎硬筆書法大賽	1990,5,9揭曉		本大賽組織委員會	4萬多件	評出特等獎2名、一等獎20名、二等獎40名、三等獎200名、優秀獎1000名
△1990年西安國際硬筆書法大獎賽	1990,7月底截稿 1990,9,20開幕	陝西省西安市	陝西省硬筆書法研究會、西安市新華書店美術音樂書店		採評委與觀衆評選相結合方式。設特等獎5名、一等獎15名、二等獎30名、三等獎50名、優秀獎20%
國際文化交流賽首屆"克勒杯"中國書法競賽	1990,7,15截稿 1990,12,12展出	北京市	中國國際文化交流中心	11000多件	分少年、青年、中老年三組。共評出一等獎20名、二等獎40名、三等獎60名。共展出184件（特邀及評委作品50多件）
中國絲綢之路吐魯番書法大獎賽	1990,9,10截稿 1990,9,30揭曉 1990,10,1展出	新疆自治區吐魯番	吐魯番地區書協、中國吐魯番書學會等主辦、吐魯番七泉湖化工廠等贊助	近2000件	評出一等獎3名、二等獎9名、三等獎38名、優秀獎100名、新苗獎20名

比 賽 名 稱	日　　期	地　　點	主　辦　者	收到件數	評選及展覽情形
首屆〝紅荔杯〞書法賽	1990,7,11揭曉	廣州省深圳市	深市荔枝節基金會東湖公園、紅荔書畫館等單位		共評出一等獎8名、二等獎16名、三等獎18名、佳作獎98名、榮譽獎43名
〝孔子杯〞國際書畫大賽	1990,6,10揭曉	北京市	中國歷史文化名城書畫家協會、曲阜新書畫研習會	1600多件	評出一等獎11名、二等獎21名、三等獎29名、優秀獎124名
△〝北部灣杯〞全國硬筆書法大賽	1990,8月底截稿	廣西省欽州市	欽州市硬筆書法學會、北部灣報等五個單位		分少年、青年、中老年三組。各設特等獎5名、一等獎20名、二等獎40名、三等獎60名、優秀獎20％
〝珠峰杯〞海內外書法大賽	1990,8月底截稿	西藏拉薩市	中華硬筆書法家協會		硬筆書法設一等獎100名、二等獎400名、三等獎600名、優秀獎100名、鼓勵獎20％；毛筆書法設特等獎10名、一等獎50名、二等獎200名、三等獎300名、優秀獎60名、鼓勵獎15％
第三屆〝雙龍杯〞全國少兒書畫大賽	1990,10月	湖北省武漢市	湖北省社聯、文化廳等18個單位	5萬5千多件	選出近千幅。
△〝利民杯〞全國硬筆書法大賽	1990,11,20截稿	江蘇省淮陰市	江蘇省淮陰市日用化工廠等五個單位		設一等獎10名、二等獎50名、三等獎140名、優秀獎20％
〝巾幗杯〞書法大獎賽	1990,10,31揭曉	河南省駐馬市	河南駐馬店師專女子書法研究會	4000件	評出一等獎20名、二等獎80名、三等獎200名、佳作獎新苗獎60名、紀念獎鼓勵獎700名
△中國－香港硬筆書法家作品大展	1990,12,20截稿 1990,5月中旬開幕	江蘇省淮陰市	淮陰市硬筆書協		共選出384件作品在江蘇淮陰博物館及香港展出
〝華康杯〞全國書法攝影大獎賽	1991,3,1截稿	湖南省長沙市	湖南省新聞圖片社、湖南省中國硬筆書協		各設金獎2名、銀獎8名、銅獎20名、優秀獎300名
※中國書壇新人作品展（即第一屆中國書壇新人作品展）	1991,2月底截稿 1991,6,20開幕	河南省鄭州市	中國書協、河南省書協	15738件	展出497件

比 賽 名 稱	日 期	地 點	主 辦 者	收到件數	評選及展覽情形
中國〝蒲松齡杯〞國際書畫藝術大獎賽	1991,2月底截稿		山東省輕工美術學校、山東淄博市青年聯合會		分國畫、書法（包括硬筆）、篆刻三項。共設一等獎10名、二等獎20名、三等獎50名、優秀獎10﹪
首屆海內外中國書畫篆刻大賽	1991,3,15截稿	上 海 市	上海市歸國華僑聯合會等八個單位		分毛筆、硬筆、中國畫、篆刻四類。分少年、成年二組。擬共設特獎1名、一等獎4名、二等獎16名、三等獎50名、佳作獎15﹪
△全國首屆〝絲路杯〞硬筆書法大賽	1991,1頒獎	甘肅省靖遠縣	甘肅硬筆書法家協會靖遠分會		
※全國第二屆篆刻藝術展	1991,5,20截稿 1991,10,5展出	山 東 省 煙 台 市	中國書協主辦、山東省書協、煙台市文聯承辦	2600多件	展出473件
〝河古廟杯〞全國書畫大賽	1991,2展出	北 京 市	文化部老幹部書畫學會、中原書畫藝術研究會		展出150多幅
△〝工行儲蓄杯〞暨第二屆〝長安獎〞全國硬筆書法大賽	1991,3月底截稿	陝 西 省 西 安 市	中國現代硬筆書法研究會西安分會、中國工商銀行西安分行		分老年、成年、少年三組。共設一等獎6名、二等獎30名、三等獎100名
首屆海內外中國書畫篆刻大賽	1991,3,15截稿	上 海 市	上海市歸國華僑聯合會等三個單位		分少年（16歲以下）、成年二組。設〝書畫篆刻〞全能特獎1名、一等獎4名、二等獎16名、三等獎50名
※全國中小學生書法大賽	1991,7,15截稿 1991,8月揭曉	黑 龍 江 省 哈 爾 濱 市	中國書協、黑龍江書協	8330件	評出一等獎40人、二等獎158人、三等獎309人、優秀獎803人
〝雙龍杯〞全國少年兒童第四屆書法美術大賽	1991,4,18截稿	湖 北 省 武 漢 市	湖北省兒童書畫研究會		限3-16歲少年兒童參加。設作品獎（鑽石杯獎50名、金杯獎100名、銀杯獎200名、銅杯獎45名）集體獎及園丁獎三種
西泠印社第二屆全國篆刻作品評展	1991,5月底截稿 1991,11,20展出	浙 江 省 杭 州 市	西泠印社	2000多幅	入展250幅

比賽名稱	日　　期	地點	主　辦　者	收到件數	評選及展覽情形
△〝石門杯〞全國硬筆書法大賽	1991,6月底截稿	陝西省漢中市	中華硬筆書法家協會主辦、漢中分會承辦		分硬筆書法、篆刻二項。設一等獎5名、二等獎20名、三等獎100名、優秀獎20%
△建黨七十周年全國硬筆書法展	1991,5,25截稿	甘肅省靖遠縣等四個地方	中國當代硬筆書法習字會等六個單位		設金、銀、銅三種獎項
〝翊武杯〞全國書畫賽	1991,8月底截稿				分書法、中國畫二項。書法內容限與辛亥武昌起義和蔣翊武二主題有關者。設一二三等獎及佳作獎若干名
第二屆全國電視書法大賽	1991,5月底截稿		中央電視台等五個單位		
〝黃鶴杯〞全國書法大賽	1991,4,3展出			一萬多件	展出130多件
△'91國際硬筆書法大賽	1991,6,20截稿	浙江省寧波市	《中國鋼筆書法》雜誌社等八個單位主辦		評出特等獎10名、一等獎20名、二等獎60名、三等獎147名
首屆海內外毛筆、硬筆書法大賽	1991,11月底截稿	福建省福州市	中外文化書院福建分院		毛筆類分老年、成年、少年三組，硬筆類分成年、少年二組五組擬各設一等獎10名、二等獎30名、三等獎50名、優秀獎若干名
〝羲皇杯〞中國青少年書法篆刻大展賽	1991,8月底截稿 1991,9,28揭曉	甘肅省天水市	天水市青少年書法研究會等七個單位	6028件	分毛筆、硬筆、篆刻三項。分少年、青年、中年三組。共評出金獎11名、銀獎22名、銅獎42名、優秀獎250名、佳作獎1560名。同時評出園丁金獎18名、團體金獎1名、團體優勝獎18名
首屆全國規範漢字楷書書法大賽	1991,6徵稿 1992,1揭曉	北京市	國家語言文字工作委員會		分毛筆、硬筆二項。評出一等獎72名、二等獎100名、三等獎200名、優秀作品獎600名
※全國第四屆中青年書法篆刻家作品展覽	1991,9月底截稿 1992,5,28開幕	山東省棗莊市	中國書協主辦、山東省書協、棗莊市文聯、棗莊市總工會承辦	12000多件	選出參展作品437件（書法342件、篆刻95件），並從中評出50件為獲獎作品

比賽名稱	日　　期	地　點	主　辦　者	收到件數	評選及展覽情形
北京慕田峪長城杯海內外書畫篆刻大賽	1991,7,5截稿	北京市	北京慕田峪長城旅游辦事處		設特等獎1名、一等獎5名、二等獎30名、三等獎50名、優秀獎100名
第二屆〝武夷星光杯〞全國書畫大賽	1991,11月底截止	福建省南平市	福建省書協、福建省美協		分書法、國畫、硬筆書法、篆刻四項。分老、中、青、少四組。分別設一、二、三等獎100名、佳作獎15%
〝滕王閣杯〞全國少兒書法大獎賽	1991,6,20展出	北京市	南昌市少年宮		展出103幅
※第五屆全國書法篆刻展覽	1991,11,15截稿 1992,7,15揭曉	遼寧省瀋陽市	中國書協主辦，遼寧省書協承辦，錦州市書協協辦	8600多件（各地書協選送2千多件，自由投稿6千多件）	入選580件（其中獲全國獎的優秀作品48件）
首屆全國中小學生書法作品評選大展	1991,8,4展出	北京市	中國教育學會書法教育研究會等四個單位	選送500多件	展出300多件（其中特等獎4件、一等獎20件、二等獎32件、三等獎60件、優秀作品230件）
〝太陽島杯〞全國中小學生（含中專）書法大賽	1991,8,21揭曉	黑龍江省哈爾濱市	中國書協、黑龍江省書協		
△〝楊歧杯〞全國硬筆書法大賽	1991,9,15截稿	江西省萍鄉市	中華硬筆書協江西分會上栗支會、上栗區業餘書畫學校		
國際中華書畫藝術臨摹大展	1991,10,31截稿	山東省淄博市	山東省淄博市青聯、文化局、青少年宮		分少、青年二組。各設一等獎10名、二等獎20名、三等獎30名、優秀獎60名
國際中華書畫藝術臨摹大展	1991,12月底截稿	山東省淄博市	中國藝術研究院美術研究所主辦，山東省淄博市青年聯合會等承辦		分少、青、老年三組。設一等獎10名、二等獎20名、三等獎30名、優秀獎60名，共入選500件
〝鎳都杯〞國際書畫大獎賽	1991,8月底截稿	甘肅省	金昌報社、甘肅書院、甘肅省書協	1萬多件	評出成人毛筆、硬筆及美術作品一、二、三等獎及優秀獎，少兒新苗毛筆、硬筆一、二、三等獎

比 賽 名 稱	日 期	地 點	主 辦 者	收到件數	評選及展覽情形
國際金鵝獎書畫大賽	1991,9月底截稿	廣東省珠海市	珠海市藝術發展有限公司等三個單位		
〝飛亞達杯〞書法篆刻大獎賽	1991,11月底截稿	遼寧省大連市	中國航空集團公司深圳飛亞達計時工業公司、中國現代硬筆書法研究會		設一等獎3名、二等獎20名、三等獎40名、優秀獎500名
〝商城杯〞全國書畫大賽	1991,12,20截稿	河南省鄭州市	鄭州逸趣齋等三個單位		
首屆〝中國口岸杯〞書畫大賽	1991,12月底截稿	安徽省合肥市	中國口岸雜誌社		設一等獎10名、二等獎20名、三等獎40名、優秀獎20％
國際現代書法評選	1991,12,18揭曉	北京市	中外名人研究中心	近萬件	選出200多件佳作
（上海）第四屆〝文明杯〞全國團體、個人寫字段位大賽	1992,8月底截稿	上海市	上海文化生活技藝專修學校等		
△第一屆全國現代硬筆書法藝術大展	1992,4月底截稿	內蒙古	中國現代青年硬筆書法家協會、《硬書學報》編輯部		分少年、青年、成年三組
△首屆〝孔雀杯〞硬筆書法大展	1992,3,21截稿	雲南省昆明市	雲南省人民政府僑務辦公室		設金、銀、銅獎各50名；優秀獎、鼓勵獎各若干名
〝科技杯〞首屆國際書畫篆刻大獎賽	1992,6,15截稿	四川省重慶市	當代地方科技雜誌社、重慶化工機械廠		分國畫、毛筆書法、硬筆書法、篆刻四項。共設特等獎4名、一等獎12名、二等獎20名、三等獎40名、優秀獎400名、紀念獎30％
△第五屆中國鋼筆書法大賽（有機杯）	1992,6月底截稿	浙江省杭州市	《中國鋼筆書法》編輯部、中國硬筆書協、溫州有機化工廠	54000多件	評出特等獎10名、一等獎20名、二等獎20名、三等獎100名、優秀獎800名、集體榮譽獎1名
△〝維美杯〞全國硬筆書法新秀大賽	1992,3月底截稿	江西省南昌市	南昌市硬筆書法協會、江西油脂化工廠		分成年、青年、少年三組。共設一等獎30名、二等獎90名、三等180名、優秀獎900名

比 賽 名 稱	日　　　期	地　點	主　辦　者	收到件數	評選及展覽情形
△ "冰雪杯" 全國硬筆書法大獎賽	1992, 4,20 截稿	黑龍江省	《硬筆書法報》社等11個單位		分少、青、中老年三組。各設金獎10名、銀獎20名、銅獎50名、優秀獎20％
第八回全國青少年書法評定活動	1992,3月底截稿	北 京 市	全國青少年書法評委會、東方高等書法藝術學校		
'92 懷素書藝研討會暨草行書作品展	1992, 4,15 截稿 1992, 6, 8 揭曉 1992,10,26 ～ 10,29 展出	湖 南 省 永 州 市	中國書協、湖南省書協等五個單位	5千多件	設最佳書法作品獎10個、優秀書法作品獎30個。共評出180多件參展
國際文化交流賽克勒杯中國書法競賽（第二屆）	1992, 5,20 截稿	北 京 市	中國國際文化交流中心		獎設少年組30名、中青年組90名、老年組30名、佳作300名
"鳳凰杯" 書畫藝術大賽	1992, 4 展出	山 東 省 聊 城		11000 多件	選出200幅展出
保山花市全國詩書畫影藝術大賽	1992,5月底截稿	雲 南 省 保 山	雲南省文聯等九個單位		
全國首屆 "明星杯" 中國書畫篆刻大展	1992, 7, 1 截稿	山 東 省 高 唐	中國書畫家苦禪故里學會等四個單位		
"雙圈杯" 全國書法篆刻大賽	1992,6月底截稿	江 蘇 省 無 錫 市	無錫市微電機廠、西神印社、《書法藝術》雜誌社		分毛筆書法及篆刻二項。設特等獎1名、一等獎3名、二等獎5名、三等獎10名、優秀獎50％
第二屆 "紅軍杯" 全國書畫大獎賽	1992,9月底截稿	廣 西 自 治 區 樂 業 縣	全國十家書協		
"金猴杯" 全國書法美術篆刻大展賽	1992,6月底截稿	吉 林 省 梅 河 口 市	中國龍山書畫印社		設金獎10名、銀獎20名、銅獎100名、優秀獎1000名
紀念范績亭將軍誕辰一百周年全國書畫大賽	1992, 7,10 截稿 1992,10,27 展出	山 西 省 原 平 縣	山西省書協等九個單位		分毛筆書法、硬筆書法、繪畫三大項。各設團體組織獎50名；少年組等級獎30名、優秀獎150名；中青年組等級獎50名、優秀獎450名；老年組等級獎30名、優秀獎150名

比 賽 名 稱	日　　　期	地 點	主 辦 者	收到件數	評選及展覽情形
〝中國地名杯〞首屆全國少兒書畫大獎賽	1992, 8,25截稿	遼寧省潘陽市	北京市中國地名學研究會主辦、潘陽《中國地名》雜誌社承辦		
〝中國薩爾滸杯〞書法美術作品展	1992, 7,10截稿	遼寧省撫順市	薩爾滸風景區、撫順青聯等五個單位	1萬多件	展出482件
△〝五洲杯〞國際硬筆書法大展賽	1992,10月底截稿	湖北省黃州市	湖北黃州市黃岡地區文化局		分少年、青年、中老年三組。各設特等獎2名、一等獎10名、二等獎30名、三等獎50名、優秀獎20％
猴年〝屈原杯〞全國書法邀請賽	1992, 9,10截稿	湖南省岳陽市	中華書法藝術研究會岳陽聯絡處等五個單位		
〝惜糧杯〞全國書法繪畫大獎賽	1992,9月底截稿	湖北省浠水縣	中國糧食經濟學會等六個單位		分書法（含篆刻、硬筆）、繪畫二項。各設一等獎3名、二等獎8名、三等獎15名、優秀獎10％
首屆中日青少年書法〝神龍杯〞爭奪賽	1992,10月底截稿	北京市	中日青年交流中心、《青年書法報》社		
首屆〝農運杯〞書法大賽	1994,11月底截稿 1994, 2,17揭曉	湖北省孝感市	湖北省孝感市槐蔭書法社，政協湖北省孝感市委員會	近2000件	分毛筆、硬筆二項。分少年、青年、中老年、農民、專業五組。各設一等獎2名、二等獎5名、三等獎10名、優秀、鼓勵獎若干名。評審結果共選出得獎作品175幅。
詠春言志書法（含硬筆）篆刻大賽	1992,11月底截稿	陝西省西安市	陝西省社會科學院文學研究所、《延安文藝研究》編輯部		分少年、青年、中老年三組。各設一等獎3名、二等獎5名、三等獎10名、優秀獎100名、紀念獎若干名。
〝天馬杯〞國際書法繪畫篆刻大賽	1992,10,15截稿	吉林省長春市	吉林省文化廳等九個單位		分老年、中年、青年、少年、少兒五組。共設一等獎32名、二等獎96名、三等獎960名。
〝正則杯〞中國書畫大獎賽	1992,12,30截稿	江蘇省丹陽市	丹陽市正則畫院		共設一等獎20名、二等獎50名、三等獎100名、佳作獎200名

比　賽　名　稱	日　　期	地　點	主　辦　者	收到件數	評選及展覽情形
″九龍際杯″92國際旅遊觀光年書畫藝術大展賽	1992,12,25截稿	福建省周寧縣	九龍際書畫藝術研究會		
首屆″武英杯″國際書法大賽	1992,12,24截稿	湖南省郴州市			
'92″中華杯″、″希望杯″全國書畫比賽	1992,2月底截稿	廣西桂林市	中國關心下一代工作委員會等三個單位主辦，桂林市當代工業設計科技研究所協辦，並總策劃。		分毛筆書法、國畫二項。″希望杯″分少、青年二組，″中華杯″分中、老年二組，每人每項兩幅爲限。各設一等獎10名、二等獎20名、三等獎100名，優秀獎中、老年組各300名，青、少年組各500名。
△第三屆″銀杏杯″硬筆書法邀請賽	1992,12月底截稿	江蘇省泰興	當代硬筆書法習字會泰興聯誼會		
″杏林春″國際書法篆刻大展	1992,11月展出	天津市	天津書協等六個單位	3500件	選出200件參展。
△″成吉思汗杯″全國鋼硬筆書法大賽	1992,12,10截稿	遼寧省大連市	大連市文化局，大連市現代硬筆書法研究會		
″燎原杯″全國書畫大展	1993,4月底截稿	江西省吉安市	江西省吉安地區老年書畫協會		作品可交一至三幅
全國文學藝術大展賽	1992,11月底截稿	山西省太原市	山西省文聯等五個單位		
″健康杯″全國書畫藝術大賽	1992,12月底截稿	福建省光澤縣	福建省衛生廳等八個單位		
全國首屆刻字藝術作品展	1992,12月底截稿 1993,4,4展出	河南省洛陽市	中國書協刻字研究會	800多件	評出入選作品166件。
全國首屆中專生文學藝術大獎賽	1992,12月底截稿	黑龍江省哈爾濱市	《中專生導報》黑龍江省中專生文學藝術界聯合會		
″宋河杯″書畫大賽及展覽	1992,10,31展出	北京市	河南省書協、河南宋河酒廠	1萬多件	共評出一等獎5人、二等獎10人、三等獎30多人、優秀獎60人。共展出200多件。

比 賽 名 稱	日　　期	地　　點	主　辦　者	收到件數	評選及展覽情形
雙龍杯全國少年兒童第三屆書法美術大賽	1992,12,28 截稿	湖 北 省武 漢 市	湖北省兒童書畫研究室		限3-16歲兒童參加。分美術、書法、硬筆書法、篆刻四項。分作品獎（鑽石杯獎50名、金杯獎100名、銀杯獎200名、銅杯獎450名、優秀作品獎10％）集體獎、園丁獎。
〝黃土地〞全國書畫大賽	1993, 1,28 截稿	甘 肅 省	甘肅蘭皋書畫協會、〈禪藝研究〉編委會		
△首屆〝蔡倫盃〞全國硬筆書法大賽	1993,1月底截稿	湖 南 省 耒陽 市	蔡倫紀念館等三個單位		分成年、少年二組。共設一等獎10名、二等獎20名、三等獎60名、優秀獎1000名。
全國技校師生書法大賽暨展覽	1993,11月展出	新 疆 自 治區昌 吉 市	新疆書協,新疆勞動廳培訓處	1000多件	評出200件（一等獎9件,二等獎16件,三等獎19件,其餘為優秀獎）參展。
△中國火神碑林〝火神杯〞中國硬筆書法藝術博覽大獎賽	1993,12月底截稿	北 京 市	中國當代硬筆書法習字會等四個單位		分硬筆、軟筆、國畫三項。各設特等獎1名、一等獎10名、二等獎20名、三等獎30名、優秀獎20％。
△愛克發、華人硬筆書法藝術中國展	1993, 5,30截稿1993,10,13揭曉	河 南 省周 口 地 區	愛克發公司	5.4萬件	評出特等獎10名、精品獎30名、新人獎80名、展示獎500名、當選獎4000名、集體組織獎二個。
第二屆海內外中國書畫篆刻大賽暨精品展	1993,3月底截稿	上 海 市	上海市歸國華僑聯合會等四個單位主辦,上海華僑文化交流公司承辦。		分毛筆、硬筆、中國畫、篆刻四項。分少年、成年二組。共設特等獎2名、金獎10名、銀獎50名、銅獎100名。另設佳作獎、友誼獎(海外)、苗苗獎、優秀獎若干,共占總名額15％。
第二屆〝梅花杯〞書畫篆刻大賽	1993, 3, 1截稿	四 川 省江 安 縣	大賽組委會		
〝洋河杯〞全國新聞界書賽	1993,1月揭曉		中華全國新聞工作者協會、洋河酒廠		共有56件作品分獲一、二、三等及特別獎。

比 賽 名 稱	日　　期	地　點	主　辦　者	收到件數	評選及展覽情形
△〝雲河杯〞全國硬筆書法大賽	1993, 3, 5 截稿	河南省鄭州市	鄭州美院書畫研究會		
第二屆全國青少年書法饒河大賽	1993,1月底截稿	河南省鄭州市	《青少年書法》編輯部、河南省青年書協		分書法、篆刻二項；分青年、少年二組。選出少年組一、二、三等及優秀獎各10,30,99,304人，青年組一、二、三等及優秀獎各10,30,98,297人。
全國首屆技校師生書法篆刻大賽	1993,2月揭曉	新疆	新疆書協等三個單位	選送一千多件	共評出一等獎9名、二等獎16名、三等獎19名。
〝國際和平杯〞書畫大賽	1993,2月底截稿	湖南省長沙市	湖南海外聯誼會		設特獎、金獎、銀獎、銅獎、佳作獎和組織獎。
〝倖皇杯〞國際書畫友誼賽	1993,4月底截稿	河南省駐馬店	河南省巾幗書畫院、河南省倖皇酒廠		分成年、少年二組
〝豹王杯〞全國兒童書法大獎賽	1993,3月底截稿	上海市	《小朋友》編輯部、上海豹王皮草行		限12歲以下兒童參加。設一等獎6名、二等獎9名、三等獎60名、新苗獎300名。
〝三七杯〞國際書法篆刻大賽	1993, 3,20 截稿	雲南省文山州	雲南省文山州文聯		
〝長工杯〞全國書畫大賽	1993, 8,30 截稿	湖南省華容縣	中華書法藝術研究會岳陽聯絡處		
〝五台山杯〞全國青少年大獎賽	1993, 3,28 截稿	山西省忻州	山西省忻州文化藝術發展有限公司		分少年書法組、青年書法組、青少年硬筆書法組三組。設特獎3名、一等獎18名、二等獎48名、三等獎78名、優秀獎1800名，另特設參賽者憑〝幸運卡〞對獎的幸運助學獎二百多名及園丁獎等。
〝中國地名杯〞第二屆全國青少年書畫大獎賽	1993, 7,15 截稿	瀋陽市	北京地名學研究會		
〝領袖杯〞未名書法家書法大獎賽	1993, 5,30 截稿	湖南省祈東	瀟湘書法研習會		
〝中華五千年〞全國書畫大獎賽	1993, 6,15 截稿	河南省鄭州市	河南省文聯、周口〝中華五千年〞建設工程指揮部		各設一等獎3名、二等獎6名、三等獎15名。

比 賽 名 稱	日 期	地 點	主 辦 者	收到件數	評選及展覽情形
※第二屆中國書壇新人作品展	1993,5,15截稿 1993,11,1開幕	河 南 省 鄭 州 市	中國書協主辦,河南省書協承辦	10014件	入選457件。
深圳〝銀海杯〞全國書畫印大展賽	1993,6,18截稿	廣 東 省 深 圳 市	深圳銀海工貿聯合公司,中國公共關系協會藝術委員會		分少、成、老三組。各設一等獎1名、二等獎2名、三等獎5名、優秀獎20％。對組織應徵稿件滿30名者,授組織獎。
※全國第五屆中青年書展	1993,6月底截稿 1993,10,8開幕	北 京 市	中國書協主辦,《中國書法》雜誌社,北京市平谷縣和平農工商聯合總公司承辦	8000多人 16000件	評出入選作品493件(包括獲獎作品10件、優秀作品24件)參展。
〝中國長城電子杯〞書法、篆刻大賽	1993,6月底截稿	北 京 市	北京市書協,中國長城電子展覽公司,北京市海淀區文聯主辦,北京市海淀區書協承辦。		設特點獎1名、一等獎5名、二等獎10名、三等獎20名、優秀獎100名。
△第二屆〝育才杯〞全國硬筆書法(篆刻)大賽	1993,6月揭曉	天 津 市	中國教育學會書法教育研究會等三個單位。		評出獲獎作品169件,優秀作品89件。
△〝三清杯〞全國硬筆書法大獎賽暨第三屆江西省硬筆書法大獎賽	1993,8,1截稿 1993,11,10揭曉	江 西 省 上 饒	江西硬筆書法研究會等三個單位。	1100多人2500多件	分少、青、中年組。評出一等獎4名、二等獎12名、三等獎20名、優秀獎170名。
〝雪鶴杯〞全國書法大賽	1993,7,1揭曉	安 徽 省 合 肥 市	黃山書畫院、義之書畫社等四個單位。		評出青年組16名等級獎,少年組10名等級獎,共200名佳作獎
〝桂竹杯〞第一屆全國書法大賽	1993,9月底截稿	湖 北 省 咸 寧 市	湖北省咸寧市《鳴水泉報》		分毛筆書法、硬筆書法、篆刻三項。設一等獎10名、二等獎30名、三等獎100名、優秀獎500名。
首屆〝中外詠梅詩書畫〞大聯展	1993,6月底截稿	北 京 市	中外名人研究中心藝術委員會		
〝王義之杯〞中國書畫大賽	1993,7,30截稿 1993,8,10頒獎	山 東 省 臨 沂 市	王義之國際書畫學會,中國臨沂義之企業集團等四個單位		分毛筆、硬筆書法、篆刻、中國畫四項。共設金獎6名、銀獎10名、銅獎20名、精品獎100名、新人獎200名、新苗獎500名、特別獎若干名。

比 賽 名 稱	日　　期	地　點	主　辦　者	收到件數	評選及展覽情形
″金龍杯″國際書畫大賽	1993, 8, 6展出	黑龍江省			
首屆″騰龍杯″全國書畫大賽	1993, 5,30截稿	湖北省宣恩縣	騰龍開發有限公司		
″八卦杯″國際書畫大賽	1993, 7,31截稿 1993, 9 揭曉	新疆自治區特克斯縣	新疆書協，伊犁地區書協，特克斯縣八卦城開發建設領導小組等十個單位。	8151件	分毛筆書法、中國畫二項。評出書法一等獎10件、二等獎20件、三等獎30件。國畫二等獎1件、三等獎16件。
″橘交杯″全國中小學書法大賽	1993, 6,18截稿	廣東省茂名市	茂名市教育局等。		
△″益陽杯″全國電力職工硬筆書法大獎賽	1993, 9,15揭曉	湖南省益陽	湖南益陽地區硬筆書法家協會等。	2500多件	評出一等獎5名、二等獎10名、三等獎70名、優秀獎100名。
″北京2000年奧林匹克″第一屆國際繪畫書法藝術大展	1993,9月底截稿	北京市	中國美協，中國書協，中國國際文化交流中心。		分少兒組(10歲以下)、少年組(11-17歲)、中青年組(18-55歲)、老年組(56歲以上)。書法分楷、篆隸、行草三類，少兒、少年不分書體。每類各設一等獎4名、二等獎10名、三等獎30名、優秀獎150名。
※第一屆全國楹聯大展	1993,11,30截稿 1995, 2,18開幕	福建省福州市	中國書協主辦，中國書協展覽中心、中國書法雜誌社承辦。		金聯獎10名、銀聯獎30名
″中華杯″海內外書畫大賽	1993, 7,30截稿	四川省重慶市	中國硬筆書法藝術博物館籌委會等。		
全國首屆美術書法攝影大獎賽	1993,8月底截稿	黑龍江省佳木斯市	佳木斯市文聯等13個單位。		
△″芙蓉杯″硬筆書賽	1993, 9,29揭曉	湖南省	中國當代硬筆書法家協會湖南分會。	11203件	評出特點獎5名、一等獎20名、二等獎40名、三等獎100名、優秀獎250名、集體獎3個
″諸葛亮杯″國際書畫攝影大獎賽	1993,12月底截稿 1994, 7 月揭曉	河南省南陽市	中華藝術研究會。		共評出一等獎3名、二等獎15名、三等獎54名、優秀獎585名、佳作獎474名、特別獎25名

比 賽 名 稱	日　　期	地　點	主　辦　者	收到件數	評選及展覽情形
〝亞細亞杯〞中國書畫篆刻藝術大展賽	1993,12月底截稿	河 南 省鄭 州 市	鄭州美院書畫研究會等八個單位。		設金獎10名、銀獎25名、銅獎100名。
三峽風采書法大賽	1993,11,10截稿	湖 北 省宜 昌 市	《少年科學報》等三個單位		
〝民主法制杯〞全國書法大獎賽	1993,12,10截稿	湖 南 省	湖南省人大內務司法委員會、省普法辦公室		分毛筆、硬筆二類。分成人、未成人二組。各設金獎5名(共20名)、銀獎10名(共40名)、銅獎20名(共80名)、優秀獎20％。
△紀念毛澤東同志誕辰一百周年〝燎原杯〞全國硬筆書法大賽	1993,11月底截稿	廣 東 省廣 州 市	廣州硬筆書法家協會、毛澤東同志主辦農民運動講習所舊址紀念館		分少年、成年組。各設一等獎5名、二等獎10名、三等獎20名。
首屆〝龍灣杯〞全國書畫大獎賽	1993,12,28截稿	吉 林 省輝 林 縣	書畫家龍崗聯誼會等四個單位。		
〝衡水老白乾杯〞全國青少年書法大賽	1993,12,30截稿	河 北 省衡 水 市	中國文化月刊等六個單位主辦,衡水地區硬筆書法協會、河北省衡水老白乾酒廠等三個單位承辦。		分毛筆、硬筆、篆刻三類。共設金杯獎10名、銀杯獎20名、銅杯獎30名、優秀獎20％。
紀念毛澤東誕辰一百周年〝國藝杯〞全國書畫篆刻大賽	1993,12,15截稿	遼 寧 省大 連 市	大連市文化局等七個單位。		
〝名酒之鄉杯〞國際書畫大賽	1994, 1,30截稿1994, 6 揭曉	江 蘇 省淮 陰 市	江蘇省書協等四個單位。	14000多件	分毛筆書法、硬筆書法、篆刻、國畫四項。共評出一等獎6名、二等獎40名、三等獎120名、優秀獎480名,另有五個單位獲組織獎。
九四中國自貢國際恐龍燈會〝迎燈杯〞全國青少年書法大展賽	1993,12月底截稿	四 川 省自 貢 市	自貢市青年聯合會、四川省書協。		分毛筆、硬筆(包刮篆刻)二項。分青、少年二組。設一、二、三等獎若干名、優秀獎30％。
〝富硒杯〞全國書法大賽	1994, 1,28截稿	河 北 省宣 恩 縣	中國龍馬硬筆書協、宣恩富硒絞股藍實業公司。		

比 賽 名 稱	日　　　期	地　　點	主　辦　者	收到件數	評選及展覽情形
〝我愛中華美〞（西苑杯）書畫大賽	1994,3 月中旬截稿	北 京 市	華夏書畫藝術人才研究會。		共設一等獎1名、二等獎2名、三等獎3名、優秀獎30名。
首屆〝黃山杯〞中國書畫藝術大賽	1994,2 月底截稿	安 徽 省合 肥 市	安徽省黃山畫會、《書法家》雜誌社。		
東方書畫篆刻藝術國際交流展	1994,2 月底截稿	河 北 省滄 州 市	渤海書畫院、海內外書畫藝術聯誼會。		分專業、業餘、少兒三組。各設金銀銅獎 4、8、16 名，佳作獎 40%、榮譽、鼓勵獎若干
〝盛京杯〞首屆書畫篆刻赴日展	1994,2 月底截稿	遼 寧 省瀋 陽 市	海內外書畫藝術聯誼會。		分書法、國畫、篆刻三項。分專業、業餘、少兒（17 歲以下）三組。各組設金銀銅獎4、8、16名，佳作獎40%、榮譽獎、紀念獎若干。
'94 蘭亭書法節全國職工書法大展	1994, 3,20 截稿	浙 江 省紹 興 市	紹興市墨趣會等五個馬位發起。		分青年、中老年二組。共設一等獎 3 名、二等獎10名、三等獎50名。共選出 200 ~ 300 幅作品參展，發給〝入選證書〞。
中國當代書法藝術大賽	1994,5 月底截稿	河 南 省周 口 地 區	河南省周口地區文聯、《中州書畫》編輯部。		設一等獎 2 名、二等獎10名、三等獎50名、優秀獎 200 名、組織獎若干（組織 30 人以上參賽者）。
海南〝椰子杯〞文學藝術大展賽	1994,4 月底截稿	海 南 省海 口 市	海口雅雲文化藝術傳播公司		分寫作、書法、硬筆書法、美術、篆刻、攝影六項。除寫作一項外，其餘五項分少年、青年、中老年三組。各設特等獎一名、一等獎5名、二等獎10名、三等獎20名、優秀獎300名、佳作獎500名。
〝學雷鋒〞全國書法作品大賽	1994, 3,30 揭曉	湖 南 省望 城 縣	湖南望城縣文化局、湖南省雷鋒紀念館、望城縣青少年書社。	3800 多幅	分成人、少兒二組。各評出一等獎1名、二等獎5名、三等獎15名、優秀獎50名。
△第一屆中國現代硬筆書法藝術展評	1994,6 月底截稿	浙 江 省杭 州 市	《現代書法》雜誌社等七個單位。		設藝術經典獎 20 名、藝術發展獎 20 名、藝術年鑑獎 100 名、藝術教育獎 10 名。

比 賽 名 稱	日　　　期	地　　點	主　辦　者	收到件數	評選及展覽情形
新星獎第一屆海內外青少年書法大展賽	1994,5月底截稿	北京市內蒙古呼和浩特市	五洲翻譯服務中心、青少年書法報社、硬筆書法報社。		分青年、少兒二組。共設金獎10名、銀獎20名、銅獎100名、精英獎500名。
〝敦煌杯〞全國書法大賽	1994,8月底截稿	甘肅省蘭州市	甘肅省書協		分少年、成年二組。
首屆〝九宮杯〞全國書法大賽	1994,8,30截稿	湖北省咸寧	湖北省咸寧地區出版發行公司承辦。		分毛筆書法、硬筆書法、篆刻三項。共設一等獎5名、二等獎20名、三等獎100名、優秀獎500名。
〝武夷杯〞全國書畫篆刻大賽暨書法篆刻作品展銷	第一輪展銷至1994,8,8截稿第二輪展銷至1994,11,8截稿	福建省南平市	南平市文化館、武夷書畫社等四個單位。		分毛筆、硬筆書法、篆刻、美術作品（以中國畫、油畫為主）四項。共設〝暢銷作品獎〞10名、一等獎30名、二等獎60名、三等獎80名、展銷獎700名。（獲三等獎以上者可常助其推銷作品，作者得80％，展銷辦提20％）
〝奧斯卡杯〞全國書畫篆刻藝術大賽	1994,8月底截稿	河南省鄭州市	鄭州奧斯卡服裝公司等三個單位。		共設金獎20名、銀獎60名、銅獎150名、優秀獎300名。另特設少兒新苗獎（17歲以下）150名。
〝風帆杯〞國際書法篆刻大獎賽	1994,6,20截稿	廣東省茂名市	廣東省風帆廣告策畫中心		分毛筆書法、鋼筆書法、篆刻三項。分少年、青年、老年三組。共設特別特等獎1名、特等獎6名、一等獎12名、二等獎30名、三等獎60名、優秀獎1000名。
第二屆〝桂竹杯〞全國書法大賽	1994,9月底截稿	湖北省咸寧市	咸寧市書協、咸寧市鳴水泉報社		分毛筆、硬筆書法二項。共設一等獎1名、二等獎3名、三等獎10名、優秀獎若干名。

比賽名稱	日　期	地　點	主　辦　者	收到件數	評選及展覽情形
△國際硬筆書法家精品展	1994,9月底截稿	山東省煙台市	中國硬筆書協、《書法藝術》雜誌社主辦、煙台九璜山賓館贊助承辦		獎設1.名家系榮譽金獎2.書家系國際十大明星金、銀、銅獎及書家獎3.新人系國際十大新星金、銀、銅30,100,200名及精作獎占本系人數10％、書秀獎占20％4.集體獎5.字帖、報刊獎6.書壇幸運獎。
"建設杯"全國青少年書畫篆刻大獎賽	1994,7月底截稿	吉林省梅河口市	當代青年書畫家協會等30多個單位		分青年、少年二組，共設獎2000名。
綠色世界書畫大賽	1994,7,30截稿	內蒙古海拉爾市	內蒙古自治區文聯主辦，內蒙古呼倫貝爾文聯、《書畫藝術報》承辦		分毛筆書法、硬筆書法、中國畫、篆刻四項。各設金獎20名、銀獎50名、銅獎100名、優秀獎500名。
'94青島首界中國雕刻藝術(節)大獎賽	1994,7,8截稿	山東省青島市	青島市雕刻藝術協會		分雕塑、篆刻、根石等12個門類。設大獎、特別獎及一等獎12名、二等獎24名、三等獎36名、優等獎若干名。
"金剛杯"書畫家作品大獎賽	1994,7月底截稿	山東省聊城	本大獎賽組委會		包括書法、硬筆書法、國畫、版畫、油畫、各種雕藝、剪紙、篆刻作品。共設一等獎10名、二等獎20名、三等獎100名、優秀獎1000名、組織獎、園丁獎若干名。
國際陶磁琉璃藝術節中華書畫大展	1994,8,10截稿		中國藝術研究院北京大都會美術中心、山東省書協		分少兒(5-16歲)、成人二組(17歲以上)。各設一等獎20名、二等獎30名、三等獎35名、園丁獎、優秀獎各入選若干。
中國國際文學藝術作品博覽會(展銷)	1994,6,30截稿	陝西省西安市	中國文聯、中國公共關係協會、中國國際公共關係協會		分美術類、書法類、攝影類、文學類、作文類五類。由專家評出等級參加拍賣、展銷、出售版權等。作者得金額60％，匯費費40％。另設新秀獎占全人數30％。

比 賽 名 稱	日　　　期	地　　點	主　辦　者	收到件數	評選及展覽情形
※全國第三屆篆刻藝術展	1994, 8,15截稿 1994,11,14展出	北 京 市	中國書法家協會	3200多件	展出296件
全國青少年書法篆刻第一屆〝神內杯〞大賽	1994, 8, 1截稿	黑龍江省佳木斯市	佳木斯市神內文化教育基金會等四個單位		分青年甲組(31-45歲),青年乙組(18-30歲),少年甲組(13-17)歲,少年乙組(12歲以下)四組。分全能、單項、書法論文三項。各設〝神內杯〞金、銀、銅、組織、園丁獎。並爲參賽者評定寫字等級,分二品、九段、十八級。
慶祝中華人民共和國成立四十五周年 '94 中華書畫藝術博覽會	1994, 9,20截稿	北 京 市	國務院機關老幹部局等九個單位		分中國畫、中國書法、篆刻、硬筆書法四項。各設金獎5人、銀獎10人、銅獎20人,優秀佳作獎20％。
〝土地杯〞中國書法篆刻藝術大賽作品展	1994, 6,25展出	湖 南 省永 州 市	中國古代懷素書法藝術研究會、零陵地區國土管理局	近萬件	選出180幅參展。
※全國第一屆正書大展	1994,9月底截稿 1994,12,24展出	北 京 市	中國書法家協會	八千多人二萬多件	分成年(18歲以上)、少年二組限篆、隸、楷三種工書選出42件展出
書畫、裝裱藝術大賽	1994,11月底截稿	浙 江 省	浙江省仙居書院裝裱社		分書法(含硬筆)、篆刻、國畫三項。設一等獎2名、二等獎5名、三等獎100名、優秀獎500名、佳作獎40％、鼓勵獎、榮譽獎若干。
△首屆〝民族杯〞中國硬筆書法藝術(團體、個人)品位賽	1994, 9,20截稿	湖 北 省恩 施 市	湖北紅廟經濟開發區、中國民族硬筆書協	三萬多件	分團體、個人賽,創作、臨帖、論文均收。1.每函必覆,分逸品(超一流)、神品(8-9段)妙品(7-8段)、能品(5-7段)、精品(4-6段)、上品(1-3段)。2.共評出十傑、提名獎10名、藝術創新獎30名、妙品獎100名、能品獎268名、精品獎480名、佳作獎1000名、優秀團體獎10名。

比 賽 名 稱	日　　期	地 點	主 辦 者	收到件數	評選及展覽情形
〝凱旋杯〞全國書法大賽	1994,10月底截稿	湖 南 省芷江縣	湖南省杯化地區書協		分毛筆書法、鋼筆書法二項。共設一等獎6名、二等獎12名三等獎30名、優秀獎300名。
〝南巡杯〞書畫大展	1994,10月底截稿	四 川 省廣安	廣安地區行署、四川省美協、四川省書協		分書法、國畫、油畫、雕塑篆刻等。設一、二、三等獎。
惠州首屆〝旅游杯〞全國書畫大賽	1994,10月底截稿	廣 東 省廣州市	廣東省惠州旅游局、廣東省書協、廣州市美協主辦；廣東省惠州市旅游紀念品開發公司承辦		分兒童、少年、成年三組。各設一等獎2名,二等獎6名,三等獎12名,優秀獎(美術)20％(書法)10％。
國際書法大展	1994,9,2展出	北 京 市	中國對外交流協會、中國書法家協會	數千件	展出470幅書法、篆刻作品。其中,金獎8名,銀獎21名,銅獎44名,優秀獎95名。
第二屆東方書畫篆刻作品國際交流展	1994,11,20截稿	河 北 省滄州市	海內外書畫藝術聯誼會		分專業、業餘、少兒(17歲以下)三組。各設一等獎4名,二等獎8名,三等獎16名、優秀獎40％、榮譽、鼓勵獎若干。
〝雅典娜〞金像獎全國書畫大賽	1994,11月底截稿	浙 江 省椒山市	《當代書畫、篆刻家辭典》編委會等單位承辦,浙江椒江雅典娜製衣有限公司獨家贊助。		分少兒(16歲以下)、成年二組每八千人爲一組,設〝雅典娜〞金像獎2名、銀獎8名、銅獎28名、佳作獎888名、鼓勵獎888名、組織30名以上參賽者授予組織獎。
〝中山杯〞國際書法大獎賽	1994,11月底截稿	廣 西 省欽州市	中共欽州地委宣傳部等五個單位		分少年、青年、中老年三組。各設特等獎5-10名、一等獎10-20名、二等獎30-50名、三等獎120-200名、優秀獎20％。
〝三峽杯〞全國書畫藝術大獎賽	1994,12月底截稿	湖 北 省	湖北省白雲邊酒廠		分少年、青年、中老年三組。各設一等獎1名、二等獎2名、三等獎10名、優秀獎200名、佳作獎500名,組織獎若干名。

比 賽 名 稱	日 期	地 點	主 辦 者	收到件數	評選及展覽情形
〝西伯利亞杯〞全國書畫篆刻藝術大獎賽	1995,1,15截稿	河南省鄭州市	鄭州市西伯利亞裝飾裝璜工程公司，中國中青年書法家協會		分少年、成年、中老年三組。分毛筆、硬筆、篆刻、國畫四項。共設金獎10名、銀獎50名、銅獎100名、優秀獎200名。
※第三屆中國書壇新人作品展	1995,2月底截稿 1995,9,10展出	內蒙古烏海市	中國書協主辦，內蒙古書協、烏海市政府承辦	14500人 19600多件	限18歲以上的非中國書法家協會會員始得應徵。展出507件。
〝瘞鶴銘杯〞國際書法大賽	1995,3,10截稿 1995,4,30開幕	江蘇省鎮江市	中國江蘇省鎮江市人民對外友好協會，中國江蘇省鎮江市遠東裝飾工程總公司	收到國內外13082件(國內6872件)	分少年、成年二組。共評出國內金獎2名、銀獎4名、銅獎40名、優秀獎200名、特別組織獎20名。美國、韓國金獎1名、銀獎2名、銅獎8名、優秀45名。日本獲獎作品300件。
△第六屆中國鋼筆書法大賽	1995.8.15截稿	浙江省杭州市	《中國鋼筆書法》編輯部、中國硬筆書法家協會、美術報社、浙江省硬筆書法家協會	6萬2千多人，近18萬件	選出特等獎5名，一等獎15名，二等獎80名，二等獎200名，優秀獎700名，新苗獎74名，組織獎4個
當代臨書名精品大賽，	1995.8月底截稿	北京市	顏眞卿書法學會		分毛筆、硬筆、篆刻三項
首屆〝洗筆泉〞海內外書法邀請大賽	1995.3.30截稿	湖南省長沙市	長沙市望城文化交流協會、歐陽詢書法學會		分毛筆、硬筆二項，成人、少兒二組
〝西施杯〞全國青少年書畫大賽	1995.9	浙江省	中共青團浙江省委、浙江省青少年宮協會等五個單位	3千多件	分美術、毛筆、硬筆三項，分青年、少年、兒童三項。評出金獎10名、銀獎50名、銅獎100名、組織獎、園丁獎若干名
※第六屆全國書法篆刻展覽	1995.4月底截稿 1995.12.19開幕	北京市	中國書協	1萬5千多件	評出〝全國獎〞書法41名、篆刻4名。參展作品400餘件，入選作品近400件
※第六屆全國中青年書法篆刻展覽	1995.5.30截稿 1995.11.23開幕	遼寧省海城市，北京市	中國書協、《中國書法》雜誌社主辦，瀋陽飛達集團公司所屬龍鳳山莊、海城市文聯出資承辦	9649人，2萬多件	評出一等獎5名，二等獎10名，三等獎25名，提名獎16名。共評出參展作品477件，入選提名作品456件

比　賽　名　稱	日　　　期	地　　點	主　辦　者	收到件數	評選及展覽情形
※第二屆刻字藝術作品展	1995.9.15展出	北 京 市 山 東 省 青 島 市	中國書協、中國書協刻字研究會	2400多件	評出獲獎作品15件（包括特別獎2件），共展出172件
第三屆海內外中國書畫篆刻大賽暨精品展徵稿	1995.5月底截稿	上 海 市	上海市歸國華僑聯合會、上海市人民對外友好協會、上海書畫出版社主辦，上海華僑文化交流公司承辦	共收到九個國家地區6千件作品	評出一等獎10名，二等獎50名，三等獎100名，佳作獎200名，優秀獎100名，佳作獎200名，優秀獎580名，園丁獎8名，組織獎8名，苗苗獎7名，壽星獎5名
首屆"三龍杯"全國書畫大獎賽暨段位評定	1995.3月底截稿	浙 江 省 永 康 市	永康市文聯等9個單位主辦，麗生書畫社承辦		分騰龍組、宿將組、團體組織獎三組，各設獎項若干名，所有參賽者皆可得到段位評定
中國及亞太地區少兒書畫大賽	1995.6月底截稿	浙 江 省 杭 州 市	美術報、日本千代田俱樂部等5個單位		限17周歲以下中國和亞太地區少兒參與。
△第一屆"先鋒杯"全國硬筆書法藝術大展	1995.5.30截稿	新 疆 省 烏 魯 木 齊 市	新疆先鋒名人文化藝術發展中心、新疆美術攝影出版社、中國當代硬筆書法家協會		分少年（18歲以下）、青年（19～40歲）、中老年（41歲以上）三組
全國婦女書法篆刻作品展	1995.6月底截稿， 1995.9.7展出	北 京 市	中國書協	1千多件	選出130多件展出
第一屆"藝神杯"全國書畫篆刻大獎賽	1995.7月底截稿	河 南 省 開 封 市	顏眞卿書法協會		分毛筆書法、硬筆書法、繪畫、篆刻四項，分成年、少年二組
向孔繁森同志學習全國書畫作品大展賽	1995.6月底截稿，1995.9.23揭曉	山 東 省 聊 城 市	大展辦公室	收到12400件	分書法、硬筆書法、篆刻、國畫、油畫、版畫六類，入選1千多件
全國"少林杯"書畫大賽	1995.7.30截稿	河 南 省 開 封 市	少林書畫館等四個單位		
中國西泠印社第三屆篆刻作品評展（含國際）	1995.11.10展出	浙 江 省 杭 州 市	西泠印社、杭州市市政公用貿易公司	收到11個國家地區，1400多件	評出290件入選，其中優秀獎50名，邊款獎7名，優秀論文16篇
第三屆中國書法篆刻電視大賽	1995.9月底截稿 1995.10.28展出	北 京 市	中央電視台、文物出版社	收到10多萬件	分成年、少年二組，評出成年組一等獎2名、二等獎，少年組一等獎7名、二等獎23名

比　賽　名　稱	日　　期	地　點	主　辦　者	收到件數	評選及展覽情形
'95中國體育書畫大展	1995.7.11 展出	北 京 市	中華全國體育運動委員會等三個單位		
首屆大相國寺國際書畫展覽	1995.9月底截稿	河 南 開 封市，江蘇蘇州市	河南開封大相國寺書畫展組委會		
"書聖杯"國際書畫大賽	1995.12.12 頒獎	北 京 市	中國書協、中國美協、人民日報社、神州書畫院、台灣書學研究發展學會主辦，義之書畫報社承辦	收到海內外 2萬多件	評出國際特等金獎 10名，國際榮譽金獎 10名，國際金獎 30名、銀獎 60名、銅獎 193名、優秀獎 606名，共計 909名
'95蘭亭書法節"大禹杯"全國青少年書法大賽	1995.3.10 截稿	浙 江 省紹 興 市	中國書協教育研究會、紹興市教委、紹興市文化局		分青年、少年甲乙組
"鴻運杯"全國書畫大賽	1995.3.15 截稿	浙 江 省杭 州 市	大賽組委會		分兒童、少年、中青年、老年四組
全國書畫攝影藝術大展	1995.3月底截稿	四 川 省廣 安 地 區	中國工會		分軟硬筆書法等11類
第四屆陽光藝術杯	1995.12.25 截稿				
南嶽衡山國際書畫篆刻大獎賽	1995.10.20 截稿	湖 南 省衡 陽 市	湖南省書協等13個單位		分軟硬筆書法、篆刻、中國畫三項
"屈原杯"書法大賽	1995.9.30 截稿	湖 南 省岳 陽 市	中國書法、湖南岳陽市人民政府		
"中和杯"書法大賽	1995.8.30 截稿	江 蘇 省盱 眙 縣	中和書法函授院		
△第六屆中國鋼筆書法大賽	1995.8.25 截稿	浙 江 省杭 州 市	《中國鋼筆書法》、中國硬筆書法家協會、美術報、浙江省硬筆書法家協會		規定交二件作品，一為自選內容，一為必寫內容
"武林杯"全國書法篆刻展	1995.10月底截稿	遼 寧 省瀋 陽 市	展覽辦公室		
紀念中國人民抗日戰爭勝利和世界反法西斯勝利 50周年國際書法大展	1995.7.15 截稿	北 京 市	中國人民抗日戰爭紀念館等三個單位		

比 賽 名 稱	日 期	地 點	主 辦 者	收到件數	評選及展覽情形
"宜春杯"全國書法大獎賽	1995.12月底截稿	江 西 省 宜 春 市	江西省書協、宜春市文聯		分毛筆、硬筆、篆刻三項
'95邢台中國書畫篆刻大獎賽	1995.9月底截稿	河 北 省 邢 台 市	邢台黨政單位		
促三通盼統一全國硬筆書法大賽	1996年1月底截稿	福 建 省 廈 門 市	廈門市硬筆書法學會		
'95三國文化全國書畫篆刻藝術大展	1995.12月底截稿		西安美術學院等4個單位		
"歐陽詢杯"書學知識大獎賽	1995.12揭曉	北 京 市	歐陽詢書法藝術學會	收到答案卷11000份	評出一等獎1名,二等獎5名,三等獎120名,四等獎1100名,組織獎70名
△第二屆全國硬筆書法作品邀請賽	1996.1月底截稿	河 南 省 新 鄉 市	河南省新鄉市文聯、硬筆書法報社等四個單位		分成人、少年二組
※全國第一屆行草書大展	1996.1.15截稿 1996.6.5展出	廣 東 省 高 州 市 廣 東 省 茂 名 市	中國書協主辦、中國書協展覽中心、廣東省茂名市書協、廣東省高州市銀江企業集團公司承辦	約7千件	評出419件參展,包括精品獎2件,妙品獎10件,能品獎17件
※首屆國際篆刻藝術展覽	1995.11.17開幕	北 京 市	中國書協、中國書協篆刻藝術委員會		選出入選作品462件
"海爾杯"全國少年兒童書法大賽	1996.3月底截稿 1996.10.8展出	山 東 省 青 島 市 山 東 省 淄 博 市	中國書協主辦,海爾集團、中國書協研究部、中國書法進修學院承辦	1萬多件	限17歲以下中外少年兒童參加,分毛筆、硬筆、篆刻三項,12～17歲為甲組,12歲以下為乙組。評出一等獎10名,二等獎50名,三等獎100名,優秀獎452名,獲獎提名320名
※第二屆全國楹聯書法大展	1996.3月底截稿	山 東 省 淄 博 市	中國書協主辦,山東省書協、淄博市書協等五個單位承辦	16000件	選出356件作品參展,包括金獎10名、銀獎15名、銅獎20名
"大慶杯"國際書畫藝術大賽	1996.2月揭曉	黑 龍 江 省 大 慶 市	黑龍江省書協、《青少年書法報》、龍鳳區文化局		選出130件獲獎作品

比　賽　名　稱	日　　　期	地　點	主　辦　者	收到件數	評選及展覽情形
第二屆國際肖形印大展	1996.5.20截稿	黑龍江省齊齊哈爾市	《篆刻》雜誌社、黑龍江省書協		選出入選作品200件
第三次中日書法、繪畫作品公開徵集展	1996.5.5截稿	上海市	上海市書協、上海市美協、日本書畫振興協會		選出書法200件、中國畫100件參展
"京古齋"青少年書畫篆刻大賽	1996.4月底截稿	河南省開封市	開封市書協、開封市美協、《書法導報》社、開封京古齋	共2228件	分青年、少年、兒童三組，分書法、繪畫、篆刻三項。評出一等獎8名、二等獎16名、三等獎28名、園丁獎15名、組織獎35名、集體創作獎1名
第五屆"陽光藝術杯"全國書畫大賽	1996.6.10截稿	陝西省西安市	陝西陽光青少年書畫藝術中心		設毛筆書法、硬筆書法等九項，設幼兒、少年、青年、成年、老年等五組
"新世紀書畫、攝影藝術大展"	1996.10月初截稿	北京市	徐悲鴻國際藝術研究會		分成人、少年二組，分書法（軟、硬筆）、繪畫、攝影三項。
國際文化交流"賽克勒杯"中國書法競賽（第三屆）	1996.6.10截稿 1996.8揭曉	北京市	中國國際文化交流中心 中華文化交流與合作促進會		評出一等獎28名二等獎53名，三等獎72名，佳作獎287名
※全國第一屆扇面書法藝術大展	1996.7月底截稿	吉林省長春市	中國書協主辦、吉林省書協等三個單位承辦	4千多件	評出參展作品400件，包括一等獎10件、二等獎20件
第二屆國際書畫藝術家精品邀請展	1996.6.20截稿	內蒙古呼和浩特市	內蒙古書畫事業發展服務社		分成年、少年二組，分中國書畫（含篆刻和硬筆書法）、論文二項
第一屆中韓青少年書法交流展	1996.7月底截稿	河南省鄭州市	中國河南美術出版社、《青少年書法》月刊、韓國東方研書會、《書法藝術》月刊		分青年（40歲以下）、少年（18歲以下）二組
世界和平友好國際書法藝術大賽	1996.6月底截稿	吉林省長春市	中國聯合國教科文組織協會全國聯合會、吉林省聯合國教科文組織協會、吉林北國書畫社		分成年、少兒二組，分美術、書法（毛筆、硬筆、篆刻）二類

比賽名稱	日　　期	地　點	主　辦　者	收到件數	評選及展覽情形
秦皇求仙入海處"望海大會"書畫交易展	1996.6.1	河北省秦皇島市	秦皇島市海港彩印廠主辦、華夏書畫藝術家信息中心承辦		分國畫、書法（軟筆、硬筆）二大類，選出300幅
"愛華杯"迎香港回歸祖國海內外書畫篆刻大展賽	1996.8 月底截稿	河北省大名縣	大名縣委宣傳部、大名縣文聯		書畫類別不限，分老、中、青、少四組
'96"青啤杯"全國書法公開徵集展	1996.6.5 截稿	上海市	上海市書協、上海東方書院、上海市青年文學藝術聯合會		分成人、少年二組
△全國第一屆硬筆書法展（人民保險杯）	1996.4 月底截稿 1996.7.30 展出	北京市	中國書協、中國書協硬筆書法委員會		選出208件件作品（70% 為楷書）
"龍竹杯"書畫賽	1996.8 月底截稿	湖南省益陽市	益陽市竹墨藝術所龍竹杯書畫賽組委會		設一等獎10 名、二等獎20 名、三等獎50 名，少年作者另組評估
'96"伊翔杯"中國書畫藝術作品大展	1996.8 月底截稿	上海市	大展組委會		分書法（包含篆刻）、繪畫二類，分少年、成年二組
廈門薈源杯"金榜題名"中國書法大賽	1996.8 月底截稿	福建省廈門市	文化部社會文化司、福建省文化廳主辦，廈門市薈源集團有限公司等四個單位承辦		評出一等獎10 名、二等獎30 名、三等獎48 名、優秀獎107 名(10%)
"三元杯"中國石油書法篆刻大獎賽	1996.5 月開幕	河南省鄭州市	中國石油書協、河南三元企業集團主辦，鄭州三元期貨經紀有限公司承辦	數千件	展出200 多件
"運酒杯"黃山全國書畫大獎賽	1996.9.15 截稿	安徽省黃山市	安徽省硬筆書法研究會、安徽運酒集團等四個單位		分毛筆、硬筆、繪畫三項
"沙家濱杯"全國雙擁書法大賽	1996.8.10 截稿	江蘇省常熟市	中共常熟市委、人民政府主辦，常熟市"雙擁"工作領導小組、常熟市書協承辦		

比　賽　名　稱	日　　期	地　點	主　辦　者	收到件數	評選及展覽情形
第四屆中原書法大賽和"地稅杯"中原書法大賽獲獎作品展	1996.8月底截稿	河南省鄭州市	河南省教委、文化廳、文聯、電視台、書協		分專業(省書協會員)、業餘(分老、中青、少三組)二大類。評出獲獎作者298人，其中專業組104人，業餘中青組95人，老年組51人，少兒組48人
(上海)第七屆"文明~炎黃杯"全國書法段位、國畫品位(團體、個人)大賽	1996.8月底截稿	上海市	上海中華書協等七個單位		分書法(含軟、硬筆和篆刻)、國畫二類
三明金葉獎、中國書畫精品展	1996.8.10截稿	福建省三明市	福建省三明市人民政府、《中國書法》雜誌社等四個單位		
首屆"孺子牛杯"中國書畫大展	1996.9.23展出	北京市	中國書協等三個單位		評出書法、繪畫各一等獎2名、二等獎4名、三等獎6名
新"書畫同源"藝術大展	1996.10月底截稿	雲南省西雙版納	《現代書法》雜誌社、《江蘇畫刊》、西雙版納州文聯		擬入選200件參展
"交通杯"全國書畫大賽	1996.9月底截稿	河南省焦作市	交通部精神文明建設辦公室、中國書協、中國美協主辦，河南省焦作市、交通局、文聯承辦		設書法(毛筆)、繪畫(國畫)二項
△弘揚"湖北精神"全國硬筆書法大賽	1996.9月底截稿	湖北省武漢市	湖北硬筆書法研究會等五個單位		分老年、中青年、少兒三組
"章影杯"中國書法篆刻大展賽	1996.6,11月底截稿	山東省榮成市	章丘市文化局、章丘市書協等五個單位		分成人、少年二組，分毛筆、硬筆、篆刻三項
"正義之光"書法大獎賽	1996.10.30截止	湖南省長沙市	湖南省公安廳《當代警察》雜誌社、湖南省青年書協		
"中華正氣歌"書畫展	1996.10.1展出	江西省南昌市	江西省書協、江西美術出版社		分毛筆書法、硬筆書法，各種形式的書法、雕刻三項。展出國畫、毛筆書法、硬筆書法共200件

比 賽 名 稱	日 期	地 點	主 辦 者	收到件數	評選及展覽情形
〝湖北郵電杯〞書法藝術大賽	1996.11.10 截稿 1996.11.14 揭曉	北 京 市	《光明日報》、湖北省郵電管理局	4000 多件	評出一等獎2名、二等獎4名、三等獎8名、優秀獎46名
迎"97"仙居書畫、裝裱藝術大賽	1996.11月底截稿	浙 江 省	浙江省仙居書畫裝裱社		書法含硬筆
'96鴨綠江杯全國書法大獎賽	1996.12.20截稿	遼 寧 省 丹 東 市	《中國書法》雜誌等三個單位		
〝第二屆東方杯〞中國書畫藝術大賽	1996.12月底截稿	河 南 省 信 陽 市	東方書畫藝術研修中心		分書法（含軟、硬筆、篆刻）、國畫二項
〝萬佛杯〞海內外書畫篆刻藝術大展	1997.1.20截稿	河 南 省 鄭 州 市	鄭州市海峽少林拳法促進會		分書法（軟筆、硬筆、篆刻）、國畫、油畫三項。
△〝中保財險杯〞硬筆書法展	1997.2月底截稿	北 京 市	中國書協硬筆書法委員會、香港硬筆書協、《中國鋼筆書法》雜誌編輯部、中保財產保險有限公司		限用鋼筆、圓珠筆、美工筆、簽字筆等正規工具。
南京〝金佰利杯〞迎接'97香港回歸祖國詩畫畫大賽	1997.2月底截稿		中共南京市宣傳部、南京市政協辦公廳		設詩詞、書法、國畫三組
首展〝墨海精英〞國際書畫藝術大展	1997.3月底截稿	山 東 省 威 海 市	山東藍星玻璃集團、威海雄獅畫苑、威海市職工文化服務中心		分書法（包括毛筆、硬筆、篆刻）、繪畫二類。
第二屆〝中和杯〞書法大賽	1997.3月底截稿	江 蘇 省 盱 眙 縣	中和書法函授院		包括毛筆、硬筆、篆刻
〝法制杯〞中國書畫藝術作品大展	1997.3.30截稿	江 蘇 省 淮 陰 市	淮陰市書畫印研究會等三個單位		分硬筆、毛筆書法等五項
〝會稽山杯〞書法大賽	1997.3.8截稿	浙 江 省 會 稽	浙江省會稽山旅遊渡假區管委會主辦，紹興書畫院承辦。	3659 人 5275 件	特等獎1名、一等獎2名、二等獎10名、三等獎50名、優秀獎20名。
首屆〝希望杯〞全國書法篆刻大展賽	1997.4月底截稿	湖 南 省 常 德 市	黑龍江省大興安嶺地區文聯、湖南省常德書協等四個單位	7個國家地區 21737 人 33000 多件	分毛筆、硬筆、篆刻三項，分成人、少年二組。

比賽名稱	日期	地點	主辦者	收到件數	評選及展覽情形
中國書畫報社命題徵稿	1997.7.4 月底截稿	天津市	中國書畫報社 中國教育學會書法教育研究會		分毛筆、硬筆、篆刻、國畫四項。
首屆〝墨海精英〞國際書畫藝術大展	1997.4月底截稿	山東省威海市	山東藍星玻璃集團等三個單位		分毛筆書法、硬筆書法等八項
第二屆〝洗筆泉〞海內外中國書畫邀請賽	1997.5月底截稿	湖南省長沙市	湘江文化藝術家協會《愛心天地》編輯部		分畫法(毛筆、硬筆)繪畫、篆刻四項,分青少年、成人二組。
〝全國民族團結杯〞書畫邀請展	1997.5.15截稿	內蒙古呼和浩特市	邀請展組委會		分書法、硬筆書法等八項
湖南'97中國旅遊年書畫攝影作品大獎賽	1997.5.28截止	湖南省長沙市	湖南省東南亞經濟研究會		書法項目包括毛筆、硬筆、篆刻
首屆全國青年美術書法作品展	1997.5月底截稿	福建省三明市	《中國書法》雜誌《美術》雜誌等四個單位		分中國畫、書法、篆刻三項
〝九七銀杏杯〞全國書畫大獎賽	1997.5.30截稿	北京市	大賽組委會		
※全國第二屆正書大展	1997.6.15截稿	天津市	中國書協、天津書協、環亞貿易有限公司	12668件	分成年、少年二組,共入選400件,其中獲獎作品40件
※全國第三屆刻字藝術展	1997.5月底截稿	天津市	中國書協、天津書協	1100多件	載體以木、竹爲主,評出189件參展,包括12件獲獎作品。天津、海南、河北獲組織獎
第二屆〝百蒂杯〞全國書畫篆刻大展賽	1997.6月底截稿	四川省都江堰市	中共都江堰市委宣傳部、都江堰市新聞出版局		分書法(毛筆、硬筆、篆刻)、國畫二項
〝97香港回歸〞楹聯大獎賽	1997.5月底截稿	湖北省武昌市	湖北省楹聯協會、古今傳奇文化發展公司		
'97上海國際茶文化節〝茶香墨濃情繫香港〞國際書畫博覽會	1997.4.23截稿	上海市	上海市文聯、上海市茶葉文化等七個單位		分書法、繪畫二項
世界華人書畫展	1997.8.20截稿	北京市	中國書協、中國美協、文化部藝術局、中國藝術研究院		除設各獎外,另特設〝世紀經典貢獻獎〞

比 賽 名 稱	日　　期	地　點	主　辦　者	收到件數	評選及展覽情形
"長白山杯"書畫篆刻藝術大獎賽	1997.7.15截稿	吉林省梅河口市	中國書畫家協會等五個單位		設書法、硬筆書法、繪畫、篆刻四項
首屆中國（天津）書法藝術節、全國百將書法展、全國百名公僕書法展、全國百名企業家書法展	1997.6.10截稿	天津市	中國文聯、天津市文聯、中國書協		各選出100件作品參展，評出參展作品372件，入選作品415件
※全國第七屆中青年書法篆刻家作品展	1997.7.20截稿 1998.1展出	北京市	中國書協主辦，《中國書法》雜誌社承辦	12580多年，26800多件	評出一等獎10名、二等獎10名、三等獎20名、提名獎37名。共評出參展作品384件，入選提名作品420件。
首屆"鑫秀杯"全國書畫藝術大展	1997.6.15截稿	甘肅省白銀市	甘肅白銀鑫秀實業有限公司、白銀市書協、美協		分毛筆書法、篆刻、國畫、油畫四項
"回歸杯"全國中小學書法作品大賽	1997.6揭曉		中國教育學會等四個單位		評出獲獎作品63件、優秀作品76件、園丁獎9名、組織獎3名
"嵩山少林杯"全國書畫大賽	1997.7.30截稿		中共登封市委宣傳部、中國少林書畫研究會、中國嵩山天中畫院		分毛筆書法、中國畫二項
'97"慶回歸、推新人"書法作品展覽	1997.8月底截稿	上海市	《上海家庭教育報》、上海沈默實業有限公司		分幼兒（5歲以下）、少兒（6～15歲）、青少年組（16～28歲）三組
'97墨海揚帆書畫展	1997.6.20截稿	河南省盧氏縣	盧氏縣委宣傳部、文化局主辦，揚帆書畫院承辦		分毛筆、硬筆、篆刻、國畫四項。評出200件參展
'97中國書畫作品大展	1997.7.1截稿	內蒙古呼和浩特市	內蒙古書畫事業發展服務社等五個單位		入選500件
全國書畫篆刻精品展	1997.8.8截稿	河南省襄城縣	中國紫雲書院		分毛筆、硬筆書法、中國畫三項
當代著名書法家代表作（或成名作）展覽	1997.7月底截稿	河南省鄭州市	河南省文聯、書協、書畫院		選出60～80件參展
上海第八屆"文明～喜慶杯"寫字段位、國畫品位大賽	1997.9月底截稿	上海市			

比 賽 名 稱	日　　期	地　點	主　辦　者	收到件數	評選及展覽情形
第二屆冰雪情海內外書畫名家邀請展	1997.8月底截稿	黑龍江省哈爾濱市	邀請展組委會		分毛筆書法、篆刻、美術三項
首展中國（天津）書法藝術節全國書法百家精品展	1997.9.10截稿	天津市	中國文聯、中國書協、天津文聯	近400件	限中國書協獨家主辦，全國性書法展覽入選1次以上的作者參加。評出96件作品，參展精選其中10件授予"首屆中國書法藝術節書法十傑"榮譽稱號
"心繫中華，愛我祖國"詩文書法大獎賽	1997.9月底截稿	湖北省武漢市	中國詩歌協會等五個單位		
首屆翰園杯書畫大展賽	1997.10.18截稿	河南省開封市	中國翰園碑林		分成人、少兒二組。共評出一等獎10名、二等獎14名、三等獎25名、優秀獎45名
△全國硬筆書法家作品展	1997.9月底截稿	天津市	中國書協、天津市書協	2300多件	評出400多件入展，另600件入選
第四屆海內外中國書畫篆刻大賽暨精品展	1997.7月底截稿	上海市	上海書畫出版社等五個單位		分書法（毛筆、硬筆）、繪畫、篆刻三項。分學生（16歲以下）、成人二組
陝西省第一屆"希望之光"當代少年兒童書畫篆刻藝術大賽	1997.11月底截稿	陝西省西安市	陝西陽光書畫藝術中心		設硬筆書法、毛筆書法、國畫、兒童畫、篆刻五項，分幼兒（7歲以下）、少年（8～17歲）二組
第二屆"神內杯"書法大賽	1997.9月底截稿	黑龍江省佳木斯市	《青少年書法報》		分毛筆、硬筆、篆刻三項。分青年甲組（31～45歲）、青年乙組（18～30歲）、少年甲組（13～17歲）、少年乙組（12歲以下）四組
"臨川城建杯"國際書畫大獎賽	1997.9月底截稿	江西省臨川市	臨川市委宣傳部		以書法（包括硬筆）、國畫爲主
'97湖南張家界首屆"森保杯"全國書畫篆刻大展	1997.9.20截稿	湖南省張家界市	張家界市永定書協		分書、畫、篆刻三組，共評出金、銀、銅獎45名及其他獎若干名
※全國第四屆篆刻藝術展	1997.10月底截稿	北京市	中國書協、中國書協篆刻藝術委員會	近3千件	評出293件參展，257件入選

比 賽 名 稱	日 期	地 點	主 辦 者	收到件數	評選及展覽情形
紀念毛澤東誕辰104周年暨濰坊毛澤東書法藝術研究會成立一周年全國書畫作品大展	1997.10月底截稿	山東省濰坊市	毛澤東書法藝術研究會等六個單位		徵稿內容為：毛體書法作品、與毛澤東有關之詩文。評出金、銀、銅獎104件，佳作獎300件
全國職工書法作品展	1997.9.18開幕	天津市	全國總工會等三個單位		展出160多件作品
首屆"雛鷹杯"少兒書畫大賽	1997.12月底截稿	湖南省長沙市	長沙市文聯、長沙市宏宇科技開發有限公司		限18歲以下少兒參加，分書法、美術二組
全國青少年書法篆刻硬筆第十三回評定活動	1997.12月底截稿	北京市	《青少年書法報》		分9～1級（初級臨寫階段）、6～1段（創作探索階段），精、能、妙、神（創作顯現個性階段），共19個級別。凡參加者皆頒發相應級別的權威評定證書
"書堂山杯"書畫邀請賽	1997.12.28截稿	湖南省長沙市	邀請賽組委會		分書法（毛筆、硬筆）、繪畫、篆刻三項
"紅楓杯"書法大賽	1997.12月底截稿	湖南省長沙市	大賽組委會		分書法（軟、硬筆）、篆刻二項
※第四屆中國書壇新人作品展	1998.3月底截稿	河北省石家莊市	中國書協主辦、河北省正定縣人民政府承辦		評出400件左右參展，入選600件左右
首屆全軍業餘電視書法大賽	1997.10.26揭曉	北京市	解放軍總政治部文化部、中央電視台軍事部	4000多件	評出一等獎6名、二等獎17名，三等獎40名、優秀獎若干名
《書法導報》首屆當代書家作品評展	1997.12月底截稿	河南省開封市	《書法導報》社		將評出"十佳"書家，40名優秀書家，50件優秀作品
△山東省"勝利杯"第二屆硬筆書法大賽	1997.12.1揭曉	山東省濟南市	山東省文聯、勝利石油管理局等五個單位	共收到全國作品五萬多件	評出一等獎76件、二等獎234件、三等獎788件
'96"遠大魔具杯"中國書畫大獎賽	1997.1.15截稿	四川省成都市	四川省成都市青年聯合會、秦皇島遠大工貿有限公司		分毛筆書法（含篆刻）、硬筆書法、中國繪畫三項。分少年、青年、中老年三組

比 賽 名 稱	日 期	地 點	主 辦 者	收到件數	評選及展覽情形
△第一屆 "旅順杯" 全國硬筆書法大獎賽	1997.4.15 截稿	遼寧省 大連市	旅順書畫協會、旅順硬筆書法研究會、旅順書畫藝術研究院		
△國際 "觀鶴杯" 硬筆書法精英邀請賽	1997.6 月底截稿	黑龍江省 齊齊哈爾市	齊齊哈爾市硬筆書協等40 多個單位	4 千多件	分少年、青年、成年三組，設金獎9 名、銀獎25名、銅獎83 名、精英獎500 名、組織獎9 名
△第一屆 "文華杯" 全國硬筆書法段位大獎賽	1997.10 月底截稿	湖北省 咸寧地區	中國硬筆書協《鋼筆書法報》社等九個單位		分少年、青年、中老年三組。分個人賽和團體賽（15 人）二類，個人賽且凡參賽者，皆評發 "段位證書"
"湯顯祖杯" 書畫展	1997.12 月底截稿	江西省 撫州地區	江西省撫州地區文化局、湯顯祖紀念館、麗州書畫社		分毛筆、硬筆、篆刻、繪畫四項。分少兒、成年、老年三組
"書堂山杯" 書畫邀請賽	1997.12.28 截稿	湖南省 長沙市	邀請賽組委會		分書法（毛筆、硬筆）、繪畫（中國畫、西畫）、篆刻三類
"紅楓杯" 書法大賽	1997.12 月底截稿	湖南省 長沙市	大賽組委會		分書法（軟筆、硬筆）、篆刻兩項
△'97 屆 "鶴城杯" 硬筆書法大展	1997.12 月底截稿	湖北省 武漢市	中國文聯《中國藝術報》社		分社會、軍人、教師、學生四大組

● 打※者爲具代表性之書法比賽
● 打 "△" 者爲純硬筆一項之書法比賽

【附錄肆】　大陸全國三大書法展覽一覽表

比　賽　名　稱	日　　　期	地　　點	主　　辦　　者	收到件數	評選及展覽情形
全國第一屆書法篆刻展覽	1980, 5,11 展出	遼寧省瀋陽市	北京書學研究會、上海書畫出版社等13個單位	各地選送書法約1000件，篆刻約300件	展出書法413件、篆刻90件，共503件
全國第一屆中青年書法篆刻家作品展覽（原名＜全國第一屆中青年書法篆刻家作品邀請展＞）	1982,11,24 展出 1983年夏展出	江西省南昌市 北京市	江西省美術家協會、南昌市書法家協會	500 多件	展出184件
全國第二屆書法篆刻展覽	1984,9,1 展出	北京市	中國書協	各地選送1300多件	展出書法547件、篆刻88件，共635件
全國第二屆中青年書法篆刻家作品展覽	1986,7,16 展出	北京市	文化部、中國書協、《中國書法》雜誌社	近萬件	展出388件（篆刻占52件）
全國第三屆書法篆刻展覽	1987,5 月中旬截稿 1987,10,5展出	河南省鄭州市	中國書協	各地選送共1848件	展出556件
全國第四屆書法篆刻展覽	1988,10 月底截稿 1988,8,17 開幕	北京市	中國書協	徵集 2510 件（篆刻占 326 件）	入選597件（其中一等獎5件、二等獎10件、三等獎35件）
全國第三屆中青年書法篆刻家作品展覽	1990, 5,15 截稿 1990,10,25 展出 1990,12,1 展出	安徽省合肥市 北京市	中國書協主辦，《中國書法》雜誌社、合肥市書協承辦	12510人 19860件	展出410件（其中獲獎作品 6件、優秀作品31件）
中國書壇新人作品展（即第一屆中國書壇新人作品展）	1991,2 月底截稿 1991, 6,20 展出	河南省鄭州市	中國書協主辦、河南省書協承辦	15738 件	展出497件
全國第四屆中青年書法篆刻家作品展覽	1991,9 月底截稿 1992,5,28 展出	山東省棗莊市	中國書協主辦，山東省書協、棗莊市文聯、棗莊市總工會承辦	12000 多件	選出參展作品437件（書法342件、篆刻95件），並從中評出50件為獲獎作品
第五屆全國書法篆刻展覽	1991,11,15 截稿 1992,7,15 揭曉	遼寧省瀋陽市	中國書協主辦，遼寧省書協承辦，錦州市書協協辦	8600 多件（各地書協選送 2 千多件，自由投稿6千多件）	入選580件（其中獲全國獎的優秀作品48件）
第二屆中國書壇新人作品展	1993,5,15 截稿 1993,11, 1 展出	河南省鄭州市	中國書協主辦，河南省書協承辦	10014 件	入選457件

比 賽 名 稱	日 期	地 點	主 辦 者	收到件數	評選及展覽情形
全國第五屆中青年書法篆刻家作品展覽	1993,6 月底截稿 1993,10, 8 展出	北京市	中國書協主辦,《中國書法》雜誌社,北京市平谷縣和平農工商聯合總公司承辦	8000 多人 16000 件	評出入選作品 493 件(包括獲獎作品 10 件、優秀作品 24 件)參展。
第三屆中國書壇新人作品	1995,2 月底截稿 1995,9,10 展出	內蒙古烏海市	中國書協主辦;內蒙古書協、烏海市政府承辦	14500 人 19600 多件	展出 507 件
第六屆全國書法篆刻展覽	1995,4 月底截稿 1995,12,19 展出	北京市	中國書協主辦,大連億建總公司獨家贊助	1 萬 5 千多件	評出〝全國獎〞書法 4 名,篆刻 4 名。參展作品 400 餘件,入選作品近 400 件。
第六屆全國中青年書法篆刻家作品展覽	1995,5,30 截稿 1995,11,23 展出	遼寧省 海城市 北京市	中國書協、《中國書法》雜誌社主辦,瀋陽飛達集團公司所屬龍鳳山莊、海城市文聯出資承辦	9649 人 2 萬多件	評出一等獎 5 名,二等獎 10 名,三等獎 25 名,提名獎 16 名。共評出參展作品 477 件,入選提名作品 456 件。
全國第七屆中青年書法篆刻作品展覽	1997,7,20 截稿 1998,1 展出	北京市	中國書協主辦《中國書法》雜誌社承辦	12580 多人 26800 多件	評出一等獎 10 名,二等獎 10 名,三等獎 20 名,提名獎 37 名。共評出參展作品 384 件,入選提名作品 420 件
第四屆中國畫壇新人作品展	1998,3 月底截稿	河北省 石家莊市	中國書協主辦,河北省正定縣人民政府承辦		評出參展作品 400 件左右,入選作品 600 件左右。

【附錄伍】　大陸全國性書法比賽徵稿啓事範例

第四届全国书法篆刻展览计划

根据二次代表会议，每两年举办一次全国书法篆刻展览，1989年应举办第四届全国展。此次恰逢建国四十周年大庆，因此，将更隆重而有意义。为办好四届全国展，特拟定以下计划。

一、展览宗旨：第四届全国展是在党的十三大以及五次文代会之后举办的，必须贯彻十三大精神和文艺工作条例。通过征稿与评选，鼓励广大书法家发挥聪明才智，严肃认真地创作代表当今高水平的作品。书法家有什么和怎样写，有充分的创作自由。为了配合建国四十周年大庆，提倡书法家自撰或选书反映祖国新面貌的诗文佳句，创作更富时代气息的作品。

二、展览时间及地点，预定1989年7月或8月在中国美术馆展出。

三、展品数量：书法篆刻展品不超过600件（每人一件）。

四、征稿办法，总结以往经验，全国展必须依靠各分会大力支持，做好征稿及初选工作，同时要依靠广大书法爱好者的积极支持，提供相当数量的好作品。因此，此次书展采取公开征稿与各分会把关相结合的做法。具体办法如下：

1、广大作者可以自由投稿（每人限一件）。各省、自治区、直辖市的作者稿件一律送本省、自治区、直辖市书协分会（或筹备组）；中央在京单位作者及港、澳、台作者，稿件寄送中国书协展览部；解放军作者，稿件寄送总政文化部。不可重寄或越递。（中国书协不直接接受各省、自治区、直辖市及解放军作者稿件）

2、投稿者须交报名费4元，与稿件同时汇送收稿单位。

3、为保证来稿质量，投稿作者必须具备下列条件之一：
（1）书协全国会员或分会会员；
（2）非会员曾参加省级书

展，或在书法报刊上发表过作品，或在全国性书法比赛中获奖者。（少年儿童或初学者请勿投稿）

4、各分会对来稿进行初评，按照分配限额（不得超过）选出较好作品送中国书协，此为全国展的正式来稿。

五、稿件要求：1、书法作品竖式高度在8米以内、宽度在1米以内，横式长度在2.5米以内，（超长手卷只能展出局部）

2、篆刻作品在16方以内（不少于4方），自行布置，印于一幅纸上，写好名款，作为一幅完整作品参加评选，（此次不一方一方评选，零散印蜕不收）

3、刻字作品在1×0.3平方米以内，必须自书自刻。铁丑要求，质量更精，参水平刻选，不够水平不必照顾品种。（不收微刻）

4、所有稿件不得装裱。（装裱件不收）

5、作者随稿件附上简况一份，包括姓名、性别、年龄、籍贯、职业（注明是否会员）、住址等。（不要写在作品上）

6、篆书及草书作品必须附释文。

六、徵稿时限，各分会接此计划后，务必立即下达（总会将同时在书法报刊发消息），认真做好准备工作。有条件者，可组织创作活动，给予指导，尽可能征集到较多较好的稿件。征稿时间为1988年10月1日至31日。作者应在此期间向自己所属收稿单位寄送稿件，11月份由各分会组织初评，12月份将按分配数初选的稿件，连同作者名册（包括姓名、性别、年龄、职业、地址等）快递中国书协展览部。总会对分会截稿时间为1988年12月31日。逾期未送耽误评选者不再补评。

七、评选时间，初定1989年元月中旬召开中国书协创作审委员会，对全部正式来稿进行评选。（下转、四版中栏）

第五届全国书法篆刻展览
征 稿 启 事

"第五届全国书法篆刻展览"定于1992年上半年举办，现将征稿事项通知如下：

一、"第五届全国书法篆刻展览"是中国书法家协会主办的全国书艺最高水平的展览。为保证来稿达到一定水准，此次全国展稿源主要来自：各分会从"中国书协会员作品观摩展"中推荐的作者及中国书协主办的"中国书坛新人作品展"的入选作者。以上两部分作者向第五届全国书展投递的稿件，一律由所在地区书协分会汇总寄送收稿单位。其他作者的稿件，如能达到相当的水平，亦可直寄收稿单位。

二、征稿时间自即日起至1991年11月15日，请各地分会在此期间指导和推动有关作者提高创作质量，向第五届全国书展提供新近的佳作。寄稿时间万勿延迟。评选开始后稿件未到者以弃权论。

三、要坚持"双百"方针和"二为"方向，稿件书写内容及表现形式应注意体现时代精神，达到艺术性和思想性很好地结合，亦即表现形式与文学内容很好地结合。克服陈陈相因或一般化的词藻抄录，克服写错别字或繁简体字混用的现象。

四、书法作品来稿横竖均限六尺以内，篆刻作品限16方以内，拓于四尺三开或四尺竖对开纸内，请勿超过。来稿不要装裱。

五、每位作者可投送稿件两幅，相同书体或不同书体、相同形式或不同形式均可。每人交评选费四元，汇寄收稿单位。未交评选费的作者，其作品不能参加评选。

六、经中国书协创作评审委员会评选，入选作品将统一安排装裱，由作者付成本费（根据尺幅另行通知），展毕作品退还作者。落选作品一律不退稿。

七、第五届全国书展将在辽宁省沈阳市举行，由中国书法家协会辽宁分会承办。各地稿件请在规定时间内寄辽宁省沈阳市大南门文兴里1号，中国书协辽宁分会。邮编：110011。

八、评选会议定于1991年12月初在辽宁省举行。评委名单另行公布。

中国书法家协会
1991年8月5日

（《書法報》1991.8.28.總372期）

全国第三届中青年书法篆刻家作品展览

征稿启事

一、主办：
　　中国书法家协会
二、承办：
　　中国书法杂志社　合肥市书法家协会
三、宗旨：
　　繁荣创作，提携新人，鼓励探索，攀登高峰。为一大批才华横溢的书坛新人开辟崭露头角的园地，展示卓有建树的中青年书法家的最新力作，开创当代中青年书法创作的新局面。
四、内容：
　　文字内容健康向上，艺术风格异彩纷呈。继承传统，标新立异，焕发时代光彩，开展艺术竞争。
五、时间：
　　1990年10月在合肥开幕，1990年11月在北京闭幕
六、征稿：
　　年龄：18岁到55岁
　　免选：二届中青展获奖作者和四届全国展获奖作者。
　　日期：1990年1月——1990年5月15日（以邮戳为准）。
　　地址：应征作品寄安徽省合肥市金寨路341号全国三届中青书展办公室。邮政编码：230061
　　报名评审费：4元（邮汇书展办公室）
　　附件：投稿作者简历，草、篆、印章附释文。每件作品背面用铅笔写上姓名、通讯地址、邮政编码。
七、评选：
　　聘请代表性评审委员会秉公评选入展作品，其优秀作品发给珍贵奖品，入选作品全部编印成书并赠送作者，发给入选证书，所有投稿作者均发给纪念卡。鉴于人力，概不退稿。作品入选将在开展前通知作者，获奖作者将被邀请赴合肥受奖。欢迎一切有志于繁荣和促进我国书法艺术发展的同志踊跃投稿，参加展览活动。

　　　　全国第三届中青年书法篆刻家作品展览办公室

（《書法報》1990.1.24.總289期）

"全国第四届中青年书法
篆刻作品展览"

征 稿 启 事

为展示当代中青年书法篆刻家在"二为"方向和"双百"方针指引下所取得的巨大成就，提携新人，促进中青年书法队伍的成长，中国书法家协会决定于1992年5月在山东省枣庄市举行"全国第四届中青年书法篆刻作品展览"，现开始向全国征稿。

一、主办：中国书法家协会

二、承办：中国书法家协会山东分会、枣庄市文联、枣庄市总工会。

三、征稿范围：18—55岁的中国书协会员、非会员（港澳台胞和海外侨胞）均可投稿，欢迎书协各分会，各印社组织会员和作者创作作品，积极投稿。

四、作品内容：要健康向上，表现时代风采。欢迎自撰诗文、联语、佳句等。

五、作品尺寸：条幅最大不超过八尺，手卷、横幅最长不过六尺。篆刻作品印蜕6—10方，必须有三方带边款，一式二份。一份钤拓于四尺三开宣纸上，一份不要粘帖。

六、展出：1992年5月山东省枣庄市。

七、评选：由中国书协组成评选委员会，对应征作品进行评选。入选展览的非中国书协会员，可作为参加中国书协的条件之一。

八、奖励：本届展览设一等奖10名，奖给奖品、证书和奖金；二等奖20名，奖给奖品、证书和奖金；三等奖30名，奖给奖品和证书，总计30000元。入选作品全部结集精印出版《全国第四届中青年书法篆刻作品展览集》，并赠送获奖和入选作者。获奖作者将被邀请来枣庄参加发奖大会。

九、投稿要求：应征作品必须在作品背面下角用铅笔楷书写明：姓名、性别、民族、年龄、单位（通讯地址）、邮码等，连同报名评审费4元，由邮局汇寄，（现金切勿夹在作品内）。请在信封上角注明"征稿"字样。

作品一律挂号邮寄：山东省枣庄市文化路42号《全国第四届中青年书展》办公室

邮政编码：277146

十、征稿时间：1991年7月1日——9月30日，以邮戳为准，过期恕不受理（作品入选与否，概不退稿）。

中国书法家协会全国第四届中青年书展办公室

（《書法報》1991．7．3．總364期）

全国第五届中青年书法篆刻家作品展览

征 稿 启 事

由中国书法家协会主办，中国书法杂志社，北京平谷县和平农工商联合总公司承办的"第五届中青展"旨在继承中华传统文化艺术，开拓时代艺术新领域、新境界，发现人才，扶持新人，鼓励在党的"双百"方针指导下的艺术实践和艺术竞争，为社会主义精神文明而标新立异。期望无名的中青年书法家脱颖而出，管领春风，为当代书法史再谱新篇。

展出时间与地点：1993年10月，北京。

截稿日期：1993年6月30日为止，以邮戳为凭，征稿面向海内外。

奖励办法：本次大展将由当代权威的书法篆刻家任评委，用科学和民主的方法评出500件人选作品，发给人选征书和人选作品集；评出"获奖作品"10件，每件奖励1000元，评出"优秀作品"30件，每件奖励300元。

投稿要求：（1）全国第五届中青年书法篆刻家作品展征稿办公室地址：北京市平谷县平谷镇新平北路17号，邮政编码：101200，并按以上地址邮寄报名评审费10元。

（2）应征作品尺幅不限。草书、篆书须附释文，每人备稿两件。篆刻稿（印拓）一式两份，一份贴于片子上，一份不贴。限于人力，恕不退件。

资格说明："中青展"是中国书协的两大展览之一，按照会章精神，作品人选，自然具备申请加入中国书协的资格。

总策划：北京墨缘斋

征稿办公室电话：9962303

联系人：王友谊 王敬宽 李子仁

中国书法杂志社敬启

（《書法報》1993．5．19．總462期）

《中国书坛新人作品展》
征稿启事

为庆祝中华人民共和国建国42周年、中国共产党建党70周年，并庆祝中国书法家协会成立10周年，中国书法家协会决定于1991年7月1日在河南郑州市举办《中国书坛新人作品展》。征稿办法如下：

一、除中国书法家协会会员外，所有成年作者，不论年龄、性别、民族都可以投稿。欢迎书协各分会组织推动本分会会员和作者创作作品，积极投稿。

二、作品尺幅、条幅不超过八尺高，手卷、横幅不超过六尺长；篆刻作品不超过16方，钤拓在一张纸上。来稿必须在每件作品的背后用铅笔写明姓名、性别、年龄、单位（通讯处）邮码等。每位作者收评选费4元，通过邮局汇款。未入选者，稿件一律不退；入选者，根据作品尺寸大小核收装裱费，展览结束后展品退还作者。

三、作品内容应健康有益，欢迎撰写歌颂中国共产党、歌颂社会主义的诗文佳句。

四、凡入选《中国书坛新人作品展》作品的作者，均可取得《第五届全国书法篆刻展》征稿候选人资格，并作为参加中国书法家协会的参考条件之一。

五、《中国书坛新人作品展》由中国书法家协会主办，委托河南书协承办。所有来稿直接寄郑州市经七路34号，中国书协河南分会，邮码450003，并在信封上注明"新人展"字样。

六、征稿自即日起至1991年2月底止，来稿以邮戳日期为准，过期不予受理。

中国书法家协会 中国书法家协会河南分会
1990年11月

（《書法報》1990.12.19. 總336期）

第二届中国书坛新人作品展

征 稿 启 事

第一届新人作品展在广大书法爱好者中产生很大反响。应各方要求，此展将继续举办，以便使更多的"潜人才"成为"显人才"，进一步繁荣书法创作，提高我国书法艺术创作水平。经中国书协常务理事会决定，于一九九三年十一月在郑州举办"第二届中国书坛新人作品展"。

一、主办单位：中国书法家协会。承办单位：河南省书法家协会。

二、征稿对象：年龄在18岁以上的非中国书法家协会会员。

三、从即日起收件，五月十五日截稿。

四、来稿须是本人最近之创作，形式、尺寸不限。在稿件下方反面空白处用铅笔写清姓名、笔名、年龄、详细通讯地址、邮政编码。篆书、草书请另附释文。篆刻作品每 6—10 方为一件，作者自己设计幅式、题款，未入选稿件不退稿。

五、凡作品入选，①可作为加入中国书法家协会的条件之一；②入选作品收入《第二届中国书坛新人作品展作品集》。

六、每件来稿附寄评审费、通联费 10 元，作品（最好挂号）及评审费分别通过邮局寄至和汇至"河南省郑州市经七路34号，中国书坛新人展筹备处收"，邮编：450003。（稿件内勿夹带评审费）稿件与汇款收到后给作者寄回执。

七、具体展出日期和地点另行公布。

中国书法家协会

（《書法報》1993．3.31．　總455期）

"全国首届篆刻艺术展"征稿通知

为了检阅我国当今篆刻艺术水平，交流技艺，促进篆刻艺术的繁荣和发展，中国书法家协会于1988年九月下旬，在南京、青岛二市举行《全国首届篆刻艺术展》。

1、**征稿范围**：中国书法家协会会员、非会员（包括台湾、香港、澳门同胞和海外侨胞）均可投稿。

2、**作品要求**：内容健康，积极向上，近年来未曾发表的精心之作，六至八方，印面不超过八厘米见方，附释文，内有两方附边款。

3、**尺幅要求**：整幅作品，竖式，长66厘米，宽33厘米，自行设计，用毛笔题名，但印蜕不要粘贴，也不要装裱，作者用另纸画一草样，标出每方印的位置，入选后由装裱师依草样装裱（如只选

中投稿之一部分，则不按草样装裱）。

4、**评选原则**：不同风格，不同流派一视同仁，作品以艺术效果为第一标准。

5、因在南京、青岛二市同时展出，并在展出前出版印集，作者投稿要一式三份。来稿不论录取与否，一律不退。

6、作者投寄作品应注明《全国首届篆刻艺术展》应征稿，附上《全国首届篆刻艺术展》应征作者登记表（未有此表，可以仿制），一并直接挂号寄南京市建邺路174号中国书法家协会江苏分会。不要直寄中国书协，中国书协不收件也不转件。

征稿截止时间：1988年5月10日，以邮戳时间为准。

中国书法家协会

"全国首届篆刻艺术展" 应征作者登记表

姓名		性别		民族		出生年月		照片
工作单位		职务			通讯地址			
简历								

（《書法報》1988．2．10．　總187期）

《全国第二届篆刻艺术展》

开 始 征 稿

由中国书法家协会举办的《全国首届篆刻艺术展》后，三年来我国篆刻艺术事业进一步发展繁荣，新人新作不断涌现，创作水平明显提高，为交流经验相互学习、切磋技艺，中国书法家协会决定在1991年书法博览会后，举办《全国第二届篆刻艺术展》，时间在10月中旬。这次展览由中国书协山东分会承办，地点在烟台。

1．征稿范围：中国书协会员、非会员（包括台湾、香港、澳门同胞和海外侨胞）均可投稿。每件作品收参展费人民币5元。

2．作品要求：内容健康、积极向上，近年来未曾发表的精心之作，6至8方，印面不超过8厘米见方，附释文，必须有两方附书款。

3．尺幅要求：整幅作品为四尺三开（即四尺宣纸的三分之一），竖式，自行设计，用毛笔自己题款，但印蜕不要粘贴，也不要装裱，作者用另纸画一草样，标出每方印的位置，入选后由装裱师依草样装裱。（如只选中投稿之一部分，则不按草样装裱）。

4．评选原则：不同风格、不同流派一视同仁。

5．因在展出前出版印集，作者投稿要一式两份。来稿不论录取与否，一律不退。

6．投稿地址：请作者注明《全国第二届篆刻艺术展征稿》字样，和自己的详细通讯地址、邮政编码，挂号寄山东省烟台市毓璜顶西路7—6号（烟台市文联）全国第二届篆刻艺术展办公室收。邮政编码：264000。不要寄中国书协。

7．截稿时间：1991年5月20日，以邮戳时间为准。

中国书法家协会

（《書法報》1991．2．6．總343期）

本刊举办群众书法竞赛

为促进社会主义文艺创作的繁荣，推动我国书法艺术活动的开展，本刊将举办一九七九年度群众书法竞赛。

一、书写内容自选，书体、格式及尺寸不限。来稿至九月十日截止。

二、来稿将请上海书法家及业余书法爱好者会同本刊共同评选。今年将评选出优秀作品一百幅，在上海公开展出，作为向国庆三十周年献礼。其中包括一等奖十名（作品将在一九八〇年第一期《书法》杂志上发表）、二等奖二十名、三等奖三十名。将酌予发给奖品和纪念品。评选结果将在本刊发表。

三、参加竞赛的来稿一律不退。投稿者请注明本人职业、年令、性别、工作单位、通讯地址。来稿寄上海衡山路二三七号《书法》编辑部，信封上写明『书法竞赛稿件』。（本刊明年将另行举办学生书法竞赛，在校学生的作品可勿投寄。）

《书法》编辑部（一九七九年七月）

（《書法》1979：4）

《书法》杂志创办十周年
举办当代中青年「书苑撷英」征稿启事

为促进书法篆刻艺术的繁荣与发展，加强社会主义精神文明的建设，并向海内外广泛宣传和推荐有成就的中青年书法篆刻家，我刊在创办十周年之际，特举办全国中青年「书苑撷英」征稿。有关事项如下：

一、征稿对象：十八至五十九周岁公民。欢迎国内外书法爱好者、书法家、篆刻家投稿。

二、书刻内容：自定。要求思想内容健康向上。

三、格式要求：必须同时投寄二种或二种以上书体的作品，每种书体限寄一件（硬笔字不收）。投寄一种书体的作品不予收理。尺幅不超过六尺宣纸。篆刻作品须寄四至十方印蜕，一式二份，其中一份请自行设计粘贴好（贴在一尺×二尺即四尺纸四开的宣纸上）。草、篆附释文。限于人力，来稿不退，望予鉴谅。

四、征稿时间：一九八七年二月一日起至四月底止，以邮戳为准。

五、收件地址：上海市康平路八十三号《书法》杂志「十周年筹备组」收。请勿投寄个人。

六、评选办法：邀请专家成立评委会，评出的一百名作者的优秀作品将颁发入选证书。评选结果在一九八七年第五期《书法》杂志十周年纪念专刊号上公布。作品装裱后将参加十一月在上海举办的纪念《书法》杂志创刊十周年「当代著名书家作品展览」，随后将至香港等地展出。并陆续在《书法》杂志「书苑撷英」栏中选用，再汇成专集出版。

主办：上海书画出版社《书法》杂志编辑部
协办：无锡书法艺术专科学校
后援：中国书法家协会

（《書法》1987：1）

《现代国际临书大展》征稿

由开封市书法工作者协会、中国书协河南分会、中国书法家协会共同主办的《现代国际临书大展》，试图在当代中、外书法家的临摹古碑帖的作品中，集中展示他们在书法艺术中的卓越识见和艺术创造才能，从继承和发展的关系上，体现书法艺术的发展规律，揭示当代书法的发展趋向，给广大的书法爱好者和专门家提供借鉴、研究的广阔途径，以推动书法艺术向更高和更深的层次发展。

有关事项如下：

一、来稿必须是临摹作品（不包括临摹时人）。节临、全临，写实的临，写意的临均可。

二、作品规格要求：书法不超过四尺宣纸，篆刻临摹作品钤拓幅面45乘30厘米，（竖式）。

三、来稿请附作者姓名、性别、年龄、籍贯（国外作者注明国籍）、民族、单位、书法组织职务、详细通讯地址、对自己所临作品的解说（创作意图及体会。限百字以内）、所临原碑帖刊登于何出版物。未经发表的真迹或碑帖请附碑帖名称、年代、作者姓名以及原件的照片或复印件（规格10乘7厘米，竖式，文字不要求原大，全部、局部均可）。

四、截稿时间：1986年10月底，（以邮戳为准）。海外稿件限1986年11月底。

五、来稿请寄：河南省开封市省府前街72号《现代国际临书大展》筹委会。

六、因人力所限，来稿无论入选与否，恕概不退稿。入选作者将勒石题名，以纪其盛。优秀作品汇印成册。

七、后援：北京《中国书法》杂志、湖北《书法报》、佳木斯《青少年书法报》、河南《青少年书法》杂志、《书法家》杂志。

《现代国际临书大展》筹委会 一九八六年九月

（《書法報》1986.10.8. 總117期）

国际书法展览

征　稿

为了促进书法篆刻艺术的进一步繁荣，加强国际书法篆刻艺术交流，由中国书法家协会河南分会主办，中国书法家协会倡议，上海《书法》杂志编辑部、湖北《书法报》编辑部、香港《书谱》社，河南《书法家》编辑部协助，于一九八五年秋在河南郑州举办「国际书法展览」。欢迎中外书法家、篆刻家踊跃来稿。征稿通知如下：

一、征稿范围　①书法作品，书体不限，尺幅不限，书写形式如条幅、横披、对联、扇面等不限。每种书体以一件为限。作品不必装裱。篆书及草书作品请另附释文。②篆刻作品，少则四方，多则十方，请寄印蜕一式两份，其中一份请设计粘贴好。原石请勿寄来。印章外的其他刻字作品不收。

作品请附作者姓名、性别、出生年月、国籍、民族、工作单位、职务、通讯地址。因限于人力，国内稿件恕不退还。

二、征稿日期　自即日起至一九八五年四月底止（以邮戳为凭）。

三、收件地址　中国河南省郑州市经七路中国书法协会河南分会收（封皮上方请注明「国际书展」字样）。

四、将聘请国内外著名书法家成立评选委员会，评委会名单届时公布。

五、作品入选后，将通知作者，并发给入选证书。展出时将选请部分作者参加开幕式及有关活动。展出后，作品将编集出版。

「国际书法展览」筹备委员会

一九八五年一月

(《書法》1985：1)

《青少年书法》月刊举办全国青少年书法银河大奖赛

为了扶植青少年书法人才，本刊决定举办"首届全国青少年书法大奖赛"，具体办法如下：

参赛办法

比赛分青年组、少年组二组进行。青年组三十周岁以下，少年组十五周岁以下。

参赛者寄交书法作品一件，书体不限。篆、草须附释文。作品最大尺寸不超过四尺宣纸，篆刻作品印说二至四枚，一式二份，注明印文。参赛者须交参赛费一元，参赛费一律由邮局汇寄，不得信中夹寄。

参赛者须在作品左下角处用工楷写明姓名、性别、年龄、民族、所在单位（学生写明学校、班级）及详细地址，并随作品用稿纸抄寄一份，附一寸黑白清晰照片。信封上注明"书法比赛稿"和组别。

投寄地址：河南省郑州市西里路九十四号首届全国青少年书法大奖赛办公室

截稿时间：一九八六年八月一日（邮戳为凭）。

奖励办法

大奖赛青年组、少年组各设一等奖十名，二等奖五十名，三等奖三百名。

获奖者均颁发奖金和获奖证书。

评选办法

大奖赛设立评选委员会，负责参赛作品的预选、初选和决选。评选结果将于一九八六年九月揭晓，并在《青少年书法》月刊公布。

编辑出版

出版《首届全国青少年书法大奖赛获奖作品集》，收录全部获奖作品并附作者照片，由《青少年书法》编辑部编辑，河南美术出版社出版。作品集预计于一九八七年二月出版发行，估价五元一角，邮资二角，欲购者可与参赛费一并汇款。

后援

中国书法家协会
《中国书法》杂志社
《书法》杂志社
《书法报》社
《中国青年报》社
《中国少年报》社
中国书协河南分会
评选会主任：启功
评委会副主任：王学仲
黄绮 沈鹏 肖劳 沙曼翁 陈天然 周志高 刘艺 李自强 张海 徐本一

（《書法報》1986．5．7．總 95期）

第二届全国青少年书法银河大赛征稿

一、大赛在共青团中央宣传部、全国青联秘书处、共青团河南省委、河南省青联的指导下，由《青少年书法》编辑部、河南省青年书协主办。

二、稿件要求：作品为毛笔书法和篆刻作品。分青年(16岁至35岁)、少年(15岁以下)两组。书法作品限四尺以内，篆刻作品每件4—6方，剪贴于2×1(尺)纸上。作品背面右下角用楷体写清姓名、年龄、通讯地址及邮码，草、篆体附释文。每件作品邮汇参赛费5元。随作品寄交汇款单据(或复印件)及作者一寸半身黑白照片一张。征稿时间：即日起至1993年1月底止。

三、奖励：共设奖880名，其中每组各设一等奖10名，二等奖30名，三等奖100名，优秀作品奖300名，组织奖若干名。获奖名单在《青少年书法》93年4月号和《书法导报》上公布。向获奖者颁发奖品及证书，出版《第二届全国青少年书法银河大赛获奖作品集》，收入全部获奖作品及作者照片。

四、大赛组织委员会名誉主任：俞贵麟(全国青联秘书长)　郭廷标(团中央宣传部长)

主　任：孔玉芳(共青团河南省委书记)　副主任：申振君(河南省青联主席)　朱　可(河南人民出版社副社长)　严文俊(河南美术出版社社长)

委　员：恽鹏举　马　健　李文惠　贾志伟　陈国桢　王荣生

五、评选委员会　主任：启　功　副主任：沈　鹏　王学仲　刘　艺　王敔池

委　员：张　源　刘正成　孙其峰　陈天然　周志高　林天衡　徐本一　雷志雄　尉天池　王　澄　李刚田　周俊杰　宋华平　陈国桢　王荣生　刘　顺　童仲林　李　强　王朝宾　王胜泉　陈锡岭

六、投稿地址：河南省郑州市农业路73号"全国青少年书法银河大赛办公室"收(办公室设在《青少年书法》编辑部)　邮　码：450002　电　话：551756转410

(《青少年書法》1992:12)

全国青少年书法篆刻 首届神龙大奖赛 征稿启事

为提高全国青少年书写水平、培养书法人才，宏扬祖国书艺，人民美术出版社暨《美术之友》编辑部、上海书画出版社暨《书法》编辑部；《书与画》编辑部；天津人民美术出版业、湖南美术出版社、湖北《书法报》社、香港《书谱》出版社、天津《新蕾》出版社暨《少年书法》编辑部、北京师院书法艺术专科、中华钢笔习字会、沈阳《小学生报》社、黑龙江《北方书苑》编辑部、佳木斯《青少年书法报》社于一九八六年八月在佳木斯联合举办《全国青少年书法篆刻首届神龙大奖赛》，今后每三年举办一届。

●大奖赛设全能项目（真、草、隶、篆、行、印、）、单项赛设书法（书体不限，草、篆作品须附释文）、篆刻（二至四方）、书论（三千字以内）作品。参加项目不受限制，一人可同时获多项奖。

●大奖赛设青年甲组（31～40岁）、青年乙组（18～30岁）、少年甲组（13～17岁）、少年乙组（8～12岁）、幼儿组。

●大奖赛设全能奖及金、银、铜牌、优秀作品奖。获奖率为征集作品的百分之一，金、银、铜牌和优秀作品奖分别为获奖作品的十分之一、十分之二、十分之三、十分之四。

●精选编印《全国青少年书法篆刻首届神龙大奖赛优秀作品集》。

●每件参赛作品须由邮局汇寄参赛费2元（切勿信寄，每件作品均发纪念品）。作品背面务必注明组别、项目、姓名、性别、年龄、通讯地址。请寄佳木斯市《青少年书法报》社，全国青少年书法篆刻首届神龙大奖赛办公室。

●竞赛委员会于八六年四月末前征集大奖赛徽记、奖章设计方案。

●从即日起至八六年五月末止征集作品。

●八月一日于佳木斯市召开《全国青少年书法篆刻首届神龙大奖赛》发奖大会。

全国青少年书法篆刻首届神龙大奖赛筹备委员会

（《書法報》1985.11.16. 總 8 期）

神龙书赛龙年昂首　品段评定虎步同行

全国青少年书法篆刻第二届神龙大奖赛暨第三回全国青少年书法品段级位评定活动征稿启事

龙的图腾，龙的传人，龙的精神，龙是中华民族的象征。为振兴华夏书坛，全国青少年书法篆刻第二届神龙大赛于一九八八年——戊辰龙年举行。同时进行第三回全国青少年书法品段级位评定活动。

一、时间
自本启事发出之日起，至一九八八年七月末截稿

二、地点
参赛作品请寄中国黑龙江省佳木斯青少年书法报神龙大奖赛办公室。

三、项目
全能，须寄真、草、隶、篆、行书作品各一件。篆刻4～6方，创作体会3～5百字。
单项书法。（1）硬笔书法（均寄创、临作品各一件，书体不限。篆、草书作品附释文）。（2）毛笔书法（均寄创、临作品各一件，书体不限。篆、草书作品附释文）。（3）篆刻（创、临作品各二方，附释文）。
品段级位评定之三品（神、妙、能）、六段（1～6段）、九级（1～9级），每个参赛者均能得到评定，并寄发证书。品、段位另发证章（证书、证章核收工本费）。

四、组别
青年甲组（31～40周岁）；青年乙组（18～30周岁）。少年甲组（13～17周岁）；少年乙组（8～12周岁）；幼儿组。

五、设奖、颁奖
本届大奖赛获奖率为百分之二。
全能项目按年龄组设四组金奖。
单项设金、银、铜牌奖。
园丁金、银、铜牌奖（授予金、银铜牌获得者的指导教师）。
组织金、银、铜牌奖（授予组织100、80、30人参赛者）。
金奖于10月份在北京颁奖（届时通知），其它奖10月份邮寄。

六、作品处理
本届大奖赛参赛作品一律存档，概不退稿。

编印《全国青少年书法篆刻第二届神龙大赛获奖作品集》。10月份出书，16开本精装，估价8.00元（多退少补）即日起至6月30日止办理预订业务，书款由邮局汇至大赛办。
10月份在北京举办"全国青少年书法篆刻第二届神龙大奖赛获奖作品展览"。
1989年1月应日本文京中国文化研究所，日本中国书画研究会邀请赴日展出。

七、参赛须知
参赛者按参赛项目每项寄参赛费2.00元（品段级评定活动不另寄款，请存好汇款收据，以便失款查询）。
大赛办收款后即寄大赛统一信封及登记卡，按要求填好后与参赛作品寄回，否则不予评定。
参赛作品后写方事项注明项目、组别、编号、指导教师（一人）及详细通讯地址，附寄作者近照一张，以便存档与获奖展览、编集介绍。

八、主办单位
生活报、青少年书法报

九、协办单位
中国书法、书法、书法家、解放军报、小主人报、中国青年报、中国少年报、中国美术报、中国钢笔、中国书画报、美术之友、书与画、青少年书法、少年书法、北方书苑、书法艺术报、书法函授报、书法指南报、长城中报、华声报、年轻人、日本新书堂、篆心、香港书谱、日本文京中国文化研究所、日本中国书画研究会。

十、后援单位
中央电视台、中国书法家协会展览评委会、总政宣传部、人民美术出版社、中央美术学院、浙江美术学院、上海书画出版社、天津美术出版社、湖南美术出版社、中国书画函授大学、无锡书法艺专、河南书法函授中心、中华青年钢笔研究会、现代硬笔书法研究会。

（《書法報》1988.6.8.　總204期）

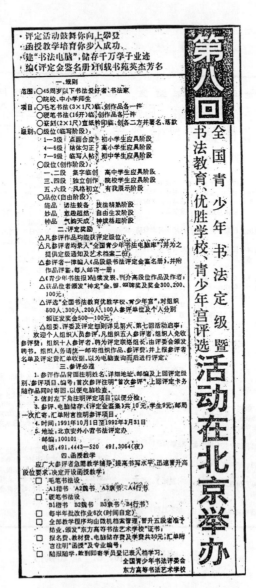

（《青少年書法》1991.11.13.總261期）

定级、大赛、展览三位一体、掀起普及书法新高潮

第二届"兴华杯"全国书法
段位评定大赛启事

❸大赛宗旨:为进一步弘扬祖国传统书法艺术,展示书法精英、发现和培养书法新秀,推动书法教育的发展,发展书法艺术在"两个文明"建设的积极作用。

❸主办单位:中华硬笔书法家协会。承办单位:中华硬笔书法家协会黑龙江分会、东宁文联;协办单位:《硬笔书法报》社、《东方文化艺术报》社、《硬笔艺苑报》编辑部、东方文化艺术联谊会、中国硬笔书法家高唐联谊会、福建梅花山书社。

❸参赛办法:(1)参赛内容:健康向上的诗词歌赋、格言警句、优秀散文、小说选段等均可。(2)分毛笔、硬笔两大类。参赛书体:楷书、行书、草书、隶书、篆书,其它书体也可。大赛另设篆刻组,欢迎参赛。每一字类设青年组(16—36岁),中老年组(37岁以上),少儿组(15岁以下)分类分组评选。凡参赛者,视其作品水平由大赛办设置的段位评定小组,授予反映本次大赛水平的相应段位:特等奖9段,一等奖8段,二等奖6—7段,三等奖5—6段,优秀奖4—5段,未获奖者1—3段,颁发缎面烫金证书。(3)获奖作品存档不退,未获奖作品经点评同段位证书寄还本人。(4)奖励办法:设特等奖总一名,一等奖每一万名设20名,二等奖每一万名设150名,三等奖每一万名设450名,优秀奖每一万名设2500名。获特等奖、一等奖者颁发奖杯、奖品、证书,二等奖、三等奖发奖品、证书,优秀奖发证书,赠阅一期《硬笔艺苑报》。(5)凡历次全国比赛获二等奖以上者(请附获奖证明复印件),另组评选,并按成绩授予相应的段位证书。(6)设"团体荣誉奖",各单位集体参赛满30人的,授予荣誉奖状。凡组织500、300、200、100人参赛者,颁发500、300、200、100元奖金及证书,集体参赛统一邮寄,写清组织人姓名、地址。对获三等奖以上者,均给所属单位报喜祝贺。(7)每人参加每一书体参赛费6元,参加多种书体者照加。每一书体限交作品一张,汇款收据贴于作品背面并用铅笔写清姓名、年龄、详细通讯地址、邮编,在信封上注明类别、组别、书体,作品同参赛费邮汇至黑龙江省东宁县文联,邮政编码:157200。(8)大赛截稿日期为1992年2月20日(以当地邮戳为准)。(9)大赛办公室将编印获奖作品集,公开出版。(10)本次大赛参赛者如有捐助,均作"发展书法事业基金",姓名列入基金荣誉名册,颁发证书永志纪念。

第二届"兴华杯"全国书法段位评定大赛办公室

(《青少年书法》1991.10.30.总262期)

"武夷杯"全国书画篆刻大赛暨书画篆刻作品展销

征 稿 启 事

　　为了弘扬祖国书画艺术，帮助书画家把优秀作品推向市场，从而更好地为书画家提供一个在艺术创作的同时也创造艺术经济效益的用武之地。南平市文化馆、武夷书画社、南平云艺斋工艺美术厂和武夷字画店联合举办了"武夷杯"全国书画篆刻大赛暨书画篆刻作品展销活动。具体事项如下：

　　1. 作品：①毛笔书法（内容以福、寿及名诗句为主）；②美术作品：以中国画、油画为主。③篆刻作品请附边款。④硬笔书法（内容不限）。

　　2. 报名费：参加一项为 12 元，二项为18元，三项为23元，四项为28元（中国书协、美协会员免费参加）。请在作品背面用正楷写清姓名、详细通讯地址、年龄、邮编、作品定价。作品及报名费请汇寄：福建省南平邮电局书画大展赛专递信箱，邮编：353000

　　3. 截稿时间：第一轮展销（武夷山）至 8 月 8 日止，第二轮展销（厦门）至11月8日止。

　　4. 设奖：本次大展赛采取聘请国内名书画篆刻家评选和作品展销反馈信息相结合的办法，评出"畅销作品奖" 10 名，一等奖30名，二等奖60名，三等奖80名，展销奖 700 名。发给精制获奖证书、奖金和纪念品。凡获三等奖以上的作者均受聘为武夷书画社书画师、书画社可常年帮助其推销作品。

　　5. 展销：选送880件书画篆刻作品到中国风景名胜武夷山、厦门等地进行展销，作品一旦销出，作者得80%，展销办留20%作为展销全过程开支。如未销出，根据作者意愿将作品退还，作品销售价采取作者自定价和展销办评估相结合的办法进行定价。

　　　　"武夷杯"全国书画篆刻大赛暨书画
　　　　　　篆刻作品展销组委会

（《書法報》1994．5．11．總513期）

中国国际文学艺术
作品博览会征稿公告

由中国文学艺术界联合会、中国公共关系协会、中国国际公共关系协会等单位联合举办的本此博览会日前向海内外公开征稿。

范围：美术类（各种美术作品）；书法类（毛笔、硬笔书法、篆刻等）；摄影类（各种艺术摄影）；文学类（诗歌、散文、小说、电影电视剧本、影视戏曲小品、作品手稿等）；作文类（中、小学生作文）；海内外各种组织及个人所收藏的近代名家的各类作品及手稿。

实施办法：由专家评出等级，等级作品将参加博览会拍卖、展销、出售版权并发给作品等级资格认定证书，等级作品获得者由承办单位的收评估费和经纪代理费，作品售后所得金额的60％归作者，40％为汇展费用，收藏作品不参加评估，只参加拍卖、展销。另将增设新秀奖（金、银、铜奖）获奖人数占投稿者的30％。

要求：作品背面写清详细的通信地址和作品名称，收藏作品请标明"收藏"二字、署名作者姓名、收藏人姓名，作品一律邮递中国西安西大街社会路甲字29号608室中国国际文学艺术作品博览会组委会秘书处收，邮编：710003，截稿日期自见报之日起30日止。

（《書法報》1994．6.15．總518期）

【附錄陸】　書法刊物一覽表

一、公開發行者
(一)書法專刊方面
1. 書法專業雜誌

編號	刊物名稱	創刊時間	刊　　　期	發行性質	出版單位	出版地址	主要內容	出刊情形
1	書譜	1974年12月香港創刊 1985年廣東試行國內版	雙月刊		香港《書譜》廣東人民出版社	香港利源西街7號2字樓	雅集、金石篇、每期專題、碑帖精選、專欄與連載等。	1990年停刊,共出92期
2	書法	1977年6月創刊 1978年8月正式發行	雙月刊	公開發行代號 4-250	上海書畫出版社	上海市衡山路237號(郵編 200031)	古今書家書法、書論選讀、文物介紹、論壇、書法篆刻講座、現代書法篆刻作品選、書苑薦秀等。	已出117期
3	遼寧書法	1979年4月	不定期叢刊	統一書號8117-2019	中國美術家協會遼寧分會與遼寧美術出版社編輯出版	瀋陽市南京街6段1里2號	書法圖版為主,偶有書法研究文章。	1983年停刊共出6期
4	書法研究	1979年5月	1979年為季刊;1980、1981年為半月刊;1982年以後為季刊;1993年以後為雙月刊	公開發行代號 4-344	上海書畫出版社	上海市衡山路237號(郵編 200031)	古今書家研究、古今書論、書史研究、碑帖考據、印學研究等,為純學術論文刊物。	已出80期
5	書法叢刊	1981年2月	1987年以前為不定期出刊;1988年以後為季刊	公開發行代號 82-440	文物出版社	北京市五四大街29號(郵編 100009)	書法圖版為主,另見書法專題研究、作品分析介紹等文字。	已出52期
6	書論	1981年	年刊		河南省書協主辦 河南美術出版社出版	鄭州市經七路34號 鄭州市西里路94號(郵編 450002)	書法論文、書法評論。	1983年停刊共出3期

編號	刊物名稱	創刊時間	刊　　期	發行性質	出版單位	出版地址	主　要　內　容	出刊情形
7	北方書苑	1982年		公開發行代號 14-178	黑龍江書法家協會出版	哈爾濱市南崗躍景街副16號（郵編150006）	書論研討、篆刻賞析、文摘書匯、作品選刊等	1987年停刊
8	中國書法	1982年10月	1982至1985年為年刊；1986年至1992年為季刊；1993年以後為雙月刊	公開發行代號 2-879	中國書法家協會主辦中國書法雜誌社出版	北京市沙灘北街2號（郵編100009）	書學論壇、現代名家、古代書跡研究、書壇中青年、書法批評、名作鑑賞、展覽巡禮、考古新發現等。	已出62期
9	嶺南書藝	1984年	不定期	公開發行	廣東省書協主辦	廣州市解放北542號（郵編510030）	歷代碑帖、名家墨跡、書法論壇、臨池小議、技藝津梁	至少已出24期
10	書法家(原名《書論》)	1985年	不定期叢刊	公開發行書號8386-694	河南省書協主辦河南美術出版社出版	鄭州市經七路34號鄭州市西里路94號（郵編450002）	專論、學術探討、書林采英、書海爭鳴、書壇人物、學書之友、古代碑帖、報刊文摘、作品欣賞、創作談等。	1988年停刊共出10期
11	青少年書法	1985年	月刊	公開發行代號 36-101	河南省書協主辦河南美術出版社出版	鄭州市農業路73號（郵編450002）	書法基礎理論與技法、青少年書法篆刻習作、名作欣賞、作品分析、習作點評等。	已出145期
12	中國鋼筆書法	1985年5月	1987年、1988年為季刊，其它皆為雙月刊	公開發行代號 32-93	浙江青年報社出版	杭州省府大樓二號樓（郵編310025）	精英擂台賽、書法大課堂、診療所、佳作評析、服務台、信息波、教師論壇、鋼苑談藝錄等。	已出71期
13	少年書法	1985年	不定期	公開發行登記證號CN12-1041	天津市新蕾出版社	天津市和平區赤峰道131號（郵編300041）	中小學書法教學、作品評選、書法講座、書法故事、小信箱等。	已停刊

編號	刊物名稱	創刊時間	刊　期	發行性質	出版單位	出版地址	主　要　內　容	出刊情形
14	書法藝術(原名《遼寧書法》)	1985年10月	不定期叢刊	統一書號8161.0723	遼寧美術出版社	瀋陽市民族街2段5里6號	理論研究、書家作品、碑帖墨跡等。	1989年停刊共出6期
15	君山	1987年1月14日	雙月刊	公開發行登記證號154	湖南省岳陽市文聯主辦	湖南省岳陽市文聯	以故事畫、小說畫、幽默畫、金石、書法型式施教，為青少年創辦的通俗性美術刊物。	1989年已停刊
16	書法賞評(原名《北方書苑》)	1987年3月	季刊	公開發行代號 14-178	黑龍江書協主辦，編輯部出版	哈爾濱市南崗躍景街30號(郵編150001)	名家介紹、書論研討、碑帖研究、篆刻天地、書壇動態、名作欣賞等。	已出43期
17	寫字	1987年10月	雙月刊	公開發行代號 4-483	編輯部出版	上海市天鑰橋路180弄2號(郵編200030)	軟硬筆寫字入門、習作講評、優秀作品賞析、我與寫字、寫字與教學、寫字小故事、寫字小辭典等	已出59期
18	書法博覽(原名《書法家》)	1988年	不定期	公開發行書號：7-5401-0269	河南省書協主辦河南美術出版社出版	鄭州市經七路34號鄭州市西里路94號(郵編450002)	一年書事、書家研究、當代書家、地域風采、巾幗墨華、學術專論、美學思潮、書法教育、書法指南、海外書法、台港書壇、出版概覽、書林采英、篆刻刻字、碑帖敘錄等。	至1991年已出4期
19	書法藝術	1990年2月	雙月刊	公開發行代號28-159	無錫書法藝術專科學校	江蘇吳錫市楊北新村12號(郵編214023)	書法專論、書法教育、碑帖世界、篆刻藝術、書壇群英、書法信息等。	已出48期

編號	刊物名稱	創刊時間	刊　　期	發行性質	出版單位	出版地址	主　要　內　容	出刊情形
20	書法之友	1992年	雙月刊	公開發行代號 26-95	安徽美術出版社	合肥市金寨路381號(郵編200063)	理論探討、書家介紹、命題競書、技法講座、書法教育、社團簡介、硬筆天地、古文字古詩詞常識、書論選擇等。	已出32期
21	硬筆書法	1992年6月	雙月刊(月底出刊)	公開發行自辦自發		四川省重慶市歇台子羅漢溝部隊院內	理論研究、教與學、人物介紹、硬筆作品選登、書壇快訊、新書架、毛筆作品欣賞、篆刻之頁等。	不詳
22	現代書法	1993年3月		公開發行代號 48-72	廣西美術出版社	南寧市河堤路14號(郵編530021)	現代書法之作品與有關文字	已出29期
23	現代鋼筆書法	1995		公開發行	浙江省德清縣書協	浙江省德清縣		不詳

2. 書法專業報紙

編號	刊物名稱	創刊時間	刊　　期	發行性質	出版單位	出版地址	主　要　內　容	出刊情形
1	墨緣報	1982年	月刊	1987年以前爲內部發行,以後爲公開發行刊號 27-69	無錫書法藝術學校	無錫市楊北新村12號(郵編214023)	爲無錫書法藝專教學報,關有20多個專欄	已停刊
2	書法報	1984年1月1日	1985年1月3日(總第25期)之前爲半月報,之後爲週報(週四出版)	公開發行代號 37-5	湖北省書協主辦《書法報》社出版	湖北省武漢市武昌東湖東亭二路特一號(郵編430071)	書法論文、名家書藝、習書體會、書法講座、古代書論等。爲大陸發行量最大的書法專業性報紙。	已出703期

編號	刊物名稱	創刊時間	刊 期	發行性質	出版單位	出版地址	主 要 內 容	出刊情形
3	少年書法報	1985年1月28日試刊 1985年4月1日創刊	1985年7月10日(總第3期)之前為不定期報,之後為半月報(每月10日、25日出版)	公開發行代號 65-11	貴陽市文聯主辦《少年書法報》社出版	貴州省貴陽市醒獅路4號(郵編550002)	碑帖評介、書家故事、病字醫院、書法常識、書法講座、教學經驗談、書法篆刻作品選登等。	1985年12月停刊共14期
4	書法教與學	1985年3月	月報	公開發行四川省省紙登記 082號	四川省書學學會、重慶師專中文系聯合主辦《書法教與學》報社出版	四川省重慶市永川縣重慶師專(郵編632160)	系列講座、教學探討、書學專論、臨池問答、硬筆園地、墨林拾趣、日本書法教育研究等。	1987年12月停刊共出34期
5	青少年書法報	1985年8月1日	1988年1月10日(總第59期)之前為半月報,之後改為旬報,1989年又改為週報(週三出版)	公開發行代號 13-69	黑龍江省文聯、佳木斯市文聯聯合主辦《青少年書法報》社出版	黑龍江省佳木斯市市委西樓215號(郵編154002)	中青年書家介紹、書訊、書史、書家軼事、臨池賞析等。	已出576期
6	硬筆書法報	1988年7月	月報.	公開發行登記證號033	中國硬筆書法聯誼會主辦《硬筆書法報》社出版	河南省新鄉市化工路南	硬筆書法優秀作品、創作談、百家爭鳴、美學論談、硬筆書法系列講座等。	不詳
7	書法導報	1990年1月3日左右創刊	週報(週三出版)	公開發行代號 35-52	河南社會科學院、開封市文化局聯合主辦《書法導報》社出版	河南省開封市省府前街73號(郵編475000)	書法研究、名家作評價、現代派書法、臨帖通解、創作談、一見之得、讀書札記等。	已出419期
8	硬筆學報	1993年4月	半月刊	公開發行代號 15-38	中國現代青年硬筆書法家協會	內蒙古呼和浩特新城郵電分局10號信箱(郵編010010)		1994年2月改名《硬筆書法報》

編號	刊物名稱	創刊時間	刊　　期	發行性質	出版單位	出版地址	主要內容	出刊情形
9	書法藝術報	1993年		公開發行	山東書協主辦			不詳
10	書法教育報	1993年			陝西西安師範學院	陝西省西安市		不詳
11	硬筆書法報（原名《硬筆學報》）	1994年2月	半月刊	公開發行代號 15-38	中國現代青年硬筆書法家協會	內蒙古呼和浩特新城郵電分局10號信箱（郵編010010）	教與學、古帖新臨、理論研究、習作點評、書苑擷英、作品選登等。	不詳
12	書法教學報	1994年4月	半月刊（每月10、25日出版）	公開發行	南通教育學院主辦《書法教學報》社出版	江蘇省南通市教育路43號	一版：鳳鳴聲聲、群體擷英、信息總匯、熱點探討。二版：書海導航人、初涉書海、博士達疑、習書輔導。三版：大家評、書法教學史話、書家成長史、書法教學、論文選登。四版：作品版。	至少已出60期
13	《當代書家》報		月刊	公開發行	陝西西安科學技術出版社	陝西省西安小寨興善寺東街21號（郵編710061）	闢有30多個欄目	至少已出37期
14	少年書法報	1996年	旬刊（每月1,11,21日出版）		陝西師範大學	陝西省西安市陝西師範大學		不詳
15	鋼筆書法報	1996年	旬報		湖北咸寧地區	湖北咸寧地區溫泉淦河大道8號		不詳

㈡篆刻專刊方面

1. 篆刻專業雜誌

編號	刊物名稱	創刊時間	刊　期	發行性質	出版單位	出版地址	主要內容	出刊情形
1	篆刻	1993創刊 1994正式 發行	季刊	公開發行		黑龍江省齊齊哈爾市富拉爾基科技三胡同3號 (郵編161041)		不詳
2	中國篆刻	1994年8月		公開發行	榮寶齋出版社	北京市宣武區琉璃廠西街19號 (郵編100052)	印學論評、印壇名家、篆刻美學、印史研究、海外印蹤、作品欣賞等。	至少已出9期

2. 篆刻專業報紙

編號	刊物名稱	創刊時間	刊　期	發行性質	出版單位	出版地址	主要內容	出刊情形
1	《篆刻》報	1985年		公開發行	嘉興市書協	江蘇省嘉興市		不詳
2	香港篆刻報	1989年3月		公開發行	香港友聲印社	香港軒尼詩道72號15樓		不詳
3	篆刻報	1996年		公開發行	弋陽書畫院石淘篆刻藝術博物館	江西省弋陽市		不詳

(三) 含書法一項之美術刊物方面

1. 含書法一項之美術雜誌

編號	刊物名稱	創刊時間	刊　　期	發行性質	出版單位	出版地址	主要內容	出刊情形
1	故宮博物院刊	1978年	季刊	公開發行代號 2-41 1	紫禁城出版社	北京市景山前街故宮內（郵編100009）	古代工藝、金石印璽、書畫研究、書畫鑑定、文物修復、古籍圖書、歷史研究等。	已出78期
2	藝苑掇英	1978年5月	不定期	公開發行刊號 31-1 155	上海人民美術出版社	上海市長樂路672弄33號（郵編200040）	以彩色書畫圖版為主，另見少數書畫介紹文字	已出60期
3	西泠藝叢	1979年2月1992年停刊1996年復刊	前八期不定期，後一年四期	公開發行書號8191.754	西泠印社	杭州市龍翔橋齊心里17號（郵編310006）	書畫篆刻之作品、圖版與專題文字各占一半。	至少已出41期
4	中國書畫	1979年3月	季刊	公開發行書號 84-4 50	人民美術出版社	北京市北總布胡同32號（郵編100010）	彩色書畫圖版、書畫篆刻理論與書畫篆刻家介紹	已出40多期
5	美術研究	1979年	季刊	公開發行代號 2-17 2	人民美術出版社	北京市北總布胡同32號（郵編100010）	以中西美術創作教學與研究為主，偶見書法研究。	已出88期
6	朵雲	1981年7月	1981至1986年為半年刊，1987年以後為季刊	公開發行刊號 31-1 068	上海書畫出版社	上海市衡山路237號（郵編200031）	畫史畫論畫家研究、邊緣探討、畫家傳記年表、史料鉤沈、古畫集萃、佳作欣賞、新作介紹等。以國畫為主，偶見書論。	已出55期
7	書與畫	1982年7月	1982,1983,1984年為半年刊；1985年為季刊；1986年以後為雙月刊	公開發行代號4-440	上海書畫出版社	上海市衡山路237號（郵編200031）	書畫習作講評、技法傳授、書法篆刻講座、學畫一得、書畫史論、薦秀篇等，書畫篇幅各占一半。	已出75期

編號	刊物名稱	創刊時間	刊　　物	發行性質	出版單位	出版地址	主　要　內　容	出刊情形
8	美術史論(改名美術觀察)	1982年左右	季刊	公開發行代號 2-228	中國藝術研究院主辦文化藝術出版社出版	北京市前海西街17號(郵編100009)	以中西美術理論為主,偶見書法論文。	1996年改名《美術觀察》共出56期
9	中州書畫	1987年5月	雙月刊	公開發行	周口地區書法工作者協會	河南省周口地區文聯轉(郵編466000)		
10	墨海探微	1990年		公開發行	陝西書學院	陝西省西安市西一路213號(郵編710004)		不詳
11	書畫藝術		年刊	公開發行	山東大學藝術教研室編輯山東美術出版社出版			不詳
12	美術觀察(原名《美術史論》)	1996年	月刊	公開發行	中國藝術研究院主辦,文化藝術出版社出版	北京市前海西街17號(郵編100009)		已出25期
13	藝苑	1978年複刊	季刊	公開發行	南京藝術學院	江蘇省南京市虎踞北路15號(郵編210013)	偶有書法內容	不詳

2. 含書法一項之美術報紙

編號	刊物名稱	創刊時間	刊　　期	發行性質	出版單位	出版地址	主　要　內　容	出刊情形
1	詩書畫	1985,7創刊1986停刊	半月報	公開發行	山西人民出版社	山西省	以詩書畫為主要內容	至24期停刊
2	西泠藝報	1985年6月	月報(每月25日出版)	公開發行報刊證浙字02-0033	西泠印社、西泠書畫院主辦出版	浙江省杭州市龍翔橋齋心里17號(郵編310006)	西泠印社社員畫像、詩書畫印作品、藏印隨筆、印學文章、書畫印集序、印壇消息、印家評介、社史鉤沈。	至少已出108期
3	美術報	1985年6月		公開發行代號31-10	浙江日報、浙江美術學院聯合主辦	杭州體育場路96號(郵編276002)	傳送最新美術信息、選刊名書畫精品、展示生活實用美術、提供美術教學材料。	不詳

編號	刊物名稱	創刊時間	刊 期	發行性質	出版單位	出版地址	主要內容	出刊情形
4	中國美術報	1985,7,5創刊 1989年底停刊	週報	公開發行	中國藝術研究院美術研究所		設有中國書畫專版	共出231期
5	中國書畫報	1985,12,15試刊 1986,1,5創刊	1988年1月7日(總第73期)之前為旬報,之後為週報(週五出版),至1997年改為一周二次發行(每周一、四出版)	公開發行代號5-10	中國教育學會書法教育研究會、天津美術學院主辦,《中國書畫報》社出版	天津市河西區友誼路友誼東里55號	書畫信息、書畫論壇、各地書畫院、理論研究、作品欣賞評析、裝裱及文具知識等	已出681期
6	瑯琊書畫報	1989年12月28日	旬報	公開發行代號23-218	王羲之基金會主辦,山東省民族文化學會協辦,《瑯琊書畫報》社出版	山東省臨沂市銀雀山路中段(郵編 276002)	理論、爭鳴、人物介紹、名人名作、書畫新秀、海外書畫家、創作園地等。	1990年改名《羲之書畫報》
7	羲之書畫報(原名《瑯琊書畫報》)	1990年12月28日	週報(週六出版)	公開發行代號 23-218	王羲之基金會主辦,山東省民族文化學會協辦,《羲之書畫報》社出版	山東省臨沂市銀雀山路中段(郵編276002)	第一版為名人與新聞版,第二版為書法版,第三版為國畫版,第四版為作品版。	已出209期
8	書畫教育報	1993		公開發行	湖南婁底高等師範學校			不詳
9	東方書畫	1994年		公開發行	江蘇美術出版社	南京		
10	九州書畫報	1997年		公開發行				不詳

㈣ 與書法有關之刊物方面

1.與書法有關之雜誌

編號	刊物名稱	創刊時間	刊　　期	發行性質	出版單位	出版地址	主　要　內　容	出刊情形
1	考古學報	1936	季刊	公開發行	科學出版社	北京王府井大街27號（郵編100710）	常有碑帖考古內容	
2	文物	1950,1,30創刊 1966,5停刊 1972年復刊	不定期	公開發行	文化部文物局	北京五四大街29號（郵編100009）	常有書畫碑帖內容	
3	考古		月刊	公開發行	科學出版社	北京王府井大街27號（郵編100710）	常有碑帖考古內容	
4	故宮博物院院刊	1958年創刊 1960年停刊 1979年復刊	季刊	公開發行	1985年由文物出版社出版 1989年後由紫禁城出版社出版	北縣景山前街故宮博物院內（郵編100009）	常有書法內容	1960年前出2期復刊後已出78期
5	文藝研究	1979年4月左右	雙月刊	公開發行代號 2-25	中國藝術研究院主辦 文化藝術出版社出版	北京市前海西街17號（郵編100009）	為文學藝術刊物,常刊有書法論文。	已出112期
6	老年教育	1986年6月左右	雙月刊	公開發行刊號 37-1007	中國老年大學協會、山東老年大學合辦 山東人民出版社出版	山東省濟南市千佛山西路3號（郵編250014）	屬綜合性刊物,中列有數個書畫欄目。為山東老年大學校刊	至少已出52期
7	中國文房四寶	1989年3月	季刊	公開發行代號 82-450	中國文房四寶協會	北京市琉璃廠東街99號（郵編100052）	論壇、四寶攬勝、企業之聲、四寶文苑、四寶源考、書畫欣賞、書畫講座、諮詢服務等	已出36期

2. 與書法有關之報紙

編號	刊物名稱	創刊時間	刊　　期	發行性質	出版單位	出版地址	主要內容	出刊情形
1	文化藝術報			公開發行				不詳
2	中國文物報	1987年	周報	公開發行	國家文物局	北京市		已出565期
3	中國藝術報	1995,7,19	周報	公開發行	中國文聯	北京市	綜合文學、美術、書法、音樂…等藝術門類。1988年起每月中旬增出《中國書法學報》專刊	不詳

二、內部發行者

㈠ 書法專刊方面

1. 書法專業雜誌

編號	刊物名稱	創刊時間	刊　　期	發行性質	出版單位	出版地址	主要內容	出刊情形
1	安徽書壇	1981年	不定期	發所屬會員	安徽省書法家協會	安徽省合肥市宿州路9號（郵編230001）	為該會會刊。	至少已出7期
2	山西書法通訊	1981年11月	不定期	內部發行	山西省書協	山西省太原市迎澤大街62號（郵編030001）	為該會會刊。	至少已出6期
3	清穎	1982年	月刊	內部發行	阜陽地區書法協會	安徽省阜陽地區文聯轉（郵編236032）	為該會會刊。	
4	蘭亭	1983年2月	不定期	內部贈閱	紹興市書法工作者協會會蘭亭書	浙江省紹興市勝利路24號市文聯轉（郵編312000）	為該會會刊。	

編號	刊物名稱	創刊時間	刊　　期	發行性質	出版單位	出版地址	主要內容	出刊情形
5	貴州書法界	1983年	不定期	內部發行	貴州省書協	貴州省貴陽市科學路66號（郵編550002）	為該會會刊。	
6	渤海書壇	1984年1月	不定期	贈會員及兄弟書協	天津市書協	天津市和平區新華路237號（郵編300040）	理論園地、書壇動態等。為該會會刊。	
7	北京書法通訊	1984年	季刊	內部發行	北京市書法家協會	北京市地安門西大街141號（郵編100009）	為該會會刊。	至少已出17期
8	義烏書法界	1984年	不定期	內部贈閱	義烏市書法工作者協會	浙江省義烏市（郵編322000）	為該會會刊。	
9	阿城書壇	1984年12月	季刊	內部交流	阿城市書法工作者協會	黑龍江省阿城市文聯轉（郵編150300）	為該會會刊。	
10	澄海書苑	1985年1月	不定期	內部交流	澄海縣書法協會	廣東省澄海縣文聯轉（郵編515800）	為該會會刊。	
11	池頭樹	1986年1月	不定期	內部交流	沙縣青年書法學會	福建省沙縣團委轉（郵編365500）	為該會會刊。	
12	寫字之友	1987年		內部發行	中華書法研究會	上海市文廟路120號（郵編200010）	為該會會刊。	
13	宜昌書訊	1988年3月	季刊	內部交流	宜昌地區書法家協會	湖北省宜昌市雲集路21號（郵編443000）	為該會會刊。	
14	總溪河	1988年	不定期	內部交流	納雍縣書法協會	貴州省納雍縣文聯（郵編553300）	為該會會刊。	
15	硬筆書法動態	1989年		內部發行	中國現代硬筆書法研究會		及時全面報導全國硬筆書法動態和信息，發表硬筆書法理論、評論、爭鳴、教學等內容。	

編號	刊物名稱	創刊時間	刊　　　期	發行性質	出版單位	出版地址	主要內容	出刊情形
16	無錫硬筆書法通訊	1989年		發送會員及書法界	無錫市硬筆書法家協會	江蘇省無錫市前太平巷9號（郵編214005）	爲該會會刊。	至少已出13期
17	江東書壇	1989年3月	每年四期	發行全國	馬鞍山市書法工作者協會	安徽省馬鞍山市群衆藝術館轉（郵編243000）	爲該會會刊。	
18	千島湖	1989年10月		內部交流	淳安縣書法工作者協會	浙江省淳安縣排嶺嶺新安北路39號（郵編711700）	綜合性文藝刊物，書藝欣賞爲主。爲該會會刊。	至少已出2期
19	硬筆書法通訊	1989年		內部刊物	江西省硬筆書法研究會	江西省南昌市福州路19號（郵編330006）	爲該會會刊。	
20	凌雲書法	1989年10月	月刊	省內發行	凌雲縣書法工作者協會	廣西省凌雲縣書法協會（郵編533100）	爲該會會刊。	
21	墨苑	1989年11月	季刊	內部交流	中國書法促進會	山東省煙臺開發區市政府環境藝術部（郵編264006）	爲該會會刊。	
22	石竹	1990年	季刊	內部發行	灤平縣書法工作者協會	河北省灤平縣文聯（郵編068250）	爲該會會刊。	
23	啓東書壇	1990年2月		社內外交流	啓東印社	江蘇省啓東市永和中學（郵編226263）	爲該會會刊。	至少已出3期
24	書藝通訊	1990年2月		內部及書法團體交流	衡陽市書法家協會	湖南省衡陽市書書院（郵編421001）	爲該會會刊。	至少已出2期
25	橫山書壇	1990年	不定期	內部刊物	屯溪書法協會	安徽省黃山市屯溪工人文化宮（郵編245000）	爲該會會刊。	

編號	刊物名稱	創刊時間	刊 期	發行性質	出版單位	出版地址	主要內容	出刊情形
26	硬筆書法簡訊	1990年	半月刊	發會員及有關硬筆書法組織	中華硬筆書法家協會江西分會上栗支會	江西省萍鄉市上栗區桐木職業中學（郵編337013）	為該會會刊。	
27	書法沙龍	1991年6月	季刊	內部發行	湖北省書協	湖北省武漢市東亭二路一號（郵編430071）	刊載會員優秀作品和論文。為該會會刊。	
28	金陵書壇	1992年	不定期	內部交流	南京市書法家協會	南京市高樓門66號市文聯轉（郵編210008）	為該會會刊。	
29	河北書法通訊		不定期	內部發行	河北省書協	河北省石家莊石崗大街市莊路二號（郵編050000）	為該會會刊。	
30	浙江書法通訊		不定期	內部發行	浙江省書協	浙江省杭州市建德路9號	為該會會刊。	
31	四川書學			內部發行	四川省書協	四川省成都市紅星中路87號	為該會會刊。	
32	書協簡訊			內部交流	南通市書法家協會	江蘇省南通市文峰路二號（郵編226001）	為該會會刊。	至少已出20期
33	硬筆書法天地			贈閱交流	海寧市金碩書畫會	浙江省海寧師範學校轉（郵編314400）	為該會會刊。	至少已出62期
34	黃巖書法界		不定期	內部通訊	黃巖市書法工作者協會	浙江省黃巖市文聯轉（郵編317400）	為該會會刊。	
35	書法愛好者 穎藝 筆花 墨海			內部發行	梁平縣書法協會	四川省梁平縣農業銀行（郵編634200）	為該會會刊（四者皆其刊名）。	至少已出20期

編號	刊物名稱	創刊時間	刊　　期	發行性質	出版單位	出版地址	主要內容	出刊情形
36	墨苑		不定期	內部發行	黔東南苗族侗族自治州書法工作者協會	貴州省凱里市州文聯（郵編556000）	爲該會會刊。	
37	心畫函刊			內部發行	安徽省書法函授院	（郵編553300）	爲該院教學刊物。	

2. 書法專業報紙

編號	刊物名稱	創刊時間	刊　　期	發行性質	出版單位	出版地址	主要內容	出刊情形
1	貴州協會簡報	1985年1月		內部發行	赤水書法協會	貴州省赤水書法協會（郵編564700）	爲該會會刊。	至少已出20期
2	石竹	1985年	不定期	內部發行	灤平縣書法工作者協會	河北省灤平縣文聯（郵編068250）	爲該會會刊。	1990年改爲雜誌
3	《泉州書法》報	1985年	不定期	內部交流	泉州市書法工作者協會	福建省泉州市文聯轉（郵編362000）	爲該會會刊。	
4	完白藝報	1986年11月	不定期	自辦發行	淮北市書法家協會	安徽省淮北市文聯轉（郵編235000）	爲該會會刊。	
5	書法藝術學報	1987年		內部發行	無錫書法藝術學校	無錫市楊北新村12號	爲該校教學報。	
6	書法簡報	1988年		內部發行	邯鄲地區書法工作者協會	河北省邯鄲市地區文聯轉（郵編056012）	爲該會會刊。	
7	筆花	1988年3月	不定期	內部交流	東方書法研究會	福建省雲霄縣中山路126號(郵編363300)	爲該會會刊。	至少已出4期
8	海口書藝報	1988年		內部發行	海口市書法家協會	海南省海口市中山紀念堂二樓（郵編570001）	爲該會會刊。	至少已出2期
9	《攀西書藝》報	1988年10月		內部發行	攀枝花市書法家協會	四川省攀枝花市群藝館（郵編617000）	爲該會會刊。	

編號	刊物名稱	創刊時間	刊　　期	發行性質	出版單位	出版地址	主要內容	出刊情形
10	《硬筆書法》報	1988年12月	月刊	發送會員	安化縣職工書畫協會	湖南省安化縣總工會工人文化宮（郵編413500）	爲該會會刊	
11	書法理論報	1988年12月		內部發行	廣東省青年書法理論研究會	廣東省陽江市漠陽江報社（郵編529500）	爲該會會刊。	
12	《遼河之聲》報	1989年1月	月刊	縣內徵訂，縣外贈閱	遼中縣書法學會	瀋陽市遼中縣文聯（郵編110200）	每月書法、藝壇人物譜、校園藝苑等。爲該會會刊。	
13	《東隅藝林》報	1989年	不定期	內部及印社間交流	雞西市書法家協會	黑龍江省雞西市裝潢廣告公司（郵編158100）	爲該會會刊。	
14	硬筆書法報	1989年	每月3期	內部發行	江西省硬筆書法研究會	江西省南昌市福州路19號（郵編330006）	爲該會會刊。	至少已出4期
15	中國地質書法報	1990年		內部發行	中國地質書法家協會	內蒙古呼和浩特市呼倫南路4號（郵編010020）	爲該會會刊。	
16	《重慶書法界》報	1990年	不定期	內部發行	重慶書法家協會	重慶市中區中山三路重慶村30號（郵編630015）	爲該會會刊。	
17	中國書法學報	1993年2月		內部發行	中國書法家協會書法培訓中心	北京市農展館南里10號	爲該會會刊。	
18	書法指南報			內部發行	河南書法函授院 河南九州女子書院	河南省鄭州市經七路34號	爲二院教學報。	已停刊
19	心畫函授報			內部發行	北京中國書畫大學		爲該校教學報。	已停刊

編號	刊物名稱	創刊時間	刊　　期	發行性質	出版單位	出版地址	主　要　內　容	出刊情形
20	學書法報			內部發行	西安書學院		爲該校教學報	
21	書法通報			內部發行	太原市書法家協會	山西省太原市南蕭牆二號（郵編030001）	爲該會會刊	至少已出5期
22	書法活動簡報			內部發行	滿州里青年書法協會	內蒙古滿州里市三道街35號（郵編021400）	爲該會會刊	至少已出15期
23	九州書壇報			內部發行				
24	聚文報		不定期	內部發行		甘肅蘭州市西津東路1號（郵編730050）	書畫篆刻專業小報	不詳

(二) 篆刻專刊方面

1. 篆刻專業雜誌

編號	刊物名稱	創刊時間	刊　　期	發行性質	出版單位	出版地址	主　要　內　容	出刊情形
1	友聲	1978年1月	不定期	內部發行	友聲印社	香港	1到4期爲黑白，以後爲雙色膠印	至少已出12期
2	杭州篆刻	1980年	年刊	內部發行	杭州市書法家協會	杭州市延安路218號市綜合樓14層文聯轉（郵編310006）	16開32頁	至少已出7期
3	篆刻家	1986年1月	不定期	內部發行	浙江省書協	浙江省杭州市建德路九號	16開40頁	
4	印友會	1986年	年刊	內部發行	印友會	浙江省	20開24頁	1990年停刊共出5期
5	彭城印社	1989年	年刊	內部發行	彭城印社	江蘇省彭城市	16開28頁	至少已出1期
6	藝叢	1990年2月	不定期	內部發行	西山印社	江蘇省	16開8頁	至少已出1期
7	石鼓	1990年3月	季刊	全國範圍自辦發行	岐陽印社	陝西省寶雞市七號信箱（郵編721001）	24開36～48頁	至少已出2期
8	鳩茲印集	1990年	不定期	內部發行	鳩茲印社	安徽省	16開12頁	至少已出7期

2. 篆刻專業報紙

編號	刊物名稱	創刊時間	刊 期	發行性質	出版單位	出版地址	主要內容	出刊情形
1	印壇	1983年1月	不定期	內部發行	嵩暉印社	河南省新鄉市健康路	八開四版	至少已出5期
2	滄海印社	1985年10月	季刊	內部發行	滄海印社	河北省滄州地區展覽館內	八開四版	至少已出26期
3	遵義印社社刊	1985年	不定期	內部發行		貴州省遵義地區老幹部活動中心	八開四版	
4	藝青印社社刊	1986年3月	不定期	內部發行	藝青印社	河北唐山市路北區西北新樓15樓1單元14號	八開2頁	至少已出10期
5	東流印刊	1989年11月		內部發行	延陵印社		八開二版單面複印	至少已出8期
6	完白印社	1987年1月		內部發行	完白印社	安徽淮北	四開八版套紅鉛印	至少已出2期
7	鳩茲印集	1989年1月		內部發行	鳩茲印社	安徽	八開複印	至少已出5期
8	漱玉	1987年8月		內部發行	漱玉印社	山東濟南	八開複印	至少已出8期
9	渤海印社	1988年		內部發行	渤海印社	山東	八開複印	至少已出3期
10	德州印社	1990年5月		內部發行	德州印社	山東	四開四版套紅膠印	至少已出1期
11	象山篆刻	1986年10月	不定期	內部發行	石屋印社	浙江象山高塘	八開四版套紅鉛印	至少已出1期
12	南屏之聲	1990年2月		內部發行	南屏印社	浙江	八開複印二張	至少已出5期
13	石榴印社	1990年		內部發行	石榴印社	浙江	八開一版單面複印	至少已出2期
14	寧波篆刻	1989年9月		內部發行	寧波市篆刻創作委員會	浙江	十六開複印三張	至少已出5期
15	信江印報	1990年9月		內部發行	信江印社	江西	十六開複印	至少已出1期
16	印人集印	1988年8月	單月一期，雙月兩期	內部發行	華夏印友會	福建	十六開單面套色鉛印	至少已出44期

編號	刊物名稱	創刊時間	刊　　期	發行性質	出版單位	出版地址	主　要　內　容	出刊情形
17	石鼓印社	1989年		內部發行	石鼓印社	湖南	八開複印	至少已出4期
18	南楚印社	1989年9月		內部發行	南楚印社	湖南	八開複印	至少已出1期
19	嶺南印藝	1989年9月		內部發行	嶺南篆刻學會	廣東	八開四版套紅鉛印	至少已出4期
20	邕江印叢	1988年12月	不定期	內部發行	邕江印社	廣西	八開複印	至少已出4期
21	遵義印社建社五周年紀念特刊	1990年10月		內部發行	遵義印社	貴州	四開四版套紅鉛印	至少已出5期
22	紫光	1988年1月		內部發行	紫光印社	四川	八開複印	至少已出27期
23	鐵筆春	1988年2月		內部發行	桂湖印社	四川	十六開複印	至少已出2期
24	終南	1984年3月	半年刊	內部發行	終南印社	陝西	創刊號為十六開四版，以後為八開四版，套紅鉛印	至少已出14期
25	香港篆刻報	1989年3月		內部發行	友聲印社	香港	四開四版二十三張套紅膠印	至少已出1期
26	印譜快訊	1988年4月	月刊	內部發行	友聲印社	香港	十六開複印	至少已出33期
27	五月	1986年		內部發行	匯泉印社	北京	八開單面複印	至少已出24期
28	曉月	1987年8月		內部發行	燕曉印社	北京	八開單面複印	至少已出7期
29	京華印社	1987年12月	雙月刊	內部發行	京華印社	北京	八開四版	至少已出17期
30	北京印學	1988年8月		內部發行	北京印社	北京	四開四版套紅鉛印	至少已出1期
31	匯泉	1988年9月		內部發行	匯泉印社	北京	八開單面複印	
32	集印	1985年12月		內部發行	春泥印社	上海	八開油印	1988年2月停刊共出30期

編號	刊物名稱	創刊時間	刊 期	發行性質	出 版 單 位	出 版 地 址	主 要 內 容	出刊情形
33	春泥印訊	1988年6月		內部發行	春泥印社	上海	八開二版晒藍	至少已出19期
34	散林	1988年2月		內部發行	散木藝社	上海	八開四版複印	至少已出7期
35	煙沽印景	1984年10月	不定期	內部發行	海河印社	天津	八開套紅鉛印	至少已出11期
36	滄海印			內部發行	滄海印社	河北	套紅鉛印	至少已出20期
37	印萃	1987年3月		內部發行	長城印社	河北	四開四版套紅鉛印	至少已出1期
38	耕石	1987年6月		內部發行	耕石印社	河北	四開四版單色鉛印	至少已出2期
39	燕趙印林	1987年9月	不定期	內部發行	河北省篆刻研究會	河北	四開四版單色鉛印	至少已出2期
40	百泉印苑	1988年10月		內部發行	百泉印社	河北	六開二版套紅鉛印	至少已出1期
41	書藝天地青齋印苑	1990年12月		內部發行	青齊印社	遼寧	八開單面套紅鉛印	至少已出1期
42	東隅印藝	1987年3月		內部發行	東隅印社	黑龍江	四開四版套紅鉛印	至少已出1期
43	颸風			內部發行	颸風印社	黑龍江	四開四版套紅鉛印	
44	愚池石趣	1986年10月	不定期	內部發行	金壇縣書法工作者協會愚池印社	江蘇省金壇縣文聯轉（郵編213200）	八開單面複印	至少已出2期
45	靈杰印社	1986年1月		內部發行	靈杰印社	江蘇	四開四版套紅鉛印	
46	蒼梧印存	1986年12月	季刊	內部發行	蒼梧印社	江蘇省連雲港市新埔解方東路27號（郵編222002）	八開單面複印	至少已出17期（計3270份）
47	西神	1987年10月	季刊	內部發行	西神印社	江蘇省無錫市南市橋巷58號（郵編214001）	八開單面複印	至少已出13期

編號	刊物名稱	創刊時間	刊 期	發行性質	出版單位	出版地址	主要內容	出刊情形
48	石苑	1988年		內部發行	啓東印社	江蘇 (郵編222002)	八開單面複印	至少已出8期
49	中泠印社	1989年6月		內部發行	中泠印社	江蘇 (郵編222002)	八開單面複印	至少已出3期
50	淡遠印社	1989年7月		內部發行	淡遠印社	江蘇省南通市田家巷16號 (郵編226001)	八開四版套紅膠印	至少已出2期
51	野草印社	1988年3月	不定期	內部發行	野草印社	江蘇省淮陰市四條巷14號 (郵編223002)	十六開套紅複印	至少已出3期
52	燕趙書印	1989年1月	季刊	內部發行	河北省書協	河北省石家莊市石崗大街市莊路二號 (郵編050000)		
53	書法園	1986年6月	季刊	內部發行	青泥印社	遼寧省大連市工人文化宮 (郵編116001)	十六開四版	至少已出24期
54	百泉印刊	1986年		內部發行	邢台市書法篆刻工作者協會	河北省邢台市群衆藝術館(郵編 054000)		
55	百泉印苑	1987年7月	不定期	內部發行	百泉印社	河北省邢台市郭守敬紀念館內 (郵編054000)		1988年10月停刊
56	燕風印社	1990年10月	月刊	內部發行	燕風印社	河北省唐山市中國工商銀行唐山分行路南辦事處 (郵編063000)		
57	四方印痕	1987年5月		內部發行	四方印社	河北省涿州市石油物探局 (金文和收) (郵編072751)	橫式六開六版套紅鉛印	至少已出13期
58	嶺北印壇	1987年		內部發行	嶺北印社	內蒙古滿州里市文聯轉 (郵編021400)		至少已出3期
59	石緣	1989年7月		內部發行	石緣印社	吉林省永吉縣口前鎮永吉大街17號 (郵編132200)		

編號	刊物名稱	創刊時間	刊 期	發行性質	出版單位	出版地址	主 要 內 容	出刊情形
60	東隅藝林	1989年	不定期	內部發行	東隅印社	黑龍江省雞西市青少年宮(郵編158100)		
61	東隅印稿	1986年	不定期	內部發行	東隅印社	黑龍江省雞西市青少年宮(郵編158100)		
62	紅豆印社	1987年8月		內部交流	紅豆印社	黑龍江省泰來縣大興西街19號(郵編162408)		至少已出5期
63	鍥之	1988年	半年刊	內部發行	鍥之印社	遼寧省撫順市新城路中段25號(郵編113006)		
64	求索	1988年3月	雙月刊	內部發行	求索印社	遼寧省阜新市新邱六部86棟8號(郵編123005)	八開單面複印	至少已出11期
65	通化印社	1989年9月	不定期	內部發行	通化印社	吉林省通化市龍泉路84號(郵編134001)		
66	阿城刻字藝術	1987年6月	不定期	內部交流	阿城市書法工作者協會	黑龍江省阿城市文聯轉(郵編150300)		
67	黑龍	1986年5月		內部交流	黑龍印社	黑龍江省哈爾濱市南崗區躍景街副16號(郵編150006)	四開四版套紅鉛印	
68	蘇通海印苑	1987年11月		發行國內及東南亞	蘇通海印社	黑龍江省海倫市糧食局(郵編152300)	四開四版套紅鉛印	已出6期(三萬多份)
69	朱白黑	1986年10月	不定期	全國印社交流	三原色印社	上海市北新涇蒲松北路51號(郵編200335)	九開四版套紅鉛印	已出11期
70	常州印社	1989年		全國印社交流	常州市書法家協會	江蘇省常州市文聯(郵編213001)		至少已出6期

編號	刊物名稱	創刊時間	刊　　　期	發行性質	出版單位	出版地址	主要內容	出刊情形
71	鴻藝報	1989年9月	每年四期	社內發行	鴻藝印社	江蘇省響山縣雙港鄉（郵編 224632）		
72	南通篆刻	1987年5月		印社間交流	南通印社	江蘇省南通金沙師範橋南122信箱（郵編 226300）		至少已出24期
73	石花	1988年1月		內部發行	啓東印社	江蘇省啓東市永和中學（郵編 226263）		至少已出6期
74	篆刻報	1985年	雙月刊	內部發行交流	青桐印社	浙江省桐鄉縣君匋藝術院（郵編 314500）	1到10期六開八版，11到16期四開八版套紅鉛印	1987年9月停刊，共出16期
75	潼陽印社	1989年11月		海內外贈閱	潼陽印社	江蘇省沭陽縣城內大街24號四寶齋（郵編 223600）	八開單面複印	至少已出8期
76	印苑	1989年	季刊	內部發行	虞山印社	江蘇省常熟市虞山鎮草蕩15號（郵編 215500）	八開單面複印	至少已出6期
77	亭林印社	1989年		國內印社交流	亭林印社	江蘇省昆山市中國農業銀行昆山市支行（郵編 215300）		至少已出4期
78	印苑	1987年		贈閱交流	海寧市金碩書畫會	浙江省海寧師範學校轉（郵編 314400）		至少已出41期
79	芙蓉印社社刊	1989年		內部發行	芙蓉印社	浙江省桐鄉縣梧桐鎮楊家門12號2201室（郵編 314500）		

編號	刊物名稱	創刊時間	刊　期	發行性質	出版單位	出版地址	主要內容	出刊情形
80	芙蓉通訊	1989年		內部發行	芙蓉印社	浙江省桐鄉縣梧桐鎮楊家門12號2201室（郵編314500）		
81	元暢印社	1986年3月	雙月刊	內部交流	元暢印社	浙江省金華市五一路34號（郵編321001）	八開單面複印	至少已出9期
82	紫微印草	1989年3月		發社員及各地印社	紫微印社	浙江省海寧市人民路84號（郵編314400）	八開單面複印	至少已出13期
83	印學通訊	1989年10月		內部發行	廬州印社	安徽省合肥市曙光路1號變電處（郵編230022）		至少已出4期
84	結廬印社	1989年12月	月刊	內部交流	結廬印社	安徽省合肥市銅陵新村56幢402號（郵編230011）	八開複印	至少已出6期
85	印苑	1988年1月	月刊	發社員及國內印社	淮海印社	安徽省淮北市朔里淮海印社（郵編235052）		
86	黟山印社	1987年12月		內部發行	黟山印社	安徽省蕪湖市文聯轉（郵編241000）	八開複印	
87	寒壁篆刻	1990年2月		內部發行	江南印社	安徽省蕪湖縣城荊江東路10號（郵編241100）	八開四版套色鉛印	至少已出6期（約800份）
88	篆刻縱橫	1989年12月		內部交流	楚鋒印社	安徽省壽縣縣委大院（郵編232200）		
89	壽縣印壇	1989年12月		內部交流	楚鋒印社	安徽省壽縣縣委大院（郵編232200）		
90	龍舒印社	1987年6月		內部交流	龍舒印社	安徽省舒城201信箱學校（郵編231366）	二十四開六頁油印	至少已出5期（每期30份）

編號	刊物名稱	創刊時間	刊　　期	發行性質	出版單位	出版地址	主要內容	出刊情形
91	洗硯池藝風	1989年11月	半年刊	自辦發行	洗硯池印社	山東省臨沂市開陽路電大樓（郵編276000）		
92	南山石	1990年4月	月刊	內部發行	中州南山印社	河南省襄城縣乾明寺（郵編452670）		
93	右江印藝			內部發行	右江印社	廣西省百色市右江民族師範專科學校轉（郵編533000）		
94	印存	1986年12月		國內書印團體交流	遵義印社	貴州省遵義地區老幹部活動中心（郵編563000）	橫10開八版折式套紅鉛印	至少已出11期
95	四方印風	1989年7月	不定期	內部發行	西峰印社	甘肅省西峰市南一路（郵編745000）	論文選登、印人介紹、作品選登、工作動態、藝術訊息等，為該社社刊。	至少已出24期
96	土樓印藝	1989年12月		內部發行	土樓印社	青海西寧市總工會職工書畫院（郵編810000）		
97	青年篆刻家	1988年	季刊	內部發行	琅琊印社	安徽省滁州市南譙路107號（郵編239000）	八開複印	
98	楚鋒篆刻報	1990年1月		內部交流	楚鋒印社	安徽省壽縣縣委大院（郵編232200）	六開四版套色鉛印	
99	鴻濛印跡	1989年12月	季刊	發送海內外印社	穎淮印社	安徽省阜南縣淮河西路35號（郵編236300）	四開四版套色鉛印	
100	東石印痕	1990年6月	季刊	社員及印社交流	東石印社	山東省東營市西城五台山路39號（郵編257000）	八開二張掃描鈐印	

編號	刊物名稱	創刊時間	刊　　期	發行性質	出版單位	出版地址	主要內容	出刊情形
101	印壇	1988年3月		印社間交流	嵩暉印社	河南省新鄉市群藝館(郵編453000)	四開四版套色鉛印	至少已出9期
102	舞鋼石	1987年4月	不定期	內部發行	舞鋼印社	河南省舞鋼市中色六建公司中學轉(郵編462500)	八開單面複印	至少已出10期
103	臥龍印社	1988年7月		內部交流	臥龍印社	河南省南陽市漢畫館(郵編473000)	八開四版套色鉛印	至少已出2期
104	松風印社	1989年5月		海內外贈閱	鄂州市書法家協會	湖北省鄂州市十字街88號(郵編436000)	四開四版套色鉛印	至少已出3期
105	海天印社	1989年		內部發行	海天印社	廣東省深圳市石巖湖賓館商場翠碧軒(郵編518106)	八開複印	至少已出2期
106	陳寶印訊	1989年	不定期	印社間交流	寶雞印社	陝西省寶雞市經二路墨緣閣(郵編721000)	八開四版套紅鉛印	
107	賀蘭石	1988年5月	月刊	內部交流	賀蘭印社	寧夏銀川市文化東街23號(郵編750004)	複印	

(三) 含書法一項之美術刊物方面

1. 含書法一項之美術雜誌

編號	刊物名稱	創刊時間	刊　　期	發行性質	出版單位	出版地址	主　要　內　容	出刊情形
1	綦江書畫專刊	1983年		內部發行	綦江詩書畫院	四川省綦江縣文化館(郵編631420)		至少已出13期
2	墨象書畫協會會刊	1984年6月	不定期	內部發行	墨象書法繪畫協會	貴州省都勻市黔南師專內(郵編558000)		至少已出3期
3	臨滄書畫	1984年	不定期	內部發行	臨滄書法協會	雲南省臨滄縣地方誌辦公室(郵編677000)		

編號	刊物名稱	創刊時間	刊　　期	發行性質	出版單位	出版地址	主　要　內　容	出刊情形
4	齊白石藝術	1986年3月		內部發行	北京齊白石藝術研究會	北京市2411信箱 (郵編100086)		
5	書畫藝苑	1986年5月		內部發行	哈爾濱工業大學書法、繪畫、篆刻學會	黑龍江省哈爾濱工業大學團委轉 (郵編150006)		
6	四平書畫				四平市書畫院	吉林四平市海豐大路33號 (郵編136000)		不詳
7	牡丹江書畫				牡丹江市書畫院	黑龍江省牡丹江市七星街128號 (郵編157000)		不詳
8	醴泉	1986年10月	季刊	內部發行	醴泉文學書畫協會	湖南省醴陵市姜嶺街4號 (郵編412200)		
9	滇老翰墨	1986年	雙月刊	內部發行	雲南省老幹部書畫協會	雲南省昆明市工人新村126號 (郵編650034)	經驗交流、基礎知識、書畫欣賞、歷史知識、心得體會等，為該會會刊。	
10	南城書畫	1989年		內部發行	北京市南城老年書畫研究會	北京市宣武區椿樹頭條37號椿樹辦事處 (郵編100052)		至少已出3期
11	書畫通訊	1989年	半年刊	縣內贈送	靖遠縣書法協會	甘肅省靖遠縣文化館轉 (郵編730600)		
12	中小學書畫	1993年10月	月刊	內部發行（浙）字第01-116號	浙江省書法教育研究會	浙江省杭州市吉安路19號 (郵編310006)	書畫家小時候、名作欣賞、學生書法及其評點、書畫知識、學書畫與教學經驗等。	至少已出15期
13	卿雲通訊		月刊	內部發行	北京卿雲詩書畫聯誼社	北京市西城區弘善胡同6號 (郵編100009)		至少已出26期

編號	刊物名稱	創刊時間	刊　　期	發行性質	出版單位	出版地址	主要內容	出刊情形
14	盤古風		雙月刊	在6省2市範圍發行	青縣文聯書畫工作者協會	河北省青縣文聯（郵編062650）	書法、美術、詩歌、小說。	
15	慈溪書畫			內部發行	慈溪市書法篆刻工作者協會編輯　新加坡藝錦美術公司出版	浙江省慈溪市滸山上房路51號（郵編315300）		
16	中山藝苑		不定期	內部發行	中山詩書畫印社	廣西省南寧市桃源路29號（郵編530021）		
17	南國書畫報	1992		內部發行	廣西玉林地區文聯	玉林市萬花路52號（郵編537000）	書畫篆刻專業報紙	不詳

2. 含書法一項之美術報紙

編號	刊物名稱	創刊時間	刊　　期	發行性質	出版單位	出版地址	主要內容	出刊情形
1	《嘉陵江》報	1985年	不定期	內部贈閱	重慶香國詩書畫協會	四川省重慶市江北區委大院晚晴樓（郵編630020）		
2	《佛山書畫》報	1986年7月	不定期	內部發行	佛山市書法家協會	廣東省佛山市委大院10座五樓（郵編528000）		
3	《夏津文化報》	1986年	月刊	內部發行	夏津縣書畫院	山東省夏津縣文化局（郵編253200）		
4	《巴東書畫》報	1987年7月		內部發行	巴東縣書畫協會	湖北省巴東縣司法局內（郵編444300）		
5	《飛龍書畫》報	1988年	不定期	內部發行	飛龍書畫院	福建省大田縣政協轉（郵編366100）		
6	《德州文藝》報	1989年1月	季刊	本地區發行	德州市書法家協會	山東省德州市委文聯（郵編253012）		

編號	刊物名稱	創刊時間	刊 期	發行性質	出版單位	出版地址	主要內容	出刊情形
7	《中國書畫印研究》報	1989年12月	季刊	內部發行	遵義中國書畫印研究會	貴州省遵義市遵義會議紀念館(郵編563000)		
8	《羅城詩書畫》報	1989年	季刊	內部發行	羅湘書畫院	湖南省湘陰縣弼時街10號(郵編410500)		
9	齊白石藝術報	1990年5月		內部發行	北京齊白石藝術研究會	北京市2411信箱(郵編100086)		
10	《名城書畫》報		不定期	內部發行	中國歷史文化名城書畫家協會	山東省曲阜市太和賓館(郵編273100)		
11	書畫函授報			內部發行	中國書畫函授大學	北京市月壇西街五號(郵編100045)		至少已出160期

（四）與書法有關之刊物方面

編號	刊物名稱	創刊時間	刊 期	發行性質	出版單位	出版地址	主要內容	出刊情形
1	《金陵老年大學》報			內部發行	南京金陵老年大學校報編輯室	南京市洪武北路10號(郵編210005)	闢有書畫信息、作品欄。	已出83期

【附錄柒】 1949年以前大陸書法刊物一覽表

編號	刊物名稱	創刊時間	刊　　期	主辦及出版單位	出版地址	主要內容及項目	出刊情形	出刊宗旨
1	藝術叢編（又名《廣倉學宭叢書》、《藝術叢書》）	1916年5月	二月刊	上海廣倉學會	上海愛儷園（哈同花園）內	每種一種內容,刊登羅振玉、王國維、鄒安等所輯之金石著作。	1920年6月停刊共出24期	
2	神州吉光集	1922年10月		上海書畫會	上海	金石書畫	僅知第六期於1923年11月出版,其他不詳。	挽救國粹之沉淪,表彰名人之書畫
3	藝林	1924年7月	旬刊	南通金石書畫社	江蘇	金石書畫等論述	16開每期四面,1926年5月停刊共出33期	研究金石書畫,發揚國粹,表徵藝術
4	金石畫報	1925年11月	三日刊	金石畫報社編輯出版有正書局發行	上海法租界皮少耐路文元坊29號	刊登時人金石篆刻作品、金石論述及歷代印譜精華。	每期四面,同年1925年12月18日停刊,共出13期	保存國粹,提倡金石書畫。
5	鼎臠（又名《美術周刊》）	1925年12月	周刊	巽社編輯出版	上海晏芝路263號	刊登碑碣磚瓦書畫鐵鐮彝鼎印璽鏡錢鏡兵器等圖片及論述。	每期四面,1927年2月11日停刊共出61期	究討金石書畫藝術。
6	美術畫報	1926年1月	周刊	美術畫報社出版發行	上海	分書法、繪畫、金石、文字四大部分。	八開四面,僅見1,2期	
7	蜀江金石周報	1926年1月	周刊	蜀江金石周報社編輯出版	重慶	金石書畫	僅知出版一期	
8	藝觀	1926年2月	初為雙周刊,第四期後改出一期季刊,後又改為月刊	中國金石書畫藝觀學會編輯出版	上海威海衛路309號有正書局內	以金文、石刻、圖畫、雕刻、印章、詩文題跋、論說叢談和介紹著作為主要內容。	1929年8月停刊共出10期	保存國粹,發揚國光,研究藝術,啟人雅尚心。
9	墨花	1928年7月	每月三期	墨花雜誌社編輯出版	香港		同年1928年11月停刊,共出6期	
10	國粹月刊	1929年1月		中國書畫保存會編輯出版	上海	分書畫作品和論文兩大部分。	僅見一期	保存國粹,發揚藝術。
11	蔚報	1929年2月		蔚報社編輯出版	上海	中國書畫作品和研究文章。	同年1929年8月停刊,共出22期	
12	故宮月刊	1929年9月		國立北平故宮博物院	北平	中國書畫	1934年4月停刊共出42期	

編號	刊物名稱	創刊時間	刊　　期	主辦及出版單位	出 版 地 址	主要內容及項目	出刊情形	出刊宗旨
13	故宮周刊	1929 年 10 月		國立北平故宮博物院	北平	介紹北京故宮博物院所藏文物。	八開四面，1936 年 4 月停刊共出 510 期	
14	東方雜誌第 27 卷 1 至 2 號〈中國美術號〉（特刊）	1930 年 1 月	上冊在 1 月 101 日出，下冊在 1 月 25 日出	上海商務印書館出版發行	上海	全刊書畫理論。	東方雜誌美術專刊只此二期	
15	白鵝藝術半月刊	1930 年 3 月		白鵝出版部	上海	有名畫介紹、漫畫、圖案、建築、書法篆刻、文藝…等欄目。	同年 6 月停刊，共出 5 期	
16	墨印	1930 年 6 月	季刊	中華書法研究社（原稱〝第五藝社〞）	廣州	以金石書畫理論文章為主，金石論述略重於書法。	僅出一期	提倡我國固有之學術，研究書法篆刻之理論。
17	墨海潮	1930 年 9 月	月刊	海上書畫聯合會	上海	有墨林、文選搜、畫苑山水、詞叢…等欄目。	同年 11 月停刊，共出 3 期	研究和發揚中國書畫藝術。
18	藝甄	1931 年 5 月		藝甄社	漢口模範區保華街 38 號	金石書畫詩文等有關藝術之記載。	僅見一期	
19	河北博物院畫刊又名〈河北第一博物院半月刊、河北第一博物院畫報〉	1931 年 9 月		河北博物院	天津	以金石書畫竹刻當筆墨古物等圖片為主，並及少量論文。	八開每期四面，1937 年 7 月停刊共出 140 期	
20	墨海	1931 年 12 月		墨海社	上海	國畫、書法。	僅知出一期	
21	墨林	1933 年 7 月	月刊	墨林書畫金石社	上海三馬路少西路西 227 號	中國書畫。	同年 8 月停刊，共出 2 期	
22	西京金石書畫集	1934 年 4 月	初為月刊，第三期後改為不定期刊	西京金石書畫學會	西安	金石書畫。	1936 年 11 月停刊共出 5 期	
23	金石書畫（為〈東南日報〉的特種副刊）	1934 年 9 月	每月出版三期	東南日報社	杭州	刊登各地藏家提供之歷代書畫家代表作及中國書畫論述。	八開每期四面，僅見到的 81 期出版於 1937 年 3 月	
24	草書月刊	1941 年 12 月	不定期	標準草書社	上海	專載草書字樣和研究成果，為迄今研究草書的專業期刊。	1948 年 3 月停刊共出 6 期	
25	書學	1943 年 7 月	不定期	中國書學研究會編輯出版；重慶元信書局印行	重慶	為純書法理論的研究期刊。	1949 年 9 月停刊共出 5 期	闡揚中國書學，推動書學教育。

【主要參考書目】

一、 報紙類

1.《書法報》1984-1997，中國書法家協會湖北分會主辦。湖北武漢。

2.《書法導報》1990-1997，河南省社會科學院，開封市文化局聯合主辦。河南開封。

3.《青少年書法報》1985-1997，黑龍江佳木斯市郵電局發行。

4.《中國書畫報》1986-1997，天津：中國書畫報社出版。

二、雜誌類

1.《中國書法》1982-1997，中國書法家協會。北京：《中國書法》雜誌社。

2.《書法叢刊》1981-1997，北京：文物出版社。

3.《中國篆刻》1994-1997，北京：榮寶齋出版社。

4.《書法博覽》1988-1991，河南省書法家協會主編。河南鄭州：河南美術出版社。

5.《青少年書法》1985-1997，河南鄭州：河南美術出版社。

6.《書法》1978-1997，上海：上海書畫出版社。

7.《書法研究》1979-1997，上海：上海書畫出版社。

8.《寫字》1988-1997，上海：《寫字》雜誌社。

9.《中國鋼筆書法》1985-1997，浙江杭州：《東方青年》雜誌社主編、出版。

10.《書法藝術》1990-1997，無錫書法藝術專科學校、江蘇省

文化藝術研究所主編、出版。

11. 《書法教育》第一輯，中國教育學會書法教育專業委員會，路棣主編。天津：天津人民出版社，1998年2月。

12. 《書法教育》第二輯，中國教育學會書法教育專業委員會，路棣主編。天津：天津古籍出版社，1998年7月。

三、年鑑類

1. 《中國書法今鑑1949-1990》，馮亦吾主編。北京：中國旅遊出版，1993年4月。

2. 《中國美術年鑑1949-1989》，中國美術館編。廣西貴陽：廣西美術出版社，1993 年5月。

3. 《中國印學年鑑1988-1992》，金鑑才主編。浙江杭州：西泠印社出版社，1993 年6月。

4. 《中國書畫篆刻年鑑1993-1994》，中國書畫報社，中國教育學會書法教育研究會聯合編纂。遼寧瀋陽：遼寧教育出版社，1995年10月。

5. 《中國書畫篆刻年鑑1995-1996》，中國書畫報社、中國教育學會書法教育專業委員會聯合編纂。天津：天津人民美術出版社，1998年2月。

四、論著類

1. 《1911-1949中國美術期刊過眼錄》，許志浩著。上海：上海書畫出版社，1992 年6月。

2. 《西泠印社志稿》，浙江杭州：西泠印社出版社，1960年秋（油印本）。

3. 《西泠印社九十年》，浙江杭州：西泠印社出版社，1993年10月。

4. 《現代中國書法史》，陳振濂著。河南鄭州：河南美術出版社，1993年。

5. 《中國現代書法史》，朱仁夫著。北京：北京大學出版社，1996年12月。

6. 《王學仲書法論集》，王學仲著。天津：百花文藝出版社，1994年5月。

7. 《當代中國硬筆書壇概觀》，劉成主編。黑龍江哈爾濱：黑龍江美術出版社，1996年2月。

8. 《中國成人教育》，賴春明、謝亞平、鄧運林主編。台灣高雄：復文圖書出版社，1995年5月。

9. 《兩岸文教交流論文選集》㈠，行政院大陸委員會編著，發行，1992年9月。

10. 《中國大陸研究》，黃天中，潘錫堂主編，台北：五南圖書出版公司，1993年4月。